La Casa Arqueológica

Estudios de caso en la antigüedad

EDITADO POR
JUAN GARCIA TARGA Y
GEISER GERARDO MARTÍN MEDINA

BAR INTERNATIONAL SERIES 3096 | 2022

Published in 2022 by
BAR Publishing, Oxford, UK

BAR International Series 3096

La Casa Arqueológica

ISBN 978 1 4073 6005 8 paperback
ISBN 978 1 4073 6006 5 e-format

DOI https://doi.org/10.30861/9781407360058

A catalogue record for this book is available from the British Library

BAR titles are available from:

BAR Publishing
122 Banbury Rd, Oxford, OX2 7BP, UK
info@barpublishing.com
www.barpublishing.com

También por Juan García Targa

El paisaje urbano maya: del Preclásico al Virreinato
Edited by Juan García Targa and Geiser Gerardo Martín Medina

BAR International Series **2985** | 2020

Patrimonio tangible e intangible mexicano: una reflexión
Edited by Juan García Targa and Geiser Gerardo Martín Medina

BAR International Series **2854** | 2017

Patrimonio Cultural Mexicano
Modelos explicativos
Edited by Juan Garcia Targa

BAR International Series **2551** | 2013

Arquelogía Colonial Latinoamericana
Modelos de estudio
Edited by Juan Garcia Targa

BAR International Series **1988** | 2009

Arqueologia colonial en el área maya: siglos XVI y XVII
Tecoh (Yucatán, México): un modelo de tudio del sincretismo cultural. Registro material y documentación escrita
Juan Garcia Targa

BAR International Series **1714** | 2007

For more information, or to purchase these titles, please visit **www.barpublishing.com**

Otros textos de interés

Inequality, Wealth, and Market Exchange in the Maya Lowlands
A household-based approach to the economy of Uxul, Campeche, Mexico
Els Barnard

BAR International Series **3068** | 2021

Ancient Maya Settlement and the Alacranes Bajo
Landscape and Communities in the Three Rivers Region, Northwestern Belize
Gail A Hammond

BAR International Series **2956** | 2019

Excavaciones de casas en la ciudad azteca de Yautepec, Morelos, México, Tomo I y Tomo II
Michael E. Smith

BAR International Series **2929** | 2019

Excavations at Kranka Dada: An Examination of Daily Life, Trade, and Ritual in the Bono Manso Region
Anne M. Compton

BAR International Series **2857** | 2017

House and Household Economies in 3rd Millennium B.C.E. Syro-Mesopotamia
Edited by Federico Buccellati, Tobias Helms and Alexander Tamm

BAR International Series **2682** | 2014

Material Knowledges, Thermodynamic Spaces and the Moloko Sequence of the Late Iron Age (AD 1300-1840) in Southern Africa
Per Ditlef Fredriksen

BAR International Series **2387** | 2012

Engendering Social Dynamics: The Archaeology of Maintenance Activities
Sandra Montón-Subías and Margarita Sánchez-Romero

BAR International Series **1862** | 2008

Household Ceramic Economies
Production and consumption of household ceramics among the Maros villagers of Bronze Age Hungary
Kostalena Michelaki

BAR International Series **1503** | 2006

Investigating Upper Mesopotamian Households using Micro-Archaeological Techniques
Lynn Rainville

BAR International Series **1368** | 2005

For more information, or to purchase these titles, please visit **www.barpublishing.com**

Contenido

Prologo

El volumen *La casa arqueológica: estudios de caso en la antigüedad.*, coordinado y editado por Juan García Targa y Geiser Gerardo Martín Medina tiene como objetivo llevar a cabo una reflexión sobre como la casa, el hábitat, el hogar, el espacio habitacional constituye uno de los elementos básicos para entender a las sociedades de la antigüedad dado que en ese micro espacio doméstico y familiar se dan cita aspectos tan relevantes como: 1) el conocimiento del entorno natural y el aprovechamiento de esos recursos para generar en principio un cobijo ante las inclemencias atmosféricas y el ataque de los animales, 2) la organización del trabajo con especialistas diversos que pueden participar, desde su conceptualización, pasando por el proceso de construcción hasta su finalización 3) la ubicación de ese espacio doméstico dentro de un macro espacio urbano o de mayor tamaño constituyendo en función de ello una mayor o menor relevancia social dentro del colectivo 4) la desigual distribución interior de esos metros cuadrados en los que se sintetiza la vida familiar y su perpetuación, el trabajo cotidiano de subsistencia y quizás la producción de objetos de relevancia para la vida e incluso para más allá de ella, 5) su función simbólica como espacio de poder, de perpetuación del mismo mediante una serie de rituales festivos que forman parte de un calendario complejo o funerarios para rendir homenaje a los difuntos antes de su tránsito al más allá.

La casa, el hogar es todo ello y mucho más dado que se encuentra imbricado en la esencia del ser humano desde los primeros ejemplos del Paleolítico Medio hasta la variabilidad de modelos actuales. Es por ello que en esta publicación hemos contado con la participación de colegas que trabajan la construcción, el uso y la conceptualización real y simbólica de esos espacios domésticos.

Los dieciocho artículos mas un capítulo de reflexiones que conforman este volumen consideramos que proponen un buen diagnóstico de la temática analizada en contextos geográficos y culturales tan diversos como Mesopotamia, Grecia, Península Ibérica, Mundo Árabe, Estados Unidos, Mesoamérica y Área Andina. Además esa diversidad, también se ha querido recorrer diferentes y muy diversos contextos cronológicos que abordan el tema del hábitat desde los campamentos de los cazadores recolectores, pasando por los una visión de los asentamientos tempranos en Mesopotamia, modelos del Neolítico y la Edad del Cobre en la Península Ibérica, visiones precisas de los contextos griegos, de la protohistoria mediterránea, y detalles sobre los espacios domésticos en el mundo árabe para luego centrarnos en el continente americano de norte a sur, con una considerable cantidad de aportaciones de colegas americanistas y mesoamericanistas que llevan a cabo enfoques no solo arqueológicos, sino antropológicos

y sociológicos entrelazando el pasado y el presente en algunos casos.

El volumen lo componen esos diecinueve artículos, con un total de 39 autores, algunos de ellos forman parte de equipos y proyectos de trabajo y otros son aportaciones de investigadores a título individual vinculados a instituciones o investigadores independientes.

El primer trabajo nos presenta el análisis de los modelos de cazadores recolectores en la Prehistoria ofreciendo todo un abanico de estudios de caso, reflexiones y evidencias materiales. Los siguientes cuatro artículos inciden en contextos crono culturales tan diversos como Mesopotamia con el Proyecto encabezado por el Dr. Miquel Molist, el fascinante estudio del asentamiento neolítico lacustre de la Draga en Girona, la reflexión de arqueólogos del Museu de Gavà (Barcelona) en torno al neolítico en la vertiente mediterránea del noreste de la Península Ibérica. Este apartado de colaboraciones finaliza con las reflexiones en torno a los espacios domésticos del increíble asentamiento de la Edad del Cobre en la provincia de Almería, al sur de la Península Ibérica.

Los capítulos 6 y 7 abordan la complejidad de los espacios domésticos en los contextos Griego e Ibérico dentro de una cronología que se extiende entre la segunda mitad del segundo milenio antes de Cristo hasta la descomposición del mundo romano de finales del siglo V después de Cristo. Referencias ineludibles a culturas como la Cretense, Micénica, período Oscuro, Arcaico, Clásico y Helenístico Griego; así como el período definido como Protohistórico en la Península Ibérica y sus modelos urbanos y domésticos.

Se ha querido integrar en este esfuerzo colectivo un ejemplo del urbanismo y hábitat musulmán en la ciudad de Cervera (Lleida) desglosando la relevancia de ese asentamiento en un momento muy específico de la historia de ese entorno geográfico.

La segunda parte del documento está formado por nueve artículos en los que diferentes colegas hacen sus relevantes aportaciones sobre modelos Americanos: el capítulo 9 con el análisis que lleva a cabo el equipo de la Universidad de Bologna sobre el asentamiento de Cahokia (Illinois), pasando por dos artículos que hacen aportaciones sobre las culturas del desierto en el contexto de Aridoamérica y la frontera en constante transición con Mesoamérica (números 10 y 11).

Cabe destacar también dentro de estos trabajos americanistas, los específicos de Mesoamérica que abordan la temática del hábitat desde las vertientes materiales, de entorno natural y del urbanismo, proponiendo una metodología para su estudio como en el caso del trabajo de los capítulos 12 y 15; la interesante reflexión del capítulo 13 en el que pasado arqueológico y presente sintonizan perfectamente para generar interpretaciones ricas en matices. Los capítulos 14, 16 y 17 analizan el modelo de hábitat maya desde tres momentos cronológicos consecutivos: prehispánico, colonial y actual con las pervivencias y simbolismos perfectamente visibles en las casas yucatecas.

El capitulo 18 aborda el estudio de un asentamiento de la Cultura Lima (Perú) y la evolución arquitectónica y doméstica con los correspondientes matices sociales.

El volumen finaliza con un capitulo a manera de cierre con algunas consideraciones en torno a la edicion, reflexiones en torno a los trabajos planteados por diversos los investigadores presentados con anterioridad y unas breves palabras a modo de conclusion sobre la vida domestica.

Como coeditores de este volumen de BAR hemos leído atentamente las aportaciones de los colegas, y nos satisface muchísimo presentar esta obra, agradecer muchísimo el tiempo, la pasión, la paciencia que han tenido todos los autores de los diecinueve artículos.

Para finalizar, nos permitimos la licencia de dedicar el trabajo efectuado a nuestros padres (Miguel Ángel Martín Arjona -2016- y Manuel García Ruíz -2020-), que nos abandonaron estos últimos años y a los que les debemos todo lo que somos y seremos, como no puede ser de otra manera.

Barcelona, 6 de noviembre de 2021

Juan García Targa y Geiser Gerardo Martín Medina

Prologue

The volume *The archaeological house: case studies in ancient times*, coordinated and edited by Juan García Targa and Geiser Gerardo Martín Medina, aims to carry out a reflection on how the house, the habitat, the home, the living space constitutes one of the basic elements to understand ancient societies since in this micro domestic and family space there are important aspects such as: 1) the knowledge of the natural environment and the use of these resources to generate in principle a shelter in the face of inclement weather and the attack of animals, 2) the organization of work with diverse specialists who can participate, from its conceptualization, through the construction process until its completion 3) the location of that domestic space within a macro space urban or larger, constituting a greater or lesser social relevance within the group as a function of this 4) unequal distribution interior of those square meters in which family life and its perpetuation are synthesized, daily subsistence work and perhaps the production of objects of relevance to life and even beyond it, 5) its symbolic function as a space of power, of perpetuation of the same through a series of festive rituals that are part of a complex or funeral calendar to pay homage to the deceased before their transit to the afterlife.

The house, the home is all this and much more since it is embedded in the essence of the human being from the first examples of the Middle Palaeolithic to the variability of current models. That is why in this publication we have had the participation of colleagues who work on the construction, use and real and symbolic conceptualization of these domestic spaces.

We believe that the eighteen articles plus a chapter of reflections that make up this volume offer a good diagnosis of the subject matter analyzed in geographical and cultural contexts as diverse as Mesopotamia, Greece, the Iberian Peninsula, the Arab World, the United States, Mesoamerica and the Andean Area. In addition to this diversity, we have also wanted to go through different and very diverse chronological contexts that address the issue of habitat from the camps of hunter-gatherers, passing through a vision of the early settlements in Mesopotamia, models of the Neolithic and the Copper Age in the Iberian Peninsula, precise visions of the Greek contexts, of the Mediterranean protohistory, and details about the domestic spaces in the Arab world to then focus on the American continent from north to south, with a considerable amount of contributions from Americanist and Mesoamericanist colleagues. They carry out not only archaeological approaches, but also anthropological and sociological ones, intertwining the past and the present in some cases.

The volume is made up of these nineteen articles, with a total of thirty nine authors, some of them are part of teams and work projects and others are contributions by individual researchers linked to institutions, or independent researchers.

The first work presents us with the analysis of hunter-gatherer models in Prehistory, offering a whole range of case studies, reflections and material evidence. The following four articles focus on chrono-cultural contexts as diverse as Mesopotamia with the project led by Dr. Miquel Molist, the fascinating study of the lacustrine Neolithic settlement of La Draga in Girona, the reflection of archaeologists from the Museu de Gavà (Barcelona) on to the Neolithic in the Mediterranean slope of the northeast of the Iberian Peninsula. This section on collaborations ends with reflections on the domestic spaces of the incredible Copper Age settlement in the province of Almería, in the south of the Iberian Peninsula.

Chapters 6 and 7 address the complexity of domestic spaces in Greek and Iberian contexts within a chronology that extends from the second half of the second millennium BC to the decomposition of the Roman world at the end of the 5th century AD. Inescapable references to cultures such as Cretan, Mycenaean, Dark period, Archaic, Classical and Hellenistic Greek; as well as the period defined as Protohistoric in the Iberian Peninsula and its urban and domestic models.

An example of Muslim urbanism and habitat in the city of Cervera (Lleida) has been integrated into this collective effort, breaking down the relevance of that settlement at a very specific moment in the history of that geographical environment.

The second part of the document consists of nine articles in which different colleagues make their relevant contributions on American models: Chapter 9 with the analysis carried out by the University of Bologna team on the settlement of Cahokia (Illinois), passing for two articles that make contributions on desert cultures in the context of Aridoamerica and the border in constant transition with Mesoamerica (numbers 10 and 11).

It is also worth mentioning within these Americanist works, those specific to Mesoamerica that address the issue of habitat from the material, natural environment and urban aspects, proposing a methodology for its study as in the case of the work in chapters 12 and 15; the interesting reflection of chapter 15 in which archaeological past and present are perfectly in tune to generate interpretations rich in nuances. Chapters 14, 16 and 17 analyze the Mayan habitat model from three consecutive chronological moments: pre-Hispanic, colonial and current with the survivals and symbolisms perfectly visible in the Yucatecan houses.

The Chapter 18 deals with the study of a settlement of the Lima Culture (Peru) and the architectural and domestic evolution with the corresponding social nuances.

The volume ends with a closing chapter with some considerations about the edition, reflections about the works proposed by various researchers presented previously and a few brief words by way of conclusion about domestic life.

As co-editors of this volume of BAR, we have carefully read the contributions of colleagues, and we are very pleased to present this work, we are very grateful for the time, passion, and patience that all the authors of the twenty articles have had.

Finally, we allow ourselves the license to dedicate the work done to our parents (Miguel Ángel Martín Arjona -2016- and Manuel García Ruíz -2020-), who abandoned us in recent years and to whom we owe everything we are and will be, how can it be otherwise.

Barcelona, November 6, 2021

Juan García Targa y Geiser Gerardo Martín Medina

Espacios domésticos durante el paleolítico

Joan Daura
Montserrat Sanz
*¹ Grup de Recerca del Quaternari (GRQ-SERP), Departament d'Història i
Arqueologia, Universitat de Barcelona, Carrer Montalegre, 6, 08001 Barcelona,
Spain [J. Daura: jdaura_lujan@ub.edu; M. Sanz: montsesanzborras@ub.edu]*

Resumen: La aproximación al modo de vida y a los espacios domésticos de las sociedades paleolíticas es limitado como consecuencia de la alta movilidad de los grupos humanos, el carácter perecedero de los vestigios y la limitación exclusiva del registro arqueológico como fuente de información. Las evidencias de cultura material y los paralelos etnográficos sugieren que el fuego fue un elemento fundamental, tanto para el procesado de alimentos como para la organización del espacio. La presencia de áreas de descanso junto a la presencia de lechos es otro factor documentado a lo largo del paleolítico que nos demuestra la adecuación de los espacios domésticos. Los hábitats fueron mayoritariamente en cuevas, abrigos o en campamentos al aire libre en forma de cabañas. Los estudios de los vestigios nos demuestran que existió una distribución del espacio residencial dentro de los mismos yacimientos y también actividades de limpieza, higiene y adecuación del espacio doméstico. Todo ello nos indica el alto grado de complejidad social y cultural de las sociedades cazadoras y recolectoras del paleolítico.

Abstract: Current research into lifestyle and domestic spaces in Palaeolithic archaeology is limited by the scarcity of the archaeological record, the perishable nature of the materials and the fact that human groups were highly mobile. Archaeological and anthropological data suggest that the function of fire was of particular importance, both for food processing activities and for the organization of space. The presence of sleeping and resting areas throughout the Palaeolithic, and even of beds, indicates that human groups adapted their living areas to their requirements. Their habitats were mostly caves, rock-shelters, or huts constructed in open landscapes. The study of the *intra site* archaeological record indicates a distribution of the living area and also activities of cleaning, hygiene, and organizing the domestic space. All this evidence suggests a high degree of social and cultural complexity in the hunter-gatherer societies of the Palaeolithic.

Palabras clave: paleolítico, espacios domésticos, fuego, cazadores-recolectores

Key-words: palaeolithic, domestic areas, fire, hunter-gatherer

Introducción

La reconstrucción del modo de vida de las sociedades en la prehistoria, y en especial la más antigua, se realiza a partir de las evidencias de la cultura material ya que no disponemos de documentación escrita. Por este motivo, la visión que tenemos de los grupos de cazadores-recolectores viene estrechamente condicionada por los vestigios recuperados en los yacimientos arqueológicos. Además, los estudios experimentales de arqueología comparada y los paralelos etnográficos son interesantes aproximaciones que nos ayudan a acercarnos al modo de vida de las sociedades del pasado.

En primer lugar, la arqueología y en especial la que trata el paleolítico se enfrenta a una dificultad para la reconstrucción del pasado que es la temporalidad de las ocupaciones humanas. El paleolítico, período que estudia las sociedades cazadoras-recolectoras, analiza unos grupos humanos que como resultado de su modo de vida y de su economía son de carácter nómada y, por lo tanto, el testimonio de sus ocupaciones y de su cultura material son de carácter efímero y de baja intensidad.

Además, la etnografía nos demuestra que se trata de bandas formadas por grupos pequeños que oscilan entre los 15 y 20 individuos normalmente formados por varias familias nucleares (Evans y Long, 1965; Kelly, 1995). Evidencia reforzada por los estudios genéticos aplicados en contextos paleolíticos (Lalueza-Fox et al., 2011). Las bandas se caracterizan por la movilidad de los grupos según las estaciones del año, la falta de estructuras centralizadas de autoridad y una economía de tipo cazadora-recolectora. Estas bandas pueden agruparse y desagruparse en función de las estaciones del año o de los recursos y formar, por ejemplo, macrobandas o microbandas, como sucede con los aborígenes australianos o los !kung.

Esta alta movilidad tiene consecuencias en el utillaje y en el tipo de hábitat. Los lugares residenciales son normalmente cuevas, abrigos o chozas al aire libre (Figura 1.1). Los objetos que se deben transportar deben ser los mínimos ya que una carga excesiva dificulta el nomadismo, por este motivo, en general el utillaje es escaso. Además, esto tiene consecuencias en el abandono de los objetos y el alto conocimiento de los recursos que ofrece el territorio y el medio (Binford, 1983; Sahlins, 1972).

El carácter perecedero y temporal de las estructuras de hábitat, junto con las bajas tasas de sedimentación, generan yacimientos que en realidad son la suma de distintos eventos superpuestos y que dificultan la interpretación por parte de la arqueología. Por ello, a menudo, aquello que encontramos junto en el espacio és difícil determinar si es sincrónico o diacrónico y por ello, la mayor parte de yacimientos de este momento cronológico son en realidad palimpsestos.

La aproximación al conocimiento de los espacios domésticos en los que tienen lugar las actividades cuotidianas, como preparar los alimentos, a lo largo del paleolítico se realiza a través de los materiales

arqueológicos localizados, como huesos, carbón o utillaje lítico, y su relación espacial con otros elementos, como las estructuras de combustión, los agujeros de poste, o las estructuras de piedras, entre otros. Gran parte de las interpretaciones sobre este registro arqueológico se sustenta en las observaciones etnográficas de poblaciones actuales de cazadores-recolectores de diferentes zonas geográficas, como los Hadza o los bosquimanos en África, los Nunamiut en América del Norte o los aborígenes australianos, entre otros. A partir de estos trabajos generalmente los espacios domésticos se localizan en torno a un hogar central o a diferentes hogares, dependiendo de diversos factores, como el número de personas o la duración de la ocupación. Las actividades domésticas que generan mayores residuos se desechan en zonas periféricas (Yellen, 1977), generalmente al exterior o alrededor del campamento. Las actividades que producen restos de dimensiones más pequeñas, como los microdesechos líticos o pequeños fragmentos de huesos, normalmente se localizan en el mismo lugar donde tiene lugar la actividad y que acostumbra a ser alrededor del hogar, o bien, a poca distancia cuando se limpia la zona (Binford, 1978).

En segundo lugar, no es fácil rastrear en el registro arqueológico cuales son las evidencias arqueológicas más antiguas de cada una de las fuentes de información de que disponemos, especialmente las que conciernen con la organización y adecuación de los espacios por parte

Figura 1.1. Distintas imágenes proporcionadas por la etnografía donde se observa el carácter perecedero de los materiales constructivos. Imágenes procedentes del fondo del Native American Heritage-Pictures of Native Americans (National Archive). Izquierda arriba: Ranchería apache con dos hombres sosteniendo un rifle. Imagen de Camillus S. Fly (National Archives Identifier: 530902, Local Identifier: 111-SC-85775). Izquierda abajo: Cabaña estacional (wikiup) kikapú, Sax and Fox (Oklahoma), 1880 (National Archives Identifier: 519144, Local Identifier: 75-IP-3-4). Derecha: Familia Bannock delante de una tienda construida con material vegetal, Idaho. Imágen de William H. Jackson, 1872 (National Archives Identifier: 517491, Local Identifier: 57-HS-996).

de los grupos cazadores-recolectores del paleolítico. Así por ejemplo, una de las evidencias que tradicionalmente se consideraron más antiguas fueron las estructuras de Olduvai (Leakey, 1971), de ca. 2 Ma, aunque su estudio generó controversia, mientras que las evidencias de fuego, se remontan por ejemplo, alrededor del 1.5 Ma.

El fuego

El fuego es uno de los principales elementos que nos ayuda a explicar la organización por parte de las sociedades del pasado. Si bien es cierto que el fuego puede haber tenido muchas funciones, entre ellas algunas meramente económicas y culinarias, como la de cocer alimentos y protegerse de predadores, otras se pueden relacionar con la organización del espacio doméstico. Las evidencias más antiguas sobre el uso del fuego se encuentran en África, entorno al ca. 1.5 Ma. Ejemplo son los sedimentos rubefactados de Koobi Fora y Chesowanja (Kenia) y los huesos quemados de Swartkrans (África del Sur) (Gowlett et al., 1981; Hlubik et al., 2017). En el yacimiento de Wonderwerk (África del Sur) (Berna et al., 2012) datado alrededor de ca.1 Ma, se ha identificado la presencia de materiales quemados (huesos y restos vegetales) asociados a industrias achelenses aunque no se han identificado propiamente hogares definidos. En el Próximo Oriente la presencia de restos vegetales quemados así como de herramientas líticas termoalteradas representan la evidencia de fuegos en el yacimiento de Gesher Benot Ya'aqov (Israel) con una antigüedad de 800 ka aproximadamente (Goren-Inbar et al., 2004). Las evidencias más fehacientes del uso del fuego y de hogares proviene del yacimiento de Qesem (Israel) con una cronología que engloba los 420 y 200 ka, donde se han documentado hogares *in situ* con presencia de cenizas y asociados a huesos y líticos quemados (Barkai et al., 2017; Karkanas et al., 2007). En este yacimiento es relevante un hogar de grandes dimensiones, cerca de 4 m² de área, que se localiza en el centro de la cueva y que permite a los investigadores sugerir que ya se tenía una noción sobre la organización del espacio en este momento. Asociado a este hogar se encuentran restos de fauna con evidencias de haber sido procesadas, así como un conjunto de líticos que permiten diferenciar espacialmente un área de procesamiento de carne y otra de trabajo de la piel.

Las evidencias del uso del fuego en Europa antes del MIS (*Marine Isotope Stage*) 11 (ca. 400 ka) son escasas y mayoritariamente relacionadas con pruebas indirectas de subproductos del fuego y con ausencia de hogares estructurados, seguramente como consecuencia de problemas de preservación. Hay ejemplos de productos del fuego en base a carbones dispersos en sistemas kársticos, como en el nivel TE19 de la Sima del Elefante (España) (Rosas et al., 2006) o en yacimientos al aire libre, como en Boxgrove (Reino Unido) (Roberts y Parfitt, 1999), entre otros. Entre el MIS 11 y el 9 las evidencias de fuego se generalizan y son más numerosas en yacimientos al aire libre (Terra Amata en Francia, Vérteszöllös en Hungría, entre otros) que en cuevas (Menez-Dregan 1 y Orgnac en Francia

o Gruta da Aroeira en Portugal) (Figura 1.2) (Roebroeks y Villa, 2011; Sanz et al., 2020). A partir del paleolítico medio y superior se observa una generalización del uso del fuego y las evidencias de yacimientos con estructuras de combustión, huesos quemados y carbones se documentan en todos los territorios (Hérisson et al., 2013; MacDonald et al., 2021; Mallol et al., 2019; Zilhão et al., 2017).

Las estructuras de combustión más primitivas y también las más simples y comunes a lo largo de toda la prehistoria es la realización de hogares planos, muchos de ellos sin ningún elemento delimitador, mientras que otros pueden haber sido delimitados por bloques de piedra u otros elementos. Los estudios etnográficos aplicados a la arqueología prehistórica nos permiten una aproximación muy interesante sobre la organización del espacio y la diversidad de estructuras de combustión. Así, por ejemplo, los trabajos experimentales realizados a partir de los datos procedentes de los grupos aborígenes del suroeste americano (Thoms, 2008), señalan la diversidad tipológica y funcional de hornos y parrillas. Los paralelos nos hablan también del uso de cantos de piedra para hervir el agua, normalmente se calientan en las brasas y luego se introducen en cuencos realizados en madera, vegetales o con pieles de animales.

Áreas de descanso, camas y lechos

La organización de los espacios domésticos no es única ni exclusiva de la humanidad, los estudios etológicos y primatológicos nos demuestra que distintes especies realizan una adecuación de las áreas de descanso. El caso más ampliamente conocido es el de los primates antropoides, que realizan camas -llamadas nidos- en las copas de los árboles para pasar la noche y descansar con seguridad, especialmente para evitar los predadores que actúan durante la noche (Anderson, 2000; McGrew, 2004), si bien, en la actualidad se barajan otras hipótesis para explicar la construcción de estos nidos, como son la de evitar la humedad y la termorregulación (Koops et al., 2012). Además, hoy en día, sabemos que algunos primates realizan una selección intencionada de las ramas más apropiadas para realizar estos lechos (Samson y Hunt, 2014). Hay otros mamíferos terrestres que también construyen lechos, un caso también conocido es el de los osos, que realizan camas por distintos motivos, entre los cuales pueden ser cuestiones climáticas y de temperatura, de ocultación, salvaguarda y defensa. Los osos, en algunas ocasiones excavan las camas en el sedimento y/o añaden restos de plantas y vegetación para mejorar el confort (Mysterud, 1983). Otras especies, como los corzos, utilizan estrategias que les permite protegerse de los predadores (Mysterud y Østbye, 1995). Todo ello nos indica la existencia de una alta complejidad social en la organización de los espacios de descanso de muchas especies animales, con un estado muy desarrollado de la construcción de nidos.

Por este motivo, es muy probable que los primeros representantes de nuestro linaje evolutivo ya seleccionaran

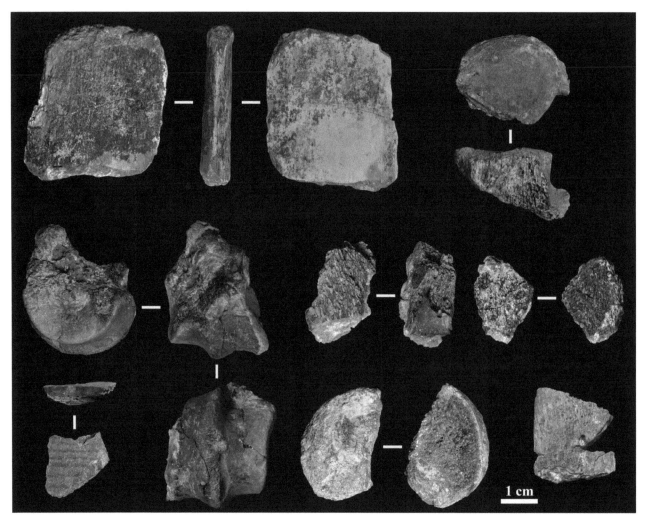

Figura 1.2. Restos óseos quemados del yacimiento de Gruta da Aroeira (Portugal). Los huesos carbonizados muestran un color negro mientras que los calcinados presentan coloraciones grises y blanquecinas.

y habilitaran espacios para el reposo. Tal es así que siguiendo el paralelo de otras especies animales y en base a la morfología anatómica y los lugares de hábitat, se haya sugerido que los algunos de estos grupos, como *Ardipithecus* o *Australopithecus*, tuvieran una vida entre los espacios abiertos y el bosque (Kappelman et al., 2016; White et al., 2009), donde encontraron mayor protección y donde probablemente construyeran nidos (Lovejoy, 2014). Por el momento, las evidencias más antiguas de la construcción de lechos por parte de los grupos humanos se han realizado en cuevas y abrigos, donde los restos orgánicos se han preservado. Se trata del yacimiento de Border Cave (Sudáfrica), donde se ha documentado la presencia de lechos o camas para el reposo de hace 200 ka realizados con una cobertura vegetal que incluye distintos tipos de hojas, un espacio que parece ser que además se quemaba regularmente con el fin de higienizar el lugar (Wadley et al., 2020). También en esta zona tenemos evidencias de la construcción de lechos o camas en fechas más recientes. Así, por ejemplo, los humanos modernos del *Middle Stone Age* del abrigo de Sibudu (Sudáfrica) construyeron hace ca. 77 ka camas con distintas plantas que a su vez cubrían con hojas de especies aromáticas

que contenían repelentes naturales, además sabemos que en momentos posteriores se realizaban también quemas para el mantenimiento del espacio (Wadley et al., 2011), una práctica que de manera puntual aparece en distintos momentos de la prehistoria.

Este tipo de evidencias de adecuación del espacio doméstico, están también presentes en el registro arqueológico fuera del continente africano. Encontramos muestra de ello en el levante Mediterráneo, por ejemplo, en el yacimiento al aire libre de Ohalo II (Israel) datado en ca. 23 ka cal. BP (~19.5 ka BP 14^C) (Nadel et al., 2004) se han documentado distintas cabañas con lechos realizados con vegetación, seguramente situados en la base de cabaña. Alrededor de estas áreas domésticas de reposo se han encontrado también algunas hogueras seguramente destinadas a la preparación de comida. En Europa occidental tenemos pocas evidencias de este tipo de estructuras domésticas, posiblemente por el sesgo de información del registro arqueológico. Las únicas conocidas y por lo tanto las más antiguas, son las que se han documentado en el complejo C de la cueva del Esquilleu (España), con cronologías del paleolítico medio ca. 48-58 ka (Cabanes et al., 2010; Mallol et al., 2010).

En yacimientos localizados en cuevas y abrigos rocosos también se han identificado áreas de descanso, que en este caso estarían ubicadas cerca de las paredes ya que son la parte más protegida y resguardada de los agentes atmosféricos. Hay ejemplos en distintos yacimientos del paleolítico medio, como en el abric Romaní (España) (Vallverdú et al., 2010) o en el abrigo de Oscurusciuto (Italia) (Spagnolo et al., 2019). Así en la parte más próxima a la pared habría hogares de pequeñas dimensiones, alineados y con una distribución bastante regular, distribución que junto con la baja densidad de artefactos sugiere que podrían ser utilizados como zonas de descanso, mientras que, en la parte más externa de los abrigos, se encontrarían un alto número de artefactos relacionado con otras actividades de tipo domésticas y económicas que denotarían una organización espacial. Hay otras localidades que presentan patrones similares, como por ejemplo el yacimiento de Tor Faraj (Jordania) (Figura 1.3), donde se han identificado también distintas estructuras de combustión interpretadas como zonas de descanso, además en este caso, la evidencia de restos vegetales de hierbas encajaría también con la idea de la preparación de lechos (Henry, 2011; Henry et al., 2004).

Los datos etnográficos son también en este caso indispensables para poder interpretar los registros arqueológicos. Tal y como se ha observado en diferentes refugios, en las zonas más protegidas y cerca de la pared, se colocarían pieles y/o vegetales para acomodar el espacio en forma de camas, que podrían estar o bien entre los hogares o bien entre los hogares y la pared. Las distancias entre hogares, o bien entre hogares y pared, siguen más o menos un patrón y una distancia parecida en estos registros etnográficos que pueden ser aplicados a la arqueología (Henry et al., 2004). Esta distancia estaría entorno de 1 y 1.7 m (Gamble, 1986) que es lo que ocuparía una persona adulta. Además, estas áreas estarían limpias, por lo que explicaría la baja presencia de restos arqueológicos (Binford, 1983).

Otra muestra de la organización planificada del espacio es el uso recurrente de la limpieza de los lugares de hábitat. Esta actividad la encontramos ya documentada en yacimientos del paleolítico medio, como en Lakonis I (Grecia) (Starkovich et al., 2020) o en Kebara (Israel) (Goldberg, 2017) o en yacimientos africanos como en Sibudu Cave (Sudáfrica)(Clark y Ligouis, 2010). En estos contextos se observa una ubicación reiterada de hogares en un lugar concreto a lo largo de miles de años, la limpieza de zonas residenciales en las que se retiran los restos más grandes de huesos y líticos y la acumulación de estos desechos en zonas determinadas, como cerca de las paredes (Speth, 2006).

Construcción de estructuras y cabañas como refugios

Los espacios domésticos a lo largo de la prehistoria no sólo han sido en cuevas o abrigos rocosos, sino que también hay indicios de que los grupos humanos construyeron sus propios refugios para resguardarse de la intemperie y

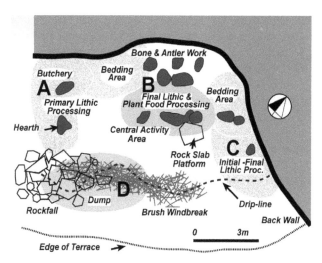

Figura 1.3. Dibujo en planta del yacimiento Tor Faraj (Jordania) donde se muestran las distintas estructuras de combustión y áreas de descanso. Se han identificado también otras zonas de actividades domésticas y adecuación del espacio (Henry, 2011).

de protegerse de otros agentes, como los carnívoros. La idea que sólo habitaban en cavidades, por lo tanto, es un sesgo del registro, ya sea por cuestiones de preservación o por cuestiones de identificación. Los yacimientos al aire libre son difíciles de identificar y localizar; además, estos refugios estarían construidos con materiales perecederos, como maderas, pieles o ramas, difíciles de que perduren. Como ya hemos comentado, una de las referencias que tradicionalmente se consideraron más antiguas fueron las estructuras de Olduvai (Leakey, 1971), de ca. 2 Ma aunque su estudio generó controversia. También en esta línea se encuentra el yacimiento de Pont-de-Lavaud (Francia), donde se identificaron unos pavimentos, aunque parece ser que hay importantes procesos postdeposicionales de gelifracción y crioturbación (Despriée et al., 2017, 2011). En el yacimiento al aire libre de Terra Amata en la costa de Niza (Francia), se identificaron estructuras de cabañas con hogares asociados a restos líticos y faunísticos (de Lumley, 2015).

En el interior de la cueva de Bruniquel (Francia) (Jaubert et al., 2016), y por lo tanto sujeto a menos proceso postdeposicionales, se ha documentado distintas construcciones anulares realizadas con estalagmitas hace aproximadamente unos ca. 175 ka. Además, distintas evidencias de estructuras de combustión, carbones y huesos quemados nos indica que hubo un importante nivel de organización social y del espacio por parte de los grupos humanos. Las investigaciones realizadas hasta el momento hacen difícil determinar la funcionalidad de estas estructuras situadas en las partes oscuras e interiores de la cavidad, las hipótesis pasan por el comportamiento simbólico y ritual hasta un posible uso doméstico o de refugio.

Disponemos, en cambio, de estructuras mejor conservadas a partir del paleolítico superior, de las cuales las más conocidas son las circulares hechas con huesos de mamuts documentadas en numerosos lugares de las llanuras nororientales de Europa . Estas estructuras probablemente sirvieron como viviendas en los momentos climáticos más rigurosos para los grupos humanos, ya que en su interior se han hallado hogares, así como restos de animales consumidos, como renos y caballos. También hay agujeros en el suelo que se interpretan como lugares de almacenamiento de comida, combustible para el fuego, entre otros. Es de relevancia el yacimiento de Mezhyrich (Ucrania), en el que se documentaron al menos cuatro estructuras, la mayor de las cuales mide 8 m de diámetro. Los huesos largos de las extremidades de los mamuts se colocaban verticalmente en los laterales, reforzados con mandíbulas para protegerse de los agentes atmosféricos y especialmente del frío y del viento. Las defensas se utilizaron en el techo de la cabaña para soportar ramas y pieles que cubrirían las cabañas. En el yacimiento de Kostyonki–Borshchyovo (Rusia) (Pryor et al., 2020) y con una edad de 22.5 ka BP, se ha encontrado una estructura circular (Kostenki 11) hecha con huesos de más de 60 mamuts que presenta unas grandes dimensiones (12.5 m de diámetro). En este caso, los investigadores especulan sobre la funcionalidad de esta estructura, sus grandes dimensiones y la gran cantidad de huesos de varios individuos, sin prácticamente paralelos, deja entreabierta la posibilidad de algún uso diferenciado, como el simbólico.

Otras aproximaciones: iluminación, remontajes, organización del espacio, representaciones graficas

El estudio del espacio doméstico durante el paleolítico se ha realizado también a partir de otros elementos del registro arqueológico, uno de ellos ha sido abordarlo a partir de la organización espacial. Los estudios realizados desde esta perspectiva arrancan de los clásicos trabajos realizados sobre distintos grupos (Binford, 1978) y su aplicación en contextos arqueológicos (Leroi-Gourhan y Brézillon, 1966; Simek, 1987), sin embargo, en los últimos años las aproximaciones tafonómicas y geoarqueológicas en los yacimientos arqueológicos (Bailey, 2007; Bailey y Galanidou, 2009) han ido en detrimento de este tipo de aproximaciones. La interpretación de los yacimientos es compleja ya que los restos mayoritariamente corresponden a diferentes ocupaciones con intensidades distintas que acaban generando lo que se conoce como palimpsestos arqueológicos, es decir, la suma de actividades en un mismo lugar. Por este motivo las características de cada yacimiento, así como los diferentes procesos sedimentológicos o tafonómicos que hayan tenido lugar son relevantes para una reconstrucción precisa. Así, yacimientos con tasas de sedimentación rápida, como algunos contextos fluviales, permiten separar diferentes ocupaciones, mientras que localidades con una tasa de sedimentación más lenta, como, por ejemplo, cuevas, dolinas o abrigos, pueden indicarnos que los restos han sido expuestos centenares de años antes de ser enterrados y esto implica que se han superpuesto diferentes ocupaciones, así como diferentes actividades. Además, diferentes agentes y procesos tafonómicos ya sea antes o después del enterramiento pueden modificar sustancialmente el registro.

Una de las herramientas más utilizadas por la arqueología para afrontar esta problemática del registro y poder separar ocupaciones y eventos son los remontajes de los artefactos líticos y también de los ecofactos, como los restos óseos. Los remontajes de la industria lítica nos permiten realizar una aproximación a la tecnología de la talla, pero también nos permite evaluar la movilidad dentro del mismo yacimiento y el uso de los espacios por parte de los grupos. Además, los remontajes son una potente fuente de información para determinar la integridad de los registros arqueológicos y nos permite determinar actividades de reciclaje por parte de los grupos humanos (Deschamps y Zilhão, 2018; Vaquero et al., 2015). Los remontajes realizados sobre huesos que fueron fracturados en fresco con fines alimenticios parecen ser más fiables para determinar actividades simultáneas en el espacio ya que normalmente no están sujetos a actividades de reciclaje (Rosell et al., 2012).

En diferentes yacimientos se observa como en la zona más interna y próxima a la pared, los restos junto con hogares son escasos como en la cova del Gegant (España) (Sanz et al., 2017), mientras que a pocos metros hay más restos y se asocian con hogares mayores, como en el abric Romaní (España) (Gabucio et al., 2018) o Kebara (Israel) (Speth et al., 2012). En el caso de Riparo Bombrini (Italia), donde también se identifican estas estructuras de combustión destinadas a las áreas de descanso, se ha observado un uso diferenciado del espacio en distintos momentos. Así, por ejemplo, en un momento el yacimiento fue utilizado como lugar de caza y procesado de carcasas, en otro como campamento base de tipo residencial con procesado de carne en la parte frontal y estructuras pegadas a la pared y otra, como campamento de corto plazo (Riel-Salvatore et al., 2013). Esta variabilidad en el uso de los yacimientos es un patrón que se documenta a lo largo de todo el paleolítico, y se observa en yacimientos tan antiguos como la Caune de l'Aragó (Francia) (de Lumley et al., 2004).

Otro aspecto interesante para la reconstrucción del espacio doméstico es el tema de la iluminación. Si bien las hogueras están seguramente presentes desde edades muy antiguas del paleolítico y por lo tanto permiten iluminar el espacio doméstico más allá de la luz solar y prolongar el día, disponemos de muy poca información sobre otros sistemas de iluminación. Se ha puesto en evidencia en distintas ocasiones que el arte paleolítico realizado en el interior de las cuevas, debido a las condiciones restringidas de iluminación natural, necesitó de soportes como antorchas y lámparas (Medina-Alcaide et al., 2021). La presencia de antorchas está documentada en algunas cavidades, como por ejemplo en el yacimiento de René Clastres (Francia) (Clottes y Simonnet, 1972) del final del paleolítico. Hay ejemplos también del yacimiento mesolítico de Star Carr (Reino Unido), donde además se han encontrado cilindros enrollados de corteza de abedul de difícil interpretación, algunos de los cuales podrían haber servido como antorchas (Fletcher et al., 2018). Tenemos también la presencia de lámparas realizadas en piedra, como la lámpara de Lascaux (Francia) (Figura 1.4),

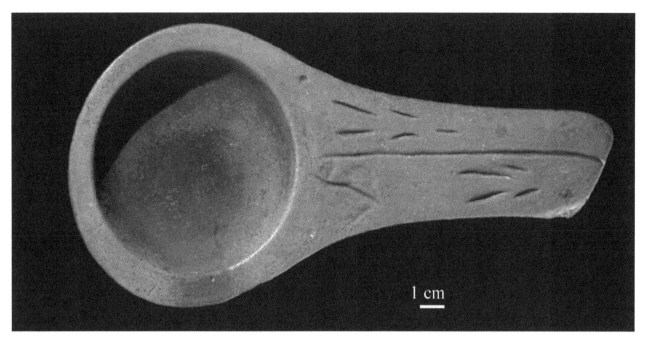

Figura 1.4. Lámpara paleolítica del yacimiento de Lascaux actualmente en el Musée National de Préhistoire (Les Eyzies) como depósito del Musée d'Archéologie nationale – Domaine national Saint-Germain-en-Laye (France). Imagen de P. Jugie/ Musée National de Préhistoire-France.

así como otras localidades ubicadas en pirineo francés, en el Périgord (de Beaune, 1987) y en el cantábrico (Rasilla et al., 2010).

El arte paleolítico es fundamentalmente un arte figurativo de animales, signos y escasamente representa figuras humanas. Son muy pocas las representaciones que se pueden relacionar con el paisaje (Utrilla et al., 2009) y menos con el espacio doméstico. Uno de los pocos casos que conocemos es un grabado sobre una plaqueta de esquisto procedente del yacimiento del Molí del Salt (España), datado en ca. 14 ka cal. BP (11.9 ka 14^C), y que presenta siete motivos semicirculares que han sido interpretados como distintas cabañas de un campamento de cazadores-recolectores del final del paleolítico (Figura 1.5) (García-Diez y Vaquero, 2015).

Conclusión

Abordar el modo de vida de las sociedades ágrafas de tipo nómada y cazador recolector del pasado es una tarea difícil tal y como se ha demostrado a lo largo de este trabajo. La aproximación mediante distintas herramientas, como la arqueología o la antropología, nos permiten reconstruir algunas de sus actividades de tipo doméstico, donde el fuego jugó un papel predominante tanto en la preparación de alimentos, como fuente de calor, luz, para higienizar los espacios y pasar la noche. La conservación excepcional de restos vegetales nos indica que en algunos de los espacios domésticos se prepararon lechos o camas mediante soportes vegetales y quizás se utilizaron pieles encima (aunque no documentadas), una práctica habitual en muchas comunidades cazadoras-recolectoras documentas por la etnografía.

Los hábitats y los espacios domésticos se encuentran ampliamente documentados en cuevas y abrigos a lo largo de todo el mundo, los accidentes geográficos jugaron un papel importante para las comunidades humanas desde los momentos más antiguos. Los contextos de cabañas y poblados al aire libre son más excepcionales como consecuencia de la dificultad de ser detectados mediante la arqueología y por su frágil preservación. Algunos de estos espacios tuvieron una organización interna sincrónica con

Figura 1.5. Imagen y dibujo de la plaqueta grabada (García-Diez y Vaquero, 2015).

áreas diferenciadas, como lo demuestra la distribución del material arqueológico y el estudio de los remontajes líticos y óseos. Además, algunas localidades tuvieron funcionalidades distintas a lo largo de su vida útil.

La mayoría de los espacios son campamentos de corta o muy corta duración. Los estudios etnográficos refuerzan esta idea, ya que los grupos de bandas normalmente están formados por pequeñas unidades, de unas pocas decenas de personas, si bien, las organizaciones pueden variar. Prácticamente no disponemos de representaciones naturalísticas del arte paleolítico que nos informen cómo podrían ser estos espacios, tan solo disponemos de unos pocos ejemplos.

Todos estos datos del registro arqueológico nos indican el alto grado de complejidad social y cultural de las sociedades cazadoras y recolectoras del paleolítico, así como el uso y organización del espacio doméstico en los diferentes contextos.

Agradecimientos

Nuestro más sincero agradecimiento a los editores de este volumen, en especial a J. G. Targa por invitarnos a participar. Esta investigación forma parte de los proyectos 2017SGR-00011, CLT009/18/00022-Els canvis climàtics durant el plistocè superior a la costa central catalana i l'impacte en les poblacions neandertals i humans anatòmicament moderns, CLT/2022/ARQ001SOLC/128-Les societats caçadores recol·lectores del Paleolític mitjà i superior: Estratègies de subsistència (Generalitat de Cataluña) así como PID2020-113960GB-I00 (Ministerio de Ciencia e Innovación). J. Daura y M. Sanz recibieron el apoyo Ramón y Cajal (RYC-2015-17667 y RYC2021-032999-I respectivamente)

Referencias

Anderson, J.R., 2000. Sleep-related behavioural adaptations in free-ranging anthropoid primates. Sleep Medicine Reviews 4, 355-373. https://doi.org/10.1053/smrv.2000.0105

Bailey, G., 2007. Time perspectives, palimpsests and the archaeology of time. Journal of Anthropological Archaeology 26, 198-223. https://doi.org/10.1016/j.jaa.2006.08.002

Bailey, G., Galanidou, N., 2009. Caves, palimpsests and dwelling spaces: examples from the Upper Palaeolithic of south-east Europe. World Archaeology 41, 215-241. https://doi.org/10.1080/00438240902843733

Barkai, R., Rosell, J., Blasco, R., Gopher, A., 2017. Fire for a reason: Barbecue at middle pleistocene Qesem cave, Israel. Current Anthropology 58, S314-S328. https://doi.org/10.1086/691211

Berna, F., Goldberg, P., Horwitz, L.K., Brink, J., Holt, S., Bamford, M., Chazan, M., 2012. Microstratigraphic evidence of in situ fire in the Acheulean strata of Wonderwerk Cave, Northern Cape province, South Africa. Proceedings of the National Academy of Sciences of the United States of America 109, 1215-1220. https://doi.org/10.1073/pnas.1117620109

Binford, L.R., 1983. Pursuit of the Past. Decoding the Archaeological Record. Thames & Hudson Ltd, London.

Binford, L.R., 1978. Dimensional Analysis of Behavior and Site Structure: Learning from an Eskimo Hunting Stand. American Antiquity 43, 330-361. https://doi.org/10.2307/279390

Cabanes, D., Mallol, C., Expósito, I., Baena, J., 2010. Phytolith evidence for hearths and beds in the late Mousterian occupations of Esquilleu cave (Cantabria, Spain). Journal of Archaeological Science 37, 2947-2957. https://doi.org/10.1016/j.jas.2010.07.010

Clark, J.L., Ligouis, B., 2010. Burned bone in the Howieson's Poort and post-Howieson's Poort Middle Stone Age deposits at Sibudu (South Africa): behavioral and taphonomic implications. Journal of Archaeological Science 37, 2650-2661. https://doi.org/10.1016/j.jas.2010.06.001

Clottes, J., Simonnet, R., 1972. Le réseau René Clastres de la Caverne de Niaux (Ariège). Bulletin de la Société Préhistorique Français 69, 293-323.

de Beaune, S.A., 1987. Lampes et godets au Paléolithique. Gallia Préhistoire supp. 23.

de Lumley, H., 2015. Terra Amata, Nice, Alpes-Maritimes, France Fascicule 1. Les industries acheuléennes. Tome IV, Editions CNRS, Paris.

de Lumley, H., Grégoire, S., Barsky, D., Batalla, G., Bailon, S., Belda, V., Briki, D., Byrne, L., Desclaux, E., El Guenouni, K., Fournier, A., Kacimi, S., Lacombat, F., de Lumley, M.-A., Moigne, A.-M., Moutoussamy, J., Paunescu, C., Perrenoud, C., Pois, V., Quiles, J., Rivals, F., Roger, T., Testu, A., 2004. Habitat et mode de vie des chasseurs paléolithiques de la Caune de l'Arago (600 000–400 000 ans). L'Anthropologie 108, 159-184. https://doi.org/10.1016/j.anthro.2004.05.001

Deschamps, M., Zilhão, J., 2018. Assessing site formation and assemblage integrity through stone tool refitting at Gruta da Oliveira (Almonda karst system, Torres Novas, Portugal): A Middle Paleolithic case study. PLOS ONE 13, e0192423. https://doi.org/10.1371/journal.pone.0192423

Despriée, J., Courcimault, G., Voinchet, P., Jouanneau, J., Puaud, S., Abdessadok, S., Dépont, J., Duval, M., Lebon, M., Ingicco, T., Moncel, M.-H., Falguères, C., Bahain, J., 2017. Le site du pléistocène inférieur de Lunery-Rosières, la Terre-des-Sablons (France, région Centre, Cher) : unités sédimentaires, datations ESR, études géoarchéologiques, préhistoire. Quaternaire 28 5-30. https://doi.org/10.4000/quaternaire.7891

Despriée, J., Voinchet, P., Tissoux, H., Bahain, J.-J., Falguères, C., Courcimault, G., Dépont, J., Moncel, M.-H., Robin, S., Arzarello, M., Sala, R., Marquer, L., Messager, E., Puaud, S., Abdessadok, S., 2011. Lower and Middle Pleistocene human settlements recorded in fluvial deposits of the middle Loire River Basin, Centre Region, France. Quaternary Science Reviews 30, 1474-1485. https://doi.org/10.1016/j.quascirev.2011.02.011

Evans, E.C., Long, J.P.M., 1965. The Aborigines of Western Central Australia. The Geographical Journal 131, 318-329. https://doi.org/10.2307/1794185

Fletcher, L., Milner, N., Taylor, M., Bamforth, M., Croft, S., Little, A., Pomstra, D., Robson, H., Knight, R., 2018. The Use of Birch Bark, en: Star Carr Volume II. White Rose University Press, pp. 419-435. https://doi.org/10.22599/book2.p

Gabucio, M.J., Fernández-Laso, M.C., Rosell, J., 2018. Turning a rock shelter into a home. Neanderthal use of space in Abric Romaní levels M and O. Historical Biology 30, 743-766. https://doi.org/10.1080/08912963.2017.1340470

Gamble, C., 1986. The Palaeolithic Settlement of Europe. Cambridge University Press, Cambridge.

García-Diez, M., Vaquero, M., 2015. Looking at the Camp: Paleolithic Depiction of a Hunter-Gatherer Campsite. PLOS ONE 10, e0143002. https://doi.org/10.1371/journal.pone.0143002

Goldberg, P., 2017. Some Observations on Middle and Upper Palaeolithic Ashy Cave and Rockshelter Deposits in the Near East, en: More than Meets the Eye. Oxbow Books, pp. 19-32. https://doi.org/10.2307/j.ctvh1dwcq.8

Goren-Inbar, N., Alperson, N., Kislev, M.E., Simchoni, O., Melamed, Y., Ben-Nun, A., Werker, E., 2004. Evidence of Hominin Control of Fire at Gesher Benot Ya'aqov, Israel. Science 304, 725-727. https://doi.org/10.1126/science.1095443

Gowlett, J.A.J., Harris, J.W.K., Walton, D., Wood, B.A., 1981. Early archaeological sites, hominid remains and traces of fire from Chesowanja, Kenya. Nature 294, 125-129. https://doi.org/10.1038/294125a0

Henry, D., 2011. Late Levantine Mousterian spatial patterns at landscape and intrasite scales in southern Jordan, en: Tensorer, J.-M. Le, Jagher, R., Otte, M. (Eds.), The Lower and Middle Palaeolithic in the Middle East and Neighbouring Regions. Etudes et Recherches Archéologiques del'Université de Liège (ERAUL), pp. 115-130.

Henry, D.O., Hietala, H.J., Rosen, A.M., Demidenko, Y.E., Usik, V.I., Armagan, T.L., 2004. Human behavioral organization in the Middle Paleolithic: were Neanderthals different? American Anthropologist 106, 17-31.

Hérisson, D., Locht, J.-L., Auguste, P., Tuffreau, A., 2013. Néandertal et le feu au Paléolithique moyen ancien. Tour d'horizon des traces de son utilisation dans le Nord de la France. L'Anthropologie 117, 541-578. https://doi.org/10.1016/j.anthro.2013.10.002

Hlubik, S., Berna, F., Feibel, C., Braun, D., Harris, J.W.K., 2017. Researching the Nature of Fire at 1.5 Mya on the Site of FxJj20 AB, Koobi Fora, Kenya, Using High-Resolution Spatial Analysis and FTIR Spectrometry. Current Anthropology 58, S243-S257. https://doi.org/10.1086/692530

Jaubert, J., Verheyden, S., Genty, D., Soulier, M., Cheng, H., Blamart, D., Burlet, C., Camus, H., Delaby, S., Deldicque, D., Edwards, R.L., Ferrier, C., Lacrampe-Cuyaubère, F., Lévêque, F., Maksud, F., Mora, P., Muth, X., Régnier, É., Rouzaud, J.-N., Santos, F., 2016. Early Neanderthal constructions deep in Bruniquel Cave in southwestern France. Nature 534, 111-114. https://doi.org/10.1038/nature18291

Kappelman, J., Ketcham, R.A., Pearce, S., Todd, L., Akins, W., Colbert, M.W., Feseha, M., Maisano, J.A., Witzel, A., 2016. Perimortem fractures in Lucy suggest mortality from fall out of tall tree. Nature 537, 503-507. https://doi.org/10.1038/nature19332

Karkanas, P., Shahack-Gross, R., Ayalon, A., Bar-Matthews, M., Barkai, R., Frumkin, A., Gopher, A., Stiner, M.C., 2007. Evidence for habitual use of fire at the end of the Lower Paleolithic: Site-formation processes at Qesem Cave, Israel. Journal of human evolution 53, 197-212.

Kelly, R.L., 1995. The foraging spectrum: Diversity in hunter-gatherer lifeways. Smithsonian Institution Press, Washington, DC.

Koops, K., McGrew, W.C., de Vries, H., Matsuzawa, T., 2012. Nest-Building by Chimpanzees (Pan troglodytes verus) at Seringbara, Nimba Mountains: Antipredation, Thermoregulation, and Antivector Hypotheses. International Journal of Primatology 33, 356-380. https://doi.org/10.1007/s10764-012-9585-4

Lalueza-Fox, C., Rosas, A., Estalrrich, A., Gigli, E., Campos, P.F., Garcia-Tabernero, A., Garcia-Vargas, S., Sanchez-Quinto, F., Ramirez, O., Civit, S., Bastir, M., Huguet, R., Santamaria, D., Gilbert, M.T.P., Willerslev, E., de la Rasilla, M., 2011. Genetic evidence for patrilocal mating behavior among Neandertal groups. Proceedings of the National Academy of Sciences of the United States of America 108, 250-253.

Leakey, M., 1971. Olduvai Gorge: Excavations in Bed I and II: 1960-1963. University Press.

Leroi-Gourhan, A., Brézillon, M.N., 1966. L'habitation magdalénienne n° 1 de Pincevent près Monterau (Seine-et-Marne). Gallia préhistoire 9, 263-385. https://doi.org/10.3406/galip.1966.1264

Lovejoy, C.O., 2014. Ardipithecus and early human evolution in light of twenty-first-century developmental biology. Journal of Anthropological Research 70, 337-363. https://doi.org/10.3998/iar.0521004.0070.3Ql

MacDonald, K., Scherjon, F., van Veen, E., Vaesen, K., Roebroeks, W., 2021. Middle Pleistocene fire use: The first signal of widespread cultural diffusion in human evolution. Proceedings of the National Academy of Sciences 118, e2101108118. https://doi.org/10.1073/pnas.2101108118

Mallol, C., Cabanes, D., Baena, J., 2010. Microstratigraphy and diagenesis at the upper Pleistocene site of Esquilleu Cave (Cantabria, Spain). Quaternary International 214, 70-81. https://doi.org/10.1016/j.quaint.2009.10.018

Mallol, C., Hernández, C., Mercier, N., Falguères, C., Carrancho, Á., Cabanes, D., Vidal-Matutano, P., Connolly, R., Pérez, L., Mayor, A., Ben Arous, E., Galván, B., 2019. Fire and brief human occupations in Iberia during MIS 4: Evidence from Abric del Pastor (Alcoy, Spain). Scientific Reports 9, 18281. https://doi.org/10.1038/s41598-019-54305-9

McGrew, W.C., 2004. The Cultured Chimpanzee. Cambridge University Press. https://doi.org/10.1017/CBO9780511617355

Medina-Alcaide, M.Á., Garate, D., Intxaurbe, I., Sanchidrián, J.L., Rivero, O., Ferrier, C., Mesa, M.D., Pereña, J., Líbano, I., 2021. The conquest of the dark spaces: An experimental approach to lighting systems in Paleolithic caves. PLOS ONE 16, e0250497. https://doi.org/10.1371/journal.pone.0250497

Mysterud, A., Østbye, E., 1995. Bed-site selection by European roe deer (Capreolus capreolus) in southern Norway during winter. Canadian Journal of Zoology 73, 924-932. https://doi.org/10.1139/z95-108

Mysterud, I., 1983. Characteristics of Summer Beds of European Brown Bears in Norway. Bears: Their Biology and Management 5, 208-222. https://doi.org/10.2307/3872540

Nadel, D., Weiss, E., Simchoni, O., Tsatskin, A., Danin, A., Kislev, M., 2004. From The Cover: Stone Age hut in Israel yields world's oldest evidence of bedding. Proceedings of the National Academy of Sciences 101, 6821-6826. https://doi.org/10.1073/pnas.0308557101

Pryor, A.J.E., Beresford-Jones, D.G., Dudin, A.E., Ikonnikova, E.M., Hoffecker, J.F., Gamble, C., 2020. The chronology and function of a new circular mammoth-bone structure at Kostenki 11. Antiquity 94, 323-341. https://doi.org/10.15184/aqy.2020.7

Rasilla, M., Duarte, E., Santamaría, D., Martínez, L., Fernández, J., Rodríguez, V., Fortea, J., 2010. Licnología paleolítica: las lámparas de las Cuevas de Llonín y El Covarón (Asturias). Zephyrus 65, 103-116.

Riel-Salvatore, J., Ludeke, I.C., Negrino, F., Holt, B.M., 2013. A Spatial Analysis of the Late Mousterian Levels of Riparo Bombrini (Balzi Rossi, Italy). Canadian Journal of Archaeology 1, 70-92.

Roberts, M.B., Parfitt, S.A., 1999. Boxgrove. A Middle Pleistocene hominid site at Eartham Quarry, Boxgrove, West Sussex. English Heritage, London.

Roebroeks, W., Villa, P., 2011. On the earliest evidence for habitual use of fire in Europe. Proceedings of the National Academy of Sciences 108, 5209-5214. https://doi.org/10.1073/pnas.1018116108

Rosas, A., Huguet, R., Pérez-González, A., Carbonell, E., Bermúdez de Castro, J.M., Vallverdú, J., Van der Made, J., Allué, E., García, N., Martínez-Pérez, R., Rodríguez, J., Sala, R., Saladie, P., Benito, A., Martínez-Maza, C., Bastir, M., Sánchez, A., Parés, J.M., 2006. The «Sima del Elefante» cave site at Atapuerca (Spain). Estudios Geológicos 62, 327-348. https://doi.org/10.3989/egeol.0662129

Rosell, J., Blasco, R., Fernandez-Laso, M.C., Vaquero, M., Carbonell, E., 2012. Connecting areas: Faunal refits as a diagnostic element to identify synchronicity in the Abric Romani archaeological assemblages. Quaternary International 252, 56-67.

Sahlins, M., 1972. Sotne Age Economics. Aldine Publishing Company, Chicago.

Samson, D.R., Hunt, K.D., 2014. Chimpanzees Preferentially Select Sleeping Platform Construction Tree Species with Biomechanical Properties that Yield Stable, Firm, but Compliant Nests. PLoS ONE 9, e95361. https://doi.org/10.1371/journal.pone.0095361

Sanz, M., Daura, J., Cabanes, D., Égüez, N., Carrancho, Á., Badal, E., Souto, P., Rodrigues, F., Zilhão, J., 2020. Early evidence of fire in south-western Europe: the Acheulean site of Gruta da Aroeira (Torres Novas, Portugal). Scientific Reports 10, 12053. https://doi.org/10.1038/s41598-020-68839-w

Sanz, M., Daura, J., Égüez, N., Cabanes, D., 2017. On the track of anthropogenic activity in carnivore dens: Altered combustion structures in Cova del Gegant (NE Iberian Peninsula). Quaternary International 437, 102-114. https://doi.org/10.1016/j.quaint.2015.10.057

Simek, J.F., 1987. Spatial order and behavioural change in the French Paleolithic. Antiquity 61, 25-40. https://doi.org/10.1017/S0003598X0007246X

Spagnolo, V., Marciani, G., Aureli, D., Berna, F., Toniello, G., Astudillo, F., Boschin, F., Boscato, P., Ronchitelli, A., 2019. Neanderthal activity and resting areas from stratigraphic unit 13 at the Middle Palaeolithic site of Oscurusciuto (Ginosa - Taranto, Southern Italy). Quaternary Science Reviews 217, 169-193. https://doi.org/10.1016/j.quascirev.2018.06.024

Speth, J.D. (2006). Housekeeping, Neandertal-Style. In: Hovers, E., Kuhn, S.L. (eds) Transitions Before the Transition. Interdisciplinary Contributions To

Archaeology. Springer, Boston, MA., pp. 171-188. https://doi.org/10.1007/0-387-24661-4_10

Speth, J.D., Meignen, L., Bar-Yosef, O., Goldberg, P., 2012. Spatial organization of Middle Paleolithic occupation X in Kebara Cave (Israel): Concentrations of animal bones. Quaternary International 247, 85-102.

Starkovich, B.M., Elefanti, P., Karkanas, P., Panagopoulou, E., 2020. Site Use and Maintenance in the Middle Palaeolithic at Lakonis I (Peloponnese, Greece). Journal of Paleolithic Archaeology 3, 157-186. https://doi.org/10.1007/s41982-018-0006-x

Thoms, A. V., 2008. The fire stones carry: Ethnographic records and archaeological expectations for hot-rock cookery in western North America. Journal of Anthropological Archaeology 27, 443-460. https://doi.org/10.1016/j.jaa.2008.07.002

Utrilla, P., Mazo, C., Sopena, M.C., Martínez-Bea, M., Domingo, R., 2009. A palaeolithic map from 13,660 calBP: engraved stone blocks from the Late Magdalenian in Abauntz Cave (Navarra, Spain). Journal of Human Evolution 57, 99-111. https://doi.org/10.1016/j.jhevol.2009.05.005

Vallverdú, J., Vaquero, M., Cáceres, I., Allué, E., Rosell, J., Saladié, P., Chacón, G., Ollé, A., Canals, A., Sala, R., 2010. Sleeping activity area within the site structure of archaic human groups. Current Anthropology 51, 137-145.

Vaquero, M., Bargalló, A., Chacón, M.G., Romagnoli, F., Sañudo, P., 2015. Lithic recycling in a Middle Paleolithic expedient context: Evidence from the Abric Romaní (Capellades, Spain). Quaternary International 361, 212-228. https://doi.org/10.1016/j.quaint.2014.05.055

Wadley, L., Esteban, I., de la Peña, P., Wojcieszak, M., Stratford, D., Lennox, S., D'Errico, F., Rosso, D.E., Orange, F., Backwell, L., Sievers, C., 2020. Fire and grass-bedding construction 200 thousand years ago at Border Cave, South Africa. Science 369, 863-866. https://doi.org/10.1126/science.abc7239

Wadley, L., Sievers, C., Bamford, M., Goldberg, P., Berna, F., Miller, C., 2011. Middle Stone Age Bedding Construction and Settlement Patterns at Sibudu, South Africa. Science 334, 1388-1391. https://doi.org/10.1126/science.1213317

White, T.D., Ambrose, S.H., Suwa, G., Su, D.F., DeGusta, D., Bernor, R.L., Boisserie, J.-R., Brunet, M., Delson, E., Frost, S., Garcia, N., Giaourtsakis, I.X., Haile-Selassie, Y., Howell, F.C., Lehmann, T., Likius, A., Pehlevan, C., Saegusa, H., Semprebon, G., Teaford, M., Vrba, E., 2009. Macrovertebrate Paleontology and the Pliocene Habitat of Ardipithecus ramidus. Science 326, 67-67, 87-93. https://doi.org/10.1126/science.1175822

Yellen, J.E., 1977. Cultural patterning in faunal remains: evidence from the !Kung Bushmen, en: Ingersoll, D., Yellen, J.E., Macdonald, W. (Eds.), Experimental Archeology. Columbia University Press, New York, pp. 271-331.

Zilhão, J., Anesin, D., Aubry, T., Badal, E., Cabanes, D., Kehl, M., Klasen, N., Lucena, A., Martín-Lerma, I., Martínez, S., Matias, H., Susini, D., Steier, P., Wild, E.M., Angelucci, D.E., Villaverde, V., Zapata, J., 2017. Precise dating of the Middle-to-Upper Paleolithic transition in Murcia (Spain) supports late Neandertal persistence in Iberia. Heliyon 3, e00435. https://doi.org/10.1016/j.heliyon.2017.e00435

2

Houses and the Neolithic process in the Near East: techniques and spaces between functionality and symbolism

Miquel Molist
GRAMPO-SAPPO, Departament de Prehistòria,
Universitat Autònoma de Barcelona

Joaquim Sisa-López de Pablo
GRAMPO-SAPPO, Departament de Prehistòria,
Universitat Autònoma de Barcelona

Anna Bach-Gómez
GRAMPO-SAPPO, Departament de Prehistòria,
Universitat Autònoma de Barcelona

Domestic space characteristics, in the process of economic and social transformation represented by the Neolithic, has been one of the most emblematic elements of study since the pioneering work of V.G. Childe and K. Flannery at the beginning of XX century or later by J. Cauvin and O. Aurenche. More recently, other authors such as I. Kuijt or I. Hodder completed the proposals from the study of new stratigraphies and sites from different regions. The parallel analysis between house evolution and social and economic transformations between 10000 and 5500 cal BCE, shows key moments in the household transformation. These archaeological data allow us to infer on the sociological, cultural and symbolic dimensions of the house in the historical evolution in the Near East.

Las características del espacio doméstico, en el proceso de transformación económica y social que representa el Neolítico, ha sido uno de los elementos de estudio más emblemáticos desde el trabajo pionero de V.G. Childe y K. Flannery a principios del siglo XX o más tarde por J. Cauvin y O. Aurenche. Más recientemente, otros autores como I. Kuijt o I. Hodder completaron las propuestas a partir del estudio de nuevas estratigrafías y nuevos yacimientos de diferentes regiones. El análisis paralelo entre la evolución de la unidad doméstica y las transformaciones sociales y económicas entre 10000 y 5500 cal BCE, muestra momentos clave en la transformación de la casa. Estos datos arqueológicos permiten inferir sobre las dimensiones sociológicas, culturales y simbólicas de la casa en la evolución histórica en el Cercano Oriente.

Introduction

The Near East is one of the areas of the world where there is an extensive number of archaeological sites, heritage remains and, in short, material testimonies of the historical and social evolution of human groups in ancient times. It is an area with a long history, whose material record offers the possibility of approaching the investigation of historical phenomena of enormous impact on social and cultural evolution such as, for example, the appearance of the first cities, the birth of writing, etc. There is no doubt that this dense history has a national reading, although, given its importance and transcendence, there is also a complementary global reading that affects all humanity.

Among the most important historical studies that are exceptional during recent prehistory, we find the emergence and development of agricultural societies. This transformation takes place in this part of the world with greater antiquity and as a result of the historical evolution of human groups without the intervention of major exchanges or transfers. Currently, this issue has a broad dynamism in research, and its study affects all social, cultural and economic areas of societies. Indeed, the development of increasingly interdisciplinary archaeology allows us to get closer to the study of global transformations, influencing and observing the connection of the sociological variables that intervene (technological changes, demographic variations, symbolic changes, etc.). Traditionally, these changes are associated with the concept of "Neolithic Revolution", a term that has endured in historiography associated with that of its creator, V. Gordon Childe, who was one of the most significant renovators of recent prehistory. Even so, neither the terminology itself nor its historical content is currently the same. Although some of the terms and variables are still used as the main factors of the appearance of the first agricultural communities such as the sedentary lifestyle, the demographic increase, the technological transformation or the symbolic and religious change, the renewal in recent decades both at the theoretical level and especially at the documentary level has been abundant. Consequently, the "simplicity" and "schematism" of the analysis and interpretations proposed by the historiography and research carried out in the 20th century is lost.

Without pretending to be exhaustive, the most significant transformations will be highlighted, such as the evidence of a broad evolution over time that could extend to more than six thousand years if we consider the first signs of a sedentary lifestyle before the evidence of fully stable agricultural and herder groups. The idea of continuous evolution, that is, a succession of chained and interrelated changes has also varied, making it difficult to investigate the single main element or event forerunner of the transformation, which had initially been the object of a coveted search. The existence of a constant succession would be followed by some moments of disruption in the documented socio-economic and cultural changes.

It is also necessary to highlight the growing importance given to the empirical data, that is, to the archaeological documentation recovered in stable research projects in Western and Central Asia. Indeed, during the last decades, there has been an intensification of field research as a consequence of the growing sensitivity and dedication of local institutions to preventive archaeology and heritage as a source of wealth, with an increase in so-called rescue excavations, usually with an international scope and development. The increasing number of archaeological excavations and the realisation of specific research programs, with a notable increase in theoretical proposals and archaeometric advancement, has streamlined the data and its interpretation, allowing more detailed regional sequences and evolutions to be defined.

This paper will focus on the habitat analysis, and more specifically, on the evidence of the domestic-type dwelling units. That is the space of residence where the day-to-day tasks necessary for the survival of the human group are carried out. These are of great scientific interest because they provide important material evidence about the social relationships that are established between individuals. Although being the centre of attention, domestic spaces will be analysed in the general framework of associated cultural and socioeconomic phenomena, such as transformations in subsistence practices, the degree of group mobility, the appearance of monumental-type constructions with a non-domestic functionality, and finally, the development and transformations of construction techniques. Consequently, the main characteristics of the habitat will be analysed diachronically during the Neolithic process, highlighting the most relevant features during its evolution always in parallel and intertwined with the social and economic transformations with which they are interrelated.

Sedentarism and the incipient treatment of the domestic space in the framework of the last hunter-gatherers

With an increasing number of data, the knowledge of the last hunter-gatherers has been fully incorporated into the historical-archaeological syntheses to understand the process of the origin of agricultural and livestock societies. The knowledge of its economy, technology or its relationship with the environment has been expanded.

The number of settlements, that is, temporary campsites, hunting stations, even surveillance and control sites, has increased substantially between 12 000-9500 BCE, a time frame that coincides with a warmer climatic episode (Allerod) and the short cold and dry episode (Dryas III). The Palestine / Israel area, together in general with the northern Levant, is the ecological area where the highest number of archaeological sites appear. The new data provided significantly enrich the so-called Natufian culture, a denomination that continues in force for the material culture of these groups.

The habitat of these hunter-gatherers is defined as stable campsites, in which huts structures remains are preserved and reflects the following characteristics: their oval or circular plants, the fact of being semi-excavated and the presence of a significant number of domestic equipment such as hearths, silos, grinding tools, and a considerable number of post holes that have allowed the proposition of support elements undoubtedly linked to roofs made with plant elements. Although the discussion on the degree of the sedentary lifestyle of these populations persists, the detailed analysis of both the archaeological evidence (constructions with a large amount of labour investment, heavy furniture, etc.) and especially the study of the exploited natural resources incites to propose the existence of stable campsites. This economic structure would favour the proposal of a full sedentary lifestyle for some of these groups, thus becoming the first sociological transformation that would take place in the evolution of hunter-gatherers towards agricultural societies.

These are generally small groupings of tents, whose overall dimensions can reach 500 m2, with a variable number of them interpreted as dwellings where the presence of hearths or combustion structures inside constitutes the most significant structural element for its attribution to a domestic functionality. They are structures with a circular or semi-circular plant, with variable diameters (from 2 to 8 m.) where a significant number are semi-excavated. That led to developing new construction techniques to reinforce the "semi-underground" part of the hut that archaeologists are able to document as stone claddings (vertical blocks or slabs) but also made with earth, that is clay mixed with plant elements, and finally also the use of other perishable materials. These elements are present, for example, in Ain Mallaha (Valla, 2008), or Wadi Hammeh 27 (Edwards, 2012), two sites where the documentation has been recently updated and indicates this important change.

These characteristics are documented too in the northernmost settlements such as Mureybet and Abu Hureyra in the region of the Middle Valley of the Euphrates River. Also noteworthy are the new sites recently discovered in the small mountain ranges near the oasis of Damascus, highlighting the open-air camps in the Bal'as mountainous area and, more specifically the site of Wadi Tumbaq 3 with semi-excavated habitation structures (Abbés, 2014).

The richness of the documentation of open-air sites is complemented by the continuity in the use of the caves. The most well-known examples from the Mount Carmel area, such as the Hayonim cave, have recently been joined by the excavation of the Dederiye cave, on the Syrian-Turkish border, where a large dwelling structure has been documented.

As F. Valla said, the archaeological evidence from this period constitutes solid evidence of innovation in the morphology of the habitat, probably associated with some type of sedentary lifestyle that indicates a more stable relationship with the environment and its economic exploitation, as well as with the first steps of an innovative social organization. That is, probably, the dawn of the house. In the same way, the debate around the domestic group concerning the habitat continues. Thus, on the one hand, the suggestion that these households corresponded to nuclear families persists, which economically would tend to self-sufficiency. On the other hand, some authors have pointed out some characteristics of the habitat, such as the large dimensions of the building at Wadi Hammet 27 (c. 120-140 m2) compared to the excessively small ones like the ones at Hayonin cave (that do not reach 10 m2) as disparate evidence to be attributed in a generalized way to nuclear families and not to more extensive domestic groups (Valla, 2008; Goring-Morris and Belfer-Cohen, 2008; 2010).

Finally, it is also worth highlighting the internal configuration of some of these structures, such as the small sculpted monolithic stele of Wadi Hammeh 27 that begins to evoke some elements of the later period. This situation is also observed in the relation between the funerary spaces and the built environment, which constitutes the beginning of a relationship between the living space and death that will also endure in the later period.

Villages and contemporary monumental architecture at the beginning of the first plant manipulation communities

Significant social and economic transformations have been documented since the middle of the 10th millennium BCE and over some 800 years. It is the so-called PPNA (Pre- Pottery-Neolithic A), a cultural horizon related to the appearance of a significant number of transformations that would anticipate some socioeconomic changes that constitute the Neolithic period. The first new aspect affects the economic sphere. In some areas of the Near East humans started to manipulate agricultural products, although the morphological and genetic transformation that grants the species the "domesticated" status is not yet evident. Nevertheless, this evidence suggests the beginning of the agricultural practices for the first time.

These innovative activities are complemented by hunting and the use of animal resources, very similar practices to those of the last hunter-gatherers. The second novelty concerns technology and sociology, where important innovations are documented. Regarding the habitat, there is an improvement in the construction and conceptual technique. It is also remarkable the development of buildings for collective use. The third would be the high variation observed in the symbolic record, given the discovery in recent years of spectacular sites from northern Syria and south-eastern Anatolia. It is indeed a rich and varied set of representations that appeared in different settlements that show an unusual coherence of themes, chronology, and geographical distribution.

This paper aims to analyse the innovation in the forms of the habitat and its associated technological development in detail. Indeed, the documentation focus on specific regions as the Jordan Valley, the Middle Euphrates Valley, South-eastern Anatolia and the upper Tigris. The innovative and exceptional record of recently excavated settlements shows that due to the novelties in the construction techniques, the planning of space and the higher investment of work, there would be stable groupings of constructions intended for domestic use that transcends the utilitarian into a new sociological and symbolic sphere (Banning and Chazan, 2006; Watkins, 2004; 2010) (Figure 2.1).

The wealth of documentation comes from recent excavations in the area of the Middle Valley of the Euphrates River or the southern part of Anatolia or, even more recently, the headwaters of the Tigris. In Syria, the settlements of Jerf el Ahmar, Djadé el Mughara and tell Abr 3 stand out, all of them near the current city of Djerablus (Syria). In the south-eastern area of Anatolia, the evidence of Gobekli, Nevalli Çori, Çayonu and finally in the region of the upper head of the Tigris River, settlements such as Hallan Çemi, Kortik tepe, Gusir Höyük or Hasankeyf Höyük are essential. The area of Israel / Palestine and Jordan with a smaller number of remains and without the symbolic wealth observed in the north would also reflect a similar situation as indicated by sites like Netiv Hagdud (Israel) or Wadi Faynan16 (Jordan) and the massive tower of Jericho, which functionality constitutes a unique testimony. All of them can be associated with the innovative general phenomenon of monumental and collective constructions ascribed to this period.

Concerning the habitat and the new construction techniques, these sites show morphological and typological similarities manifested in the archaeological record. That allows us to propose a new habitat configuration that could be referred to as the origin of the villages.

Indeed, the first characteristics would be the abandonment of the use of caves and shelters and the generalization of open-air settlements. It is also observed the preferential location near the water resources and the larger size of the sites, that can be as long as 3 ha. Some recent projects with extensive excavations have made it possible to document an orderly distribution of buildings of domestic use, probably radial (Jerf-el Ahmar, Cayönü) or linear, in the proximities or near buildings of collective construction and use.

The richness of the architectural record has also allowed the reaffirmation and detailed knowledge of the passage from circular to rectangular plan constructions and the abandonment, regarding houses, of the semi-excavated tradition. It is in Jerf el Ahmar (Syria) where this technique has been observed in detail, being able to define the different stages of evolution from the circular plan to the rectangular one. The progressive use of rectilinear exterior walls, the internal division of the domestic space and finally, the ability to execute the right angles of the union of two walls would mark the stages up to the rectangular house, with a slight differentiation in between the use of the rooms or interior spaces beside the fact that the use of outdoor spaces will continue (Stordeur, 2015) (Figure 2.2).

At a technological level, the constructive capacity of the walls, now completely aerial, initiate the most usual building model in the future. Also innovative is the use of different construction materials (calcareous stone, very often carved) covered with pisé or beaten earth in general for the manufacture or plastering of the floors. Finally, the first evidence of mudbricks both in Jericho, verified thanks to the pioneering works of K. Kenyon, and in other sites in the same area (Netiv Hagdud) or in the region of Damascus (Tell Aswad) should be highlighted (Stordeur, 2010).

The existence of collective works is attested in a high number of settlements, especially concerning the construction of singular buildings for collective or communal use. These buildings denote uniqueness both due to their morphological characteristics: circular plan, semi- excavated, access through the roof; and due to variable internal structures; silos, concentric benches, etc. One of the most impressive elements is the great richness of decorative elements, which often include sculpted slabs, stelae with zoomorphic motifs, etc. The best-known examples are those discovered in Göbëkli Tepe or recently in Karahan Tepe (Turkey), but also documented in other contemporary settlements such as Çayönü, Nevalla Çori or Gusir Höyük in Turkey or as Jerf el Ahmar, tell Abr'3, Djade el Mughara with its amazing painted pillars with polychrome geometric motifs (Syria) (Ozdogan, et al., 2011-2013; Stordeur, 2015, Yartah, 2005; Coqueugniot, 2014) (Figure 2.3).

These sites have shown, in recent years, the evidence of some of the most varied symbolic or artistic representations, either in the form of sculpted, sgraffito, incised figures made on the architectural elements (stelae, sidewalks, etc.) as well as on mobile equipment such as stone plates or the external walls of stone vessels, elements very often located in collective buildings. It comprises a wide repertoire of animal representations (snakes, birds, scorpions, felines, etc.) that are added to the classic images of female and bucranium figures that had been referenced and interpreted in J. Cauvin's work as a sign of a symbolic transformation that precedes and stimulates the economic transformation (Cauvin, 1994).

Similarly, the modifications induced in the houses, from now on more stable and with a greater investment of work as a result of a stronger link with the territory, have been referred to as the origin of the "home" by some authors as a consequence of a sociological-symbolic change, not only in terms of physical entities but as symbolically created places (built environment), expression of new values and social relations (Watkins, 1990, 2006; Ingold, 2000; Finlayson and Warren, 2010). This vision, on the other hand, has been discussed by Maher and Conkey (2019) who propose that the basis of this conceptual terminological attribution can be applied to Epipaleolithic societies too because, although more mobile and architecturally more ephemeral, they also create certain links with certain territories, source of their subsistence, and build structures for the daily practices.

On the other hand, the presence and diversity of collective buildings, as well as their connection to different activities, suggest a communal organization where resources and infrastructures would be shared among the members of different domestic units; that is to say, a model based on the communal organization of large community groups. Likewise, it could not be nuclear families but rather a dynamic, fluid and flexible model (Finlayson, et al., 2011).

This transformation, very well documented in southern Anatolia and northern Syria, is also present in the Jordan Valley, where the documentation indicates similar processes in deposits such as Dhra' or WF16 in the area of the south Levant, while in the area of the oasis of Damascus or in the southern regions of Syria, they would present indications of being an "innovative area" but the documentation is more partial, similar to that found in northern Mesopotamia or in the highlands of the Zagros Mountains.

The complexity of the first farmer and herder villages

From the first third of the 9th millennium and throughout more than a millennium and a half, the incipient previous innovations will develop a period of consolidation and expansion throughout the entire geographical area of the western Middle East. This phase, traditionally known as "Pre-Pottery Neolithic B" (PPNB), covers a very wide chronological range between 8700 and 7000 BCE and the strong similarities between the settlements of the Near East, as a whole, suggest a broad cultural grouping.

Indeed, despite the long duration of this horizon and regional differences, a certain unity of it is still considered characterized as a Pre-Ceramic archaeological culture, but with a true knowledge of the economy of production.

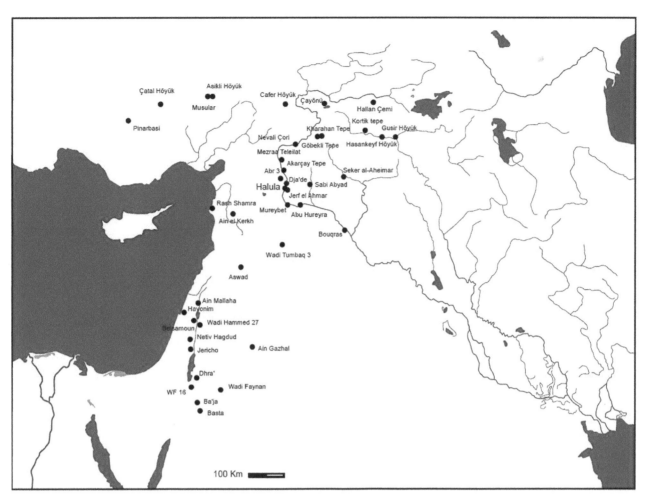

Figure 2.1. Main archaeological sites mentioned in the text. Author: SAPPO-UAB.

Figure 2.2. Jerf el Ahmar (Middle Euphrates Valley, Syria) plan village (Photo D. Stordeur CNRS).

Figure 2.3. Painted wall detail at Dja'de el-Mughara (Middle Euphrates Valley, Syria) (Projet: E. Coqueigniot CNRS). Photo M. Molist.

That is, for the first time, these are groups that clearly and unequivocally carry out agricultural practices and that for the first time proceed to animal domestication. These economic transformations will take place in a framework of fully consolidated villages both at an architectural and sociological level and with a growing investment of work that affects an increasingly complex social structuring, both in the area of spatial planning and the units themselves. The technical activities and work processes in the manufacture of tools also show this work investment. In addition, a great increase in the circulation of raw materials, in a medium and long distance networks and in general the signs of exchange of products or material goods, is documented. These indications, together with other evidence such as funeral practices, are allowing us to propose a new social structuring, with the extended family unit as the basic structure both at a social and probably productive level.

Therefore, an organization based on extended families would probably arise from the involvement of multiple nuclear domestic units that were united through production efforts. Elements to infer in this process would

be the appearance of larger, rectangular houses with internal divisions, which would function as corporate entities in the structuring of Neolithic societies (Banning, 2003; Goring- Morris and Belfer-Cohen, 2008; Watkins, 2010; Makarewicz and Finalyson, 2018). Others, on the contrary, reaffirm an organization based on nuclear families (Flannery, 1972; Byrd, 2000; Kuijt, et al., 2011). However, all of them coincide in a greater autonomy of the domestic units that would not be reflected only in the architecture (materials and plant), but also from the study of the storage structures where centralization and food store strategies evolved (Bogaard, et al., 2009; Kuijt and Finlayson, 2009).

At first, the number of settlements is small and, to a certain extent, they present identical characteristics to those of the previous period. Thus, the Euphrates Valley and south-eastern Anatolia remain the most occupied regions. In the other regions, no signs of this transformation are documented or even the representation of deposits is minor or almost absent. This phenomenon is observed in the South Levant with very few enclaves from the most archaic period.

From VIII millennium, a qualitative leap is established in the economic, sociological and probably cultural spheres of the first agricultural societies. This evidence is considered as a result of the consolidation of the economic and social transformation of neolithization. And let to infer in the true existence of peasant societies in the full sense of the same.

The stratigraphic deposits, although in continuity with previous period, show significant changes within extensive settlements with areas that can exceed 7 or 8 hectares. Architectural techniques are more complex, with the extensive use of or mud-bricks, adobe, lime or plaster, etc. Domestic constructions and houses are now more extensive and complex, very often multicellular and with well-differentiated functionalities at the spatial level. Collective works such as terraced walls or monumental "walls" are also documented.

Well-stratified settlements are well documented in the different regions. Thus, in the area of the South Levant, Jericho, Beisamoun and Ain Ghazal (Jordan) sites stand out and in the most recent moments (Late PPNB). Other sites such Basta and Ba'ja (Southern Jordan) Asikli Höyük, Musular, Pinarbasi sites and the more archaic occupations of Catal Höyük in Central Anatolia should also be highlighted.

They are also well documented in Syria with the first occupations of Sabi Abyad or the settlements of tell Seker, tell Aswad or even in the littoral area (Ras Shamra or Ain el Kerkh). Finally, we would highlight the large group in the area of the middle Euphrates valley, distributed between northern Syria and southern Turkey, with emblematic sites such as Abu Hureyra, Bouqras (Syria) or Cafer Höyük, Akarcay tepe Mezraa-Teleilat (Turkey). Nevertheless, there are few that have a settlement continuity throughout the entire period and allow a detailed follow-up of the transformation processes in a gradual manner. We have been fortunate to contribute to this knowledge from a research project at Tell Halula, located in the Euphrates valley, near the border with Turkey.

The study and excavation of tell Halula shows a large town (7 ha) that make it a probable regional centre for small settlements. At the structural level, the more than 3000 m^2 excavated have documented a structuring of the built space, of an almost agglutinating, dense type, where the houses are distributed in an orderly manner. The floors of the domestic units are similar, of a complex multicellular type, with a variable number of rooms, a differentiated functionality for them and with built surfaces that can reach up to 70 m^2. The use of mud-brick made with mould and lime to cover the walls indicate the mastery of the builders and the strong work investment in each house. In addition, the finding of female figurative paintings on the floor of the room or the geometric motifs painted on the walls, in red and black, constitute the oldest pictorial manifestations with human figures in the Near East. Domestic activities are documented both in the main

rooms and especially in the porch areas or in outdoor areas where ovens, hearths, drying platforms, etc. indicate the use of the space for technical activities, food preparation among others (Molist, 1998; Molist and Stordeur, 1999; Molist, et al., 2014, 2020) (Figure 2.5 a and b).

At a more general level, a good part of these stratigraphies have received the denomination of "megasite". These have been the object of a detailed analysis trying to estimate population to an approximation of a proto-urban structure (groupings of houses) and the material elements of village delimitation (walls or ramparts) and / or of spatial planning with the appearance of streets. The houses themselves, although with regional variations, maintain common characteristics marked, above all, by a spectacular development of building techniques. The multicellular plans are present at most of the different regions, the use of both mud-brick and stone, and mixing them show the mastery and investment of work in household units. An important part of them are also the floors, in whose construction a significant effort is documented with the use of lime or plaster coatings, or also on beaten earth. Likewise, the agglomeration, that this type of settlement entails, has led to the adoption of different strategies focused on solving different problems such as the application of ventilation systems or roof circulation.

The architectural diversity of the VII –VI millennium BCE and the end of the neolithization process

Should be said that the most significant elements of the emergence of agricultural societies have already been constituted throughout the historical evolution, that we have just described, but it would not be entirely correct. Several elements are missing that complete the historical vision of the Neolithic as a historical period. One of them is of a technological nature: the appearance and development of pottery, while due to its characteristics (resistance, permeability, thermal shock properties, among others) it has been adopted as one of the most appreciated indicators by archaeology. In the current state of information in the area of the entire Mediterranean, pottery appeared for the first time in the Near East, at the beginning of the 7th millennium BCE and in a rapid process of technological transformation a product diversification was observed (cooking pots, quality tableware, etc.)

Another element would be the full consolidation of the agricultural model and the progressive specialization of the productive models. One of the evidences of which is proposed for this last period is the appearance of specialized pastoralism, with the documentation of habitats of ephemeral structure, in semi-arid areas, interpreted as nomadic camps linked to the seasonal movements of herds.

In the field of constructions, the most notable characteristic is the diversity of architectural models developed in the field of constructions with domestic functionality. The recovery of constructions with a circular plan, this time with

Figure 2.4. General view of Tell Halula (Middle Euphrates Valley, Syria). Photo: SAPPO-UAB.

Figure 2.5a. House 4H from Tell Halula. Photo: SAPPO-UAB.

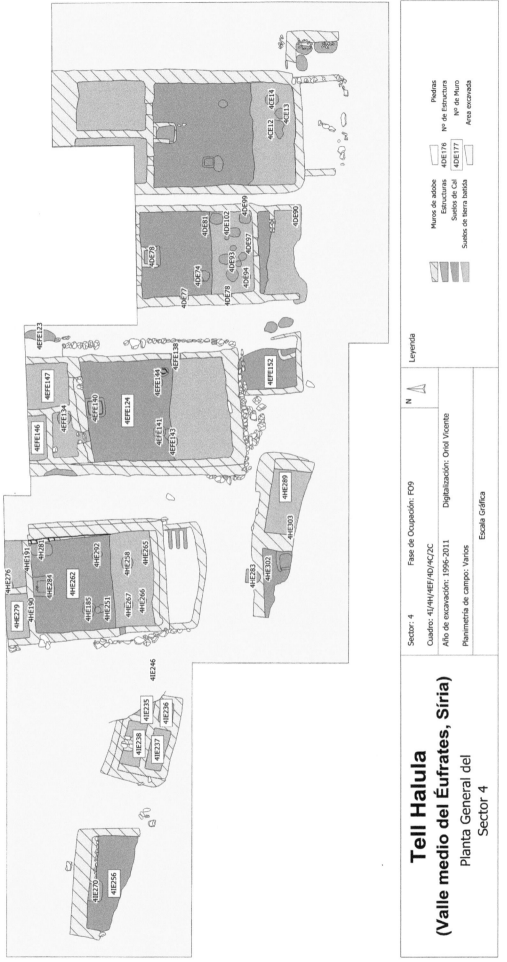

Figure 2.5b. Halula architectural phase FO9. Photo: SAPPO-UAB.

indicators of a false dome roof, would be one of the great novelties of the second half of the VII and VI millennium in the northern part of the Near East (Akkermans, 2013; Gómez-Bach, et al., 2018). This type named "tholoi" is associated with the continuity of multicellular houses, constituting complementary elements that can have various functionalities (domestic unit, storage, stables, etc.). Rectangular houses are often very complex both due to the number of rooms, in a pluricellular model, and the building techniques themselves.

On the other hand, the continuity of the "megasites", with the emblematic example of Çatal Höyük, in southern Turkey, with 13.5 ha., already indicates the transition towards complex forms of habitat that will develop in later periods, such as the Chalcolithic and Ancient Bronze Age (middle of the V to the end of the IV millennium cal BCE).

Final remarks

In this way, after reviewing those aspects related to the evolution of domestic dwelling units throughout the neolithization process from main Near East areas, we observe differences and changes in social organization. These changes are the result of new technology and skills, but also in new relation with landscape. In turn, these innovations have their material reflection in the emergence of new architectural models and spatial structuring. Domestic space versus collective or public space is defined and structured over time. This is further evidence of the multiple ways in which human groups have built their social landscape in response to new and changing needs with the aim to ensure maintenance and social reproduction in the household context. The study of domestic units, therefore, is an essential part of archaeology in a technological, economic and cultural way. Aspects such as family structure, social organization and surplus will be inferred trough this data. New way of obtaining resources and producing them are related to house conception. Therefore, these social relations that are derived will be reflected in the management and materialization of the space inside the village. Despite the important differences between analysed regions, it is necessary to highlight the shared elements. These are, on the one hand, the existence of collective structures for different purposes, and, the other the increase in dwellings and building techniques.

Bibliography

Abbés, F., 2014. The Bal'as Mountains a different scenario of the Near Eastern neolithization. In: C. Manen, Th. Perrin and J. Guilaine (Eds.), *La Transition néolithique en Méditerranée*. Paris : Editions Errance. pp. 13-25.

Akkermans, P. M. M. G., 2013. Living space, temporality and community segmentation: Interpreting late Neolithic settlements in Northern Syria. In: O. P. Nieuwenhuyse, R. Bernbeck, P. M. M. G. Akkermans, J. Rogasch (Eds.), *Proceedings of the conference Interpreting the Late Neolithic of Upper Mesopotamia*, Turnhout: Brepols Publishers. pp. 63-75.

Banning, E. B., 2003. Housing neolithic farmers. *Near Eastern Archaeology*, 66(1-2), pp. 4-21.

Banning E.B. and Chazan M. (Eds.), 2006. *Domesticating Space. Construction, community and cosmology in the late Prehistoric near East*, Berlin: Ex Oriente.

Byrd, B.F., 2000. Households in transition. Neolithic social organization within Southwest Asia. In: I. Kuijt, ed. *Life in Neolithic farming communities*. Boston: Springer. pp. 63-98.

Bogaard, A., Charles, M., Twiss, K. C., Fairbairn, A., Yalman, N., Filipović, D., Demirergi, G.A., Ertug, F., Russel N. and Henecke, J., 2009. Private pantries and celebrated surplus: storing and sharing food at Neolithic Çatalhöyük, Central Anatolia. *Antiquity*, 83(321), pp. 649-668.

Cauvin, J., 1994. *Naissance des divinités naissance de l'agriculture. La révolution des symboles au Néolithique*. Paris: Collection Empreintes, C.N.R.S. Éditions.

Coqueugniot, E., 2014. Dja'de and the symbolic representations during the IX millennium Cal In: C. Manen, Th. Perrin and J. Guilaine (Eds.), *La Transition néolithique en Méditerranée*. Paris: Editions Errance. pp. 91-108.

Edwards, P.C., 2012. *Wadi Hammeh 27, an Early Natufian Settlement at Pella in Jordan*. Culture and History of the Ancient Near East, Volume: 59. Brill editor.

Finlayson, B., Mithen, S. J., Najjar, M., Smith, S., Maričević, D., Pankhurst, N. and Yeomans, L., 2011. Architecture, sedentism, and social complexity at Pre-Pottery Neolithic A WF16, southern Jordan. *Proceedings of the National Academy of Sciences*, 108(20), pp. 8183-8188.

Finlayson, B. and Warren, G., 2010. *Changing natures: hunter-gatherers, first farmers and the modern world*. Duckworth Debates in Archaeology. Bristol: Bristol Classical.

Flannery, K., 1972. The origins of the village as a settlement type in Mesoamerica and the Near East a comperative study. In: P.J. Ucko, R. Tringham and G.W. Dimbledy (Eds.), *Man, Settlement and Urbanism, Proceedings of a Meeting of the Research Seminar in Archaeology and Related Subjects Held at the Institute of Archaeology, London University*. London. pp. 23-53.

Gómez-Bach, A.; Cruells, W. and Molist, M., 2018. Halaf phenomena: surplus, homeland and identity in Upper Mesopotamia (6.200-5.300 cal BC). In: H.M. Herusgeber, G. Detlef, R. Risch (Eds.), *Surplus without the State. Political Forms in Prehistory*. 10. Mitteldeutscher Archäologentag, vom 19 bis 21 Oktober 2017 in Hale (Saale), Tagun gen des Landesmuseums für Vorgeschichte Halle, Band 18. pp.147-166.

Goring-Morris, A. N. and A. Belfer-Cohen., 2008. A roof over one's head: developments in Near Eastern residential architecture across the Epipalaeolithic-Neolithic transition. In: J. P. Bocquet-Appel and O. Bar-Yosef (Eds.), *The Neolithic demographic transition and its consequences*, New York: Springer. pp. 239–286.

Goring-Morris, A.N. and Belfer Cohen A., 2010. Different Ways of Being, Different Ways of Seeing... Changing Worldviews in the Near East. In: B. Finlayson and G. Warren (Eds.), *Landscapes in Transition: Understanding Hunter-Gatherer and Farming Landscapes in the Early Holocene of Europe and the Levant*. London: Levant Supplementary Series & CBRL. pp. 9-22.

Ingold T., 2000. *The perception of the environment: essays on livelihood, dwelling and skill*. New York: Routledge.

Kuijt, I. and Finlayson, B., 2009. Evidence for food storage and predomestication granaries 11,000 years ago in the Jordan Valley. *Proceedings of the National Academy of Sciences*, 106 (27), pp. 10966-10970.

Kuijt, I., Guerrero, E., Molist, M. and Anfruns, J., 2011. The changing Neolithic household: Household autonomy and social segmentation, Tell Halula, Syria. *Journal of Anthropological Archaeology*, 30(4), pp. 502-522.

Maher, L.A. and Conkey M., 2019. Homes for hunters? Exploring the concept of Home at Hunter-Gatherer sites in Upper Paleolithic Europe and Epipaleolitic Southwest Asia. *Current Anthropology* V. 60-1, pp. 91-137.

Makarewicz, C. A. and Finlayson, B., 2018. Constructing community in the Neolithic of southern Jordan: Quotidian practice in communal architecture. *PLoS ONE*, 13(6), pp. 1-22.

Molist M., 1998. Espace collectif et espace domestique dans le néolithique des Xème et VIIIème millénaires B.P. au nord de la Syrie: apports du site de Tell Halula (Vallée de l'Euphrate). In : M. Fortin and O. Aurenche (Eds.), *Espace naturel, espace habité en Syrie du Nord (10e- 2e millénaires a.v. J-C.)* Actes du colloque tenu à l'Univestité Laval (Québec) du 5 au 7 mai 1997. pp. 115-130.

Molist, M. and Stordeur, D., 1999. Le moyen Euphrate Syrien et son rôle dans la néolithisation. Spécificité et évolution des architectures. In : G. Del Olmo Lete and J.L. Montero (Eds.), *Archaeology of the Upper Syrian Euphrates. The Tishrin Dam Area*. Barcelona: Editorial Ausa. pp. 395- 407.

Molist, M.; Gómez Bach, A; Bofill, M. Cruells W.; Faura, J.M.; Marchiori, Ch. and Martin, J., 2014. Maisons et constructions d'habitation dans le néolithique. Une approche de l'évolution des unités d'habitat domestiques à partir des documents de Tell Halula (Vallée de Euphrate, Syrie) in J.L. Montero (Ed.), *Redonner vie aux Mésopotamiens. Mélanges offerts à Jean-Claude Margueron*. Universidade da Coruña. pp. 107-126.

Molist, M.; Sisa, J.; Wattez, J. and Gómez-Bach, A., 2020. Architectural Phases, Use-Life Episodes and Taphonomic Processes in Tell Formation: An Approach to Neolithic Tell Halula (Syria). In: A. Blanco-González and T.L. Kienlin (Eds.), *Curret Approaches to Tells in the Prehistoric Old World. A Cross-Cultural Comparison from Early Neolithic to Iron Age*. Oxbow Books. pp.11-23.

Ozdogan, M., Basgelen N. and Kuniholm P. (Eds.), 2011-1013. *The Neolithic in Turkey*, Archaeology and Art Publications, Istanbul, 5 Vol.

Stordeur, D., 2010. Bricks: The Pre-History of an Invention. In: J-W. Meyer, J. Becker, R. Hempelmann and E. Rehm (Eds.), *Kulturlandschaft Syrien: Zentrum und Peripherie. Festschrift für Jan-Waalke Meyer*. Münster, Ugarit-Verlag, pp.553-577.

Stordeur, D., 2015. *Le village de jerf-el Ahmar (Syrie, 9500-8700 av.J.-C) L'architecture, miroir d'une societé neolithique complexe*. Paris: CNRS Editions.

Valla, F., 2008. *L'homme et l'habitat. L'invention de la maison durant la Prehistorire*. Paris: CNRS editions.

Watkins, T., 1990. The origins of house and home?. *World archaeology*, 21(3), pp. 336-347.

Watkins, T., 2004. Building houses, framing concepts, constructing worlds, *Paléorient*, 30/1, pp. 5-24.

Watkins, T., 2006. Architecture and the symbolic construction of new worlds. In: E. B. Banning and M. Chazan (Eds.), *Domesticating Space. Construction, community and cosmology in the late Prehistoric near East*, Berlin: Ex Oriente. pp. 15–24

Watkins T., 2010. New Light on Neolithic revolution in south-west Asia. *Antiquity,* 85, pp. 621-634.

Yartah, T., 2005. Tell 'Abr3, un village du Néolithique Précéramique (PPNA sur le Moyen Euphrate. Première Approche. *Paléorient,* 30/2, pp.141-158.

3

Wooden Constructions And Their Spatial Distribution At The Early Neolithic Site Of La Draga (Banyoles, Spain)

Oriol López-Bultó

Núria Morera

Prehistory Department, Autonomous University of Barcelona.

La Draga is an early Neolithic pile-dwelling settlement dated between 5324-4796 cal BC. It is located on the shore of Lake Banyoles (Girona, NE Iberia). The site stands out for: being one of the first evidence of the Neolithization process in the NE of the Iberian Peninsula; being one of the earliest open-air occupations in the region; and, for having provided an exceptional sample of organic remains due to the preservation of its archaeological layers within anoxic conditions. The site has been excavated since 1990. The excavated area, around 1000 square meters, has been comprehensively studied. Altogether allowed a thorough knowledge of its wooden constructions and its use of space. Studies of the subsistence and technological strategies taken by this first farming community have already been performed and knowledge about these has been obtained. In this chapter we will focus on the characterization of the wooden constructions at the site. This characterization will go beyond the morphological description and will consider different aspects related to the wooden architecture, such as, obtention and selection of the raw material, morphology and structure of the constructions themselves, spatial distribution and ubication of the wooden architectonical elements, symbolic or ideologic aspects related with the wooden constructions and all the social implications that this information could connote. It will be presented the results of the dendrological and morphometric analysis of the wooden timbers, the spatial distribution of archaeological remains and timbers as well as the 3D reconstruction. In the discussion these results will be complemented with the recently published dendrochronology results.

La Draga es un asentamiento de palafitos del Neolítico temprano fechado entre 5324-4796 cal BC. Se encuentra a orillas del lago de Banyoles (Girona, NE Iberia). El sitio destaca por: ser una de las primeras evidencias del proceso de Neolitización en el NE de la Península Ibérica; siendo una de las primeras ocupaciones al aire libre en la región; y, por haber proporcionado una muestra excepcional de restos orgánicos debido a la preservación de sus capas arqueológicas en condiciones anóxicas. El sitio ha sido excavado desde 1990. El área excavada, alrededor de 1000 metros cuadrados, se ha estudiado exhaustivamente. En conjunto permitió un conocimiento profundo de sus construcciones de madera y su uso del espacio. Ya se han realizado estudios de las estrategias tecnológicas y de subsistencia de esta primera comunidad campesina y se han obtenido conocimientos sobre las mismas. En este capítulo nos centraremos en la caracterización de las construcciones de madera en el sitio. Esta caracterización irá más allá de la descripción morfológica y considerará diferentes aspectos relacionados con la arquitectura de madera, tales como, obtención y selección de la materia prima, morfología y estructura de las propias construcciones, distribución espacial y ubicación de los elementos arquitectónicos de madera, simbólicos o aspectos ideológicos relacionados con las construcciones de madera y todas las implicaciones sociales que esta información pudiera connotar. Se presentarán los resultados del análisis dendrológico y morfométrico de las vigas de madera, la distribución espacial de restos arqueológicos y maderas así como la reconstrucción 3D. En la discusión estos resultados se complementarán con los resultados de dendrocronología publicados recientemente.

Introduction

La Draga (Banyoles, Spain) is one of the most relevant Early Neolithic sites in southern Europe and the Mediterranean region. It is a pile dwelling located at the western shore of Banyoles Lake in the North-eastern Iberian Peninsula (Figure 3.1). It is ubicated on a plain, at 170 m a.s.l. and between 35 and 40 km from the Mediterranean Sea. Nowadays the site is partially under the waters of the lake, but the most extensive area is on the mainland. As a partially submerged site, it is characterized by the good preservation of the organic remains, which is quite unusual in the Iberian Peninsula. Its chronology (ca. 5300-4900 BCE) suggests that it was built by some of the first farming groups that settled in the northeast of the Iberian Peninsula (Bosch, Chinchilla and Tarrús, 2000, 2011; Palomo et al., 2014; Bogdanovic et al., 2015; Andreaki et al., 2020). Archaeological excavations began in the 90s and are still ongoing. From 1990 to 2021 approximately 1000 m2 have been excavated, representing around 6 % of the total area of the site, which is estimated at approximately 15,000 m2. The excavated area has been divided into three different sectors –A, B/D and C – that have been defined according to the relationship between the archaeological layers and the water table (Figure 3.1).

Sector A is the driest sector of the excavation and is located on the highest part of the site. In sector A the archaeological layers are well above the water table, therefore, no organic remains have been conserved, except for the tips of the wooden piles driven into the carbonated sands, and thus below the archaeological layers. Even though Sector B/D is an inland sector, the lowest archaeological levels, which correspond to the earliest occupation of the site, have remained below the water table since the Neolithic period, favouring the conservation of the organic matter. Sector C is strictly an underwater sector located at the current lakeshore edge. This sector, permanently covered with water, has also allowed exceptionally good conservation of organic matter.

So far, it has been possible to identify two archaeological horizons that correspond to different occupation phases, with some particularities depending on the sector. The recent excavation of sector B/D allowed to document a clear difference between these two archaeological horizons, clearly separated by the presence of a paved surface of travertine slabs that overlap an older layer of timber logs. The layers above this paved surface correspond to the last Neolithic occupations (5216-4981 cal BC). Waterlogged

deposits are only found below this horizon, which means that the organic material has not been conserved at this layer and only appears carbonized. Several structures have been identified over this pavement, but no evidence of timber construction has been linked to it. The travertine slabs which correspond to this late phase cover the entire surface excavated in Sector B/D. The layers that appear below this pavement correspond to the earliest occupation (5372-5067 cal BC). This oldest phase is characterized by the exceptional conservation of organic matter which has allowed recovering an exceptional sample of wood remains, among them hundreds of piles and beams used for the construction of the dwellings as well as wooden tools related to daily life practices.

Regarding the artisanal productions, the site has provided more than 200 plant-based artefacts associated with this earliest phase (Bosch, Chinchilla and Tarrús, 2006; López-Bultó, 2015), which constitute a valuable record of some technical productions barely documented in the early Neolithic sites of the western Mediterranean. Among these, abundant evidence of wooden agricultural tools such as digging sticks (López-Bultó et al., 2020) and sickle handles (Palomo et al., 2011), woodworking tools (Palomo et al., 2013), and bows (Piqué et al., 2015) exists. Moreover, the site has provided direct evidence of the use of vegetable fibres to produce ropes and basketry and indirect evidence of textile production with vegetal fibres (De Diego et al., 2017; Herrero-Otal, Romero-Brugués and Piqué Huerta, 2021; Piqué, Alcolea, et al., 2021; Romero-Brugués, Piqué Huerta and Herrero-Otal, 2021).

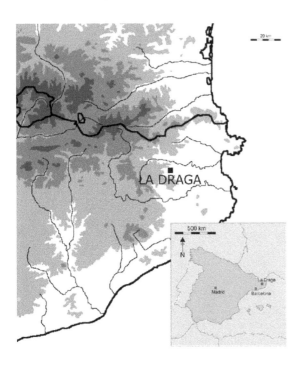

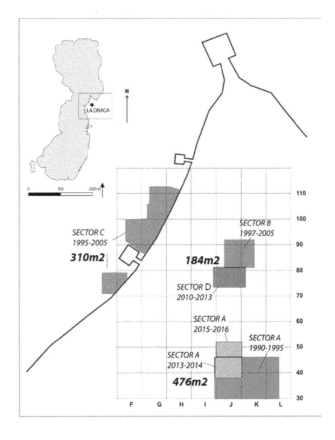

Figure 3.1. Location of La Draga and sectors excavated.

The remains of artefacts made with bone materials, shells, and minerals of different natures, provide a complete picture of the diversity of production processes (Bosch, Chinchilla and Tarrús, 2000, 2006, 2011; Terradas et al., 2017).

Regarding subsistence, agriculture and livestock practices are also well documented. The community of La Draga cultivated several species of cereals and, probably, legumes, in addition to the opium poppy (Antolín, 2016; Antolín et al., 2018). Among the cereals, the naked wheat stands out and, to a lesser extent, barley. Hulled cereals have also been found, such as einkorn and emmer wheat. Domestic animals are represented by pigs, cattle, goats, sheep, and dogs, representing in total more than 97% of fauna remains recovered during archaeological excavations (Saña, 2011; Antolín et al., 2014, 2018). Fishing, hunting, and gathering practices are also documented and would constitute an important complement to the food supplied by domestic animals and plants at certain times of the year, in addition to providing raw materials.

It has been identified diverse kinds of structures or remains of structures in every sector. In sector A several pit structures, with irregular forms and dimensions have been identified. These features are filled out with large quantities of archaeological remains, and because of the material they contain, the pits have been interpreted as landfills for food waste and manufactured objects that were once considered useless (Palomo et al., 2014). Hearths or combustion features are numerous in all the sectors with different morphologies. Finally, travertine pavements of structures have also been documented in sectors A and B/D. In sectors C and B/D, the wooden collapse of the oldest occupation is preserved. Deep into the carbonated sands, under the archaeological layers of all the sectors, the pointed ends of the piles have been recovered too although it remains unclear their relationship with the stone structures.

Regarding the extensive research conducted in La Draga the shape and location of the houses are still to be determined. In this episode, it will be presented the results of the spatial analysis as well as the analysis of the architectonical wooden elements (piles, forks, planks, beams…) used for the wooden constructions.

Materials

The materials studied for this analysis are the materials recovered from sector D. Since 2010 in this sector thorough registering and excavating methods were applied. At the same time, sector D is one of the sectors with better preservation of archaeological materials (including organic materials).

In the different sectors of La Draga, hundreds of structural or architectonical wooden elements have been recovered and sampled, considering piles and horizontal timber. Since the beginning of the excavations in 1990, 1271 piles

(belonging to all the sectors) and 494 horizontal wooden elements as planks and beams (only from sector D) have been recovered and sampled, amounting to 1765 structural timbers. The sector with the higher number of structural elements is sector B/D, where 494 horizontal structural elements and 771 piles have been recovered. In the archaeological levels of the sector A, no horizontal woods have been preserved, as stated before. Nevertheless, the tips of 458 wooden piles driven in the carbonated sands have been recovered and sampled in this sector. In sector C, the total number of piles recovered and sampled is 42. In this chapter we will focus on the architectonic timbers from sector D, which counts 494 horizontal elements and 271 wooden piles.

Regarding the spatial analysis here presented, besides the wooden piles and boards, the sum of 4351 archaeological remains has been used. This sum represents the total materials retrieved for sector D. Hence, includes elements that could be categorized as fauna, malacofauna, pottery, lithic, bone, antler and wooden tools and objects and, ornamental materials (Morera, 2016). This variable, therefore, represents the palimpsest of evidence for the defined occupation in the time frame. The information regarding the location at the site of all the archaeological remains was obtained either through the total station or according to the definition of its square concerning the planimetric grid (1x1m). The wooden piles and boards were plotted according to their geographical position with ArcMap. A polyline shape was created for visualizing the length and direction of every board.

Methods

In order to characterize the architectonical elements different methodologies were applied: taxonomic analysis, procurement season estimation as well as morphometry. The taxonomical analysis allows the determination of the raw materials selected. It is based on the study of the anatomical structure of the wood. The characteristics observed in the archaeological samples are compared with modern reference samples, either with a specialized atlas (Schweingruber, 1990) or reference collections (Archaeobotany Laboratory at UAB).

The identification of the time of the year when the stem or branch has been cut is established by the moment when the trunk stopped growing stems. It can only be identified if the wooden element still preserves the bark (Schweingruber, 1996; Marguerie and Hunot, 2007). Based on the microscopic observation of the anatomy, four different moments of tree ring growth have been identified: the beginning of the formation of the early-wood (spring), the transition between early-wood and late-wood (summer), the formation of late-wood (autumn) and the end of the late wood growth (winter).

Morphometric aspects such as length, width and shape were also taken into consideration for the analysis of the wooden constructions. The only aspect of these that requires a certain explanation is the estimation of the original diameter. It can be measured in most cases thanks to the preservation of the whole section of the specimens. However, in some cases, the stems or branches are split, and the diameter must be estimated from the tree ring curvature. In these cases, the original diameter can be estimated using templates (Marguerie and Hunot, 2007; Ludemann, 2008)

About the spatial analysis, the methodology used consisted first of the preparation of the data to be used and, second, the application of statistic and geostatistical techniques, to confirm the non-random nature of the data, and to obtain a probabilistic model of spatial distribution, respectively. Data were organized by grouping and counting the georeferenced archaeological elements in certain predefined regular areas and, for each of these predefined regular areas, the central point of the area was used as the geographical reference element of the same. We used as the predefined regular areas the squares (1x1 m) of the planimetric grid of the excavation. Through this procedure, we obtained the data in frequencies per unit. The Kolmogorov-Smirnov test was applied in order to know the data-fitting in relation to different theoretical models of distribution (Achino, 2016). The software used was EasyFit v5.0. The interpolation model was produced by the Kriging algorithm and was performed through the Geostatistical Analyst toolbox of ArcMap v.10.6.1 (ArcGIS).

Results

The architectonical timber and the wooden constructions

The dendrological analysis stated that the majority of the structural timber has been determined as oak (Quercus sp. deciduous) (Bosch, Chinchilla and Tarrús, 2006; López-Bultó and Piqué, 2018), this taxa represent more than 95% of the identified wood. Other taxa identified are hazel (Corylus avellana), laurel (Laurus nobilis), dogwood (Cornus sp.), Acer sp., and Maloideae but their presence is minimal.

Another of the main characteristics of the archaeological wooden timbers from La Draga is their relatively small average diameter (Figure 3.2a). Most logs used for the piles correspond to young trees (less than 30 years) (López-Bultó and Piqué, 2018) with diameters that range between 50mm and 100mm (Figure 3.2b), which indicates a clear selection of sizes for this purpose. Among the horizontal woods, due to their transformed cross-section, the original diameter has been calculated from the tree-ring curvature. This estimation shows a higher variability in diameter than the vertical piles; although most diameters are smaller than 100 mm, there are more trees in the highest ranks (Figure 3.2b).

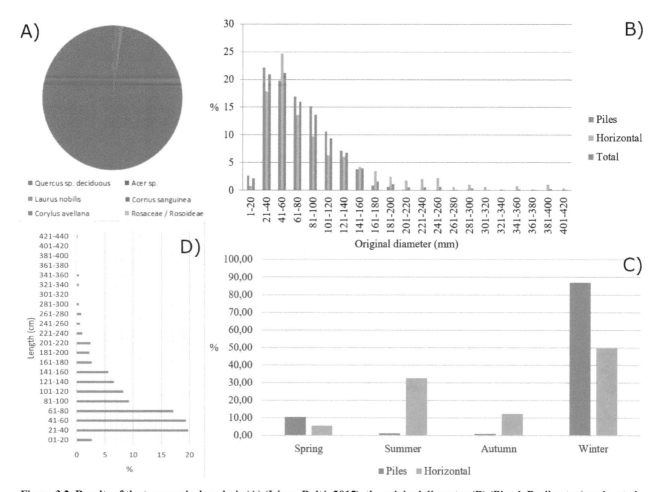

Figure 3.2. Results of the taxonomical analysis (A) (López-Bultó, 2015), the original diameter (B) (Piqué, Berihuete-Azorín, et al., 2021), procurement time (C) (Piqué, Berihuete-Azorín, et al., 2021) and length of the horizontal timbers (D) (López-Bultó, 2015).

28

The season of procurement is clearly focused on the winter season, but there are some differences between the horizontal timbers and the piles (Figure 3.2c). While the piles are almost only obtained during winter, the horizontal timbers show a different trend where wood is obtained all year long with a special concentration in the wintertime as well (Figure 3.2c).

It has been measured the length of the horizontal timbers since the depth of the piles it is not relevant in order to reconstruct the shape of the wooden constructions. The lengths measured range from 10 to 437cm while the average goes from 45 to 115cm (figure 2d). It has also to be considered that some of the longest horizontal timbers have both ends driven into the archaeological sections, therefore it is likely that they can measure up to 5m long.

The acquisition seasonality is also relevant for the architectonic timbers. Although wood was acquired at any time of the year, a clear predilection can be seen for the procurement of timber during winter (López-Bultó and Piqué, 2018) (Figure 3.4). There are some differences in the procurement time between piles and horizontal wood; among the latter, a higher percentage of trees were cut down in summer and autumn.

Regarding the shape it has been studied from a transversal and longitudinal point of view, considering that both studies can provide essential information concerning the wooden constructions. The results of the transversal shape showed a wide variety between the vertical and the horizontal timbers. On one hand, among the piles, it has been identified four different sections, while among the horizontal it has been identified 29 different transversal sections. In both cases, the main transversal shape is preserving the round trunk or branch (Table 3.1), while the sections that can be considered as planks (1/2, 1/3, 1/8…) represent 1.86% of the piles and 42.92% of the horizontal timbers.

The longitudinal shape is one of the basic data in order to understand the shape of the wooden constructions and how they were built. In that sense, it has been roughly identified four different shapes: straight, curvy, angles and forks. Since there are no joints on the timbers at La Draga and there are no nails or pins as well, the last two categories are key in order to understand the wooden constructions of La Draga; angles and forks are supposed to hold the wooden structures. Most of the piles and beams are straight, even the curvy ones are relatively numerous (Table 3.1). In both cases, horizontal and vertical timbers, angles, and forks represent almost 10% of all the structural wooden elements.

Although is unclear the shape and size of the dwellings or structures, several elements allow proposing that dwellings were built over wooden platforms, slightly elevated. Some of the piles preserved a fork in their upper part; these forks were over the carbonated sands and were more or less aligned (López-Bultó, 2015; Barceló et al., 2019).

Table 3.1. Percentage of horizontal timbers and piles according to their transversal section.

Transversal sections	Horizontal timbers (%)	Piles (%)
round	57.08	98.14
½	6.25	0.37
1/3-1/4	4.17	0.37
1/8	3.15	1.12
Other	29.35	-

Table 3.2. Percentage of horizontal timbers and piles according to their longitudinal morphology.

Longitudinal morphology	Horizontal timbers (%)	Piles (%)
Straight	75,88	57.41
Curvy	14,18	32.96
Angle	5,67	1.48
Fork	4,26	8.15

Moreover, long horizontal woods, some of them near 5 m long, were associated with these forks, which suggest they could be structural parts of the platforms. Despite the walls are not preserved it has been possible to observe that some of the piles were inclined, which suggest that were used as wall and roof at the same time.

The spatial distribution

A non-random distribution in the space of the archaeological remains is confirmed. The analysed data fit with a negative binomial theoretical model of distribution. A p value of 0.801 (K=0.85, p=0.11) was obtained through the Kolmogorov-Smirnov test (Morera, 2016).

The probabilistic map obtained (Figure 3.3a) represents how the archaeological material is distributed within the space. A non-homogeneous spatial distribution pattern of the archaeological remains is presented. On one hand, two main concentrations are shown in JG80, JH79 and KA78. These squares, therefore, display the highest frequency of retrieved elements. However, it should be remarked that, in the surroundings of the last mentioned, an elevated number of data-frequency is found as well. This fact also comes evident through the drawn spatial gradient. At the same time, and on the other hand, the interpolated surface shows two areas, located on both sides of sector D, with a lower density of archaeological remains – almost non-existing (Morera, 2016).

In order to identify the plausible locations of the wooden constructions the interpolated model elaborated through the Kriging algorithm of the variable 'palimpsest' is conjointly plotted with both variables of the horizontal timbers (figure 3b) and with the wooden piles (Figure 3.3c). The distributions of the architectonical wooden elements are not regular, as has already been observed too for the archaeological remains. The combination of the different distributions observed (Figure 3.3) roughly shows three different areas. The first one is in the western part of the sector, and it is characterized by a low density of archaeological remains and piles but with a high number of horizontal timbers. The second, in the centre, is characterised by a high density of horizontal timbers and archaeological remains but has a small number of wooden piles. And the last one, in the east, is characterized by a low density of archaeological remains and horizontal timbers but has a high number of wooden piles.

The wooden constructions

Based on the characteristics of the wooden archaeological materials presented before, the spatial distribution of those materials (Figure 3.3) and the archaeological observations in situ, it was developed a 3D reconstruction of the wooden Neolithic house of La Draga (Campana, 2018; Barceló et al., 2019). The relevant data presented so far are:

- Diameters that range from 10 to 220mm in the case of piles, or 20 to 420mm in the case of horizontal timber.
- Longitudinal morphologies as straight and curvy trunks and branches and planks.
- Length of horizontal timber up to 5mm, with an average from 45 to 115cm.
- Forks and angles as support for the wooden structure.

This proposal also took into consideration archaeological observations in situ as (Campana, 2018; Barceló et al., 2019):

- Piles with a morphology of forks or angles do not stand above 30cm of the Neolithic floor.
- Horizontal forks measure up to 3m long.
- Archaeological structure of a 3m long plank fitted together with vertical fork.
- Archaeological structure of three horizontal wooden elements connected to form a rectangle.
- A considerable number of piles are driven into the Neolithic floor diagonally.

Ethnography, as well as architecture, were also relevant sources used to elaborate the final proposal. According to all these data, the hypothesis is that the wooden constructions at La Draga would be similar to what is known in architecture as an A-Frame house, where the roof and the laterals walls are the same elements which are leaning (Figure 3.4). The overhead plane of the houses of La Draga corresponds with the roof, without any direct evidence of ceiling. The roof was composed of a ridge beam, held by two main forks, one on the front and one on the back of the house, forming its main vertical axis. They were probably inserted into the soil, passing through the floor. The presence of wooden elements acting as purlins

and rafters can also be suggested with the latter probably prolonged up to the soil in which they were inserted, improving their structural function. The only vertical walls are the frontal and the rear ones. In this reconstruction, the roof and walls consisted of a framing made of beams, horizontally and vertically placed, standing against the main rafters that functioned as corner posts. The elements composing the different planes were probably connected by using ropes/and or lianas made of vegetal fibres already identified on the site (Bosch, Chinchilla and Tarrús, 2006; Piqué et al., 2018). No direct evidence of openings has been identified at La Draga, however, at least the presence of an opening acting as an entry can be expected. The forks were meant to hold the framing (consisting of crossed logs, beams and boards and acting like joists and girts) which, in turn, held the platform/floor approximately 30cm above the Neolithic floor. The floor hypothesis consists of several boards some of which had a triangular section having been obtained by splitting a log into "wedges". Possible gaps between the boards were probably closed with branches (Campana, 2018).

The maximum dimensions of the wooden construction proposed are 5m long, 3.5m in width and 2.8m high.

Discussion

The data obtained after the analysis of the wooden timber reveals intensive exploitation of the woodland, with a clear selection of the taxa obtained, morphology and dimensions of the raw material and also with a determined moment of procurement of the trunks and branches (López-Bultó and Piqué, 2018). Which states a precise knowledge of the environment as well as the implementation of complex planned and organized strategies by the inhabitants of La Draga.

Recently new data have been acquired regarding the wooden constructions of La Draga. The dendrochronological analysis, even though it is still ongoing, helped in a great way to understand this kind of structure (Andreaki et al., on press; López-Bultó et al., on press).

According to the year and season of cut of the piles the dendrochronology has established three different phases or moments on the felling of the trees (López-Bultó et al., on press): Phase I is a phase previous to the main construction phase and it is composed of approximately 8% of the dated samples, Phase II or construction phase with approximately 66% of the dated samples, and Phase III or reparation phase including approximately 26% of the dated samples.

Phase I correspond to the foundational moment of the settlement, it includes wood from different sectors that were felled from 3-4 years before the construction moment. These wooden elements corresponding to Phase I may come from reuse, use of stored wood or the use of dead standing trees. Phase II of logging is marked by the construction moment. It includes piles as well as horizontal

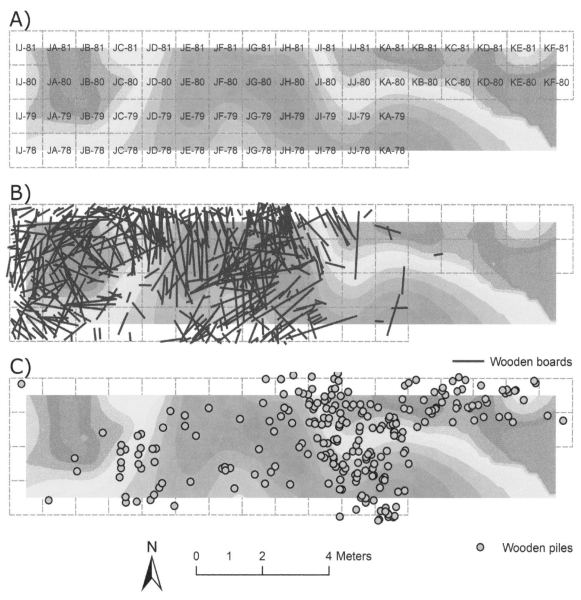

Figure 3.3. Spatial interpolation of the archaeological remains at sector D of La Draga (A) (Morera, 2016), distribution plotted with the horizontal timbers (B) and with the wooden piles (C).

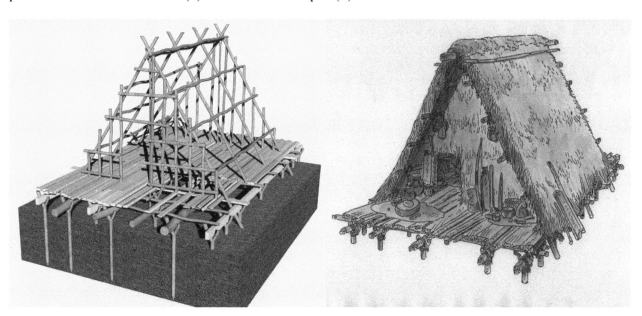

Figure 3.4. Reconstruction of the Neolithic wooden constructions at La Draga: 3D reconstruction (left) (Campana, 2018; Barceló et al., 2019) and artistic reconstruction by Francesc Riart (right).

timbers that were felled the same winter and probably also during the following winter. The three sectors (A, B/D and C) are affected by this construction phase, meaning that the entire extension of the site was built at the same time; therefore, an especially important building plan was conducted. Phase III of felling trees stands for at least 27 years. This phase also extends around the three sectors of the site, and it is interpreted as reparations or reinforcements of the wooden constructions. Following the dynamics of the construction phases, bear witness to a minimum occupation of the village of 28 years. This Phase III affects all the sectors and mainly horizontal timbers as has been stated with the procurement estimation.

The organization of several simultaneous logging episodes has already been suggested based on species and morphologies selected, as well as on the falling season (López-Bultó, 2015; López-Bultó and Piqué, 2018), but with the identification of a great foundation phase, this hypothesis can be strongly supported.

The simultaneous installation of piles and planks on the entire surface of the village reinforces the hypothesis, previously suggested based on archaeological evidence (López-Bultó, 2015; Campana, 2018; Barceló et al., 2019) of the construction of platforms where quadrangular structures have been raised. The use of an elevated platform above the carbonated sands and the water would not have prevented the installation of poles belonging to the wooden structures.

Completely different building techniques were used during the Neolithic period in wetland environments. Even though the first examples of wetland occupation sprouted in the Mesolithic (i.e., Starr Carr or Feder Lake), the large-scale settling of lacustrine environments in Europe increment during the Neolithic (Menotti, 2004). The lakeside building forms were grouped into houses built on the ground, houses with slightly raised floors or houses on piles or pile-dwellings, being the later, the most iconic and thoroughly studied wooden constructions, mainly in the alpine region (more than 1000 sites in Switzerland, southern Germany, Austria, Slovenia, northern Italy, and eastern France), but also throughout Europe. Only a few iconic examples of Neolithic pile-dwelling in the alpine region are Hornstaad-Hörnle IA (Billamboz, 2006) or Sutz-Lattrigen/Riedstation (Hafner, 1994) and in the Mediterranean region are Dispilio (Hourmouziadis, 2002) and La Marmotta (Fugazzola, 1996). Therefore, in the archaeology of the Iberian Peninsula, there are no wooden constructions comparable with La Draga. Even though pile dwellings are well documented in archaeology, La Draga wooden constructions have certain characteristics which make them unique in the Neolithic. The first characteristic is the existence of a unique big wooden platform which extends all around the site. This idea was strongly suggested by the archaeological excavations, spatial distribution and also dendrological analysis of the wooden timbers, but it has been confirmed by dendrochronology (López-Bultó et al., on press). This strict contemporaneity of the majority of

the wooden elements used for construction is quite unusual compared with other lakeside settlements. Throughout the alpine region, concerning the early Neolithic excavations and even in later chronologies, sites are generally smaller and the construction of built structures hardly occurred simultaneously; settlements tend to expand in temporal phases relatively slowly expanding to neighbouring areas (Arnold, 1990). The second characteristic that makes La Draga wooden constructions a unique case is de previously described A-Frame construction. This kind of wooden construction has been documented ethnographically (i.e., Sumbawa – Indonesia) and archaeologically (i.e.) during the Bronze Age at Lake of Ledro (Tomasi, 1982) or during the Neolithic in Wessex (Current Archaeology, 2014), but it is not a recurrent wooden construction in European archaeology.

Spatial distribution in sector D of La Draga has been an important line of research during the past years. Spatial heterogeneity in sector D of La Draga was also stated before through pollen and non-pollen palynomorphs (Revelles, Burjachs and van Geel, 2016; Revelles et al., 2017). It is hypothesised those freshwater algae, cyanobacteria and lakeshore plants point to a humid environment that may have corresponded to the space beneath a pile dwelling, which could correspond to the central concentration described before (Figure 3.3) with a high density of archaeological remains, horizontal timbers and low density of wooden piles. This central concentration was also highlighted as a possible wooden hut location based on the spatial distribution of parasites which indicates the presence of animal and human dung and faeces (Maicher et al., 2017). In conclusion, there are a wide variety of distribution studies (wooden timber, archaeological remains, palynomorphs, parasites...) which point similar hypothesis for the ubication of the wooden constructions, but this is an ongoing PhD by the co-author of this chapter, N. Morera, which proposes an intra-site spatial analysis to determine how the space was organized and its social implications. This ongoing PhD is due to come with relevant data for La Draga and its people understanding during the incoming year.

The symbolic significance of La Draga wooden constructions is difficult to approach, but there are various aspects worthy to highlight regarding this aspect. Generally, the ideological-symbolic ideas are difficult to identify in the archaeological record because they do not always generate archaeological materials, and also because we are not always able to identify their ideological value. Moreover, when these objects are preserved, they are generally singular objects or spaces which we cannot decode from a symbolic point of view. Even though archaeology cannot interpret the ideologic-symbolic meaning of these objects or spaces for the Neolithic societies, at least, the discipline can recognise them. At La Draga, there are different archaeological elements which can be linked with the ideologic-symbolic world as the wooden bows or the animal skulls and horns (Piqué, Terradas and Palomo, 2017). La Draga was a society with no evidence of violence (as in the Early Neolithic at the north-eastern Iberian Peninsula as well) and with a very scare economic significance of hunting, therefore the presence of bows has been interpreted as ideologic or symbolic in terms of status or prestige (Piqué et al., 2015). Moreover, in this regard, the bows retrieved at La Draga were found in between the wooden timbers, as part of the wooden constructions.

The ensemble of bucrania found at La Draga is the second archaeological find which can be linked with the ideologic-symbolic aspects. Bull skulls are the most abundant, but roe and goat skulls can also be identified. Some of the bucrania are found aligned with the wooden timbers, which has been interpreted as a possible sign of being hung on the wooden constructions. In other cases, they have been found buried in pits which have been interpreted as foundational offerings also related to the wooden constructions.

Conclusions

According to the features documented and the architectonical elements found so far, it can be hypothesised that the cabins at La Draga would be similar to what is known in architecture as an A-Frame house. The main characteristic of this typology of houses is that the roof pitches work as well as lateral walls, giving to them the peculiar shape of an A. The only vertical walls are the frontal and the rear ones. The outcome was an A-Frame cabin, with pitched walls, standing on short forks holding a framing of horizontal elements supporting the house flooring made of planks, which was not too much raised from the natural soil (0.30 cm ca.). The front wall and the back wall were vertical. These wooden constructions were ubicated on a large wooden platform which extended all around the site and which was built in one single construction episode that last for 1-2 years. All these features make La Draga wooden constructions a unique example in European archaeology.

The obtention of the raw material, the woodworking of the obtained timbers and the elaboration of the wooden constructions, required specialised knowledge of the environment as well as social organization and planning by the inhabitants of La Draga.

The research at La Draga during the last years has been focused on the development of an intra-site spatial analysis. This line of research is still ongoing and in the near future, the results obtained are going to be published. However, for sector D, despite its reduced extension (56 m2), the studies conducted so far have achieved significant knowledge. Throughout different variables and proxies – archaeological artefacts and ecofacts, architectonical wooden remains, pollen, non-pollen palynomorphs and, lastly, parasites – it has been possible to identify different activity areas within the surface and to hypothesize about the location of the pile-dwelling wooden constructions.

Bibliographic

Achino, K. F., 2016. *From Micro to Macro Spatial Dynamics in the Villagio delle Macine between XIX-XVI Century BC*. UAB.

Andreaki, V. *et al.*, 2020. 'Un modelo bayesiano para la cronología del yacimiento neolítico de La Draga (Banyoles. Girona). Un caso de estudio con ChronoModel 2.0.', in Barcelo, J. A. and Morell, B. (Eds.), *Métodos cronométricos en Arqueología, Historia y Paleontología*, pp. 403–418.

Andreaki, V. *et al.*, on press. 'Absolute Chronology at the waterlogged site of La Draga (Lake Banyoles, Girona). Bayesian chronological models integrating Tree-ring measurement, Radiocarbon dates and micro-stratigraphical data.', *Radiocarbon*.

Antolín, F. *et al.*, 2014. 'An integrated perspective on farming in the early Neolithic lakeshore site of La Draga (Banyoles, Spain)', *Environmental Archaeology*, 19(3), pp. 241–255. doi: 10.1179/1749631414Y.0000000027.

Antolín, F., 2016. *Local, intensive and diverse? Early farmers and plant economy in the North-East of the Iberian Peninsula (5500-2300 cal BC)*. Groningen: Barkhuis Publishing.

Antolín, F. *et al.*, 2018. 'El rebost domèstic i el rebost salvatge', in Palomo, A., Piqué, R., and Terradas, X. (Eds.), *La Revolució Neolítica. La Draga, el poblat dels prodigis*. Banyoles: Ajuntament de Banyoles, Diputació de Girona, MAC, UAB, CSIC-IMF, pp. 45–50.

Arnold, B., 1990. *Cortaillod-Est et les villages du lac de Neuchâtel au Bronze final. Structure de l'habitat et proto-urbanisme*. Saint-Blaise: Editions du Ruau (Archéologie neuchâteloise, 6).

Barceló, J. A. *et al.*, 2019. 'Rebuilding the Past: 3D Reconstruction and BIM Analysis of a Neolithic House at La Draga (Girona, Spain)', in Kremers, H. (Ed.), *Digital Cultural Heritage*. Cham: Springer International Publishing, pp. 157–168. doi: 10.1007/978-3-030-15200-0_11.

Billamboz, A., 2006. 'Dendroarchäologische Untersuchungen in den neolithischen Ufersiedlungen von Hornstaad-Hörnle', in Dieckmann, B., Harwalth, A., and Hoffstadt, J. (Eds.), *Siedlungsarchäologie im Alpenvorland: 9*. Stuttgart: Theiss, pp. 297–414.

Bogdanovic, I. *et al.*, 2015. 'La Draga en el contexto de las evidencias de ocupación del lago de Banyoles', in, pp. 228–235.

Bosch, À., Chinchilla, J. and Tarrús, J. (Eds.), 2000. *El poblat lacustre neolític de La Draga. Excavacions de 1990–1998*. Girona: Museu d'Arqueologia de Catalunya (Monografies del CASC).

Bosch, À., Chinchilla, J. and Tarrús, J. (Eds.), 2006. *Els objectes de fusta del poblat neolític de la Draga. Excavacions 1995-2005*. Girona: Museu d'Arqueologia de Catalunya (Monografies del CASC).

Bosch, À., Chinchilla, J. and Tarrús, J. (Eds.), 2011. *El poblat lacustre del neolític antic de La Draga. Excavacions 2000–2005*. Girona: Museu d'Arqueologia de Catalunya (Monografies del CASC).

Campana, I., 2018. *Prehistoric house and 3D reconstruction: towards a BIM archaeology, TDX (Tesis Doctorals en Xarxa)*. Ph.D. Thesis. Universitat Autònoma de Barcelona. Available at: http://www.tdx.cat/handle/10803/666054 (Accessed: 1 June 2021).

Current Archaeology, 2014. 'Horton's Neolithic houses', 8 July. Available at: https://archaeology.co.uk/articles/hortons-neolithic-houses.htm (Accessed: 29 August 2021).

De Diego, M. *et al.,* 2017. 'Fibre Production and Emerging Textile Technology in the Early Neolithic Settlement of La Draga (Banyoles, Northeast Iberia; 5300 to 4900 cal BC)', in *Archaeological Textiles. Links Between Past and Present NESAT XIII*, pp. 293–302.

Fugazzola, M. A., 1996. *Un tufo nel passato. 8000 anni fa nel lago Bracianno*. Roma: Sopraintendenza SMNPE.

Hafner, A., 1994. 'Sutz-Lattrigen, Hauptstation. Erosionsschutzmassnahmen 2000-04: neolithische Ufersiedlungen', *Archäologie im Kanton Bern*, pp. 49–52.

Herrero-Otal, M., Romero-Brugués, S. and Piqué Huerta, R., 2021. 'Plants used in basketry production during the Early Neolithic in the north-eastern Iberian Peninsula', *Vegetation History and Archaeobotany*. doi: 10.1007/s00334-021-00826-1.

Hourmouziadis, G., 2002. *Dispilio, 7500 Years After*. Thessaloniki: University Studio Press.

López-Bultó, O., 2015. *Processos d'obtenció, transformació i ús de la fusta en l'assentament neolític antic de la Draga (5320-4800 cal BC)*. Universitat Autònoma de Barcelona. Available at: http://www.tdx.cat/handle/10803/311426.

López-Bultó, O. *et al.,* 2020. 'Digging sticks and agriculture development at the ancient Neolithic site of la Draga (Banyoles, Spain)', *Journal of Archaeological Science: Reports*, 30, p. 102193. doi: 10.1016/j.jasrep.2020.102193.

López-Bultó, O. *et al.,* on press. 'Dendrochronology and Bayesian radiocarbon modelling at the early Neolithic site of La Draga (Banyoles, NE Spain)', in *Natural Science in Archaeology*. Springer Nature.

López-Bultó, O. and Piqué, R., 2018. 'Wood Procurement at the Early Neolithic site of La Draga (Banyoles, Barcelona)', *Journal of Wetland Archaeology*, 18(1), pp. 56–76. doi: 10.1080/14732971.2018.1466415.

Ludemann, T., 2008. 'Experimental charcoal-burning with special regard to anthracological wood diameter analysis', in Fiorentino, G. and Magri, D. (Eds.), *Charcoals from the past: Cultural and palaeoenvironmental implications – Proceedings of the Third International Meeting of Anthracology, Cavallino – Lecce (Italy) June 28th – July 1st 2004*. Oxford: British Archaeological Reports (International Series, 1807), pp. 147–157.

Maicher, C. *et al.,* 2017. 'Paleoparasitological investigations on the Neolithic lakeside settlement of La Draga (Lake Banyoles, Spain)', *The Holocene*, 27(11), pp. 1659–1668.

Marguerie, D. and Hunot, J., 2007. 'Charcoal analysis and dendrology: data from archaeological sites in northern-western France', *Journal of Archaeological Science*, 34(9), pp. 1417–1433.

Menotti, F., 2004. *Living on the Lake in Prehistoric Europe: 150 Years of Lake-Dwelling Research*. Routledge.

Morera, N., 2016. 'Anàlisi espacial intra-site per al reconeixement d'àrees d'activitat en el jaciment neolític antic de la Draga (Banyoles, Girona)'. Treball final de Màster – UAB.

Palomo, A. *et al.,* 2011. 'Harvesting cereals and other plants in Neolithic Iberia: the assemblage from the lake settlement at La Draga', *Antiquity*, 85(329), pp. 759–771.

Palomo, A. *et al.,* 2013. 'Woodworking technology in the Early Neolithic site of La Draga (Banyoles, Spain)', in Anderson, P. C., Cheval, C., and Durand, A. (eds) *Regards croisés sur les outils liés au trevail des végétaux. An interdisciplinary focus on plant-working tools. XXXIII rencontres internationales d'archéologie et d'histoire d'Antibes*. Antibes: APDCA, pp. 383–396.

Palomo, A. *et al.,* 2014. 'Prehistoric Occupation of Banyoles Lakeshore: Results of Recent Excavations at La Draga Site, Girona, Spain', *Journal of Wetland Archaeology*, 14(1), pp. 58–73. doi: 10.1179/1473297114Z.00000000010.

Piqué, R. *et al.,* 2015. 'Characterizing prehistoric archery: technical and functional analyses of the Neolithic bows from La Draga (NE Iberian Peninsula)', *Journal of Archaeological Science*, 55, pp. 166–173.

Piqué, R. *et al.,* 2018. 'The production and use of cordage at the early Neolithic site of La Draga (Banyoles, Spain)', *Quaternary International*, 468, pp. 262–270.

Piqué, R., Alcolea, M., *et al.,* 2021. 'Mid-Holocene Palaeoenvironment, Plant Resources and Human Interaction in Northeast Iberia: An Archaeobotanical Approach', *Applied Sciences*, 11(11). doi: 10.3390/app11115056.

Piqué, R., Berihuete-Azorín, M., *et al.,* 2021. 'Woody and non woody forest raw materials at the early Neolithic site of La Draga (Banyoles, Spain)', in *The missing woodland resources. Archaeobotanical studies of the use of plant raw materials*. Groningen: Barkhuis Publishing (Advances in Archaeobotany).

Piqué, R., Terradas, X. and Palomo, A., 2017. '*Idees i creences*', in Palomo, A., Piqué, R., and Terradas, X. (Eds.), Museu d'Arqueologia de Catalunya, pp. 93–95.

Revelles, J. *et al.,* 2017. 'Use of space and site formation processes in a Neolithic lakeside settlement. Pollen and non-pollen palynomorphs spatial analysis in La Draga (Banyoles, NE Iberia)', *Journal of Archaeological Science*, 81, pp. 101–115. doi: https://doi.org/10.1016/j.jas.2017.04.001.

Revelles, J., Burjachs, F. and van Geel, B., 2016. 'Pollen and non-pollen palynomorphs from the Early Neolithic settlement of La Draga (Girona, Spain)', *Review of Palaeobotany and Palynology*, 225, pp. 1–20. doi: 10.1016/j.revpalbo.2015.11.001.

Romero-Brugués, S., Piqué Huerta, R. and Herrero-Otal, M., 2021. 'The basketry at the early Neolithic site of La Draga (Banyoles, Spain)', *Journal of Archaeological Science: Reports*, 35, p. 102692. doi: 10.1016/j.jasrep.2020.102692.

Saña, M., 2011. 'La gestió dels recursos animals', in Bosch, À., Chinchilla, J., and Tarrús, J. (Eds.), *El poblat lavustre del neolític antic de La Draga. Excavacions 2000-2005*. Girona: Museu d'Arqueologia de Catalunya – CASC.

Schweingruber, F. H., 1990. *Anatomie europäischer Hölzer – Anatomy of European woods*. Birmensdorf, Bern, Stuttgart, Haupt: Eidgenössische Forschungsanstalt für Wald Schnee und Landschaft.

Schweingruber, F. H., 1996. *Tree Rings and Environment. Dendroecology*. Berne: Haupt Verlag.

Terradas, X. *et al.,* 2017. 'Farming Practices in the Early Neolithic According to Agricultural Tools: Evidence from La Draga Site (Northeastern Iberia)', in García-Puchol, O. and Salazar-García, D. C. (Eds.), *Times of Neolithic Transition along the Western Mediterranean*. Cham: Springer International Publishing, pp. 199–220. doi: 10.1007/978-3-319-52939-4_8.

Tomasi, G., 1982. *Le palafitte del Lago di Ledro*. Museo tridentino di scienze naturali.

4

Aproximación a las casas neolíticas del Mediterráneo ibérico catalán

Josep Bosch
Elena García
Museo de Gavà, Barcelona

En general, podemos decir que es muy poco lo que ha llegado hasta nosotros de las casas del Neolítico, aunque el norte del litoral mediterráneo de la Península Ibérica pudo ser una excepción. Este trabajo abarca el Neolítico Antiguo y Medio, de un marco geográfico en el que distinguimos una línea de montañas continua, flanqueada por llanos litorales y prelitorales. Se utilizan datos obtenidos en veintiséis yacimientos arqueológicos, sólo cuatro de ellos en cueva y el resto al aire libre. Durante el Neolítico Antiguo coexistieron las casas en cuevas y al aire libre. Durante el Neolítico Medio, en cambio, sólo se han documentado casas al aire libre. Durante el Neolítico Antiguo fueron habitadas casas semienterradas, de planta oval, y casas construidas sobre el suelo, con paredes de piedra y también de planta oval. Estos dos tipos de construcciones se han documentado, así mismo, durante el Neolítico Medio, en esta etapa acompañadas de casas de piedra absidiales, y de casas cuadrangulares con zanjas excavadas en el suelo, quizás como cimientos. Como materiales de construcción se utilizaron la piedra en seco, el mortero de tierra y la madera, además, con toda seguridad, de otros elementos vegetales. Algunas de las construcciones documentadas pudieron haber tenido un uso colectivo; y un análisis de su disposición permite reconocer un posible principio de urbanismo. Por último, podemos decir que la casa formó parte del "cuerpo" de las sociedades neolíticas, pero también de su "alma", quizás por ello, a veces, fue escogida como lugar de inhumación humana.

Talking in general, we could say that the information we have about the houses in the Neolithic is very little, although the north of the Mediterranean coast of the Iberian Peninsula could be the exception. This work covers the Ancient and Middle Neolithic, of a geographical framework in which we distinguish a continuous line of mountains, flanked by coastal and pre-coastal plains. Data obtained from twenty-six archaeological sites are used, only four of them inside caves, the rest outdoors. During the Ancient Neolithic, houses in caves and outdoors coexisted. In the Middle Neolithic, on the other hand, only outdoor houses have been documented. During the Ancient Neolithic, semi-buried houses with an oval plan were inhabited, as well as houses built on the ground, with stone walls and also an oval plan. These two types of constructions have also been documented during the Middle Neolithic, at this stage they were accompanied by apsidial stone houses and quadrangular houses with trenches dug into the ground, perhaps as foundations. Dry stone, earth mortar and wood were used as construction materials, in addition to other plant elements, with all certainty. Some of the documented constructions may have had a collective use; and an analysis of its layout makes it possible to recognize a possible principle of urbanism. Finally, we can say that the house was part of the "body" of Neolithic societies, but also of their "soul", perhaps for this reason, it was sometimes chosen as a place of human burial.

Introducción

La casa, como lugar destinado a servir de habitación humana, ya sea de forma provisional, temporal o permanente y más o menos definitiva, es sin duda uno de los elementos más valiosos para el conocimiento de los pueblos. En palabras de André Leroi-Gourhan es *"el más ostensible y personal de los rasgos* étnicos" (Leroi-Gourhan 1989). No es probable la existencia de ningún grupo humano sin algún tipo de refugio, aunque sea reducido a la más mínima expresión. En general es muy poco lo que ha llegado hasta nosotros de las viviendas del Neolítico, que a excepción de las de algunas regiones del planeta, como por ejemplo la alta Mesopotamia, pudieron ser muy elementales. En buena parte construidas con tierra, madera u otras fibras vegetales, una vez dejadas de utilizar pudieron desaparecer sin dejar el menor rastro en el suelo, o dejando uno difícil de percibir. De todas formas, es posible que el litoral mediterráneo catalán sea una excepción, sin ser comparable con regiones como la citada alta Mesopotamia. Así se desprende del resultado de excavaciones efectuadas a lo largo de las últimas décadas y de trabajos de síntesis, como el publicado en el año 2009 por Josep Mestres y Josep Tarrús sobre el hábitat neolítico al aire libre en Cataluña (Mestres & Tarrús 2009).

En este trabajo abarcaremos el Neolítico Antiguo Cardial y Epicardial (circa 5500-4500 cal. aC), y el Neolítico Medio Postcardial y Pleno (circa 4500-3400 cal. aC), en un marco geográfico constituido por el litoral mediterráneo del nordeste de la Península Ibérica. Si contemplamos este litoral desde el mar, distinguimos un frente montañoso prácticamente continuo, orientado de nordeste a sudoeste y paralelo a la costa. Las mayores alturas se encuentran en sus extremos: la sierra de la Albera al norte (1256 m) y el macizo del Montcaro al sur (1447 m). En su mitad sur alcanza elevaciones que superan o se aproximan a los mil metros sobre el nivel del mar: las montañas de Prades (1201 m), la sierra de la Mussara (1075 m), el macizo del Montsant (1116 m), las sierras de Colldejou (914 m) y de Llaveria (912 m) y la sierra de Cardó (941 m). Mientras que en la mitad norte las elevaciones son menores: la sierra de Rodes (670 m), la de les Gavarres (531 m), el macizo del Montnegre (759 m), el del Corredor (638 m), la sierra de Marina o de la Conrería (535 m), la de Collserola o del Tibidabo (512 m), las sierras del Ordal (645 m) y el macizo de Garraf (653 m).

Este frente montañoso es principalmente granítico y pizarroso, en su mitad norte; mientras que en la sur es calizo, con la excepción de la comarca del Priorato donde afloran las pizarras. En algunos sectores, las montañas llegan hasta el mismo mar: sierra de Rodes, sierra de les Gavarres, macizo de Garraf y sierra del Coll de Balaguer. Mientras que en el resto están separadas por una planicie de ancho variable, que sólo alcanza una cierta extensión en el bajo Ampurdán, al sur del cabo de Creus, y en el campo de Tarragona, alrededor del cabo de Salou. Por su lado interior, el sistema montañoso descrito tiene adosada, en su mitad norte, la Depresión Prelitoral Catalana, una larga y estrecha fosa de tierras llanas de entre 100 y 250 m de altura. Mientras que en su mitad sur tiene adosada la Depresión Central, planicie de entre 200 y 400 m de altura que, a su vez, se integra en la gran Depresión del Ebro. Distintos ríos han seccionado este sistema montañoso transversalmente, comunicando estas depresiones con la costa. De norte a sur son: el Fluviá, el Ter, la Tordera, el Besós, el Llobregat, el Foix, el Gaiá, el Francolí y el Ebro. En sus desembocaduras se han podido formar deltas más o menos extensos, ninguno de los cuales existiría todavía, al menos con su actual morfología, durante el Neolítico.

Antecedentes y aspectos metodológicos

Dentro del marco geográfico de este trabajo hemos contabilizado veintiséis yacimientos arqueológicos con documentos de interés para el estudio de las casas durante el Neolítico, ya sean partes de ellas (agujeros de poste, hogares, fosos, muros, enlosados, mobiliario doméstico, etc.) o restos de materiales utilizados para su construcción hallados fuera de contexto. No hemos incluido yacimientos con lo que denominamos fosas silo, primero utilizadas para almacenar excedentes agrícolas y después amortizadas con residuos a modo de basureros, a no ser que además hayan proporcionado alguna de las estructuras de hábitat citadas, o materiales constructivos

que permitan suponer la existencia de una o más casas desmanteladas. Las fosas silo no necesariamente formaron parte de lugares de habitación.

En dos de estos veintiséis yacimientos se han efectuado, además de excavaciones, trabajos de arqueología experimental relacionados con las estructuras de hábitat. En el de Ca n'Isach, como parte de su adecuación para la visita, se ha llevado a cabo la restauración y la reconstrucción de una de las cabañas descubiertas (Tarrús y Carreras 2006). En el de las Minas de Gavà, en su Parque Arqueológico abierto al público, se han construido dos cabañas similares a las que se supone existieron durante el Neolítico junto a las bocas de algunas de sus minas. En ambos casos la finalidad ha sido facilitar la comprensión de los restos arqueológicos por parte del público, pero también han servido para poner a prueba hipótesis formuladas sobre el hábitat neolítico y someter a un examen práctico la interpretación de los datos arqueológicos obtenidos. En Gavà, a diferencia de Ca n'Isach, no se han descubierto ni bases de muros, ni zanjas de cimentación, ni tan sólo agujeros de postes, aunque sí restos de posibles construcciones desmanteladas entre el relleno de algunos pozos mineros: madera carbonizada, bloques de piedra y fragmentos de tierra amasada. Es cierto que su posición secundaria dificulta reconocer la función de los elementos a los que correspondían; a pesar de ello, algunos se han interpretado como restos de muros macizos, recubrimientos de paredes de piedra o entramado vegetal, techos, hogares, o tapaderas y paredes de grandes recipientes. En cualquier caso, nos sugieren que sobre el suelo existieron construcciones de hábitat. La experimentación llevada a cabo en Gavà ha demostrado que en las proximidades de sus pozos mineros pudo obtenerse tierra apropiada para construir, ha servido también para hacerse una idea del tiempo que fue necesario invertir en la construcción de las cabañas que supuestamente existieron y para probar su perdurabilidad y resistencia a las inclemencias meteorológicas. El aprovisionado de tierra habría sido una tarea sencilla para las gentes que durante el Neolítico vivieron en Gavà, acostumbradas al trabajo minero y a excavar en la roca. Es posible que este mismo trabajo les hubiera servido para aprovisionarse de tierra, puesto que en algunas partes del yacimiento, la pizarra que contenía la valiosa variscita estaba cubierta por una capa de arcilla (Bosch & Estrada 1994).

Es interesante recordar, por otro lado, que en el litoral mediterráneo catalán abundan los vestigios de una arquitectura tradicional que puede ser útil para el estudio de los sistemas constructivos prehistóricos. A través de ella, antiguas técnicas de construcción con piedra en seco, tierra, madera y otros elementos vegetales, pueden haber perdurado a lo largo de siglos hasta nuestros días. Esta arquitectura tradicional se ha utilizado intensamente para abancalar laderas de montes, pero también para levantar las llamadas "cabañas de pastor" o "barracas de viña", a menudo con cubierta de falsa cúpula, o para cerrar cuevas mediante paredes de piedra o tierra, con el fin de utilizarlas como vivienda o como establo.

Las excavaciones arqueológicas con las que se ha constituido el cuerpo de datos disponible, se han efectuado a lo largo de más de cincuenta años, en algún caso los hallazgos se remontan a los años cuarenta del siglo pasado. Las circunstancias bajo las que se han llevado a cabo, los arqueólogos y los equipos de investigación responsables, los procedimientos de excavación y estudio seguidos, han sido distintos; no ha existido una metodología de trabajo común o similar a todos ellos; ha variado la extensión excavada en cada yacimiento y el grado de conservación de las estructuras de hábitat descubiertas.

Todo ello dificulta la comparación entre los datos obtenidos, de todas formas, el considerable número de yacimientos significativos para el objeto de este artículo, las casas neolíticas, hacen viables no sólo un trabajo de síntesis y aproximación general como el nuestro, basado en los datos arqueológicos disponibles, si no también futuros trabajos que puedan profundizar en ellos, contar con nuevos datos y recurrir, además, a la arqueología experimental y a la comparación etnográfica.

Datos

En este apartado presentamos una relación de los veintiséis yacimientos arqueológicos en los que nos basaremos, con una breve reseña sobre cada uno de ellos y ordenados de sudoeste a nordeste (Figura 4.1).

1. Cova del Vidre (Roquetes, Tarragona).

Neolítico Antiguo Cardial (circa 5500-5000 cal. aC).

En ella se descubrieron los restos de un hogar excado en el suelo, de 74 cm de largo, 45 de ancho y 20 de profundidad, relleno de carbones, cenizas y piedras. Según un estudio micromorfológico del nivel del citado periodo, esta cueva sirvió como corral de ovicápridos (Bosch 2015, Bergadà 1998).

2. Barranc d'en Fabra (Amposta, Tarragona).

Neolítico Antiguo Epicardial (circa 5000-4500 cal. aC).

Repartidos por una extensión de 1032 m² se descubrieron agujeros de poste con cuñas de piedra, enlosados y bases de muros de piedra seca de entre 30 y 50 cm de ancho. Por otro lado, fotografías aéreas realizadas permitieron observar unos contornos elípticos y circulares. El conjunto se interpretó como un agregado de nueve casas o cabañas, con sus respectivos hogares u hornos sobre soleras de piedra anexos (Bosch, Forcadell & Villalbí 1996).

3. El Molló (Móra la Nova, Tarragona).

Neolítico Antiguo Epicardial (circa 5000-4500 cal. aC).

El preciso registro por parte de sus excavadores de la distribución de la industria lítica, la fauna y los fragmentos

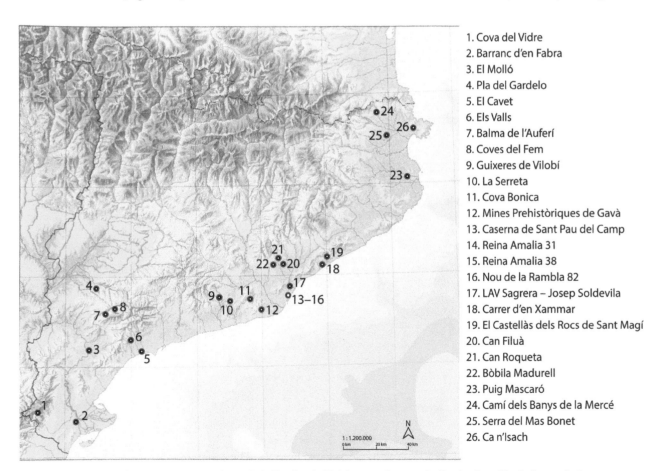

1. Cova del Vidre
2. Barranc d'en Fabra
3. El Molló
4. Pla del Gardelo
5. El Cavet
6. Els Valls
7. Balma de l'Auferí
8. Coves del Fem
9. Guixeres de Vilobí
10. La Serreta
11. Cova Bonica
12. Mines Prehistòriques de Gavà
13. Caserna de Sant Pau del Camp
14. Reina Amalia 31
15. Reina Amalia 38
16. Nou de la Rambla 82
17. LAV Sagrera – Josep Soldevila
18. Carrer d'en Xammar
19. El Castellàs dels Rocs de Sant Magí
20. Can Filuà
21. Can Roqueta
22. Bòbila Madurell
23. Puig Mascaró
24. Camí dels Banys de la Mercé
25. Serra del Mas Bonet
26. Ca n'Isach

Figura 4.1. Mapa de Cataluña, en el nordeste de la Península Ibérica, en el que se indica la situación de los yacimientos citados en el texto.

Josep Bosch y Elena García

de cerámica hallados, nos ha permitido reconocer una posible construcción desaparecida. Al mismo periodo pertenecen dos fosas silo (Piera *et al.* 2016).

4. Pla del Gardelo (Juneda, Lérida).

Neolítico Antiguo Epicardial (circa 5000-4500 cal. aC).

Excavación subovalada, de 5 m de largo, por 2,50 de ancho y 20 cm de profundidad, rellena de piedras pequeñas y medianas. Dentro de ella había cuatro posibles agujeros de poste y una fosa oval de 155 cm de largo, 115 de ancho y 35 de profundidad, con restos esqueléticos de un individuo adulto y masculino en su interior. En el yacimiento también se localizaron ocho fosas silo (Piera 2010).

5. El Cavet (Cambrils, Tarragona).

Neolítico Antiguo Cardial i Epicardial (circa 5500-4500 cal. aC).

Sus excavadores han registrado concentraciones de restos líticos y cerámicas, así como acumulaciones puntuales de bloques de piedras, que pueden ser debidas a la existencia de estructuras de habitación desaparecidas. También han podido localizar algunas fosas silo (Fontanals *et al.* 2008).

6. Els Valls (Riudecols, Tarragona).

Neolítico Medio Pleno Sepulcros de Fosa (circa 4000-3400 cal. aC).

Se descubrió una hilada de piedras, de unos 50 cm de ancho, que fue seguida en una longitud de cuatro metros (Vilaseca 1973).

7. Balma de l'Auferí (Margalef de Montsant, Tarragona).

Neolítico Antiguo Epicardial (5000-4500 cal. aC).

Se descubrieron al menos diez posibles agujeros de poste, la mayoría alineados a unos 2 m del fondo del abrigo, tres fosas de almacenamiento más grandes y dos hogares, uno de ellos recortado en el suelo (Adserias *et al.* 1996).

8. Coves del Fem (Ulldemolins, Tarragona).

Neolítico Antiguo Cardial (5500-5000 cal. aC).

En la parte central de este abrigo aparecieron los restos de un hogar en cubeta excavada, de unos 50 cm de largo y lleno de cenizas y carbones (Palomo *et al.* 2018).

9. Guixeres de Vilobí (Sant Martí Sarroca, Barcelona).

Neolítico Antiguo Cardial y Epicardial y Neolítico Medio Postcardial (circa 5500-4000 cal. aC).

Presenta dos espacios de morfología elipsoidal, rodeados de concentraciones de bloques termoalterados. Dentro y fuera de estos dos ámbitos aparecieron agujeros de poste, estructuras de almacenamiento y de combustión (Mestres 1981-1982, Oms *et al.* 2014).

10. La Serreta (Vilafranca del Penedès, Barcelona).

Neolítico Medio Pleno Sepulcros de Fosa (circa 4000-3400 cal. aC).

Cuenta con lo que se ha denominado un foso estacada de más de 18 m de largo, con agujeros de poste internos y externos. En su relleno se han distinguido varios niveles, antrópicos y naturales, algunos con materiales de deshecho. Un segundo foso estacada mide sólo 8 m de largo, es similar al primero pero sin prácticamente materiales arqueológicos en su interior. Por otro lado, también se han documentado restos de una estructura a base de zanjas, que definen una planta cuadrangular, de entre 22 y 34 m², y agujeros de poste internos y externos. Al mismo periodo se han adscrito veintisiete fosas silo (Esteve *et al.* 2012).

11. Cova Bonica (Vallirana, Barcelona).

Neolítico Antiguo Cardial (circa 5500-5000 cal. aC).

Los agujeros de poste y la estructura de combustión descubiertos en esta cueva, se han considerado vestigios de su uso como lugar de acampada en torno al 5200 cal. aC. Mientras que en torno al 5000 cal. aC habría sido utilizada como establo de ganado, tal y como indica un pequeño nivel de *fumier* (Oms *et al.* 2017).

12. Mines Prehistòriques de Gavà (Gavá, Barcelona).

Neolítico Medio Postcardial y Neolítico Medio Pleno Sepulcros de Fosa (circa 4500-3400 cal. aC).

Entre los rellenos de algunas de las minas de este yacimiento han sido hallados restos de construcciones de tierra cruda desmanteladas, ya fueran estructuras de habitación o mobiliario doméstico. Entre estos restos se han distinguido bloques de tierra con acabado liso en una cara e impresiones vegetales en el reverso, fragmentos de posibles contenedores y de sus tapadoras, fragmentos también de posibles hogares u hornos y peanas para sostener recipientes cerámicos. Por su calidad técnica destacan unos fragmentos de placa de combustión, que presentan una superficie perfectamente pulida. Estos últimos corresponden al Neolítico Medio Pleno y fueron hallados entre el relleno de la mina número 16, el mismo en el que aparecieron los fragmentos de la conocida como Venus de Gavà (García 2009, Bosch 1994, Borrell, Bosch & Majó 2015, Bosch *et al.* 2020).

13. Caserna de Sant Pau del Camp (Barcelona, Barcelona).

Neolítico Antiguo Cardial y Epicardial y Neolítico Medio Postcardial (circa 5500-4000 cal. aC).

En este yacimiento se documentaron un centenar de agujeros de poste y diferentes estructuras de combustión, circulares y muchas de ellas en cubetas excavadas y rellenas con piedras y carbones. También se localizaron diferentes fosas silo (Molist & Gómez 2016).

14. Reina Amalia 31 (Barcelona, Barcelona).

Neolítico Antiguo Epicardial (circa 5000-4500 cal. aC).

Posible fondo de casa o cabaña excavado, de planta ovalada, paredes y suelo irregulares, de 13 m de largo, por 6 de ancho y 80 cm de profundidad. En el interior había dos agujeros de poste, con los que se debía sustentar una cubierta probablemente a doble vertiente, que habría protegido una superficie de más de 50 m². Dentro de la cabaña también había los restos de un hogar y de un horno ovalado con piedras, huesos quemados, carbones y fragmentos de bloques de arcilla cocida. Dentro de la cabaña aparecieron, así mismo, una inhumación de un niño de entre tres y cinco años y otra de un neonato. En el exterior había otros dos hogares, cinco fosas silo y algunas estructuras excavadas de interpretación dudosa (Harzbecher & González 2016a).

15. Reina Amalia 38-38 bis (Barcelona, Barcelona).

Neolítico Medio Postcardial (circa 4500-4000 cal. aC).

Aparecieron los restos de una gran estructura de combustión, excavada en el sustrato, de planta ovalada, con paredes rubefactadas, acumulaciones de cenizas y carbones en la base y relleno de piedras. Se ha interpretado como hogar de uso colectivo (Harzbecher & González 2016b).

16. Nou de la Rambla 82 (Barcelona, Barcelona).

Neolítico Medio Postcardial (circa 4500-4000 cal. aC).

Aparecieron varias estructuras de combustión en cubetas excavadas, más o menos circulares y con unos diámetros de aproximadamente 100 cm y unas profundidades de 20, rellenas de piedras. Pero también apareció otra cuyo diámetro era claramente mayor, de 240 cm, y con un agujero de poste relacionado, quizás para facilitar de alguna forma su uso culinario. Ésta estructura se ha interpretado, por su mayor tamaño, como hogar de uso colectivo (Bordas 2016).

17. LAV Sagrera – Josep Soldevila (1 y 2) (Barcelona, Barcelona).

Neolítico Medio Postcardial (4500-4000 cal. aC).

Han sido hallados restos de estructuras de hábitat de tres momentos de ocupación distintos, dentro de un mismo periodo. Cubetas de combustión excavadas y con solera de piedras, cubetas interconectadas que podían formar un sistema de decantación de líquidos, un recorte circular del suelo con fragmentos de un gran vaso cerámico de almacenamiento, fosas silo, estructuras recortadas en el suelo de más difícil interpretación, amontonamientos de piedras medianas y grandes también de difícil interpretación. Junto a todo ello apareció un número considerable de agujeros de postes, que se han interpretado de tres formas distintas. Unos como elementos de soporte de estructuras de hábitat o de trabajo para llevar a cabo actividades productivas, otros como parte de un elemento de vallado y otros como soporte de una posible plataforma elevada sobre el suelo, justificada por la proximidad al curso del río Besós y su situación en una zona de posible inundación. Por último, es destacable la aparición de los restos de un niño de un año de edad enterrados en una pequeña fosa (Arroyo 2016, Monguiló 2016).

18. Carrer d'en Xammar (Mataró, Barcelona).

Neolítico Antiguo Cardial (5500-5000 cal. aC).

Se identificaron dos posibles fondos de cabaña, de planta entre circular y elíptica, recortados en el suelo, de unos 2 m de largo, por 1,50 de ancho y entre 30 y 40 cm de profundidad. Uno de ellos conservaba diversos agujeros de poste en su interior, que habrían servido para soportar la cubierta. Corresponden a dos ocupaciones separadas en el tiempo, dentro del mismo periodo (Pou & Martí 2005).

19. El Castellàs dels Rocs de Sant Magí (Sant Andreu de Llavaneres, Barcelona).

Neolítico Antiguo Epicardial (circa 5000-4500 cal. aC).

Amontonamiento o caos natural de grandes rocas graníticas, que apoyándose las unas en las otras han originado pequeños abrigos o espacios más o menos cerrados. La planta es poligonal, ocupa unos 32 m², está aislado de otras grandes rocas y rodeado en su perímetro por una especie de muralla de piedra seca, también granítica. Esta muralla está formada por varios lienzos de pared que rellenan grietas y unen bloques de rocas del mismo amontonamiento. El grosor de estos lienzos es de unos 60 o 70 cm y su altura conservada puede llegar a los 100 cm (Bosch & Miró 1991).

20. Can Filuà (Santa Perpètua de la Mogoda, Barcelona).

Neolítico Antiguo Cardial i Epicardial (circa 5500-4500 cal. aC).

Sólo dejaremos constancia aquí de que se trata de un yacimiento con fosas silo, en el que, de forma anecdótica, se han recogido pequeños fragmentos de bloques de arcilla no cocida (Terrats 2008).

21. Can Roqueta (Sabadell, Barcelona).

Neolítico Antiguo Cardial, Neolítico Medio Postcardial y Neolítico Medio Pleno Chassey (circa 5500-3400 cal. aC).

Yacimiento con distintos sectores, denominados Can Piteu-Can Roqueta, Can Roqueta II, Can Roqueta-Torre

Romeu y Can Roqueta-Can Revella. Se han documentado fosas silo, recortes del suelo de funcionalidad desconocida y un posible canal de aguas excavado, con una longitud conservada de 11 m, un ancho de 114 cm y una profundidad de 20 cm. Su relleno se fechó en el Neolítico Medio Postcardial (Palomo & Rodríguez 2004, Oliva *et al.* 2008, Oliva & Terrats 2005).

22. Bòbila Madurell (Sant Quirze del Vallès, Barcelona).

Neolítico Medio Pleno Sepulcros de Fosa (circa 4000-3400 cal. aC).

Yacimiento conocido, principalmente, por el alto número de sepulturas descubiertas y por las abundantes fosas silo. Aunque aquí sólo nos fijaremos en dos estructuras de grandes dimensiones excavadas en el subsuelo. Una descubierta por trabajos iniciados en el año 1975 y desarrollados a lo largo de los siguientes. De planta ovalada, con un eje mayor de 20 m de longitut y una sección cóncava, en cuyo interior fueron hallados restos de un hogar. La otra, descubierta con excavaciones arqueológicas efectuadas unos diez años después, de planta irregularmente elipsoidal, de 4,90 m de largo y una profundidad entre 60 y 80 cm. Como la anterior, presentó los restos de una estructura de combustión en su interior, concretamente en su límite nordeste. Ambas estructuras contenían materiales de deshecho en sus rellenos y ambas fueron consideradas lugares de hábitat (Llongueras, Marcet & Petit 1981, Blanch 1992, Miret 1992).

23. Puig Mascaró (Torroella de Montgrí, Gerona).

Neolítico Antiguo Epicardial – Neolítico Medio Postcardial (circa 5000-4000 cal. aC).

La excavación puso al descubierto los restos de un posible fondo de cabaña, con una acusada depresión del terreno en forma de amplia cubeta de planta oval, y seis agujeros de poste excavados en la roca caliza, que reseguían por fuera uno de sus extremos, dos de ellos con falcas de piedras verticales. En el interior de esta posible cabaña aparecieron los restos de un hogar, muy deshecho, con rocas rubefactadas y carbones, que debió ser circular y medir unos 60 cm de diámetro (Pons & Tarrús 1980).

24. Camí dels Banys de la Mercè (Capmany, Gerona).

Neolítico Medio Pleno Chassey (circa 4000-3400 cal. aC).

A este periodo se han atribuido tres fosas silo. Podría ser que también correspondieran a él al menos algunos de los más de sesenta agujeros de poste descubiertos en el yacimiento, excavados en el subsuelo granítico, formando alineaciones y ángulos que sugieren en algunos casos la existencia de posibles cabañas rectangulares. Aunque los datos obtenidos no permitieron asignarlos a ninguna de las ocupaciones reconocidas en el yacimiento, que van del Neolítico Antiguo al Bronce Final (Rosillo *et al.* 2011).

25. Serra del Mas Bonet (Vilafant, Gerona).

Neolítico Medio Pleno Chassey (circa 4000-3400 cal. aC).

A este periodo corresponden dos agujeros de poste y seis fosas silo. La presencia de los dos primeros ha permitido a sus excavadores argumentar la probable exsitencia de una o más cabañas (Rosillo *et al.* 2011).

26. Ca n'Isach (Palau-saverdera, Gerona).

Neolítico Medio Postcardial y Neolítico Medio Pleno Chassey (circa 4500-3400 cal. aC).

Al periodo inicial del Neolítico Medio corresponde un fondo de cabaña rectangular, delimitado por una trinchera excavada en ángulo recto. En la base de esta trinchera había excavados distintos agujeros de poste. Y en lo que habría sido el interior de la cabaña aparecieron los restos de un posible brasero excavado en el subsuelo rocoso, además de una fosa silo.

Al Neolítico Medio Pleno corresponden, en cambio, un mayor número de estructuras de hábitat. Por un lado cuatro fondos de cabaña en forma de U o absidial, con muros de piedra seca de aproximadamente 1 m de ancho. Para su construcción se utilizaron gneis y esquisto, ambos rocas locales. Las cabañas estaban dispuestas en dos parejas paralelas y con una pared medianera. Las cuatro se construyeron de espaldas al viento de tramontana, unas frente a las otras, separadas por una especie de calle y con su parte abierta orientada al sur. Alcanzan los 4 m de largo y los 3 de ancho, conservan agujeros de postes que habrían sostenido una cubierta, seguramente vegetal, y agujeros de otros postes que pudieron soportar una especie de porche. También en la parte delantera se situaron los hogares. Asociadas a estos cuatro fondos de cabaña absidiales aparecieron cubetas y fosas silo excavadas.

Al periodo del Neolítico Medio Pleno de Ca n'Isach corresponden, así mismo, los restos de una gran cabaña oval, con muros también de piedra seca de origen local, de más de 1,50 m de grosor, revestidos con grandes losas verticales. Su entrada, igualmente orientada al sur, es estrecha, y su espacio interior mide unos 7 m de largo por 6 de ancho y en él aparecieron varios agujeros de postes centrales. Esta cabaña albergaba en su interior varios hogares, una cisterna y diversas fosas silo, algunas enlosadas. Por sus mayores dimensiones con respecto a las cabañas absidiales, ha sido interpretada como un posible lugar comunitario o de reunión. Esta cabaña oval continuó en uso después del Neolítico Medio Pleno, durante el Neolítico Final (Tarrús coordinador 2017).

Evolución de las casas durante el Neolítico: en cuevas, sobre el suelo y semienterradas, ovales, cuadrangulares y absidiales

Entre los yacimientos recogidos en el apartado anterior distinguimos hábitats en cueva y al aire libre. Durante el

Neolítico Antiguo coexistieron los dos; durante el Neolítico Medio, en cambio, sólo hemos constatado la existencia de hábitats al aire libre. Cuevas naturales con estructuras de hábitat son la Cova del Vidre, les Coves del Fem, la Balma de l'Auferí y la Cova Bonica. La de l'Auferí es la que muestra una mayor adecuación del espacio, con hogares, fosas silo y agujeros de poste, que nos permiten ver en ella una posible cueva murada, aunque fuera con materiales perecederos (Ver Figura 4.2). Las cuevas cerradas con muros levantados con piedras en seco, son históricamente frecuentes en el mundo rural del ámbito geográfico de este trabajo. En Vidre y en Fem, por el momento, sólo se han descubierto sendos hogares centrales en cubetas excavadas en el suelo; mientras que en la Cova Bonica, además de un hogar, se han descubierto también unos agujeros de poste.

Entre los lugares al aire libre habitados durante el Neolítico Antiguo (Cardial y Epicardial), distinguimos, en primer lugar, dos yacimientos con casas de planta oval o elíptica, paredes de piedra y postes de madera clavados en agujeros en el suelo para sostenimiento de cubiertas vegetales. Uno de ellos es el de les Guixeres de Vilobí, donde las excavaciones han visualizado acumulaciones de bloques de rocas que rodean espacios elipsoidales, supuestos fondos de cabaña. El otro es el del Barranc d'en Fabra, donde son claramente reconocibles las bases de muros de piedra (Ver Figura 4.3).

Figura 4.2. Agujeros de poste y fosas de almacenado de la Balma de l'Auferí (Margalef de Montsant). Neolítico Antiguo Epicardial. Fotografía del equipo de excavaciones en este yacimiento.

Figura 4.3. Fragmento de la base de un muro de piedra localizado en el Barranc d'en Fabra (Amposta). Neolítico Antiguo Epicardial. Fotografía de Josep Bosch.

Otro yacimiento con construcciones de piedra es el del Castellàs dels Rocs de Sant Magí, caos granítico rodeado por una especie de muralla que, aprovechando las rocas externas del mismo caos, delimita el espacio.

Entre los hábitats al aire libre también distinguimos casas semienterradas, con una parte excavada en el suelo y la otra aérea, ésta edificada sobre una fosa más o menos profunda. Aparecen en Pla del Gardelo, Reina Amalia 31, Carrer d'en Xammar y Puig Mascaró (Ver Figura 4.4). Todas ellas son de planta más o menos ovalada y cuentan con distintos agujeros de poste para sostener las paredes o la cubierta. Quizás respondan a una necesidad de esconderse bajo tierra, como recuerdo de un pasado cavernícola. En otros lugares, como El Molló, El Cavet, o la Caserna de Sant Pau del Camp, los indicios de edificaciones son más sutiles, limitándose a algunos agujeros de poste o a un distribución de los restos arqueológicos que permiten suponer su existencia.

Entre los enclaves al aire libre habitados durante el Neolítico Medio (Postcardial y Pleno), como durante el Neolítico Antiguo, distinguimos casas de planta oval o elíptica, con paredes de piedra y postes de madera, como

Figura 4.4. Fondo de casa semienterrada descubiero en el Pla del Gardelo (Juneda), finalizada la excavación de su relleno. Neolítico Antiguo Epicardial. Fotografía de Marc Piera.

la gran casa oval del Neolítico Medio Pleno de Ca n'Isach, o quizás como la casa a la que pudo corresponder la pared de piedra descubierta en Els Valls. También como en el Neolítico Antiguo, distinguimos casas semienterradas, de planta oval o elíptica, en Bòbila Madurell.

A parte de estas similitudes, entre los restos de estructuras de hábitat del Neolítico Antiguo y Medio existen diferencias considerables. Por un lado, a este segundo periodo corresponden restos de estructuras de planta cuadrangular o rectangular, con zanjas excavadas en el suelo, quizás como cimientos de sus paredes, y agujeros de postes. Estas estructuras se han documentado en La Serreta (Neolítico Medio Pleno) y en Ca n'Isach (Neolítico Medio Postcardial). También una novedad los fondos de casas de planta absidial y paredes de piedra del Neolítico Medio Pleno en Ca n'Isach. Otro hecho remarcable es el constatado en las Mines Prehistòriques de Gavà, que han proporcionado restos de construcciones de tierra no cocida desmanteladas, en una cantidad y variedad no constatadas en ningún otro de los yacimientos recogidos en este trabajo.

En cuanto a los motivos por los que fueron seleccionados los lugares de habitación, podemos decir que, en general, ofrecían condiciones básicas para la subsistencia y la supervivencia: disponibilidad de agua, caza, pesca, pastos o tierras de cultivo, además de, en algunos casos, refugios naturales. Aunque podemos decir que en el caso de la Cova del Vidre y la Cova Bonica, quizás estuvieron especialmente vinculadas a la ganadería; y en el de les Coves del Fem, cercanas a afloramientos de sílex, y de las Mines de Gavà, centro de obtención de adornos corporales de variscita, quizás estuvieron ligadas a estos recursos minerales.

A las funciones de residencia y refugio, los lugares descritos vieron añadidas otras, como la de almacén de alimentos, en fosas silo o en recipientes de cerámica, reserva o depósito de agua, establo, cocina y taller de trabajos varios. Estas actividades se han documentado dentro y fuera de las casas, por lo que podemos decir que, en este sentido, existió una continuidad entre los espacios interiores y exteriores a ellas. Algunas de las estructuras reconocidas tuvieron, al parecer, una función protectora o defensiva ante posibles amenazas. Éste es el caso de las fosas estacadas de La Serreta, del posible vallado del LAV Sagrera – Josep Soldevila, de la posible plataforma elevada para ponerse a salvo de inundaciones identificada en el mismo yacimiento, del canal de agua de Can Roqueta, o quizás de la muralla de El Castellàs dels Rocs de Sant Magí y del posible cercado del Barranc d'en Fabra.

Consideramos reseñable, por último, el uso colectivo que debieron tener algunas de las construcciones o estructuras descritas. Pudieron ser colectivas grandes estructuras de combustión como las de Reina Amalia 38 y Nou de la Rambla 82. Así mismo, dado su gran tamaño, han podido ser identificados como posibles lugares de reunión o asamblea, intercambios, o actos ceremoniales, en los que habrían participado un número de personas superior al del grupo familiar, el recinto de La Serreta, la mayor de las estructuras de la Bòbila Madurell, o la gran casa oval de Ca n'Isach, con dimensiones superiores a las de otras casas contemporáneas del mismo yacimiento.

Materiales y técnicas de construcción: piedras en seco, mortero de tierra y postes de madera

Según los datos recogidos para redactar este trabajo, durante el Neolítico Antiguo y Medio se utilizaron como materiales constructivos la piedra, la tierra y la madera. Es sabido que el uso de las piedras en seco se remonta al Neolítico, que perduró a lo largo del resto de la Prehistoria, la Protohistoria y, dentro del mundo rural, de la Historia. Aunque a veces haya podido utilizarse con la ayuda de barro, su estabilidad depende de una experta disposición de las piedras.

En el ámbito geográfico y cronológico de este trabajo, hemos documentado bases de muros de piedras en los yacimiento del Barranc d'en Fabra, Els Valls, El Castellàs dels Rocs de Sant Magí, les Guixeres de Vilobí y Ca n'Isach.

En los tres primeros, las piedras estaban dispuestas planas y en doble paramento, interno y externo, con grosores entre 30 y 50 cm. En Ca n'Isach, el grosor de los muros es de unos 100 cm en las casas absidiales y de más de 150 en la gran casa oval. En ésta, la pared fue revestida con grandes losas verticales. Por otro lado, las piedras han aparecido utilizadas para falcar postes en Barranc d'en Fabra, Ca n'Isach y Puig Mascaró. Por último, están presentes en estructuras de combustión, formando lo que quizás fueron bases refractarias, en Barranc d'en Fabra, Caserna de Sant Pau del Camp, Reina Amalia 38 y Nou de la Rambla 82. Las piedras utilizadas como material de construcción fueron siempre, como es lógico, de origen local: roca caliza en el curso inferior del Ebro (Barranc d'en Fabra), granito en la sierra de Marina (El Castellàs), gneis y esquisto en la sierra de Rodes (Ca n'Isach) (Ver Figura 4.5).

El mortero obtenido mezclando tierra, agua y un estabilizante natural (arena, excrementos, cenizas, paja u otras fibras vegetales) o artificial (cal o yeso), al igual que la piedra, fue utilizado como material de construcción por primera vez durante el Neolítico y continuó siendolo prácticamente hasta nuestros días. Ofrece una serie de ventajas. En general resulta fácil de obtener, es un buen aislante del calor y del frío, resiste las tensiones y los movimientos del terreno, es ecológico y completamente reciclable, y sus construcciones pueden ser más altas y tener oberturas mayores que las de piedra. El análisis micromorfológico de muestras arqueológicas ha revelado

Figura 4.5. Base de muro de piedra entre grandes bloques de granito en El Castellàs dels Rocs de Sant Magí (Sant Andreu de Llavaneres). Neolítico Antiguo Epicardial. Fotografía de Josep Bosch.

que durante el Neolítico se utilizó de forma experta. Se ha observado que una proporción elevada de arcilla va asociada a una mayor inclusión de fibras de herbáceas, mientras que cuando las proporciones de limo o de arena son elevadas la inclusión de estas fibras fue menor. Los morteros de tierras arcillosas resultan menos consistentes que los efectuados con tierras limosas o arenosas, por lo que requieren más inclusiones estabilizantes.

Los muros con mortero de tierra pueden estar construidos directamente sobre el suelo o sobre una base aislante de piedras. Existen diferentes técnicas de poner en obra dicho mortero. Algunas son mixtas, como la de aplicarlo en estado húmedo y plástico sobre un cuerpo leñoso, levantado con postes de madera clavados verticales en el suelo, distribuidos de forma regular y que sirven para tejer o entrelazar ramas horizontales. Estas ramas pueden dejar impresiones sobre los bloques de mortero seco conservados una vez desmoronadas las construcciones llevadas a cabo, bloques que permiten reconocer la utilización de esta técnica en la Prehistoria. Por otro lado, existen técnicas basadas en un único elemento. Las más sencillas consisten en la superposición de capas de mortero simplemente prensado, o de panes o bolas previamente modeladas. Otra técnica más compleja es la que utiliza adobes, producidos introduciendo el mortero en moldes de madera y dejándolo secar al sol antes de su puesta en obra. Aunque en el ámbito geográfico de este artículo, esta técnica no se ha documentado antes de la época ibérica.

Debemos reconocer que los datos proporcionados por los yacimientos recogidos en este trabajo, no permiten identificar la práctica específica de ninguna de las técnicas de puesta en obra citadas, aunque sí permiten estar seguros del uso durante el Neolítico del mortero obtenido con la mezcla de tierra, agua y algún estabilizante. Con él se construyeron hogares, recipientes contenedores y otros elementos necesarios en lugares de hábitat o taller y, con toda seguridad, también se construyeron muros de casas. El yacimiento que más indicios ha aportado del uso del mortero de tierra ha sido el de las Mines Prehistòriques de Gavà (Ver Figura 4.6). Otros yacimientos que han aportado indicios al respecto son Can Filuà, Can Roqueta y Bòbila Madurell, aunque con un número menor. Como en el caso de la piedra, es lógico suponer que la tierra utilizada era de origen local, de hecho, los cuatro yacimientos citados se encuentran en lugares donde este material abunda en superficie: el litoral sur de la desembocadura del río Llobregat, en el caso de Gavà, y la depresión prelitoral del Vallès, en el caso de los otros tres yacimientos.

En cuanto a la madera, el tercero de los materiales constructivos que sabemos fue utilizado durante el Neolítico en el ámbito geográfico de este trabajo, estamos seguros de su uso para obtener los postes que sostenían las cubiertas o las paredes de las casas y, en algunos casos, de empalizadas u otros tipos de construcciones. En el Barranc d'en Fabra, el análisis antracológico de carbones extraídos de dos agujeros de poste determinó que correspondían, en

Figura 4.6. Fragmentos de mortero de tierra descubiertos en el relleno de la mina número 16 de las Mines Prehistòriques de Gavà. Medidas de los dos fragmentos de la izquierda de la imagen: 10,6 cm de largo, 7,5 de ancho y 5,9 de grosor, el superior; y 10 cm de largo, 6,3 de ancho y 3,9 de grosor, el inferior. Neolítico Medio Pleno Sepulcros de Fosa. Fotografía de Josep Casanova, Museo de Gavà.

un caso, a la especie *Pinus halepensis*, la única arbórea documentada en el yacimiento, y en el otro al género *Juniperus* sp. (Ros 1996). La madera de las especies de este género es resistente y algunas de ellas, aunque se trata de arbustos, pueden tener troncos rectos y altos, que en el caso de la sabina, también conocida como cedro de España, pueden alcanzar los cinco metros en la variante "negral" y los diez en la "albar".

Conclusiones

La recopilación y revisión de datos relativos al hábitat durante el Neolítico en el Mediterráneo ibérico catalán efectuada con este trabajo, nos permite establecer algunas conclusiones. Por un lado, podemos decir que se observa una diversidad formal y material: casas cueva, casas semienterradas, casas sobre el suelo y, quizás también, por encima de él sobre pilotes o pilares, construidas con piedra, tierra, madera y, seguramente, otros materiales vegetales. Así mismo, podemos decir que se produjo una evolución, siendo quizás el cambio más visible el hecho de que durante el Neolítico Antiguo coexistieran hábitats en cueva y al aire libre, mientras que durante el Neolítico Medio sólo hemos documentado hábitats al aire libre. Al parecer dejó de aprovecharse el cobijo natural ofrecido por las cuevas. Por otro lado, podemos afirmar que existió una estrecha relación entre el medio y el material, la forma y la disposición de las estructuras de habitación. Hemos visto qué el uso de unas u otras rocas, estuvo relacionado con su disponibilidad en el entorno inmediato; y cómo con la forma y la disposición de las casas en el Barranc d'en Fabra y en Ca n'Isach, se buscó la mayor resistencia posible a un determinado viento: el cierzo en el primer caso y la tramontana en el segundo. Este hecho, junto a la disposición de las casas absidiales de Ca n'Isach, a ambos lados de lo que parece una calle, nos permite plantear la posible existencia de normas para el desarrollo armónico, racional y humano de los centros habitados, o lo que es lo mismo, de un principio de urbanismo. No hay duda, en tercer lugar, de que un amplio espectro de datos sobre el hábitat durante el Neolítico, hacen del Mediterráneo ibérico catalán un marco geográfico de especial relevancia para su estudio, y de que todo parece indicar que este estudio tiene por delante un largo y provechoso recorrido.

Por último, nos fijaremos en el hallazgo de restos esqueléticos humanos en el subsuelo de algunas casas: de un individuo adulto masculino en el Pla del Gardelo, de un niño y de un neonato en Reina Amalia 31, y de un niño en LAV Sagrera-Josep Soldevila. Los de Pla del Gardelo y Reina Amalia 31 corresponden al Neolítico Antiguo Epicardial, mientras que el de LAV Sagrera-Josep Soldevila al Neolítico Medio Postcardial. Hay que señalar que, en el ámbito geográfico de este trabajo, el Neolítico Antiguo fue un periodo durante el que se enterró en cavidades naturales y en fosas, mientras que durante el Neolítico Medio se enterró en cavidades naturales, en cistas, en silos, en fosas o en sepulcros de corredor. Pero tanto en uno como en el otro, las tumbas efectuadas dentro de las casas estando éstas habitadas fueron raras

(Bosch 2016, Ribé 2016, Tarrús 2016). No es sencillo interpretar su significado. Nos limitaremos a proponer que quizás respondían a la necesidad o el deseo por parte de los grupos familiares que vivían en ellas, de mantenerse cerca de algunos de sus miembros fallecidos, ya fueran infantiles o adultos. Finalizaremos recordando el título de la obra colectiva de la que forma parte nuestro artículo, "La casa: cuerpo y alma de la vida de las sociedades antiguas". Las casas formaron parte del "cuerpo" de las sociedades neolíticas; los sepulcros en algunas de ellas, fuera cual fuera su significado, quizás nos indican que también formaron parte de su "alma".

Agradecimientos

Queremos dar las gracias a Marc Piera, por proporcionarnos una fotografía del Pla del Gardelo y permitirnos reproducirla es este artículo. Damos las gracias también al equipo de arqueólogos que excavó en la Balma de l'Auferí, especialmente a Maria Adserias, por cedernos una fotografía de este yacimiento y por autorizarnos a publicarla. Queremos agradecer a Benet Solina su ayuda en la digitalización de las imágenes incluidas en este trabajo. Y, por último, agradecemos a los editores de esta obra colectiva, Juan García Targa y Gerardo Martín Medina que nos hayan invitado a participar en ella.

Bibliografía

Adserias, M., Bartrolí, R., Cebrià, A., Farell, D., Gamarra, A. & Miró, J.M., 1996. "La balma de l'Auferí (Margalef de Montsant, Priorat): un nou assentament prehistòric a la vall del Montsant". *Tribuna d'Arqueologia*, 1994-1995, 39-50.

Arroyo, S., 2016. El jaciment de LAV Sagrera-Josep Soldevila (1). En M. Molist & A. Gómez (Eds.), *La prehistòria al pla de Barcelona. Documents per a una nova síntesi*. Barcelona: Museu d'Història de Barcelona, Documents, 11, 212-214.

Bergadà, M.M., 1998. *Estudio geoarqueológico de los asentamientos prehistóricos del Pleistoceno superior y Holoceno inicial en Catalunya*, Oxford, BAR, International Series, 742.

Blanch, R.M., 1992. Restes d'ocupació: l'exponent de la Bòbila Madurell. *9è Col·loqui Internacional d'Arqueologia de Puigcerdà. Estat de la Investigació sobre el Neolític a Catalunya* (Puigcerdà y Andorra, 1991), Institut d'Estudis Ceretans, Servei d'Arqueologia d'Andorra, 179-180.

Bordas, A., 2016. El jaciment de Nou de la Rambla 82. M. Molist & A. Gómez (Eds.), *La prehistòria al pla de Barcelona. Documents per a una nova síntesi*. Barcelona: Museu d'Història de Barcelona, Documents, 11, 196-198.

Borrell, F., Bosch, J. & Majó, T., 2015. "Life and death in the Neolithic variscita miner at Gava (Barcelona, Spain)". *Antiquity*, 89, 72-90.

Bosch, J. & Miró, J.M., 1991. "Els Rocs de Sant Magí (Sant Andreu de Llavaneres, El Maresme). Campanya de setembre de 1986". *Laietania*, 6, 5-17.

Bosch, J., 1994. Objectes de fang sense coure. J. Bosch & A. Estrada (Eds.), *El Neolític Postcardial a les Mines Prehistòriques de Gavà (Baix Llobregat). Rubricatum.* Revista del Museu de Gavà, 0, 172-177.

Bosch, J. & Estrada, A., 1994. Experimentació arqueológica. J. Bosch & A. Estrada (Eds.), *El Neolític Postcardial a les Mines Prehistòriques de Gavà (Baix Llobregat). Rubricatum.* Revista del Museu de Gavà, 0, 257-259.

Bosch, J., Forcadell, A. & Villalbí, M.M., 1996. El "Barranc de Fabra": asentamiento de inicios del IV milenio AC en el curso inferior del Ebro. *I Congrés del Neolític a la Península Ibèrica* (Gavà y Bellaterra, 1995). *Rubricatum.* Revista del Museu de Gavà, 1, vol. 1, 391-396.

Bosch, J., 2015. La Cueva del Vidre (Roquetes, Bajo Ebro). Asentamiento del Mesolítico y del Neolític Antiguo en la Cordillera Costera Catalana Meridional. *5º Congreso do Neolitico Peninsular* (Lisboa, Abril 2011). Centro de Arqueologia da Universidade de Lisboa, 182-188.

Bosch, J., 2016. Les primeres inhumacions a Catalunya: del paleolític superior als inicis del neolític mitjà. *La fi és el principi. Pràctiques funeràries a La Catalunya prehistòrica.* Generalitat de Catalunya, 29-41.

Bosch, J., Gómez, A., Calvo, M. & Molist, M., 2020. Green beads during the Late Prehistory in the northeast Iberian Peninsular social dynamics in a production and consumption context. *A Taste for Green. A global perspective on ancient jade, turquoise and variscite exchange.* C. Rodríguez-Rellán, B.A. Nelson & R. Fábregas (Eds.), OXBOW/books, Oxford & Philadelphia, 59-76.

Esteve, X., Martín, P., Oms, F.X., López, D. & Jornet, R., 2012. "Intervencions arqueològiques als enllaços de l'autopista AP-7 de Vilafranca del Penedès: nous assentaments prehistòrics a l'aire lliure al Penedès". *Tribuna d'Arqueologia*, 2010-2011, 23-39.

Fontanals, M., Euba, I., Morales, J.I., Oms, F.X. & Vergès, J.M., 2008. El asentamiento litoral al aire libre de El Cavet (Cambrils, Tarragona). *Actas del IV Cogreso del Neolítico Peninsular* (Alicante, 2006). Museo Arqueológico de Alicante, vol. I, 168-175.

García, E., 2009. Restes de fang neolítiques. Morfologia i interpretació dels elements documentats a la mina 84 de Gavà. J. Bosch & F. Borrell (Eds.), *Intervencions arqueològiques a les Mines de Gavà (sector serra de les Ferreres). Anys 1998-2009. De la variscita al ferro: neolític i antiguitat. Rubricatum.* Revista del Museu de Gavà, 4, 97-108.

Harzbecher, H. & González, J., 2016a. El jaciment de Reina Amàlia 31. M. Molist & A. Gómez (Eds.), *La prehistòria al pla de Barcelona. Documents per a una nova síntesi.* Barcelona: Museu d'Història de Barcelona, Documents, 11, 201-205.

Harzbecher, H. & González, J., 2016b. El jaciment de Reina Amàlia 38-38 bis. M. Molist & A. Gómez (Eds.), *La prehistòria al pla de Barcelona. Documents per a una nova síntesi.* Barcelona: Museu d'Història de Barcelona, Documents, 11, 226-229.

Leroi-Gourhan, A., 1989. *El Medio y la Técnica (Evolución y técnica II).* Madrid. Taurus Comunicación.

Llongueras, M., Marcet, R. & Petit, M.A., 1981. Excavacions de jaciments neolítics a la Bòbila Madurell (Sant Quirze del Vallès, Barcelona). *El Neolític a Catalunya. Taula Rodona de Montserrat* (Maig 1980), Publicacions de l'Abadia de Montserrat, 173-183.

Mestres, J., 1981-1982. "Avançament a l'estudi del jaciment de les Guixeres de Vilobí". *Pyrenae*, 17-18, 35-53.

Mestres, J. & Tarrús, J., 2009. Hàbitats neolítics al aire libre en Catalunya. *De Méditerranée et d'ailleurs ... Mélanges offerts à Jean Guilaine.* Archives d'Écologie Préhistorique. Toulouse, 521-532.

Miret, J., 1992. "Bòbila Madurell 1987-88. Estudi dels tovots i les argiles endurides pel foc". *Arraona*, 11, 67-72.

Molist, M. & Gómez, A., 2016. El jaciment de la Caserna de Sant Pau del Camp. M. Molist & A. Gómez (Eds.), *La prehistòria al pla de Barcelona. Documents per a una nova síntesi.* Barcelona: Museu d'Història de Barcelona, Documents, 11, 173-178.

Monguiló, E, 2016. El jaciment de LAV Sagrega-Josep Soldevila (2). M. Molist & A. Gómez (Eds.), *La prehistòria al pla de Barcelona. Documents per a una nova síntesi.* Barcelona: Museu d'Història de Barcelona, Documents, 11, 215-218.

Oliva, M. & Terrats, N., 2005. Las estructuras neolíticas localizadas en el yacimiento de Can Roqueta /Torre-Romeu (Sabadell, Vallès Occidental, Barcelona). Resultados preliminares. *III Congreso del Neolítico en la Península Ibérica.* Monografías del Instituto Internacional de Investigaciones Prehistóricas de Cantabria. Universidad de Cantabria, 543-549.

Oliva, M., Palomo, A., Terrats, N., Carlús, X., López Cachero, J. & Rodríguez, A., 2008. Las estructuras neolíticas de Can Roqueta (Sabadell, Barcelona). *IV Congreso del Neolítico Peninsular* (Alicante, 2006), 157-167.

Oms, F.X., Esteve, X., Mestres, J., Martín, P. & Martins, H., 2014. "La neolización del nordeste de la Península Ibérica: datos radiocarbónicos y culturales de los asentamientos al aire libre del Penedès". *Trabajos de Prehistoria*, 71.1, 43-56.

Oms, F.X., Daura, J., Sanz, M., Mendiela, S., Pedro, M. & Martínez, P., 2017. "First evidence of collective human inhumation from the Cardial Neolithic (Cova Bonica, Barcelona, NE Iberian Peninsula)". *Journal of Field Archaeology*, 42.1, 43-53.

Palomo, A. & Rodríguez, A., 2004. "Can Roqueta-II (Sabadell, Vallès Occidental)". *Tribuna d'Arqueologia*, 2000-2001, 77-99.

Palomo, A., Terradas, X., Piqué, R., Rosillo, R., Bogdanovic, I., Bosch, A., Saña, M., Alcolea, M., Berihuete, M. & Revelles, J., 2018. "Les Coves del Fem (Ulldemolins-Catalunya)". *Tribuna d'Arqueologia*, 2015-2016, 88-103.

Piera, M., 2010. El jaciment neolític del Pla del Gardelo (Juneda). *Cabal de petjades: VII Trobada d'Estudiosos de les Garrigues* (Vinaixa, 24 d'octubre de 2009), 59-67.

Piera, M., Gómez, A., Molist, M., Ríos, P. & Alcàntara, R., 2016. El tram baix de l'Ebre a les èpoques del Neolític i Bronze inicial: aportacions al seu coneixement a partir de l'assentament del Molló (Móra la Nova). *I Jornades d'Arqueologia de les Terres de l'Ebre* (Tortosa, maig 2016), Departament de Cultura de la Generalitat de Catalunya, vol. I, 93-106.

Pons, E. & Tarrús, J., 1980. "Prospeccions arqueològiques al jaciment del Puig Mascaró (Torroella de Montgrí). Un nou hàbitat del Neolític Antic i del Bronze Final al Baix Empordà". *Cypsela*, III, 67-98.

Pou, R. & Martí, M., 2005. "Les restes del neolític antic al carrer d'en Xammar (Mataró, Maresme)". *Laietania*, 16, 9-23.

Ribé, G., 2016. Inhumats en fosses, cistes i mines. El món funerari del neolític mitjà ple (IV mil·lenni cal. ANE). *La fi és el principi. Pràctiques funeràries a La Catalunya prehistòrica.* Generalitat de Catalunya, 43-61.

Ros, M.T., 1996. Datos antracológicos sobre la diversidad paisagística de Cataluña en el Neolítico. *I Congrés del Neolític a la Península Ibèrica* (Gavà y Bellaterra, 1996). *Rubricatum.* Revista del Museu de Gavà, 1, vol. 1, 43-56.

Rosillo, R., Palomo, A., Tarrús, J., Bosch, A., García, R., Antolín, F., Campeny, G., Clemente, I., Clop, X., García, E., Gibaja, J.F., Oliva, M., Piqué, R., Saña, M. & Terradas, X., 2011. "Darreres trobes de la prehistòria recent a l'Alt Empordà. Dos assentaments a l'aire lliure: la Serra del Mas Bonet (Vilafant) i els Banys de la Mercè (Capmany)". *Tribuna d'Arquelogia*, 41-62.

Tarrús, J., 2016. El cas dels sepulcres megalítics a la Catalunya prehistòrica, una llarga pervivència. *La fi és el principi. Pràctiques funeràries a La Catalunya prehistòrica.* Generalitat de Catalunya, 63-77.

Tarrús, J. (Coord.), 2017. *El poblat neolític de Ca n'Isach (Palau-saverdera, Alt Empordà). Les excavacions de 1987-1994 i 2001-2003.* Série Monogràfica 27, Museu d'Arqueologia de Catalunya, Girona, Generalitat de Catalunya, Departament de Cultura.

Tarrús, J. & Carreras, E., 2006. "L'adequació per a la visita del poblat neolític de Ca n'Isach. Campanyes 2001-2003 (Palau-saverdera, Alt Empordà)". *Tribuna d'Arqueologia*, 2002-2004, 67-76.

Terrats, N., 2008. *El jaciment arqueològic de Can Filuà (Santa Perpètua de Mogoda, Vallès Occidental). Any 2007.* Memòria d'excavació inèdita dipositada al Servei d'Arqueologia de la Generalitat de Catalunya.

Vilaseca, S., 1973. *Reus y su entorno en la Prehistoria.* Reus: Asociación de Estudios Reusenses.

5

Los Millares y su complejidad urbanística. Defensas, espacios residenciales y especializados.

Juan Antonio Cámara Serrano
Research Group HUM-274, Departament of Prehistory
and Archaeologu, University of Granada

Martín Haro Navarro
Research Group HUM-274, Consejería de Cultura y
Patrimonio Historico, Junta de Andalucía.

Fernando Molina González
Research Group HUM-274, University of Granada

En lo que respecta a su estructura urbanística, el asentamiento de Los Millares es uno de los yacimientos calcolíticos (3200-2200 cal AC) más complejos de la Península Ibérica. Además, la comprensión de su estructura y la conservación de los espacios se ven favorecidas por un empleo generalizado de la piedra para realizar la base de las construcciones, algo que no es frecuente en la zona en esas cronologías. El yacimiento se sitúa sobre un espolón amesetado entre la Rambla de Huéchar y el Río Andarax e incluye, además de un poblado amurallado de unas 5 ha, una necrópolis megalítica que ocupa más de 13 ha y de la que se conservan, al menos, 83 tumbas colectivas. Los inicios del poblado durante el Cobre Antiguo se atestiguan en la parte más interna de la meseta con la ocupación de dos zonas diferenciadas, ambas defendidas por murallas en piedra, una más interna de unas 0,4 ha y situada directamente sobre la confluencia fluvial y otra algo más elevada en la propia meseta. El incremento demográfico, derivado del propio rol del asentamiento, condujo a la construcción de un nuevo recinto exterior que integró parte del terreno originalmente destinado a necrópolis y circundó incluso espacios abarrancados y de mayor pendiente, con un circuito amurallado de unos 400 m de longitud para cerrar las 5 hectáreas referidas. Este proceso tuvo lugar ya en momentos antiguos del Cobre Pleno (en torno al 2900 cal AC).

Este trabajo analizará los diversos sistemas y técnicas constructivas de las viviendas, su tamaño y distribución dentro de cada uno de los espacios amurallados, sus diferencias con las estructuras defensivas y las lecturas socioeconómicas que se desprenden de la presencia de barrios con viviendas de un tamaño determinado, así como su relación con la producción doméstica y la producción especializada en distintas áreas del poblado.

La diversificación en la densidad de estos espacios especializados (talleres metalúrgicos y un gran edificio del área central del poblado), la presencia de diversas líneas de muralla, para proteger a la población y segregarla, y la constatación de infraestructuras como un canal para transportar agua desde manantiales cercanos y de grandes cisternas para el almacenamiento hídrico, plantean además la posibilidad de la existencia de una planificación de los espacios urbanos y la dirección política por "élites" que controlan y/o dirigen la vida del asentamiento.

Regarding its urban structure, Los Millares settlement is one of the most complex Chalcolithic sites (3200-2200 cal BC) in Iberia. In addition, the understanding of its structure and the preservation of the spaces are favored by a generalized use of stone to construct the foundations and lower parts of the buildings, something that is not frequent in the area during these chronologies. The site is located on a flat spur between Rambla de Huéchar and Andarax River and includes, in addition to a walled village of about 5 ha, a megalithic necropolis of which at least 83 collective tombs are preserved occupying more than 13 ha. The beginnings of the village during Early Copper Age are attested in the innermost part of the plateau with the occupation restricted to two different areas, both defended by stone walls, one more internal of about 0.4 ha and located directly on the river confluence and another somewhat higher on the plateau itself. The demographic increase, derived from the social role of the settlement, led to the construction of a new outdoor wall that even included part of the space originally aimed for the necropolis and surrounded even steeper and more encompassing areas, with a wall extended for about 400 m in length in order to close the 5 hectares referred above. These changes took place already at the beginnings of Middle Copper Age (around 2900 cal BC).

This paper will analyze the various systems and construction techniques of the houses, their size and distribution within each of the walled spaces, their differences according to their relationship with the defensive features and the socioeconomic inferences that come from the presence of different neighborhoods with houses of different sizes, as well as their relationship with domestic and specialized production in different areas of the village.

Diversification in the density of these specialized spaces, the existence of several lines of walls, to protect the population and segregate it, and the presence of certain infrastructures, such as the construction of a canal to transport water from nearby springs and large cisterns for water storage, also raise the possibility of the existence of urban planning and the political leadership of "elites" who control and / or direct the life at the settlement.

Introducción: descripción del enclave arqueológico de Los Millares

Las primeras referencias al poblado calcolítico de Los Millares las realizó L. Siret (1893) quien ya fue capaz de identificar la delimitación del poblado, la necrópolis aneja y la existencia de fortines de protección en su entorno inmediato. En los años cincuenta del siglo XX, M. Almagro y A. Arribas (1963) no sólo volvieron a excavar algunos sepulcros sino que pusieron a la luz determinados tramos de la muralla exterior determinando que en ella se incorporaban torres y bastiones y destacaron la relevancia y antigüedad de estas construcciones (funerarias y defensivas) en el marco mediterráneo. Las excavaciones emprendidas desde 1978, aunque se centraron en los sistemas de fortificación (Arribas et al. 1981, 1983, 1987) pusieron en evidencia la complejidad de la estructura urbana y permitieron definir no sólo la importancia de determinadas actividades especializadas, sobre todo la metalurgia, sino también aproximarnos a una diferenciación social que, aun sugerida también por el registro funerario, se manifestaba, sin distorsiones rituales, en los registros domésticos relativos al consumo, incluso de productos cárnicos (Molina y Cámara 2005).

Situado en el municipio de Santa Fe de Mondújar (Almería), en un espolón sobre la confluencia de la Rambla de Huéchar con el Río Andarax, el yacimiento de Los Millares incluye un poblado de unas 5 has de extensión y una necrópolis aneja de la que se conservan al menos 83 tumbas y que pudo contar en origen de más de un centenar de sepulcros (Molina y Cámara 2005). Además, extendiéndose por terrenos pertenecientes a los municipios cercanos de Alhama y Gádor, a estas dos unidades se suman una serie de enclaves fortificados (fortines), hasta 13, emplazados sobre las colinas que delimitan el valle principal al sur, este y oeste. Además, un importante número de tumbas megalíticas, aisladas o en pequeñas agrupaciones, se localizan en ubicaciones

que permiten un control visual del valle principal y los barrancos que hacia él descienden, especialmente al sur y este, completando así el sistema territorial con una línea de defensa simbólica vinculada a poblaciones que, en parte, residieron en pequeños poblados y que pasaron a formar parte de la misma entidad política (Molina y Cámara 2005; Cámara et al. 2014).

Dada la temática de esta contribución nos centraremos en una descripción más exhaustiva del poblado epónimo.

Este está configurado a partir de las 4 líneas de muralla que, dispuestas concéntricamente, lo defienden, especialmente cerrando el acceso en su parte occidental, la contraria a la citada confluencia fluvial. Las investigaciones realizadas desde 1978 han permitido establecer la cronología de las diferentes líneas de muralla, especialmente a partir de las dataciones de C-14 realizadas (Molina et al. 2020a). Se ha podido así determinar que desde la fundación del asentamiento, en torno al 3200 cal AC, este contó con 3 líneas defensivas (líneas II, III y IV). La línea IV, la más interna, circundaba totalmente la terraza más cercana a la confluencia entre la Rambla de Huéchar y el Río Andarax, donde las continuas refacciones y la acumulación de depósitos configuraron un verdadero tell. Las líneas II y III, por el contrario, rodean en su totalidad una meseta natural más elevada en la parte central del poblado. En las zonas más accesibles, ante la muralla II, que contaba con torres y que durante unos tres siglos fue el límite exterior del asentamiento, se excavaron dos líneas de foso, la más externa aprovechando en parte barrancos naturales.

A partir del 2900 cal AC se erigió una nueva muralla (I) que se extendía sobre una zona más externa de la meseta, separada de la defendida por las murallas II y III, por las líneas de barranco referidas. El resto de esta planicie siguió ocupada por la necrópolis que, en momentos previos, debió ocupar también zonas más cercanas a la muralla II, como sugiere la inclusión, al interior del nuevo perímetro defendido por la muralla I, de las tumbas 17 y 63. La nueva muralla I se extiende por unos 400 metros con un trazado que desde el norte, junto a la caída sobre el Río Andarax, discurre hacia el sur, superando incluso un profundo barranco (junto al cual se sitúa la puerta sur, parcialmente escondida), antes de girar hacia el este, siguiendo una línea de colinas donde ya previamente la tumba 63 debía marcar el control del territorio. Esta articulación entre fortificaciones y control ritual a través de sepulcros se repite, como ya hemos mencionado, en zonas más externas al sur y este, como ejemplifica la serie de fortines (5 y 6) y las tumbas de la Rambla de Huéchar frente al poblado, al otro lado de esta rambla. La superficie englobada por la muralla I llegó a multiplicar por tres el espacio de hábitat original (hasta acercarse a las 5 ha). En este crecimiento pudo influir la integración de las poblaciones del entorno. Sin embargo, las condiciones de habitabilidad de esta área más exterior eran diferentes a las del resto del poblado, especialmente en las áreas de mayor pendiente que fueron parcialmente aterrazadas. Junto con la compartimentación que generan las murallas, este será uno de los argumentos principales de nuestra contribución.

Aunque afecta sólo tangencialmente a este trabajo, resulta necesaria una breve descripción de la necrópolis aneja y de los fortines. Los 83 sepulcros actualmente visibles se disponen en agrupaciones que se ha planteado que expresan las relaciones de vinculación/dependencia entre los diferentes grupos familiares/linajes (Chapman 1991). No sólo existen diferencias entre las tumbas en el número de inhumados o en las ofrendas recuperadas en ellas sino que incluso su emplazamiento, al interior del grupo al que pertenecen, y respecto al poblado, puede relacionarse con diferencias sociales (Molina y Cámara 2005; Afonso et al. 2011; Cámara et al. 2014). Existen también diferencias en técnica constructiva, con la mayoría de las tumbas construidas en mampostería, dimensiones y cobertura, dado que las cámaras más grandes difícilmente podrían cerrarse con falsa cúpula (Blance 1971; Calvín 2014). Por el contrario, no se han constatado diferencias importantes en el consumo de proteínas a partir de los estudios de isótopos estables realizados sobre muestras de los cadáveres (Waterman et al. 2017; Molina et al. 2020b).

Los fortines que circundan el poblado de Los Millares presentan diferente tamaño y complejidad, desde simples torres a recintos amurallados con torres y fosos antepuestos. En los fortines de mayores dimensiones se han documentado edificaciones entre las distintas líneas de muralla. En todos los excavados se han constatado actividades de transformación artesanal, almacenaje y molienda.

Concepto, objetivos y método

En todas las comunidades humanas las relaciones sociales se definen a partir de la situación de los individuos (y los grupos de ellos) en el proceso de producción y el acceso a los resultados de este (Vilar 1982:109; Pagés

1985:190 n.; Balibar 1988:292). Evidentemente, muchas de las actividades productivas, incluyendo la reproducción física, pueden tener lugar en el ámbito doméstico (Castro y Sanahuja 2002; Castro et al. 2004). Sin embargo, los resultados de tales actividades siempre trascienden ese ámbito y repercuten en las interrelaciones con el resto de grupos que constituyen la unidad social, en mayor o menor grado (Pluckhahn 2010; Robin et al. 2014; Key 2021). Incluso la reproducción deriva en situaciones de interacción, desde la posible asistencia en el parto al desarrollo de actividades de aprendizaje fuera del ámbito doméstico (desde el juego a la enseñanza reglada), la incorporación de las personas a una cierta edad (normalmente temprana hasta épocas recientes) a actividades productivas "extra-domésticas", los contactos destinados a la reproducción física del grupo con la constitución de nuevas unidades familiares y, finalmente, el desarrollo de las ceremonias fúnebres.

En primer lugar, es gracias a esta ausencia de aislamiento que podemos caracterizar mejor las propias relaciones que se darían en el ámbito doméstico, entre adultos y jóvenes, entre mujeres y hombres. Sin embargo, en segundo lugar, en lo que nos interesa más aquí, es la contextualización en el marco de una unidad más amplia lo que proporciona indicios sobre la diferenciación entre las distintas familias (o grupos parentales amplios) en cuanto al acceso a los beneficios de la producción y la capacidad para dirigir la comunidad o sufrir una explotación creciente. Por otra parte, la dimensión en el espacio de esa separación/unión entre doméstico y "público" es también el resultado de interacciones entre los distintos grupos sociales y, por tanto, la organización general del espacio en los asentamientos puede revelar importantes rasgos sobre la organización social (Low 2014, 2022). Aunque existan diferencias entre los miembros de la unidad social doméstica y conflictos debido a su pertenencia a grupos extra-domésticos diversos (Koster 2018), no se debe olvidar que, una vez que aparecen las clases sociales, el resto de contradicciones sociales pasan a un segundo plano. De hecho, es necesario recordar que, en las sociedades jerárquicas, la unidad doméstica, por un lado, representa la fosilización de relaciones arcaicas, no en vano denominadas parentales, pero, por otro lado, expresa la propia jerarquía social, desde el patriarcado hasta la institucionalización de la obediencia filial (Chisholm 2005; Arslan 2020), y la dirige hacia el futuro con los mecanismos de adoctrinamiento implicados en la denominada "tradición" (Bourdieu 2002). Es así la articulación entre las diferentes unidades familiares de Los Millares y su contexto general, el denominado ámbito "público", lo que nos permitirá discutir mejor estos aspectos relacionados con la jerarquización.

En este trabajo pretendemos aproximarnos a la organización social en Los Millares y a las formas en que esta se expresa entre las diferencias entre las unidades residenciales en producción y consumo y cómo las mismas unidades familiares contribuyeron a reproducir e impulsar el proceso de jerarquización garantizándose ciertos servicios y ciertos productos.

Línea IV

Línea III

Línea II

Línea I

0   50m

Figura 5.1. Planta del poblado de Los Millares.

Figura 5.2. Vista aérea del poblado desde el oeste. En primer plano, la muralla exterior (línea I); en el centro, las murallas II y III en la meseta central; al fondo, la "ciudadela" (línea IV).

Para alcanzar este objetivo procederemos a: 1) analizar las diferencias en características formales, dimensionales y constructivas entre los distintos edificios documentados en las excavaciones realizadas en Los Millares, relacionándolas con su ubicación en el yacimiento, especialmente atendiendo a las zonas definidas (A, B, C y D y fortines) por las distintas murallas y la cronología; 2) definir los patrones de consumo de productos agropecuarios y artesanales en relación con esas mismas diferencias espaciales y cronológicas; 3) caracterizar la integración o separación de las distintas actividades productivas entre unidades residenciales y especializadas; y 4) discutir las implicaciones sociales de las unidades domésticas localizadas en relación con las diferencias entre ellas y respecto a otras construcciones, valorando también los datos del registro funerario.

Estos cuatro estadios del proceso de análisis partirán de la documentación gráfica disponible para la forma y ubicación de las diferentes estructuras exhumadas en Los Millares durante las diferentes fases de excavación, partiendo de planos a 1:20 situados en una topografía 1:1000 para el área del poblado y un mapa 1:2000 para el conjunto de elementos (poblado, necrópolis aneja, fortines y megalitos dispersos). A partir de ahí, se analizarán las estructuras

exhumadas valorando también su entidad inicial a partir de sus derrumbes, se compararán los diferentes edificios y sus contenidos, utilizando la información procedente del estudio de los artefactos y ecofactos recuperados en la excavación y el análisis de muestras edilicias. Las diferencias documentadas se evaluarán a partir de la perspectiva teórica antes indicada y que implica que la segregación espacial es tan significativa en cuanto a la

Figura 5.3. Zócalo de mampostería de una vivienda circular de dimensiones pequeñas adosada a la línea I de la muralla, junto a la puerta principal.

55

reproducción del poder como la exhibición del acceso a determinados productos (Low 2014).

Caracterización de los distintos espacios construidos de Los Millares

Las construcciones de Los Millares se realizan fundamentalmente en piedra empleando casi siempre los contextos geológicos más cercanos situados en la propia meseta y sus áreas inmediatas del Río Andarax y la Rambla de Huéchar. Así, los materiales constructivos más frecuentes son los conglomerados, los caliches y travertinos, cuya extracción se realizaba en canteras localizadas en el propio yacimiento, utilizándose además gneis, filitas, esquistos y areniscas. En las cabañas se utilizan normalmente cantos de pequeño o mediano tamaño, procedentes del río o de los conglomerados, que pueden alternarse con los propios conglomerados y caliches. La técnica constructiva más frecuente es la mampostería, con piedras de un tamaño medio entre 20 y 30 cm trabadas con una argamasa de barro dispuestas en dos o tres hileras, dependiendo del espesor del muro, con un relleno de cascajo intermedio, dispuestas horizontalmente en hiladas que llegan a alcanzar una altura de 1 m aproximadamente, mientras llegan hasta los 2 m en las construcciones defensivas. En la sucesión de hiladas no siempre se utiliza la técnica de "matar las junturas". De forma excepcional aparecen hiladas de mampostería conformadas a través de la técnica en "espina de pez", documentada sólo en algunas cabañas y en determinadas hiladas de la barbacana y de algunas torres, especialmente del Fortín 1. Esta técnica pudo estar relacionada con el soporte y distribución de grandes volúmenes y cargas (Haro 2011). De hecho, tal sistema es casi exclusivo en la fortificación del Cerro de la Virgen (Orce, Granada), datada en 2500 cal BC, donde la combinación de hiladas con piedras colocadas de forma oblicua y plana con abundante argamasa facilita la estabilidad (Cámara et al. 2018).

En algunos casos, especialmente en las murallas III y IV, se han documentado pasillos entre diferentes líneas de muralla, conformados por muros paralelos de mampostería conservados hasta una altura cercana a los 2 m. Probablemente, en el alzado de barro y madera esos pasillos quedaban cubiertos, como en determinadas estructuras de Marroquíes (Jaén) (Pérez y Sánchez 1999; Lizcano et al. 2004), generando en la parte superior un ancho adarve o pasillo de guardia. Estos pasillos, de nuevo, conectan el diseño defensivo de Los Millares con el del Cerro de la Virgen (Schüle 1980; Cámara et al. 2018).

En otros casos, se han localizado muros adosados sea para solventar problemas de estabilidad sea para conformar plataformas que permitieran la generación de adarves anchos en relación con las necesidades defensivas, sin que ambas opciones sean excluyentes.

La mampostería se usa también en la construcción de la mayoría de los sepulcros en los que afecta a todo el alzado, sea en las paredes de las estructuras internas (cámara y corredor) sea en las estructuras anulares concéntricas de refuerzo y sostén del túmulo de tierra que los cubre (Leisner y Leisner 1943). A diferencia de lo observado en murallas y viviendas, la parte superior de las paredes, especialmente en las falsas cúpulas, era realizada con mampostería a seco o con el apoyo puntual de barro, limo o launa (Almagro y Arribas 1963; Haro 2011).

Algunas tumbas muestran una estructura dolménica a base de losas dispuestas sobre su lado corto (ortostatos), usándose también algunos bloques grandes en las hiladas inferiores de los sepulcros construidos en mampostería y a menudo en las jambas del atrio (Leisner y Leisner, 1943), algo que también se constata en la puerta principal de la muralla exterior (Molina y Cámara 2005).

En las tumbas con estructura de mampostería, además, es frecuente la presencia de un zócalo decorativo con placas de filita, no portantes, que imitaba los ortostatos de las tumbas megalíticas y del mismo material, procedente de canteras situadas a cierta distancia en las sierras circundantes, se realizaron las puertas perforadas que separaban los distintos espacios en las sepulturas (Molina y Cámara 2005; Haro 2011).

Especialmente en el extremo septentrional de la muralla exterior un zócalo ciclópeo, con ortostatos colocados sobre su lado más largo, sirve de apoyo a la construcción, con piedras más pequeñas en la parte superior, y de límite al relleno interior (Molina y Cámara 2005; Haro 2011). Al menos algunos de estos grandes ortostatos procedían de estructuras simbólicas precedentes a la expansión del poblado y, junto con otros elementos dispuestos a lo largo de la muralla exterior (estatua-menhir junto a la puerta principal, estela en la tumba 63 incluida en el trazado, ídolos antropomorfos junto a los ortostatos dispuestos como zócalo en la zona norte), sirvieron como marcadores simbólicos de las zonas de acceso al poblado y de los límites de este con claras referencias a los ancestros a través de sus representaciones (Cámara et al. 2021).

La anchura de los muros varía entre los distintos tipos de edificaciones porque, aunque cada hilada queda configurada por, al menos, 2 hileras y un relleno intermedio más irregular de cascajo, en las estructuras domésticas este es más estrecho y está constituido por piedras de menores dimensiones.

Así, los edificios de forma semicircular, en herradura o de tendencia rectangular, incluidos en el trazado de las murallas o adosados a estas, especialmente en el caso de la muralla exterior (I), muestran muros más gruesos que los de las edificaciones aisladas siendo además los espacios interiores más reducidos. Se da además la particularidad de que para acceder a los bastiones adosados, añadidos en un momento más avanzado (después del 2700 cal AC) a intervalos regulares entre las torres originales de la muralla I, se debería descender desde el adarve por la inexistencia de accesos al nivel del suelo (Cámara y Molina 2013).

En las murallas el alzado sobre el zócalo pétreo se consiguió a partir de entramados de barro configurados a partir del revestimiento de ramaje, madera o cañizo hasta alcanzar los 4,5 m (Haro 2011). En yacimientos coetáneos, como el Cerro de la Virgen (Orce) (Schüle 1980) o Marroquíes (Jaén) (Lizcano et al. 2004) estos alzados se apoyan en postes y vigas de madera.

Los alzados de las viviendas se consiguieron mediante un entramado vegetal y barro, poniendo especial énfasis en el tratamiento de las superficies mediante enlucidos, sobre todo interiores, incrementando la proporción fina en el mortero, que además actuaba como regulador térmico mejorando la confortabilidad del espacio doméstico. La techumbre quedaba configurada por distintas vigas de entre 25 y 30 cm que soportaban un entramado vegetal y de barro, como se aprecia en los negativos de fragmentos de barro endurecido, de disposición cónica en las edificaciones de planta circular y plana o a varias aguas en las de tendencia rectangular. El sistema se completaba con una serie de postes de madera hacia el interior de los muros que ayudaban a soportar la carga de sus techumbres y un suelo de tierra endurecida (Haro 2011).

Las diferencias respecto a los edificios aislados, en cuanto a grosor de los muros y espacio disponible al interior, no implican que torres y bastiones no fueran usados también para actividades productivas, aunque, como en el caso de otros edificios situados al interior del Fortín 1, difieren de los edificios aislados en aspectos como la ausencia de instrumentos relacionados con la actividad textil (pesas, husos, etc.).

Ello, junto al más amplio espacio interior, sugiere que son algunos de los edificios aislados, separados de las murallas, aquellos que presentan planta circular, los que podemos considerar como viviendas. Sin embargo, existen diferencias entre ellos, tanto en relación con su tamaño, de 2,5 a 6,5 m de diámetro, como en cuanto a los productos que se han localizado en su interior, aspecto este último que discutiremos en el apartado 4.

Las viviendas de mayores dimensiones se localizan en las fases más recientes de las zonas B, C y D (Castro

Figura 5.4. Vivienda circular de grandes dimensiones en el recinto situado entre las murallas II y III, antes de su excavación.

et al. 2010), al interior de las murallas II, III y IV, mientras ciertas áreas de la zona A, que comprenden las inmediaciones del barranco que discurre en paralelo al río Andarax, dificultan la edificación de viviendas de ciertas dimensiones, obligando al aterrazamiento de las laderas (Molina y Cámara 2005). Aunque estas afirmaciones referidas a las casas no se han podido corroborar con excavaciones en extensión, las mismas dificultades de construcción en determinados espacios afectan a las tumbas construidas en áreas abarrancadas que además de sus menores dimensiones suelen presentar ajuares más escasos (Cámara et al. 2014).

Aun con las limitaciones provocadas por la escasa superficie hasta ahora excavada al interior de las diferentes líneas de muralla, se intuye una cierta diferenciación espacial también en cuanto a la distribución de las viviendas respecto a los edificios de formas y dimensiones distintas, a los que nos referiremos en el apartado 5. Especialmente entre las zonas B y C, parece que al menos desde el 2900 cal AC, y posiblemente desde la fundación del poblado, los edificios especializados se concentraron en el área más interna, mientras las viviendas ocuparon las áreas más externas. Esta separación se acentuó en las fases más recientes cuando la construcción de pequeñas viviendas sobre la muralla III, desmantelada, comunicó las zonas B y C, creando, por tanto, un espacio doméstico continuo antes del espacio especializado más interno.

La separación entre un área infraestructural (una cisterna) y el espacio de hábitat también se puede intuir en la zona D. Por el contrario, en la zona A, edificios especializados y unidades domésticas, aun con formas distintas, no muestran grandes diferencias en cuanto a su distribución espacial.

El consumo de productos agropecuarios y artesanales en Los Millares

El rasgo más relevante en cuanto a las diferencias de consumo entre las viviendas de Los Millares lo encontramos al analizar las particularidades del suministro cárnico en las distintas áreas del poblado y los fortines. Las diferencias se aprecian tanto en lo que respecta a las especies documentadas como en las edades de sacrificio de los animales o las piezas de éstos que localizamos (Navas et al. 2008).

Las principales diferencias se dan entre las zonas B y D y el resto del asentamiento. Mientras en la zona B se constata el consumo de ovicápridos y bóvidos jóvenes y en la D el de cerdos de avanzada edad y grandes dimensiones, posiblemente castrados, en el resto del asentamiento los animales consumidos lo han sido después de que hayan sido utilizados para la obtención de los denominados "productos secundarios" hasta etapas avanzadas de su vida. Esto es particularmente claro en relación con los bóvidos consumidos en la zona A tras haber sido utilizados para carga y tracción.

Hacia los fortines se trasladaron porciones de carne de partes específicas de los animales, especialmente de ovicápridos, lo que sugiere que los animales fueron sacrificados y despiezados en otras áreas, posiblemente en el poblado, y después, una vez elegidas las partes de interés, determinadas porciones eran enviadas a su destino final en los fortines para ser consumidas.

Algunas distribuciones, sin embargo, parecen tener relación con aspectos específicos y, por ejemplo, la presencia de pezuñas y cráneos de bóvidos al exterior del poblado puede relacionarse con el área de sacrificio de estos animales. Además, en la valoración de los restos localizados en la zona C debe tenerse en cuenta el carácter específico de los espacios excavados, por lo que la continuidad entre las zonas que muestran un consumo privilegiado (B y D) resultaría más evidente.

También en determinados productos artesanales se aprecian diferencias en su distribución por áreas. La cerámica de estilo campaniforme se concentra casi exclusivamente (por encima del 90 % de los fragmentos recuperados) en la zona D al interior de la muralla IV (Arribas y Molina 1987; Molina y Cámara 2005). Sólo cerca de la muralla I, y especialmente en la zona centro-sur de ésta, podemos encontrar restos dispersos de este estilo cerámico. En otros casos, como en los fortines, contemporáneos con el uso de este tipo de cerámica, no ha aparecido ni un solo fragmento de Campaniforme. La disparidad no se debe, así, en ningún caso, a razones cronológicas sino a una realidad diferente que puede relacionarse con otras diferencias comentadas y, sobre todo, con la situación más interna, y más protegida, de la zona D. Aunque se había querido relacionar la concentración en esta zona de cerámica campaniforme con la producción de ajuares por parte de las mujeres antes de su matrimonio (Martínez y Afonso 2003), creemos que ni la ausencia de esos materiales en el resto del poblado ni las mismas dimensiones de las viviendas documentadas, demasiado amplias para ser consideradas residencias premaritales, apoyan tal hipótesis, lo que nos dirige más a explicaciones que relacionen estas diferencias con el rol adquirido por determinadas unidades familiares y sus cabezas visibles en la organización del poblado, la justificación de su posición y su capacidad para acceder a determinados productos. Las familias residentes en la zona D se sitúan además en el área que capitaliza el mejor acceso al río, como vía de comunicación, y a la cisterna que les garantizaría un acceso privilegiado y constante a agua de calidad.

La organización de la producción artesanal en Los Millares

Determinados edificios presentan características singulares respecto a su ubicación, forma y dimensiones, tanto en el ámbito del poblado, donde se caracterizan por su planta rectangular o con componentes rectangulares (Arribas et al. 1987; Molina y Cámara 2005) como en el Fortín 1, donde estos edificios, situados entre los dos recintos defensivos, muestran una planta oval (Molina y Cámara 2005).

Aunque ciertos recintos anejos a las construcciones de planta circular de Los Millares pueden considerarse como pequeños establos destinados a los animales propiedad de cada una de las "familias", otros anejos de planta rectangular asociados a algunas edificaciones configuran, según los resultados de las excavaciones arqueológicas, talleres especializados. Así en la zona A se ha documentado el uso de un edificio compuesto por dos partes, circular y rectangular, para la actividad metalúrgica, con un uso entre el Cobre Pleno y el Cobre Reciente (desde 2900 al 2400 AC), al menos.

Sin embargo, los talleres más conocidos se localizan en la zona C, al interior de la muralla III, donde se ha documentado una sucesión de grandes edificios de planta rectangular datados, al menos, entre el 2900 y el 2550 cal AC. El más reciente de ellos (CE72) mostraba la separación espacial entre las áreas de fundición, vertido del cobre fundido en moldes y área de desecho de escorias (Molina y Cámara 2005). Edificios parecidos, relacionados con la actividad metalúrgica, se han reconocido en otros yacimientos calcolíticos del Sudeste como Puente de Santa Bárbara (Huércal-Overa, Almería) (González et al. 2018).

También en la zona C se sitúa un gran edificio de planta rectangular, ya definido por L. Siret (1893), con un espacio central abierto y recintos cuadrangulares al menos en uno de sus lados. La ausencia de excavaciones en su interior, limitadas a varias zanjas de escasa envergadura realizadas en las campañas de los años 50, y la escasa entidad de los depósitos conservados, apenas 30 cm, dificultan la interpretación del edificio, aunque, por sus dimensiones y características se ha sugerido su uso público (templo-palacio-almacén) (Molina y Cámara 2005) si bien también se le ha querido relacionar sin pruebas concretas con la producción metalúrgica (Arribas 1959; Mederos 2020). En cualquier caso, la propia escala de la construcción (hasta 6 veces mayor) y su estructura interna sugieren un papel importante en lo que, sin duda, fue una importante área de actividad artesanal en Los Millares.

También los edificios ovales entre las dos murallas del Fortín 1 nos hablan de una relación con el desarrollo de actividades artesanales, en este caso la talla de puntas de flecha, interpretada en relación con el aprendizaje de los jóvenes a partir de la baja calidad de los productos obtenidos y las materias primas locales utilizadas (Martínez y Afonso 2003). Esta misma actividad queda atestiguada en el Fortín 7, a partir de una vasija donde se localizaron preformas para la realización de ese proceso de aprendizaje en la talla de puntas de flecha, aun cuando por su mismo carácter de torre simple, en ese fortín no se constatan edificaciones internas.

El almacenaje de los productos agrarios y la molienda de cereal y, posiblemente, sal (Molina y Cámara 2005) completan el elenco de actividades desarrolladas en el Fortín 1. La entidad de las actividades de transformación y almacenaje superaba las necesidades de los residentes del fortín que pudieron además ocuparlo sólo en determinadas fases de su vida.

Finalmente, el almacenaje de agua también tiene lugar en forma centralizada en algunos espacios, sea en Fortín 1, sea, sobre todo, en la gran cisterna de la zona D, no excavada, a la que posiblemente llegaba el acueducto documentado ya por L. Siret (Siret 1893; Molina y Cámara 2005; Jakowski et al. 2021).

Esta centralización del almacenaje de agua y cereal no implica la inexistencia de almacenaje a escala doméstica como atestiguan pequeñas cisternas, silos y, desde el Cobre Reciente, grandes recipientes asociados a las viviendas, como veremos en el apartado 6. Sin embargo, la distinción manifiesta dos escalas en la preocupación por el aprovisionamiento hídrico y de grano.

Unidades domésticas: colaboración y dependencia

Esa separación de algunos procesos productivos (o fases dentro de ellos) respecto a los espacios domésticos no implica que las familias no desarrollen de forma autónoma determinadas actividades artesanales y mucho menos que no dispusieran de recursos propios para ello. Determinados indicios hablan además de producciones vinculadas al ámbito doméstico y elementos destinados a garantizar el suministro a esa escala. En general, más allá de la colaboración en determinadas actividades, lo que se aprecia es la autonomía de las unidades domésticas y las diferencias entre ellas.

Figura 5.5. a) Zócalo de una cabaña de planta oval situada en el Fortín I b) Estructuras internas de las viviendas con el hogar, delimitado por un anillo de barro, masa circular de barro para apoyo de una gran vasija, y molino de piedra situada sobre una estructura de mampostería.

La actividad que de forma más evidente se desarrolla en ámbito doméstico es la textil. A las pesas de telar se añaden los punzones y agujas en hueso y en metal, además de otros elementos como los husos en piedra.

También la molienda y el almacenaje, aun existiendo en espacios supradomésticos como se constata en el Fortín 1, se desarrollan también en el marco de cada una de las unidades residenciales o inmediatamente junto a ellas. El almacenaje tiene lugar en los primeros momentos principalmente en estructuras excavadas en la roca (silos) mientras desde el 2600 cal AC se va generalizando el uso de recipientes de grandes dimensiones, como los localizados también en el Fortín 1.

Aunque no podemos relacionar de forma directa propiedad pecuaria y consumo de animales, las diferencias en el consumo cárnico proporcionan indicios sobre un acceso diferencial a los medios de producción móviles (los rebaños). De hecho, algunos recintos situados junto a las viviendas sugieren un control personalizado de los animales propios de algunas familias, aun cuando se unieran en rebaños comunales para pastar y las murallas sirvieran también de protección para la propiedad del conjunto de la comunidad. En este sentido, si la propiedad es diferencial, los beneficios de un sistema colectivo de defensa como el ilustrado por las murallas de Los Millares también lo son y, por tanto, la colaboración no implica necesariamente igualdad.

Esta consideración es mucho más relevante cuando apreciamos que otro de los aspectos relacionados con la subsistencia, el refugio, también muestra diferencias entre las zonas y al interior de ellas. No todas las viviendas tienen las mismas dimensiones, ni están situadas en las mismas zonas ni, como hemos visto en el apartado 4, tienen los mismos contenidos (Molina y Cámara 2005; Castro et al. 2010). En este sentido, por tanto, no importa, en el fondo, si cada familia se construyó su propia vivienda o recibió ayuda de otros miembros de la comunidad, lo relevante, a la hora de deducir la organización social es que la planificación, implícita en la organización de los trabajos comunales y en el diseño de la estructura del poblado, con las fortificaciones que lo segmentan, no impedía, más bien al contrario, la expresión de un cierto grado de diferenciación residencial.

Las diferencias en consumo (de múltiples elementos) documentadas nos indican que la comunidad no podía regular en la realidad las diferencias de acumulación que se estaban desarrollando (Molina et al. 2016), aunque la ideología funeraria, fundamentalmente por el enmascaramiento que implicaba el ritual colectivo, seguía enfatizando la cohesión (Cámara 2001). El sistema de ocultación ideológica de la desigualdad era necesario para facilitar la colaboración entre las familias en determinadas actividades, sea agropecuarias sea, sobre todo, constructivas, en relación con la erección o mantenimiento de infraestructuras como las fortificaciones o la referida gran cisterna. Como expresa además la posición de esta,

la colaboración necesaria no implicaba que las obras realizadas actuaran en beneficio de toda la comunidad en la misma medida. De hecho, incluso la muralla era una protección de la comunidad pero también de las propiedades y, siendo éstas diferenciales, no se puede decir que esto beneficiara en la misma medida a toda la comunidad. Estas contradicciones entre producción (construcción por colaboración) y acceso (privado) se hacen particularmente evidentes en las sepulturas más monumentales en las que el colectivismo que puede enmascarar diferencias entre los inhumados en la misma tumba no puede ocultar las diferencias respecto al resto de sepulturas (Afonso et al. 2011). La paradoja también puede plantearse para el aprovechamiento de determinados edificios, como hemos visto en el caso de la cisterna, y se puede deducir de la gran construcción rectangular de la zona C, si se demuestra su uso como edificio "público". En el caso de los talleres, la situación de estos y el acceso diferencial a los productos metálicos, al menos para su uso ritual atestiguado por la amortización, también sugieren la desigualdad, mientras aun más claro parece el acceso desigual a los productos cárnicos o a otras producciones como la cerámica campaniforme.

Valoración final

Aunque, sin duda, la comparación entre las unidades domésticas de las distintas sociedades (Blanton 1994) es útil para la comprensión de la organización social, en nuestra opinión, conceptos como "sociedades de casa" (house societies) (Levy-Strauss 1988; Carsten y Hugh-Jones 1995; Joyce y Gillespie 2000; Beck 2007; Wiersma 2020), al igual que otros como sociedades campesinas (Cheiánov 1974; Zafra 2011) o heterarquía (Cumley 1995), presentan un doble problema. En primer lugar, se produce un intento de rastrear similitudes entre sociedades cuya organización es muy diversa y cuya estructura política llega a ser radicalmente diferente. En segundo lugar, tales concepciones comparten, con otras como la de "jefatura" (Service 1971), la intención de cubrir un espacio "evolutivo" entre las sociedades comunitarias (a veces referidas con términos como tribales o de parentesco) y las diferentes sociedades de clase, y especialmente la nuestra, concebida como la máxima expresión de estas. Sin embargo, la distinción entre las sociedades debe hacerse en función de la organización de la producción, el control de los elementos implicados en esta y el acceso que cada grupo tiene a los recursos (productos) disponibles (Vilar 1982; Pagés 1985; Marx 1989). Además, las diferencias entre las distintas sociedades en cuanto a su configuración final no derivan sólo de la lucha entre una pareja de clases antagónicas sino de la convivencia en el seno de diferentes relaciones de producción y, por tanto, de diferentes modos de producción (Balibar 1988), por lo que las propias dinámicas conflictuales en el seno de los grupos parentales e incluso del propio núcleo familiar son relevantes en la (re)producción del orden social (Bourdieu 2002). En este contexto el espacio es el contexto en el que dichos procesos tienen lugar y se expresan y enmascaran y, como en el territorio explotado (y dominado), el territorio interno al asentamiento revela los mecanismos de control y la interacción entre los agentes (Low 2014).

El ámbito doméstico, la casa, es el lugar donde las relaciones comunitarias (e incluso ciertos rasgos del "comunismo primitivo") perviven de formar más clara pero incluso la organización al interior de la casa expone las desigualdades de la sociedad en la que se inscribe (Hendon 1996; Bowser y Patton 2004) y es permeable a las otras relaciones de producción con las que convive, como se manifiesta en la inclusión en su seno de siervos y esclavos (Ste. Croix 1988) y también en la transmisión "educativa" de los principios ideológicos que ayudan a sustentar la reproducción de un determinado tipo de sociedad (Therborn 1987; Bourdieu 2002). Es por todo ello por lo que rasgos de igualdad o desigualdad pueden ser visibles en un mismo tipo de unidad doméstica (Wright 2014).

Así, frente a los modelos previamente referidos, creemos que la estimación del tamaño de las unidades residenciales (De Souza 2018; Hrnčíř et al. 2020) o de su grado de aislamiento o interconexión por la planificación urbanística o por las necesidades demográficas y productivas (Banning 2010; Jover et al. 2019) sí pueden ser vías útiles en relación con los objetivos de determinar diferencias en control y acceso, siendo todavía más importante la relación entre las diferentes viviendas en su implicación en el proceso productivo global (Wright 2014) y la interacción público-privado que se da incluso a partir de los mecanismos de exhibición social destinados a promover el rol de determinadas familias, también desde el ámbito funerario.

En el caso de Los Millares, se aprecia una segregación espacial por la disposición de las distintas líneas de muralla y la propia topografía, especialmente condicionante tras la importante ampliación del poblado hacia 2900 cal AC.

Esta segregación adquiere importantes refuerzos simbólicos que conectan el asentamiento al territorio circundante y al propio pasado. Esto se expresa, en primer lugar, en la ya referida presencia exterior de la necrópolis (la residencia permanente de los ancestros que fundaron el asentamiento) y en los sistemas de control del territorio más inmediato (fortines y las tumbas megalíticas dispersas que actúan de marcadores (Cámara et al. 2014). En segundo lugar, el aparato simbólico destinado a clasificar a las personas y separarlas ideológica y físicamente (en términos espaciales) se adscribe directamente a la muralla exterior que engloba fragmentos de posibles estatuas-menhir (como basamento de su extremo norte), ídolos en las inmediaciones de estos (en la torre a la que sirven de zócalo), estatua-menhir a la derecha de la puerta principal, jambas ortostáticas en el umbral de este acceso (imitando las entradas a las sepulturas), corredores que se prolongan hacia el interior y estela en la tumba al extremo sudeste de la muralla. Todo el conjunto revela la justificación del derecho al acceso o no al interior del poblado, y por determinadas áreas, por la vinculación a los ancestros representados y es un sistema que se extiende incluso a los fortines donde las representaciones figuradas antropomorfas (ídolos) también están presentes (Cámara et al. 2021). Además de sus conexiones simbólicas (justificativas de la cohesión pero también de la desigualdad), el sistema se relaciona, como hemos visto a lo largo del trabajo, con diferencias en las dimensiones de las viviendas y con diferencias en el consumo en determinados productos, artesanales y cárnicos fundamentalmente.

Por otro lado, determinadas producciones artesanales, como la metalurgia, se desarrollan en lugares específicos (verdaderos talleres) separados de la esfera doméstica y no accesibles a todos, quedando además especialmente concentrados en la zona C, una de las más internas.

En relación con la pervivencia de relaciones comunitarias incluso en el ámbito supradoméstico, se puede citar, sin embargo, la colaboración necesaria en las labores de construcción tanto de la gran cisterna y del acueducto como de murallas, fortines y tumbas, pero quizás también de otras infraestructuras vinculadas a las propias residencias familiares, pero en ninguno de los casos la colaboración implica necesariamente igualdad, aunque facilitaran la cohesión (ideológica). En el proceso de fomento de esta también debió ser importante la participación en "rituales" de aprendizaje/defensa en los fortines. Ambos procesos, a diferencia de los rituales en cada ceremonia fúnebre, conducían a lecturas en las que la colaboración beneficiaba a toda la comunidad, aunque la defensa favoreciera más a aquellos que más habían acumulado y que más tenían que proteger y determinadas infraestructuras a aquellos que, por el proceso de segregación espacial, se encontraban más cerca de ellas.

En cualquier caso, frente a la más que probable vinculación de núcleos familiares, cabezas de los linajes, y dependientes en el marco de las tumbas de la necrópolis y, especialmente, en la articulación en grupos en esta en torno a los sepulcros con más ajuar, más monumentales y más cercanos al poblado y a la vía de acceso a este (Chapman 1991; Afonso et al. 2011; Cámara et al. 2014), ni las dimensiones de las viviendas permiten la vinculación de personal dependiente ni la articulación de estas sugiere que las viviendas de los dependientes estuvieran cerca de los líderes de la comunidad. Por el contrario, los datos disponibles sugieren que la disposición de las distintas casas en las diferentes áreas del poblado deriva de la categoría social y el origen/antigüedad de las familias y linajes, disponiéndose los nuevos llegados, especialmente tras el 2900 cal AC, en las zonas de expansión entre las murallas I y II y en zonas incluso que obligaban a la disposición del hábitat en terrazas. De hecho, también el dispositivo simbólico dispuesto en la muralla I y que hemos referido anteriormente pudo usarse para marcar esta separación.

La circulación tributaria derivada de la acumulación desigual, del poder sobre el territorio dominado y de la justificación ideológica de la posición, debió basarse sólo esporádicamente en "cargas en trabajo", enmascaradas en la propia colaboración, y, más frecuentemente, en tributos en productos, enmascarados en la redistribución y el pago por servicios más o menos ideales. Por el contrario, en la Edad del Bronce, desde 2200 cal AC, la tributación se personalizó, en diferentes niveles (del séquito al siervo doméstico) y la casa se extendió y transformó hacia formas rectangulares y compartimentadas, mientras desde el Bronce Final, hacia el 1300 cal AC, el mayor aislamiento de estas facilitó incluso su crecimiento, la mayor unión de los dependientes a la familia y la ruptura con casi todos las ataduras comunitarias. Se ha referido que se fue pasando de una baja tasa de explotación sobre una capa amplia de la población a una acentuación de la explotación sobre determinados sectores (Cámara 2001).

Agradecimientos

Este trabajo se inscribe en el Proyecto "Producción artesanal y división del trabajo en el Calcolítico del Sudeste de la Península Ibérica: un análisis a partir del registro arqueológico de Los Millares (PARTESI)" financiado por la Agencia Estatal de Investigación del Ministerio de Ciencia e Innovación (PID2020-117437GB-I00/ AEI/ 10.13039/501100011033).

Bibliografía

Afonso, J. A., Cámara, J. A., Martínez, G. & Molina, F., 2011. Objetos en materias primas exóticas y estructura jerárquica de las tumbas de la necrópolis de Los Millares (Santa Fe de Mondújar, Almería, España). En García, L., Scarre, C., & Wheatley, D. W. (Eds.), *Exploring Time and Matter in PrehistoricMonuments: Absolute Chronology and RareRocks in EuropeanMegaliths*. Sevilla: Menga. Monograph, 1, 295-332.

Almagro, M. & Arribas, A., 1963. *El poblado y la necrópolis megalítica de Los Millares (Santa Fe de Mondújar, Almería)*. Madrid: Biblioteca PraehistoricaHispanica, III.

Arribas, A., 1959. "El urbanismo peninsular durante el Bronce primitive". *Zephyrus*, 10, 81-128.

Arribas, A. & Molina, F., 1987. New Bell Beaker discoveries in the Southeast Iberian Peninsula. En Waldren, W. H. & Kennard, R. C. (Eds.), Bell Beaker discoveries of the western Mediterranean. *Definition, interpretation, theory and new site data*. Oxford: BAR International Series 331(I), 129-146.

Arribas, A., Molina, F., Carrión, F., Contreras, F., Martínez, G., Ramos, A., Sáez, L., Torre, F. de La, Blanco, I. & Martínez, J., 1987. "Informe preliminar de los resultados obtenidos durante la VI Campaña de excavaciones en el poblado de Los Millares (Santa Fe de Mondújar, Almería, 1985)". *Anuario Arqueológico de Andalucía* 1985(II), 245-262.

Arribas, A., Molina, F., Sáez, L., Torre, F. de la, Aguayo, P. & Nájera, T., 1981. "Excavaciones en Los Millares (Santa Fe de Mondújar, Almería). Campaña de 1981". *Cuadernos de Prehistoria de la Universidad de Granada*, 6, 91-121. doi:10.30827/cpag.v6i0.1182

Arribas, A., Molina, F., Sáez, L., Torre, F. de la, Aguayo, P. & Nájera, T., 1983. "Excavaciones en Los Millares (Santa Fe de Mondújar, Almería). Campañas de 1982 y 1983". *Cuadernos de Prehistoria de la Universidad de Granada*, 8, 123-147. doi: 10.30827/cpag.v8i0.1212

Arslan, A., 2020. "Relations of production and social reproduction, the state and the everyday: Women's labour in Turkey". *Review of International Political Economy*, 1-23. doi:10.1080/09692290.2020.1864756

Balibar, E., 1988. Acerca de los conceptos fundamentales del materialismo histórico. En Althusser, L. & Balibar, E.: *Para leer El Capital*. Madrid: S. XXI, 217-335.

Banning, E. B., 2010. "Houses, households, and changing society in the Late Neolithic and Chalcolithic of the Southern Levant". *Paléorient*, 36(1), 49-87.

Beck, R.A. Jr. (Ed.), 2007. *The Durable House: House Society Models in Archaeology*. Carbondale: Southern Illinois University. Center for Archaeological Investigations Occasional Paper, 35.

Blance, B., 1971. *Die Anfänge der Metallurgieauf der IberischenHalbinsel*, Berlin:Studien zu den Anfängen der Metallurgie, 4.

Blanton, R.E., 1994. *Houses and Households: A Comparative Study*, New York: Plenum Press, New York.

Bourdieu, P., 2002. *Razones prácticas (Sobre la teoría de la acción)*. Barcelona: Anagrama. Colección Argumentos, 193.

Bowser, B. J. & Patton, J. Q., 2004. "Domestic spaces as public places: An ethnoarchaeological case study of houses, gender, and politics in the EcuadorianAmazon". *Journal of Archaeological Method & Theory*, 11(2), 157-181. doi:10.1023/B:JARM.0000038065.43689.75

Calvín, M. E., 2014. "Estudio, análisis y valoración social de la necrópolis calcolítica de Los Millares (Santa Fe de Mondújar, Almería)". *@rqueología y Territorio*, 11, 1-13. doi:10.5281/3775293

Cámara, J. A., 2001. *El ritual funerario en la Prehistoria Reciente del sur de la Península Ibérica*. Oxford: BAR. International Series, 913.

Cámara, J. A., Alcaraz, F. M., Molina, F., Montufo, A. M. & Spanedda, L., 2014. Monumentality, Visibility and Routes Control in Southeastern Iberian Megalithic Sites. En Schulz Paulsson, B. & Gaydarska, B. (Eds.), *Neolithic and Copper Age Monuments: Emergence, function and the social construction of the landscape*. Oxford: BAR. International Series, 2625, 89-106.

Cámara, J. A., Dorado, A., Spanedda, L., Fernández, M., Martínez, J., Haro, M., Martínez, G., Carrión, F., Molina, F., 2021. "La demarcación de los espacios de tránsito en Los Millares (Santa Fe de Mondujar, Almería) y su relación con el simbolismo megalítico". *Zephyrus* 88, 65-86. doi:10.14201/zephyrus2021886586

Cámara, J. A. & Molina, F., 2013. "Indicadores de conflicto bélico en la Prehistoria Reciente del cuadrante sudeste de la Península Ibérica: el caso del Calcolítico". *Cuadernos de Prehistoria y Arqueología de la Universidad de Granada*, 23, 99-132. doi:10.30827/cpag.v23i0.3104

Cámara, J.A., Molina, F., Pérez, C. & Spanedda, L., 2018. Una nueva lectura de las fortificaciones calcolíticas del Cero de la Virgen (Orce, Granada, España). *Ophiussa*, 2, 25-37.

Carsten, J. & Hugh-Jones, S. (Eds.), 1995. *About the House: Lévi-Strauss and Beyond.* Cambridge: Cambridge University Press.

Castro, P. V., Escanilla, N., Oltra, J., Escoriza, T. & Sarkis, D., 2010. Unlike Communities: Domestic Architectural Duality in Late Prehistory of the Western Mediterranean. En Bettencourt, A. M. S., Sanches, M. J., Alves, L. B., Fábregas, R. (Eds.), *Conceptualising Space and Place. On the role of agency, memory and identity in the construction of space from the Upper Palaeolithic to the Iron Age in Europe.* Oxford: BAR. International Series 2058, 143-152.

Castro, P. V., Escoriza, T. & Sanahuja, M. E., 2004. "A la búsqueda de las mujeres y de los hombres. Sujetos sociales, espacios estructurados y análisis de materiales en un proyecto de arqueología prehistórica". *Avances en arqueometría*, 2003, 251-259.

Castro, P. V. & Sanahuja, M. E., 2002. "Trabajo y espacios sociales en el ámbito doméstico: Producción y prácticas sociales en una unidad doméstica de la prehistoria de Mallorca". *Scripta Nova: Revista electrónica de geografía y ciencias sociales*, Extra VI (119).

Chaiánov, A. V., 1974. *La organización de la unidad económica campesina.* Buenos Aires: Nueva Visión.

Chisholm, L. (Ed.), 2005. *Childhood, youth and social change: A comparative perspective.* London: Routledge.

Crumley, C. L., 1995. Heterarchy and the Analysis of Complex Societies. En Ehrenreich, R. M., Crumley, C. L., Levy, J. E. (Eds.), *Heterarchy and the Analysis of Complex Societies.* Washington: American Anthropological Association, 1-5.

Chapman, R. W., 1991. *La formación de las sociedades complejas. La Península Ibérica en el marco del Mediterráneo Occidental.* Barcelona: Crítica.

De Souza, J. G., 2018. "Rethinking households, communities and status in the southern Brazilian highlands". *Journal of Anthropological Archaeology*, 52, 44-58. doi:10.1016/j.jaa.2018.08.006

González, P., Mederos, A., Díaz, A., Bashore, C., Chamón, J., Moreno, M. A., 2018. "El poblado fortificado metalúrgico del Calcolítico Medio y Final de Puente de Santa Bárbara (Huércal-Overa, Almería)". *Zephyrus*, 81, 71-91. doi:10.14201/zephyrus2018817191

Haro, M., 2011. *La puesta en valor de yacimientos arqueológicos de la prehistoria reciente en el sur de la Península Ibérica.* Granada: Universidad de Granada. Tesis Doctoral.

Hendon, J., 1996. "Archaeological approaches to the organization of domestic labor: household practices and domestic relations". *Annual Review of Anthropology*, 25, 45-62.

Hrnčíř, V., Duda, P., Šaffa, G., Květina, P., & Zrzavý, J., 2020. "Identifying post-marital residence patterns in prehistory: A phylogenetic comparative analysis of dwelling size". *PLoS ONE*, 15(2), e0229363. doi:10.1371/journal.pone.0229363

Jakowski, A. E., Schröder-Ritzrau, A., Frank, N. & Alonso, J. M., 2021. "Nuevos investigaciones sobre el "acueducto" de Los Millares (Santa Fe de Mondújar, Almería)". *Cuadernos de Prehistoria y Arqueología de la Universidad de Granada*, 31, 255-284. doi:10.30827/CPAG.v31i0.17848

Jover, F. J., Pastir, M. & Torregrosa, P., 2019. "Advances in the analysis of households in the early neolithic groups of the Iberian Peninsula: Deciphering a partial archaeological record". *Journal of Anthropological Archaeology*, 53, 1-21. doi:10.1016/j.jaa.2018.10.001

Joyce, R. A. & Gillespie, S. D. (Eds.), 2000. *Beyond Kinship. Social and material reproduction in house societies.* Philadelphia: University of Pennsylvania Press.

Kay, K., 2020. *The material politics of houses at Çatalhöyük, 7000–6300 BCE.* Cambridge: Cambridge University. Doctoral thesis. doi:10.17863/CAM.64739

Koster, J., 2018. "Family ties: the multilevel effects of households and kinship on the networks of individuals". *Royal Society open science*, 5(4), 172159. doi:10.1098/rsos.172159

Leisner, G. & Leisner, V., 1943. *Die Megalithgräber der Iberischen Halbinsel. Der Süden.* Berlin: Römisch-Germanische Forschungen, 17.

Levy-Strauss, C., 1988. Historia y Etnología. *Anuario de Etnología y Antropología social*, 1, 58-74.

Lizcano, R., Cámara, J. A., Contreras, F., Pérez, C. & Burgos, A., 2004. Continuidad y cambio en comunidades calcolíticas del Alto Guadalquivir. En *Simposios de Prehistoria Cueva de Nerja. II. La problemática del Neolítico en Andalucía. III. Las primeras sociedades metalúrgicas en Andalucía.* Nerja: Fundación Cueva de Nerja, 159-175.

Low, S., 2014. Spatializing culture: An engaged anthropological approach to space and place. En Gieseking, J. J., Mangold, W., Katz, C., Low, S., & Saegert, S. (Eds.), *The people, place, and space reader.* London: Routledge, 68-72.

Low, S. M., 2022. Chapter 6: Spatializing culture. The social production and social construction of public space. En Low, S. M.: *On the Plaza: The Politics of Public Space and Culture.* New York: University of Texas Press, 127-153. doi:10.7560/747135-009

Martínez, G. & Afonso, J. A., 2003. "Formas de disolución de los sistemas sociales comunitarios en la Prehistoria Reciente del sur de la Península Ibérica". *Revista Atlántica-Mediterránea de Prehistoria y Arqueología Social*, 6, 83-114.

Marx, K., 1989. *Contribución a la Crítica de la Economía Política*. Moscú: Progreso.

Mederos, A., 2020. "De vuelta al Mediterráneo. Los contactos e intercambios del sur de la Península Ibérica durante el Campaniforme y El Argar con el Egeo y Levante (2500 1600 AC)". *Estudos Arqueológicos de Oeiras*, 27, 197-280.

Molina, F., Afonso, J. A., Cámara, J. A., Dorado, A., Martínez, R. M. & Spanedda, L., 2020a. The Chronology of Los Millares Site Defensive Systems (Santa Fe de Mondújar, Almería, Spain). En Delfino, D., Coimbra, F., Cardoso, D., Cruz, G. (Eds.), *Late Prehistoric Fortifications in Europe: Defensive, symbolic and territorial aspects from the Chalcolithic to the Iron Age*. Oxford: Archaeopress Archaeology, 31-43.

Molina, F. & Cámara, J. A., 2005. *Guía del yacimiento arqueológico Los Millares*. Sevilla: Junta de Andalucía.

Molina, F., Cámara, J.A., Afonso, J.A. & Spanedda, L., 2016. Innovación y tradición en la Prehistoria Reciente del Sudeste de la Península Ibérica y la Alta Andalucía (c. 5500-2000 cal A.C.). En Sousa, A. C., Carvalho, A., Veigas, C. (Eds.), *Terra e água. Escolher sementes, invocar a deusa. Estudos em Homenagem a Victor A. Gonçalves*. Lisboa: Uniarq. Estudos & Memórias, 9, 317-339.

Molina, F., Mederos, A., Delgado, A., Cámara, J. A., Peña, V., Martínez, R. M., Esquivel, F. J., Granados, A., Jiménez, S. A. & Esquiel, J. A., 2020b. "La necrópolis calcolítica de Los Millares: dataciones radiocarbónicas y valoración de la dieta y del medio ambiente a partir del análisis de isótopos estables". *Trabajos de Prehistoria*, 77(1), 67-86. doi:10.3989/tp.2020.12247

Navas, E., Esquivel, J. A., Molina, F., 2008. "Butchering Patterns and Spatial Distribution of Faunal Animal Remains Consumed at the Los Millares Chalcolithic Settlement (Santa Fe de Mondújar, Almería, Spain)". *Oxford Journal of Archaeology* 27(3), 325-339. doi:10.1111/j.1468-0092.2008.00311.x

Pagés, P., 1985. *Introducción a la Historia. Epistemología, teoría y problemas de método en los estudios históricos*. Barcelona: Barcanova.

Pérez, C. & Sánchez, R., 1999. "Intervención arqueológica en Marroquíes Bajos (Jaén). Parcela E 2-4 (Sector UA-23)". *Anuario Arqueológico de Andalucía* 1995(III), 271-287.

Pluckhahn, T. J., 2010. "Household archaeology in the southeastern United States: history, trends, and challenges". *Journal of Archaeological Research*, 18(4), 331-385. doi:10.1007/s10814-010-9040-z

Robin, C., Kosakowsky, L., Keller, A., & Meierhoff, J., 2014. "Leaders, Farmers, and Crafters: The Relationship between Leading Households and Households across the Chan Community". *Ancient Mesoamerica*, 25(2), 371-387. doi:10.2307/26296612

Schüle, W., 1980. *Orce und Galera: zwei Siedlungen aus dem 3 bis 1 Jahrtausend v. Chr. Im Südosten der Iberischen Halbinsel I: übersicht über die Ausgrabungen 1962-1970*. Mainz am Rhein: Phillip von Zabern,.

Service, E., 1971. *Primitive Social Organization*. New York: Random House.

Siret, L., 1893. "L'Espagne préhistorique". *Revue des Questions Scientifiques*, 34, 537-560.

Ste. Croix, G.E.M. de., 1988. *La lucha de clases en el Mundo Griego Antiguo. De la Edad Arcaica a las conquistas árabes*. Barcelona: Crítica.

Therborn, G., 1987. *La ideología del poder y el poder de la ideología*. Madrid: S. XXI.

Vilar, P., 1982. *Iniciación al vocabulario del análisis histórico*. Barcelona: Crítica.

Waterman, A. J.; Beck, J. L.; Thomas, J. T. & Tykot, R. H., 2017. "Stable isotope analysis of human remains from Los Millares cementery (Almería, Spain, c. 3200-2200 cal BC): regional comparisions and dietary variability". *Menga*, 8, 15-27.

Wiersma, C. W., 2020. "House (Centric) Societies on the Prehistoric Greek Mainland". *Oxford Journal of Archaeology*, 39(2), 141-158. doi:10.1111/ojoa.12190

Wright, K. I. K., 2014. "Domestication and inequality? Households, corporate groups and food processing tools at Neolithic Çatalhöyük". *Journal of Anthropological Archaeology*, 33, 1-33. doi:10.1016/j.jaa.2013.09.007

Zafra, N., 2011. El origen del modo de vida campesino. La fase final de la macroaldea eneolítica de Marroquíes Bajos (Jaén). En Sánchez, M. (Ed.), Memorial Luis Siret. *Primer Congreso de Prehistoria de Andalucía. La tutela del patrimonio prehistórico (Antequera 22-25 de septiembre de 2010)*. Sevilla: Junta de Andalucía, 235-248.

6

Oikistikí: arqueología de la antigua grecia

Alan Alfonso Avila Ortiz
Escuela Nacional de Antropología e Historia – Instituto
Nacional de Antropología e Historia (ENAH – INAH)

La estructura orgánica de una ciudad, su arquitectura, símbolos, signos y alegorías, se deconstruyen y transmutan a lo largo de su historia. El objetivo del presente trabajo es lograr la interpretación de la relación entre el cosmos humano y su carácter urbano. Este fenómeno, sus construcciones, dinámicas y necesidades se analizarán desde el Neolítico en Grecia hasta el período clásico griego.

The organic structure of a city, its architecture, symbols, signs and allegories, are deconstructed and transmuted throughout its history. The objective of the present work is to achieve the interpretation of the relationship between the human cosmos and its urban nature. This phenomenon, its constructs, dynamics and needs will be analyzed from the Neolithic in Greece to the Greek classical period.

Introducción

El término *oikos* se refiere a dos interpretaciones predominantes; la primera, es el hogar, la organización de la casa y los miembros que alberga. El segundo significado hace referencia al papel que tiene en la sociedad. En otros términos, es una unidad dinámica para la *poli;* parte primordial de su estructura, creación y evolución institucional de la misma. La casa, era la unidad económica y social preeminente de la sociedad clásica griega; convirtiéndola en la última etapa de una evolución de relaciones humanas que comenzaban con el hogar y terminaban conformando la *megalópolis*.

Por ende, he ahí la importancia de contemplar, de manera general y particular, la casa y la estructura social que conforma, recrea, estructura y da vida. Es así como se introducirá al lector a un viaje en el tiempo, desde la edad de piedra hasta la Grecia Clásica; a través de los simbolismos y la vasta relación entre el hogar y la ciudad que conforma.

La casa neolítica griega

Los marineros griegos que hoy cumplen de 70 a 80 años, siempre han considerado al Egeo como una madre protectora, con brazos abiertos; no están equivocados. Grecia, con su conglomerado de más de 6,000 islas, conforma un arco que funcionó como puente entre Oriente y Occidente; desde las frías tierras de los Balcanes hasta la rojiza arena del norte de África. Diversos autores miran hacia Grecia continental para indagar más en la cotidianidad neolítica, con el fin de seguir construyendo esta sociología del pasado griego.

Desde la época neolítica, los conjuntos habitacionales han sido los espejos de una cotidianidad remota; nos muestran que, en sus diversos asentamientos habitados, existía no sólo un lugar de resguardo, trabajo y cocina. Las figurillas neolíticas nos abrirán paso a la interpretación para revalorar el espacio domestico en dicho periodo histórico. Ya que, actualmente, no sólo se identifica con cementerios y santuarios, sino también con casas dentro de asentamientos habitados; siendo ahora un común denominador de dicho acto simbólico, ya que se han localizado tanto en la base constructiva de las casas como en el poste central de las viviendas. La casa neolítica en Grecia era un "espacio sagrado y con una fuerte carga simbólica".[1]

Otro ejemplo claro de su importancia en signos y significados es la rápida acumulación de *magoulas*, en dicha zona geográfica, en algunas ocasiones creadas por la destrucción de las viviendas con fuego que, en cierto sentido, señalaba intencionalmente el final de su "ciclo de vida", lo que fortaleció la memoria y las relaciones sociales con sus ancestros.[2] Esta práctica está muy extendida desde Grecia continental hasta Anatolia después de mediados del séptimo milenio antes de Cristo.

En las dos primeras fases del Neolítico Temprano y Medio se ocupan áreas en las pequeñas llanuras de Ática, con el objetivo principal de explotar los suelos fértiles y las correspondientes zonas de tierras bajas cercanas a la costa. Los nuevos lugares descubiertos en la llanura mediterránea, dignos de mención, son: Cerro de Levidi (Pallini), Gialou (Spata), Merenda (Markopoulo), Samarthi (Kalivia) y en la parte norte de la llanura de Atenas (Metamorfosi, Maroussi, Kifissia, Rodopoli, Agios Estefanos).[3] La explotación de las tierras fértiles desde un periodo tan temprano, contradice la visión de la colonización gradual

---

[1] Tsonos Hraklis, 2017; Thomas, J., 1978; Pomeroy, S,B. ET.AL.,1984; Andrew, S. et.al., 1996.
[2] Chapman, et.al., 20021, Tringham, et.al., 1985, 425-444, Gheorgiou 2018; Brami 2014.
[3] Halstead, 1999. Demoule, J.-P. y C. Perles, 1993; Pantelidou-Gofa, 1997, 118.

de Ática. Tratándose principalmente de casas construidas con ladrillos, pilotes, estacas de zarzo y barro. En Tesalia, las recientes investigaciones por parte de la Universidad de Tesalia- IAKA, a cargo de la doctora Moundrea Agrafioti y Magoula Zarkou (Larissa) por el instituto Arqueológico Austriaco-ÖAW, han ofrecido nueva información de sitios como Magoula Zerelia (Almiros).[4]

Los asentamientos del Neolítico Pre-Cerámico consistían en cabañas subterráneas, en parte excavadas en el suelo; como las que sobrevivieron en Argissa, Dendra y Knossos. Durante el Neolítico temprano, los asentamientos consistían en cabañas de una habitación, con paredes hechas de postes de madera y construidas independientemente unas de otras, como es el caso de Nea Nikomedeia.[5] Durante el Neolítico Medio continuó la construcción de casas con entramado de madera como en Nea Makri; mientras que, por vez primera, en la región de Tesalia se construyeron casas con cimientos de piedra y paredes de adobe y ladrillos sin cocer, hechos de una mezcla de arcilla y heno. Las casas eran rectangulares, de una habitación; poseían un pórtico abierto o cerrado; algunas veces tenían hornos en el exterior. Incluso, hay indicios de que también existieron viviendas de dos pisos como es el caso de Sesklo.[6]

Tanto el Instituto Austriaco como la Universidad de Tesalia en Volos, han contribuido con importantes avances en el análisis del periodo Neolítico, específicamente en Tesalia. La cultura material de las dos Magoulas cambió de manera decisiva nuestra comprensión de la cronología neolítica, haciendo de Magoula Zarkou y de Magoula Zerelia un sitio clave para el estudio de la Grecia neolítica, desde sus fases más tempranas hasta la más tardía. Las conocidas figurillas tipo maqueta de casas de Magoula Zarkou en Larissa, Sitagri en Macedonia y la casa techada de Sesklo en Tesalia, ofrecen una nueva visión de la estructura familiar, la división del espacio interior, con sus hornos, mesas y camas, y las diversas especies de animales, nos muestran una sofisticada y abstracta forma de mostrar los elementos centrales y vitales de cada asentamiento neolítico. La aparición masiva de figurillas, tipo maqueta, de casas con techo durante el Neolítico Medio, período durante el cual se estableció en Tesalia el tipo de casa con cimientos de piedra y paredes de adobe y/o de ladrillos de arcilla sin cocer, denota una referencia deliberada de este nuevo hecho tecnológico y social.[7]

Vale mencionar, Nea Makri, un ejemplo del Neolítico Medio que fusiona los dos tipos constructivos de vivienda, semipermanente y estacional. El tipo arquitectónico contiene no sólo pilares de madera, sino también una superestructura; cabe decir que, en varios sitios neolíticos de Ática, este tipo de vivienda se construye junto a casas

Figura 6.1. Modelo de casa con figurillas modeladas antropomorfas y zoomorfas. Sitio arqueológico de Magoula Zarkou (© OeAW-OeAI / M. Börner). Link de acceso: https://www.oeaw.ac.at/en/oeai/research/prehistory-wana-archaeology/prehistoric-phenomena/platia-magoula-zarkou-in-thessaly

de cuatro lados ya cimentadas sobre el suelo. El uso simultáneo de los dos tipos constructivos, se encuentra en el asentamiento ya mencionado, donde también se construyen chozas de piso ovalado con sus respectivos pilares de madera. Por otro lado, como afirma Tsonos Hraklis y Shaffer, muchas de estas construcciones habitacionales fueron incendiadas para utilizar las masas de arcilla quemada de sus muros para la construcción de otras viviendas.[8] Llevándonos per se a la reflexión antropológica y sociológica de la deconstrucción; el ciclo de vida y muerte de la casa como una extensión del cuerpo físico y anímico de todos aquellos habitaron dicho espacio. Es así como el hogar neolítico cobra vida y forjará los arquetipos genéricos dignos de valoración y veneración, generando un puente entre lo terrenal y lo divino.[9]

La casa Heládica Temprana

Dando paso al Neolítico tardío y al Heládico Temprano, los sitios con mayor representatividad son: Lithares (Beocia), Palaia Kokkinia (Ática), Perachora-Vouliagmeni (Corintia), Nemea-Tsoungiza (Corintia) y Talioti (Argólida). Al adentrarnos al Heládico Temprano (3,200 a.C-2,000 a.C), por ejemplo con la cultura Korakou, se observa en Lerna, Tirinto y Tsoungiza que estas ciudadelas fueron destruidas con fuego antes de ser abandonadas y reocupadas por los futuros habitantes de la cultura Tirinto.[10]

El aumento gradual de la complejidad social, en las zonas geográficas previamente citadas, se nota cada vez más a través de los datos de los diversos entierros y la distribución espacial de las áreas habitacionales. Uno de los ejemplos dignos de mención del Heládico Medio en

[4] Hamilakis, Y.,, A. 2017; Kalogiropoulou et.al. 2017.
[5] Dogiama, L. 2017:446-462; Nikolaidou, M. 2003: 500-502.
[6] Nandris, J.,1970:192-213; Demoule, J., y Perlès, C.,1993: 355- 416.
[7] Kalogiropoulou, et.al., 2017; Sarris, A.,et.al., 2017:27-48; Pappa, M.,et.al.,2017:49-59.

[8] Tsonos Hraklis, 2017; Shaffer 1993.
[9] Urem-Kotsou, et.al., 2017:324-338; Pentedeka, A., 2017:339-352.
[10] Hemingway, S., 2011: 97-103; Gauß, W., et.al., 2011: 76-87.

Grecia continental es Aspidas en Argos; donde salieron a la luz dieciocho tumbas de niños y adultos en los límites del asentamiento, éstas datan del Heládico Medio I-II y Heládico M III-A. Según los especialistas Anna Filippa-Touchais y Gilles Touchais proponen que la práctica del entierro dentro del asentamiento se refiere a formas "simples" de organización social, con énfasis en el rol de la casa, las relaciones familiares, el origen y la tierra ancestral.[11]

En la fase final del HM, el traslado de tumbas fuera del asentamiento a un área especialmente organizada, la construcción de murallas y el surgimiento de prácticas funerarias más ostentosas, sugieren cambios significativos en las relaciones sociales; predominio de estructuras sociales más complejas e instituciones comunitarias más estrictas. Otros elementos interesantes provienen de la cultura material; la presencia de objetos valiosos en las primeras fases del asentamiento, cerámica egipcia y "minoica" importada de alta calidad, joyas de oro, indican la existencia de una red de intercambio en el HM, en la que el sitio de Aspidas participó de igual manera.[12]

Por otro lado, el aumento del porcentaje de cerámica local en la fase final del asentamiento y la reducción de productos importados, localizados en las zonas habitacionales, contrasta con los datos de otros asentamientos del HM, donde las importaciones aumentan hacia el final de este mismo. Esta estrategia de fortalecimiento de la tradición local puede sugerir una especie de "afirmación de la identidad de los pobladores" y los "valores tradicionales" en respuesta a la corriente de influencias minoicas.

La casa Minoica y Micénica

Por décadas se pensó que la habitación tipo "megaron", perpetuada en los palacios-fortalezas de Micenas, Pilos y Tirinto, era la primera influencia arquitectónica de la casa y templos griegos clásicos, empero, con los nuevos descubrimientos de los contextos habitacionales de Nea Makri y Nea Nikomedia, entre otros, podemos observar que esta estructura orgánica-funcional del espacio ya venía desde el neolítico medio. Dicha morada de los héroes de Homero, consistía en un constructo rectangular de dos a tres piezas; con mayor exactitud, consistía en una antecámara abierta, algunas veces con columnas en la fachada, se accedía, a través de una puerta, a la pieza principal; en cuyo centro moraba el fuego. En torno al hogar, el techo solía estar rodeado de columnas, delante de la casa siempre existía un patio a cielo abierto, alrededor del cual se agrupaban las demás dependencias del edificio: dormitorios, habitaciones especializadas como talleres, anexos; entre otros elementos.[13]

Desde el Heládico Medio I (2,000 a.C), es decir, desde el período Prepalacial Reciente (2,200 a.C), con los grandes conglomerados arquitectónicos en plena construcción, ya quedaba claro que el departamento real era el nudo y centro natural de todo el complejo. El reino tenía su sede en la casa tutelar del soberano y su domicilio, la sede del culto oficial. En el mundo Heládico Reciente (1,550-1,400 a.C) y Minoico Medio (2,100-1,850 a.C) ya se puede rastrear el esbozo concreto de un Estado Urbano; un sistema económico concreto donde la religión y el sistema político se hibridizaron y generaron un complejo bricolaje sociocultural que la Grecia clásica heredará para conformar la nueva Hélade.[14]

Para la doctora Iphiyenia Tournavitou, la arquitectura palaciega es un punto de referencia en el estudio de la civilización minoica y micénica. En general, se acepta que la arquitectura de dicha época está directamente relacionada con los procesos sociales; un ejemplo es la forma de la división sociopolítica tripartita, campo económico, político y simbólico-ideológico, del Minoico Medio al Minoico Reciente y Heládico Reciente. En Creta y Grecia continental con el comienzo del período Minoico Medio y Heládico Medio, se observa un aumento demográfico. La expansión de los antiguos asentamientos y la creación de nuevos caminos y puentes comerciales muestran una utilización más sustancial del espacio, siendo ahora más clara que nunca. Se afirma que en Creta los antiguos palacios fueron construidos durante el período Minoico Medio IA y estarán operando en comienzos del Minoico Medio IB; un claro ejemplo son los sitios arqueológicos de Cnoso, Phaistos y Malia. Mientras que en Grecia continental será en el Heládico Reciente IA y IIB cuando tendremos las grandes construcciones de Pilos, Tirinto y Micenas.[15]

Esta visión de la formación del plan palaciego micénico, sostiene que debe entenderse como un producto de la formación social y política de la sociedad micénica. Para Ainian Mazarakis, la formación del Estado Micénico se produjo en tres procesos: el primero, es la interacción y competencia de las élites emergentes en diferentes comunidades, lo que promovió la formación de expresiones arquitectónicas locales de poder y prestigio; en segundo lugar está la consolidación de territorios por parte de las élites en sus centros y la construcción de estructuras monumentales complejas que reconocemos como palacios; y, en tercer lugar, la formación de estados tempranos, que son el producto de la interacción política entre pares y que, en términos arquitectónicos, se manifiestan en un estilo micénico uniforme.[16]

Adentrándonos en la estructura de la casa Minoica y su carga simbólica, los mejores ejemplos para nuestro

[11] El Argos Heládico Medio Viernes, 6 de diciembre de 2013 Conferencia de Anna Filippa-Touchais (École française d'Athènes) y Gilles Touchais (Paris I-Sorbonne) titulada "El medio Hellas Argos: un camino hacia la complejidad social".
[12] Philippa-Touchais, A., et.al., 2011:203-216.
[13] Rodden, R.,1996: 212-1; Pappa, M.,et.al., 1999:177-195; Nandris, J.,1970: 192-213; Bendall, L., 2003: 181-231.
[14] Aravantinos, V., 1995: 613-22; Bendall, L.,2001:446-52; Halstead, P., 1988: 519-30.
[15] Tournavitou, I., 2017: 331-1; Tournavitou, I., 1995; Brecoulaki, H., et.al.,2017:147-158; Aravantinos, V., 1989-1990: 243-61.
[16] Ainian, A.,1989: 269-288.

Figura 6.2. Entierro HM del sitio arqueológico de Aspis en Argos. Proyecto de Anna Filippa-Touchais (École française d'Athènes) y Gilles Touchais (Paris I-Sorbonne). Dibujo: A. Avila

análisis son Cnosos y Gurnia. Las casas minoicas con gran dimensión, como la denominada Casa Sur, que alberga una gran sorpresa. Se encuentra ubicada en la esquina suroccidental del palacio, está conformada por una estancia principal, con paredes divisorias compuestas de un sistema de pilar y puerta con su respectivo patio de luz columnado; cabe agregar, que la sección central de la planta baja es una zona privada donde se incluye un baño lustral que fue utilizado para rituales; también cuenta con una escalera, una estancia central cuadrada y un lavabo.[17]

Pasando de la casa ritual, vayamos a las moradas menos complejas de Gurnia, ubicadas al noroeste del palacio; ya descentralizadas del conglomerado arquitectónico. Según los autores, las casas de Gurnia comparten características básicas que a continuación se describen: cuentan con una sola entrada y en su interior se halla un vestíbulo pavimentado que conectaba el espacio público al privado; los vestíbulos se utilizaban para todo tipo de actividades cotidianas y de intercambio comercial; las escaleras siempre conectaban a otras estancias en pisos inferiores usados para almacenaje o para el trabajo artesanal y, de igual modo, éstas se dirigían hacia arriba, donde se localizaban las habitaciones más privadas. Las casas se especializaban en actividades varias como la producción

de aceite, cerámica, trabajo del metal, carpintería, entre otros.[18]

Las casas formaban un espacio hibrido y lleno de simbolismo, reflejado en la cultura material; incluso en la más temprana. Los ejemplos más notorios, de lo previamente mencionado, son las representaciones de casas de Fayenza; placas detalladas con representaciones precisas de las casas minoicas, de dos a tres plantas bajo relieve, encontradas en el Palacio de Cnosos y datadas en el periodo Minoico Medio I A. El segundo caso es la Maqueta de Terracota encontrada en Arcanes, una de las mejores representaciones de la casa minoica datada en el Minoico Medio III A, en donde se puede ver que el edificio cuenta con un vestíbulo iluminado por una gran ventana, donde se accede a la segunda planta rodeada por columnas que sostienen un techado probablemente de madera de olivo; en la planta baja se encuentra un gran salón con una columna central, una estancia iluminada por un pozo de luz y ventanas de diferentes tamaños y una escalera. El tercer caso sería el conocido Ritón del Asedio de la tumba circular A en Micenas que data aproximadamente del 1,700 al 1,600 a.C., donde se puede ver, además de los guerreros que defienden la ciudadela, las casas micénicas de dos plantas con sus respectivos habitantes.[19]

[17] Lupack S., 2011:207-217; Halstead, P., 1999b: 145-116.

[18] McEnroe, J., 2010; Shaw, J., 2015.
[19] Knappett, C., 1999: 615-639; Yannis, P., et.al., 2013: 353-381.

Figura 6.3. Representaciones de casas Minoicas de Fayenza. Museo Arqueológico de Heraclion en Creta. Fotografía: A Avila.

En el presente análisis es primordial mencionar la ciudad de Acrotiri en Santorini. La cual, grosso modo, podría describirse como el modelo concentrado y denso de una ciudad típica de la edad del bronce; se piensa que fue fundada del 2,100 a 1,900 a.C., ubicándola en la edad del Bronce Medio. El sitio cubre aproximadamente una hectárea y consta de 35 casas diferentes, ya registradas y catalogadas. De la Pompeya griega se han conservado los segundos e, incluso, los tres pisos que conformaban de origen las casas de Acrotiri. Las construcciones contaban con una tecnología resistente a los diversos percances naturales, la cimentación que llegaba hasta la roca madre también contaba con un fuerte esqueleto de madera de olivo y adobe conglomerado con tiestos cerámicos; la ciudad estaba adecuadamente pavimentada con un sistema complejo de desagüe y con un sistema plano de techumbre aterrazado.[20]

Resulta interesante que las diversas representaciones de los frescos de Acrotiri muestran a los ciudadanos conversando en las calles y/o haciendo diversas actividades en las terrazas de las casas, inclusive contemplando la llegada de los navíos en el mar. Los estudios más recientes nos dicen que, en relación a las leyes de la proxémica y estudios etnoarqueológicos, la ciudad estaría habitada aproximadamente por 3,000 a 8,000 habitantes. Se ha observado que la élite necesita de más espacio por persona, mientras que los agricultores y los individuos de menor estatus necesitaban menos. Esto podría estar relacionado, de alguna manera, al ocio y quehaceres que la gente hace

en el interior. Mientras que el trabajo se realiza más bien al aire libre; en los patios, en las entradas y las terrazas, como sugieren diversos especialistas para Thera.[21]

Para ir más allá, la especialista Anaya Sarpaki estudió la "Casa Oeste". Calculando en los 345 metros cuadrados la cantidad aproximada de habitantes por casa y habitación; así como las labores ejecutadas en su interior. La doctora afirma lo siguiente: los indicadores arqueológicos muestran que los cuartos de trabajo en el primer piso estaban firmemente separados de la planta baja donde la mayor parte del lugar se utilizó para el almacenamiento, también se encontraban las herramientas usadas para la comida y su preparación. En la base de la escalera principal, en la planta baja, había una puerta que separaba dicha área del primer piso, el segundo piso y la terraza. Esto indica que las personas que trabajaban en la planta baja no estaban en contacto directo con las del primer piso, ya que las dos áreas fueron aisladas.[22]

Según la autora, los habitantes de la planta baja podrían haber sido un mínimo de siete y un máximo de diez "sirvientes, trabajadores y/o otros familiares" ya que hay dos escaleras que coexisten en la casa oeste; indicando, quizás, una población servil actuando en el sótano y también, probablemente, en la terraza del segundo piso. Los habitantes del primer piso no tenían comunicación directa con las personas de la planta baja ni los que vivían y/o

[20] Palyvou, C., 2005; Colburn, C., 2008.

[21] Soles, J.,et.al., 2003.
[22] Sarpaki, A., 2001: 27-40; Davis, J., 1992: 699-756.

trabajaban en el segundo piso o la terraza. Otro indicativo de la división social es que había una puerta que aislaba las habitaciones principales y restringía el libre tránsito.

Al acercarnos a la edad del Bronce Reciente (1,500 a.C.), las altas murallas de estilo ciclópeo del mundo minoico y micénico sólo podrán ser silenciosos testigos de un mundo a punto de deconstruirse, una vez más. Las capas de cenizas en la estratigrafía nos hablarán de destrucciones violentas, resultado de actos humanos y procesos naturales de sismos y erupciones. La población de toda Creta y las islas del Egeo conocerían una serie de profundas transformaciones y, en adelante, pasarían a formar parte del destino micénico, 250 años de nuevas redes económicas, diplomacias políticas y un bricolaje ideológico-simbólico, que dará como fruto un escenario con innovadoras esferas de poder, nuevos asentamientos y movimientos de población que, en torno al siglo XIII a.C., sufrirán profundas alteraciones hasta el final de su existencia.

La casa de la Edad Geométrica

Un mundo con un milenio de antigüedad se halla completamente revuelto, las nuevas generaciones de sobrevivientes continúan usando sus antiguos cementerios de tiempos prehistóricos. Los reinos quedan abolidos y la Acrópolis Micénica ya no se utiliza como fortaleza. La roca está dedicada al culto de los dioses después del siglo XI y el "Mercado de Teseo" cumple las funciones de la vida pública. A finales del siglo VIII a. C., nuevas aventuras aguardan a las diversas ciudades de Grecia continental. Los habitantes están menguando, golpeados por sequías, epidemias y hambrunas; se levantan nuevos imperios; el comercio se resiste; las relaciones internacionales, muy ramificadas en siglos anteriores persisten y las diversas culturas en pleno desarrollo se aíslan. La navegación no desaparece del todo, empero, decrece mucho. La metalurgia del hierro sucede a la del bronce. La incineración de los cadáveres reemplaza en medida a la práctica de la inhumación. La cerámica se transforma y abandona las escenas de vida animal y vegetal y adopta la decoración geométrica. Los nuevos modelos cerámicos son claros y simples, obediencia a principios de aridez y de rigor que excluyen los elementos simbólicos de tradición egea.

Para el especialista Ainian Mazarakis, después del colapso de los centros administrativos micénicos, Grecia se fragmentó en pequeños reinos. En general, se cree que qa- si-re-u (rey), al que se hace referencia en las láminas de Lineal B, era probablemente un alto funcionario, tal vez el líder de un asentamiento semiautónomo que, tras el derrumbe de la autoridad central, sucedió al Wanax y logró consolidar su poder; también esclarece que estos funcionarios locales, que pueden haber estado a cargo de los deberes sacerdotales, al parecer pudieron haber ganado la autonomía después del Tardío; asumiendo el liderazgo de las comunidades autónomas.[23]

---

[23] Ainian, A., 1987:24-3; Ainian, A., 2012:119-136.

Figura 6.4. Maqueta de Terracota, figurilla que muestra a detalle la casa típica minoica, encontrada en Archanes. Museo Arqueológico de Heraclion en Creta. Fotografía: A Avila.

Figura 6.5. Casa Oeste, Sala 5. Friso en miniatura de la pared sur (detalle). Representa claramente una "ciudad" (derecha) y una "aldea" (izquierda). Tomado de Anaya Sarpaki (2019) pp. 81.

La era de la consolidación está tomando lentamente la forma de ciudades organizadas aproximadamente en el periodo Protogeométrico (siglo XI a.C.-900 a.C.). Cada zona tiene un uso específico. Los espacios públicos y privados adquieren un aspecto nuevamente monumental y las zonas habitadas estaban rodeadas por recintos defensivos ya adentrados en el periodo Geométrico (900-700 a.C.). Cuando el comercio se renovó, las ciudades fenicias ocuparon el primer lugar y el área del Ágora fue demarcada con columnas de mármol con inscripciones de claros estatutos normativos. En la época Protogeométrica, predomina el tipo de casa simple alargada, con las habitaciones dispuestas una detrás de la otra. Durante el 800 a.C. a 700 a.C., las diferencias entre las casas de élite y el resto de la población, están disminuyendo. Y, en varias áreas, las unidades de vivienda se están volviendo más intrincadas; ahora incluyen edificios más cerrados, que conforman una "casa" compleja y autónoma. En las primeras etapas de la urbanización y la génesis de la ciudad-estado, el diseño arquitectónico de las casas cambia gradualmente y se vuelve más elaborado, con más espacios organizados en torno a un patio central o un corredor común, permitiendo la diferenciación del uso de las áreas y sus actividades familiares.[24]

La arquitectura residencial de la Edad del Hierro Temprana en Grecia (1,100-700 a.C.) se caracteriza por edificaciones de diferentes plantas arqueadas, circulares, elípticas y rectangulares, realizadas con materiales de baja calidad, con excepción de los cimientos de los muros que, habitualmente, eran de piedra. El uso de ladrillos para la superestructura era común; aunque, ocasionalmente, se usaban cañas revestidas de barro. Según los datos de excavación actuales, el uso de madera durante este período fue muy basto. Los techos a dos aguas, que se extendían hasta las caras laterales y, en ocasiones, estaban sostenidos por una serie de columnas verticales, protegían los lados exteriores de los muros de la intemperie. Una vez más, las figurillas tipo maqueta de las casas geométricas nos darán valiosa información del aspecto particular del tipo y estilo de casas que se estaban edificando; por ejemplo, en las Cícladas y Creta, las casas se construían enteramente de piedra y cada unidad de vivienda constaba de dos o más habitaciones. No cabe duda de que también existían muebles de madera, como se puede ver en las diversas ilustraciones plasmadas en la cerámica de dicho periodo. En Creta, y en las diversas islas del Egeo, son raras las construcciones curvilíneas y parece que suelen dominar las cubiertas planas. En el norte de Grecia, la limitación del espacio era canon y casi siempre existía un muro defensivo perimetral natural o artificialmente construido en la zona. La densa construcción también puede haber sido dictada por la necesidad de protección; es decir, cuando el asentamiento operaba sin fortificaciones, los muros exteriores de las casas en las afueras del asentamiento, proporcionaban una línea elemental de defensa. Los constructos arquitectónicos respondieron a las necesidades naturales de protección del sol y los vientos, hicieron reducir las dimensiones de las ventanas, Sin embargo, las estructuras sociales también influyeron en la forma de las casas y los asentamientos. El interior de las casas era sencillo y los suelos eran de tierra prensada; a lo largo de las paredes, a veces, había escritorios empotrados que tenían usos múltiples, asientos, camas, bancos de trabajo o almacenamiento.[25]

Durante el período Protogeométrico, las diferencias entre las dos categorías de viviendas son más pronunciadas; para, luego, volverse menos obvias. Por tanto, la organización política y la estratificación social de las sociedades de la Edad del Hierro Temprana se pueden rastrear a través de esta diferenciación, así como de las costumbres funerarias. Según los datos arqueológicos disponibles, a principios del primer milenio, las comunidades vivían en asentamientos organizados alrededor de un punto central o en aldeas sin planificación específica. Por otro lado, se ha considerado que el patrón más prevalente, hasta aproximadamente el 800 a. C., era el de las "casas patriarcales", independientes y dispersas. El caso más importante de vivienda tipo monumental es el gran edificio arqueado de mediados del siglo X a. C. en Lefkandi de Evia. Su complejidad puede compararse con las descripciones de Homero de las "casas de los héroes". Esta construcción, de 45 x10 m., es uno de los pocos edificios de la época que contaba con más de tres apartamentos. Los muros son de piedra con una altura aproximada de un metro, mientras que el resto de la superestructura fue hecha con ladrillos. Seguía un espacioso salón principal que, también, tenía una entrada a su lado. En una esquina se encontró una estructura de piedra que se interpretó como la base de una escalera de madera que conducía a un techo de dos aguas. La sala principal se comunicaba con el arco a través de un pasillo central, en cuyos lados había dos pequeñas cámaras cuadradas. El espacio arqueado fue, sin duda, de almacenamiento ya que existían numerosas cavidades para la colocación de pithos.[26]

Durante el período geométrico (900-700 a.C.), a medida que aumentaba el poder y la riqueza de las clases media y baja, las diferencias entre las casas pertenecientes a miembros de la élite y las de las clases sociales han ido disminuyendo gradualmente y distinguir entre casas de miembros de las élites gobernantes y no gobernantes no es fácil. Un ejemplo típico es el asentamiento de Zagora en Andros. Allí las casas de élite, ubicadas en la parte central del asentamiento, tienen el mismo tamaño y diseño, junto al espacio abierto central del asentamiento y cerca del santuario al aire libre de la comunidad. Sin embargo, todavía se traza una línea divisoria entre hogares de élite y clase media, aunque esta diferencia no es muy pronunciada. En otros asentamientos del Egeo, la estratificación social es más difícil de detectar. Sin embargo, con base en algunas características, todavía es posible distinguir, en la mayoría de los lugares, la residencia del posible señor, como el llamado "Salón Megaron" en Chios se encuentra dentro de la ciudadela fortificada; mientras que las casas "más sencillas" se encuentran en las laderas de colinas como es en Koukounaries, Nichoria o en Lathouriza en Ática.

La casa alargada, única del período protogeométrico, que consta de una o más habitaciones dispuestas una detrás de otra con una capacidad limitada para el espacio personal, es reemplazada por "casas" complejas; caracterizadas por unidades independientes organizadas en un recinto. Desde finales del siglo VIII y principios del VII en adelante, las casas adquieren numerosas estancias alrededor de un patio central o preanuncian el tipo con pasta. Sin embargo, la

---

[24] Morris, J., 1989: 502-519.
[25] Snodgrass, A., 1962: 408-4010.

[26] Snodgrass, A., 2000.

Figura 6.6. Casa Oeste, Micenas, entierro infantil probablemente del siglo IX a,C. Proyecto de excavación a cargo de la doctora Iphiyenia Tournavitou de la Universidad de Tesalia. Fotografía: A. Avila.

larga tradición anterior no permitía la rápida adaptación y el progreso de las formas arquitectónicas para seguir el ritmo del cambio social, especialmente en lugares donde la tradición de la casa curva estaba profundamente arraigada. Durante el período Arcaico se siguieron construyendo edificios elípticos, arqueados y circulares, mientras que en zonas remotas, donde predominaba la actividad ganadera, estas estructuras se conservaron incluso hasta la época clásica (como en Vitsa, Zagori, Epiro). Sin embargo, por regla general, estas formas arquitectónicas "tempranas" se limitaban a los edificios de culto. Y, no es en vano ni coincidencia, que sea en este mismo período, cuando los griegos comienzan a adquirir un sentido de identidad común; la necesidad de un pasado común. E incluso es ahí es cuando comenzaron a estallar las vasijas con inscripciones homéricas.[27]

Un caso particular, digno de mención, es el entierro infantil descubierto en la Casa Oeste de Micenas, localizado en uno de los extremos del muro A, durante el proyecto de excavación "East House" en Micenas a cargo de la doctora Iphiyenia Tournavitou; lo interesante, es la cerámica geométrica que salió a la luz, en especial un ánfora casi entera, probablemente del siglo IX a.C., demostrándonos así que dicho lugar, perteneciente a una casa micénica,

continuaba siendo reconocido como un espacio con un carga simbólica aún presente en la edad de hierro.

La casa griega clásica

Después de la derrota final de los persas (479 a. C.), Atenas, destruida por la invasión, fue reconstruida y gradualmente se convirtió en una potencia dominante. Los atenienses construyeron el muro de Temístocles muy apresuradamente, debido al peligro espartano, con piedras y mármoles de los edificios que habían sido destruidos por los persas, incluso con columnas de las tumbas. Esta fortificación circular, con sus 13 puertas, rodeaba todo Asty y fue la línea exterior de defensa durante muchos siglos. El muro dividió Kerameikos en un área con edificios públicos, casas, talleres y "Exo Kerameikos", la necrópolis. Allí, además de los lujosos monumentos funerarios, destaca el "Letrero Público", lugar de sepultura de honor de destacados políticos y de quienes perdieron la vida en la batalla por la patria. En la zona de Kerameikos estaba la entrada oficial de la ciudad Dipylon, nombre establecido desde el siglo IV a.C., cuando se construyó una puerta doble fortificada, por la que pasaba la calle Panathinaion, que continuaba, fuera de las murallas, a la Academia Platón. Hacia el sur, se abrió la Puerta Santa, desde donde el Camino Santo conducía a Eleusis. Esta procesión fue seguida por la procesión de los misterios de Eleusis.[28]

Finalmente, dos fortificaciones más, los Muros Largos y el Muro de Falirikon, extendieron la línea de defensa hasta Pireo y Faliro. Treinta años después de la invasión persa, la imagen de la Acrópolis no había cambiado, porque los atenienses habían jurado dejar las ruinas visibles para recordar la destrucción y hacer un acto de memoria histórica. Después, gracias a la prosperidad financiera de la ciudad, Pericles implementó un programa de construcción sin precedentes, centrándose en la roca sagrada de la Acrópolis. En la vertiente sur, las artes se ubicaron en un teatro y un invernadero y, alrededor de la roca, se creó el Paseo Marítimo; el cual se convirtió en el paseo favorito de los atenienses. En lo alto de la roca de la Acrópolis, desde la época arcaica, el espacio entre los edificios comenzó a llenarse de estatuas; principalmente de mujeres jóvenes que, según algunas interpretaciones, eran ofrendas que los fieles dedicaban a la diosa Atenea para complacerla y protegerla.[29]

También se llevaron a cabo importantes intervenciones constructivas en el Ágora, que tomó la forma de un gran complejo de edificios con una plaza central abierta que estaba rodeada de edificios públicos, templos, altares y una serie de estatuas. En varios lugares había fuentes y grandes extensiones de áreas verdes; olivos y robles,

[27] Papadopoulos, J., 2015: 178-195; Kotsonas, A., 2016: 239-270.

[28] Cf. Ault, B., y Nevett, L. (Eds.). (2005). *Ancient Greek Houses and Households: Chronological, Regional, and Social Diversity*. University of Pennsylvania Press. Retrieved August 31, 2021, from http://www.jstor.org/stable/j.ctt3fhr1f

[29] Aylward, W., 2005: 36-53.

plantados por el general ateniense Kimonas, ofrecían frescor a los ciudadanos en los días calurosos del año. Las áreas residenciales se distribuyeron alrededor de la Acrópolis y el Ágora. La mayor parte de la población vivía en los distritos del suroeste, Koili y Meliti, densamente poblados. En un principio los atenienses construyeron de forma anárquica; sin ninguna planificación. Sus casas parecían completamente desordenadas en comparación con los edificios públicos, que estaban muy bien cuidados. Los ciudadanos parecen estar interesados principalmente en la vida pública, indiferentes al lujo en su vida diaria.[30]

En la época clásica, la organización de la casa tenía que estar relacionada con factores como las funciones que se desarrollaban en ella, la situación económica del propietario, los miembros de la familia. Cuando las finanzas lo permitían, también se alojaban sirvientes o esclavos.

En general, las casas en la antigua Grecia estaban hechas de materiales fáciles de adquirir, como arcilla, conchas, arena y piedras. La entrada solía estar ubicada en el lado norte. Las habitaciones daban a patios interiores y frente a la casa había un patio pavimentado donde realizaban ceremonias de adoración y sacrificios a varios dioses. En muchas casas había un pozo y algunos animales de ganado. Es decir, las casas constaban de seis o siete habitaciones; se construían alrededor de un patio abierto que tenía un propilón y un pozo. En la parte delantera de la casa estaba la andronitis (parte de la casa reservada a los hombres, que consistía en un patio descubierto, rodeado de columnas, alrededor del cual estaban dispuestas las diversas habitaciones para el servicio del propietario y de los que vivían con él) y el área de recepción de los invitados. Mientras que en la parte trasera, estaba la *ginaikonitis*, la cocina con sus respectivas figurillas de barro para los respectivos rituales domésticos, el trastero, los dormitorios en general y el dormitorio exclusivo del matrimonio. Incluso en los asentamientos había establos de animales y un taller de alfarería y metal.[31]

En el período helenístico, las casas eran de planta baja, construidas con piedras y ladrillos, mientras que los techos eran de tejas. Estas casas tenían un patio central, un área de recepción con una entrada en el lado norte de un peristilo, para que fuera soleado en invierno. Las habitaciones eran pequeñas y los pisos eran de tierra prensada con fragmentos de tiestos, mientras que las paredes de algunas de ellas estaban cubiertas con yeso decorativo. También tenían trasteros, una cocina, un baño, un lavabo de mujeres; en el frente lejano estaba el *andronite* y la zona de recepción. En algunas casas había estatuas o muebles para albergar peces.[32]

En la antigua casa griega, la habitación que se usaba para la vida diaria de la familia se llamaba *oikos*. Solía ser una de las habitaciones de la planta baja que se abría al patio en su lado norte. Tenía un piso de arcilla dura y en el centro a menudo había un salón alrededor del cual se reunía la familia. Para la cocción de los alimentos se contaba, frecuentemente, con un espacio separado. En los casos en que no existía esta cocina (separada), se utilizaron braseros

p ortátiles que se podían colocar en cualquier lugar para este propósito. En varias casas antiguas se encontraron restos de oikias, con grandes losas de piedra caliza, cuadradas o ligeramente oblongas, donde se encendió el fuego. Estas habitaciones eran sencillas, con pisos compactos (en muchos casos de arcilla) y paredes sin revestir. El humo de la habitación obviamente salía a través de una chimenea o humo. Es en este espacio donde se albergaban las estatuillas dedicadas a la diosa Hestia y a otras deidades, aquí se colocaban las ofrendas de alimentos y bebidas y era el espacio bendecido no sólo para las mujeres del hogar, sino para el "pater familas" que debía también de rendir culto a los dioses, en aras de una economía bienaventurada y salud prospera.[33]

Conclusión

A manera de conclusión reflexiva, se podría decir que la *poli* no es, de forma alguna, un territorio, sino un pueblo; un conjunto de habitantes haciendo doble acto de conciencia. Para los griegos de la edad de piedra, la edad del bronce y los clásicos Helenos, la ciudad no era una abstracción sino una realidad concreta y viva. Cuando el griego, de bronce o de acero, defendía el Estado, combatía siempre por su hogar. A pesar de su falta de unidad, reflejada en sus murallas ciclópeas, los griegos tenían conciencia de integrar un solo pueblo. Hablaban diversas lenguas pero con una raíz lingüística idéntica, compartían la misma religión e historia común legada por Homero, a través de sus hexámetros transmitidos de generación en generación. En la edad más obscura, surgió la más potente luz que incendiaba las fogatas de las casonas geométricas y, fue en dicha penumbra, donde las memorias históricas, creaban la solidaridad venidera. Es en la cotidianidad del ser humano donde se manifestaban los más profundos anhelos; donde las emociones, vestidas de rituales, simposios y juegos, cobraban voz. En la *oikos* clásica y en la prehistórica, no sólo moraban humanos, también habitaban los dioses y los ancestros, ¿dónde comienza lo privativo y lo público, si un mismo cuerpo lo cubría todo?

¿Puede acaso imaginarse una visión más fantástica, más avasalladora, que esta concepción cósmico-religiosa del hogar como tumba y matriz? No es sino la manifestación de una inexorable realidad, expresada, eso sí, de una manera particularmente simple, llena de madera y barro, pero monumental para la evolución de toda nuestra humanidad.

---

[30] Nevett, L., 2005: 1-11; Fiedler, M., 2005:99-118.
[31] Guy P. R. Métraux, 1999:392-405; Ault, B., & Nevett, L., 2005: 160-176.
[32] Trümper, M., 2005:119-39.

[33] Lang, F., 2005: 12-35.

Figura 6.7. Representación de la casa típica griega. Museo Arqueológico Nacional de Atenas. Fotografía: A. Avila

Bibliografía

Ainian, A., 1987. "Geometric Eretria". *Antike Kunst*, 30, 1, 3-24. Retrieved August 31, 2021, from http://www.jstor.org/stable/41320878

Ainian, A., 1989. "Late Bronze Age Apsidal and Oval Buildings in Greece and Adjacent Areas". *The Annual of the British School at Athens*, 84, 269-288, from http://www.jstor.org/stable/30104557.

Ainian, A., 2012. "The Domestic And Sacred Space Of Zagora In The Context Of The South Euboean Gulf". *Mediterranean Archaeology*, 25,119-136. Retrieved August 31, 2021, from http://www.jstor.org/stable/24653562

Andreou, S., Fotiadis, M., & Kotsakis, K., 1996. "Review of Aegean Prehistory V: The Neolithic and Bronze Age of Northern Greece". *American Journal of Archaeology*, 100, 3, 537-597. doi:10.2307/507028

Aravantinos, V., 1989–1990. "Santuari e Palazzo: Appunti sui rapporti economico-amministrativi tra la sfera del culto e il potere politico in età micenea." *ScAnt* 3–4:243–61.

Aravantinos, V., 1995. "Old and New Evidence for the Palatial Society of Mycenaean Thebes: An Outline." In R. Laffineur and W.-D. Niemeier (Eds.), *Politeia: Society and State in the Aegean Bronze Age. Proceedings of the 5th International Aegean Conference.* University of Heidelberg, Archäologisches Institut, 10–13 April, 1994, 2, pp. 613–22. Aegaeum 12. Liège and Austin: Université de Liège and University of Texas at Austin.

Ault, B., & Nevett, L., 2005. Summing Up: Whither the Archaeology of the Greek Household? In Ault B. & Nevett L. (Eds.), Ancient Greek Houses and Households: Chronological, Regional, and Social Diversity, *University of Pennsylvania Press*. Retrieved August 31, 2021, 160-176, from http://www.jstor.org/stable/j.ctt3fhr1f.13

Aylward, W., 2005. Security, Synoikismos, and Koinon as Determinants for Troad Housing in Classical and Hellenistic Times. In Ault B. & Nevett L. (Eds.), Ancient Greek Houses and Households: Chronological, Regional, and Social Diversity, *University of Pennsylvania Press*. Retrieved August 31, 2021, 36-53, from http://www.jstor.org/stable/j.ctt3fhr1f.6

Bendall, L., 2001. The Economics of Potnia in the Linear B Documents: Palatial Support for Mycenaean Religion. In R. Laffineur and R. Hägg (Eds.), *Deities and Religion in the Aegean Bronze Age. Proceedings of the 8th International Aegean Conference*. Göteborg, Göteborg University, 12–15 April 2000, pp. 446–52. Aegaeum 22. Liège and Austin: Université de Liège and University of Texas at Austin.

Bendall, L., 2003. "A Reconsideration of the Northeastern Building at Pylos: Evidence for a Mycenaean Redistributive Center." *American Journal of Archaeology,* 107, 2,181–231.

Brami, M. N., 2014. "House-related practices as markers of the Neolithic expansion from Anatolia to the Balkans". *PAPERS CTATNN,* 4, 161-177. ISSN: 1314-5088, from, https://www.researchgate.net/publication/270271573_House-related_practices_as_markers_of_the_Neolithic_expansion_from_Anatolia_to_the_Balkans

Brecoulaki, H., Sotiropoulou, S., Perdikatsis, V., Lluveras-Tenorio, A., Bonaduce, I., & Colombini, M., 2017. *Appendix A.: A Technological Investigation of the Painting Materials. In Tournavitou I. (Author), The Wall Paintings of the West House at Mycenae.* Philadelphia, Pennsylvania: INSTAP Academic Press, 147-158. doi:10.2307/j.ctt1v2xtpm.15

Chapman, J., Magyari, E., Fairbairn, A., Francis, M., y De Guzman, M., 2012. "Neolithic human impact on the landscapes of North-East Hungary inferred from pollen and settlement records". *Vegetation History and Archaeobotany,* 21, 4/5, 279-302. Retrieved August 31, 2021, from http://www.jstor.org/stable/43554166

Colburn, C., 2008. "Exotica and the Early Minoan Elite: Eastern Imports in Prepalatial Crete". *American Journal of Archaeology,*112, 2, 203-224. Retrieved August 31, 2021, from http://www.jstor.org/stable/20627447

Davis, J., 1992. "Review of Aegean Prehistory I: The Islands of the Aegean". *American Journal of Archaeology,* 96, 4, 699-756. doi:10.2307/505192

Demoule, J., y Perlès, C., 1993. "The Greek Neolithic: A New Review". *Journal of World Prehistory,* 7, 4, 355-416. Retrieved August 31, 2021, from http://www.jstor.org/stable/25800637

Dogiama, L., 2017. Casting a Wide Network: Preliminary Results from the Early Neolithic Chipped Stone Assemblages from Revenia, Pieria (Greece). In Sarris A., Kalogiropoulou E., Kalayci T., & Karimali L. (Eds.), *Communities, Landscapes, and Interaction in Neolithic Greece.* Berghahn Books. 446-462. doi:10.2307/j.ctvw049k3.36

Gauß, W., Lindblom, M., & Smetana, R., 2011. The Middle Helladic Large Building Complex at Kolonna.: A Preliminary View. In Gauß W., Lindblom M., Smith R., & Wright J. (Eds.), *Our Cups Are Full: Pottery and Society in the Aegean Bronze Age.* Papers Presented to Jeremy B. Rutter on the Occasion of his 65th Birthday, Oxford: Archaeopress, 76-87. doi:10.2307/j.ctv177tjw2.18

Gheorghiu, D., Nash, G., Bender, H., & Pásztor, E. (Eds.), 2018. *Lands of the Shamans: Archaeology, Landscape and Cosmology.* Oxford; Philadelphia: Oxbow Books. doi:10.2307/j.ctvh1dx1b

Guy P. R. Métraux., 1999. "Ancient Housing: "Oikos" and "Domus" in Greece and Rome". *Journal of the Society of Architectural Historians,* 58, 3, 392-405. doi:10.2307/991533

Halstead, P., 1988. On Redistribution and the Origin of Minoan-Mycenaean Palatial Economies. In E.B. French and K.A. Wardle (Eds.), *Problems in Greek Prehistory.* Papers Presented at the Centenary Conference of the British School of Archaeology at Athens, Manchester, April 1986, Bristol: Bristol Classical Press, 519–30.

Halstead, P., 1999. "Missing Sheep: On the Meaning and Wider Significance of o in Knossos SHEEP Records". *BSA* 94:145–66.

Hamilakis, Y., Kyparissi-Apostolika, N., Loughlin, T., Carter, T., Cole, J., Facorellis, y Zorzin, N., 2017. Koutroulou Magoula in Phthiotida, Central Greece: A Middle Neolithic Tell Site in Context. In Sarris A., Kalogiropoulou E., Kalayci T., & Karimali L. (Eds.), *Communities, Landscapes, and Interaction in Neolithic Greece.* Berghahn Books, 81-96. doi:10.2307/j.ctvw049k3.12

Hemingway, S., 2011. Early Helladic Vases from Zygouries in the Metropolitan Museum of Art: Cultural Ambassadors of an Early Age. In Gauß W., Lindblom M., Smith R., & Wright J. (Eds.), *Our Cups Are Full: Pottery and Society in the Aegean Bronze Age.* Papers Presented to Jeremy B. Rutter on the Occasion of his 65th Birthday, Oxford: Archaeopress, 97-103. doi:10.2307/j.ctv177tjw2.20

Kalogiropoulou, E., and Sarris, A., 2017. Communities, Landscapes, and Interaction: An Introduction. In Kalogiropoulou E., Sarris A., Kalayci T., & Karimali L. (Eds.), *Communities, Landscapes, and Interaction in Neolithic Greece.* Berghahn Books. 1-6. doi:10.2307/j.ctvw049k3.7

Knappett, C., 1999. "Assessing a Polity in Protopalatial Crete: The Malia-Lasithi State". *American Journal of Archaeology,*103, 4, 615-639. doi:10.2307/507075

Kotsonas, A., 2016. "Politics of Periodization and the Archaeology of Early Greece". *American Journal of Archaeology,*120, 2, 239-270. doi:10.3764/aja.120.2.0239

Lang, F., 2005. Structural Change in Archaic Greek Housing. In Ault B. & Nevett L. (Eds.), *Ancient Greek Houses and Households: Chronological, Regional, and Social Diversity.* 12-35, University of Pennsylvania Press. Retrieved August 31, 2021, from http://www.jstor.org/stable/j.ctt3fhr1f.5

Lupack, S., 2011. "Redistribution in Aegean Palatial Societies. A View from Outside the Palace: The Sanctuary and the Damos in Mycenaean Economy and Society". *American Journal of Archaeology,* 115, 2, 207-217. doi:10.3764/aja.115.2.0207

McEnroe, J., 2010. *Architecture of Minoan Crete.* University of Texas Press. Retrieved August 31, 2021, from http://www.jstor.org/stable/10.7560/721937

Morris, I., 1989. "Circulation, Deposition and the Formation of the Greek Iron Age". *Man*, 24, 3, new series, 502-519. doi:10.2307/2802704

Nandris, J., 1970. "The Development and Relationships of the Earlier Greek Neolithic". *Man*, 5,2, new series, 192-213. doi:10.2307/2799647

Nevett, L., 2005. Introduction. In Ault B. & Nevett L. (Eds.), *Ancient Greek Houses and Households: Chronological, Regional, and Social Diversity.* University of Pennsylvania Press. Retrieved August 31, 2021, 1-11, from http://www.jstor.org/stable/j.ctt3fhr1f.4

Nikolaidou, M., 2003. "The Early Neolithic in Greece: The First Farming Communities in Europe". *American Journal of Archaeology*, 107, 3, 500-502. Retrieved August 31, 2021, from http://www.jstor.org/stable/40025406

Palyvou, C., 2005. *Akrotiri, Thera: An Architecture of Affluence 3,500 Years Old.* Philadelphia: Pennsylvania. INSTAP Academic Press. doi:10.2307/j.ctt3fgvrh

Papadopoulos, J., 2015. Greece in the Early Iron Age: Mobility, Commodities, Polities, and Literacy. In A. Knapp & P. Van Dommelen (Eds.), *The Cambridge Prehistory of the Bronze and Iron Age Mediterranean.* Cambridge: Cambridge University Press, 178-195. doi:10.1017/CHO9781139028387.014

Pappa, M., Nanoglou, S., & Efthymiadou, M., 2017. A Road to Variation: Diversity Among Neolithic Settlements in Central Macedonia, Greece. In Sarris A., Kalogiropoulou E., Kalayci T., y Karimali L. (Eds.), *Communities, Landscapes, and Interaction in Neolithic Greece.* Berghahn Books, 49-59,. doi:10.2307/j.ctvw049k3.10

Pappa, M., y Besios, M., 1999. "The Neolithic Settlement at Makriyalos, Northern Greece: Preliminary Report on the 1993-1995 Excavations". *Journal of Field Archaeology*, 26, 2, 177-195. doi:10.2307/530661

Pentedeka, A., 2017. Pottery Exchange Networks under the Microscope: The case of Neolithic Thessaly. In Sarris A., Kalogiropoulou E., Kalayci T., & Karimali L. (Eds.), *Communities, Landscapes, and Interaction in Neolithic Greece.* Berghahn Books, 339-352. doi:10.2307/j.ctvw049k3.29

Philippa-Touchais, A., & Touchais, G., 2011. Fragments of the Pottery Equipment of an Early Middle Helladic Household from Aspis, Argos. In Gauß W., Lindblom M., Smith R., & Wright J. (Eds.), *Our Cups Are Full: Pottery and Society in the Aegean Bronze Age.* Papers Presented to Jeremy B. Rutter on the Occasion of his 65th Birthday, Berghahn Books. Oxford: Archaeopress, 203-216. doi:10.2307/j.ctv177tjw2.30

Pomeroy, S.B., S.M. Burstein, W. Donlan, and J.T. Roberts., 1999. *A Brief History of Ancient Greece: Politics, Society and Culture.* New York and Oxford: Oxford University Press.

Rodden, R., Pyke, G., Yiouni, P., y Wardle, K., 1996. "Nea Nikomedeia I: The Excavation Of An Early Neolithic Village In Northern Greece 1961-1964. The Excavation And The Ceramic Assemblage". *The British School at Athens. Supplementary*, 25, Iii-212. Retrieved August 31, 2021, from http://www.jstor.org/stable/40856021

Sarpaki, A., 2001. "Processed Cereals and Pulses from the Late Bronze Age Site of Akrotiri, Thera; Preparations Prior to Consumption: A Preliminary Approach to Their Study". *The Annual of the British School at Athens*, Retrieved August 31, 2021, 96, 27-40. from http://www.jstor.org/stable/30073272

Sarris, A., Kalayci, T., Simon, F., Donati, J., García, C., Manataki, M., ... & Stamelou, E., 2017. Opening a New Frontier in the Study of Neolithic Settlement Patterns of Eastern Thessaly, Greece. In Sarris A., Kalayci T., Kalogiropoulou E., y Karimali L. (Eds.), *Communities, Landscapes, and Interaction in Neolithic Greece.* Berghahn Books, 27-48. doi:10.2307/j.ctvw049k3.9

Shaw, J., 2015. *Elite Minoan Architecture: Its Development at Knossos, Phaistos, and Malia.* Philadelphia, Pennsylvania: INSTAP Academic Press. doi:10.2307/j.ctv2t4b7j

Snodgrass, A., 1962. "Iron Age Greece and Central Europe". *American Journal of Archaeology*, 66,4, 408-410. doi:10.2307/502031

Snodgrass, A., 2000. *The Dark Age of Greece: An Archaeological Survey of the Eleventh to the Eighth Centuries BC.* Edinburgh: Edinburgh University Press. Retrieved August 31, 2021, from http://www.jstor.org/stable/10.3366/j.ctvxcrpnz

Soles, J., Brogan, T., Davaras, C., Frederick, C., Mylona, D., Nicgorski, A., & Walker, C., 2003. *Mochlos IA: Period III. Neopalatial Settlement on the Coast: The Artisans' Quarter and the Farmhouse at Chalinomouri. The Sites.* INSTAP Academic Press. Retrieved August 31, 2021, from http://www.jstor.org/stable/j.ctt3fgwcn

Thomas, J. 1987. "Relations of Production and Social Change in the Neolithic of North-West Europe". *Man*, 22, 3, new series, 405-430. doi:10.2307/2802498

Tournavitou, I., 1995. "The 'Ivory Houses' At Mycenae". *The British School at Athens.* Supplementary Volumes, 24, Ii-341. Retrieved August 31, 2021, from http://www.jstor.org/stable/40856023

Tournavitou, I., 2017. *The Wall Paintings of the West House at Mycenae.* Philadelphia, Pennsylvania: INSTAP Academic Press. doi:10.2307/j.ctt1v2xtpm

Tringham, R., Brukner, B., & Voytek, B., 1985. "The Opovo Project: A Study of Socioeconomic Change in the Balkan Neolithic". *Journal of Field Archaeology*,12, 4, 425-444. doi:10.2307/529968

Trümper, M., 2005. Modest Housing in Late Hellenistic Delos. In Ault B. & Nevett L. (Eds.), *Ancient Greek Houses and Households: Chronological, Regional, and Social Diversity.* University of Pennsylvania Press, Retrieved August 31, 2021, 119-139, from http://www.jstor.org/stable/j.ctt3fhr1f.11

Urem-Kotsou, D., Dimoula, A., Elezi, G., Papadakou, T., Papaioannou, A., Saridaki, N., & Kotsakis, K., 2017. Patterns in Contemporaneous Ceramic Traditions: Interregional Relations between Thessaly and Macedonia during the Early and Middle Neolithic. In Sarris A., Kalogiropoulou E., Kalayci T., & Karimali L. (Eds.), *Communities, Landscapes, and Interaction in Neolithic Greece.* Berghahn Books, 324-338. doi:10.2307/j.ctvw049k3.28

Yiannis P. & P. Tomkins., 2013. "Trading, the Longboat, and Cultural Interaction in the Aegean During the Late Fourth Millennium B.C.E.: The View from Kephala Petras, East Crete". *American Journal of Archaeology*,117, 3, 353-381. doi:10.3764/aja.117.3.0353

Susan L. 2011. Redistribution in Aegean Palatial Societies. A View from Outside the Palace: The Sanctuary and the Damos in Mycenaean Economy and Society. *American Journal of Archaeology*, 115, 2, 207-217. doi:10.3764/aja.115.2.0207

Thomas, J. 1987. Relations of Production and Social Change in the Neolithic of North-West Europe. Man, 22, 3, new series, 405-430. doi:10.2307/2802498

Tournavitou, I. 1995. THE 'IVORY HOUSES' AT MYCENAE. The British School at Athens. Supplementary Volumes, 24, Ii-341. Retrieved August 31, 2021, from http://www.jstor.org/stable/40856023

Tournavitou, I. 2017. The Wall Paintings of the West House at Mycenae. Philadelphia, Pennsylvania: INSTAP Academic Press. doi:10.2307/j.ctt1v2xtpm

Tringham, R., Brukner, B., & Voytek, B. 1985. The Opovo Project: A Study of Socioeconomic Change in the Balkan Neolithic. Journal of Field Archaeology,12, 4, 425-444. doi:10.2307/529968

7

Iron Age houses in the eastern Iberian Peninsula: construction, organisation of daily activities and social use of space (*c.* 600-200 BC)

Maria-Carme Belarte
ICREA (Catalan Institution of Research and Advanced Studies)
and ICAC (Catalan Institute of Classical Archaeology)

Iron Age houses of the eastern Iberian Peninsula, belonging to the Iberian culture (c. 600-200 BC), are well-known thanks to the open-area excavations of the last decades. In contrast, public buildings are scarce. There is no an "Iberian type house"; instead, the available data show a diversity of plans and floor sizes, suggesting different types of houses, likely belonging to different social groups or households with different sizes. Most of the houses have from one to three rooms; these coexist with larger, complex dwellings, with more than four rooms and a floor area over 100 sq m. These larger houses, beyond the domestic activities, might have fulfilled social functions.

Las excavaciones en extensión de las últimas décadas han proporcionado abundante información sobre las casas de la Edad de Hierro en el área oriental de la Península Ibérica, pertenecientes a la cultura ibérica (c. 600-200 a.C.). En cambio, los edificios públicos son escasos. No existe una "casa-tipo ibérica", sino que se documenta una cierta variedad de plantas y superficies, lo que sugiere que coexistían diferentes tipos de casas, probablemente pertenecientes a distintos grupos sociales o a familias de diferentes tamaños. La mayoría de las casas tienen de una a tres habitaciones; éstas coexisten con viviendas más grandes y complejas, con más de cuatro habitaciones y una superficie de más de 100 m². Estas residencias de mayor tamaño, más allá de las actividades domésticas, podrían haber cumplido funciones sociales.

Introduction: Iron Age settlements in the eastern Iberian Peninsula

The Iron Age on the Mediterranean coast of the Iberian Peninsula corresponds largely to the development of the so-called Iberian Culture. The name "Iberia" was given by Greek textual sources to an area stretching between the present-day region of Murcia (south-eastern Spain) and coastal western Languedoc (south-eastern France). Archaeologists commonly use the term "Iberian" to designate both a culture and the chronological period between *c.* 600-200 BC in this area (Sanmartí 2004) (Figure 7.1). Iberian social organisation can be described as a complex system characterised by, among other traits, a hierarchical settlement pattern with several levels, including towns, villages, hamlets and farms (Bonet et al. 2008; Sanmartí 2004; Sanmartí 2015).

Information on Iberian period architecture and settlement organisation comes almost exclusively from archaeological data. Ancient textual sources describing Iberian architecture are practically non-existent. However, archaeological data regarding architecture, urban plans and construction techniques are quite abundant thanks to the open-area excavations carried out from the 1980s onwards. Urban planning and domestic architecture reveal a certain diversity. They depended not only on the size or function of

the settlement but also, and in large part, on the topography. Most of the Iberian sites were located in high places that could be easily protected, sometimes with natural defences, and were well placed for controlling the surrounding territory (Figure 7.2). Hilltop settlements often had a circular or oval layout and were delimited by an enclosing rampart that also served as the rear wall of the houses. The latter were distributed radially and shared party walls; as a consequence, they had trapezoidal, irregular ground plans. Other sites were built across one slope of a hill with the rows of houses built on different levels. In settlements located on plateaus, the houses were arranged in blocks separated by streets according to a relatively regular urban plan. True orthogonal plans are, however, extremely rare. Settlements were often totally or partially protected by defensive walls, which were sometimes complemented with towers and moats. An exception was the dispersed rural sites located on the plains that had no defensive walls. Most of this last type consisted of a single main building with annexed structures related to economic functions, such as silos for cereal storage, pottery kilns, metalworking furnaces, etc.

Iberian architecture: construction materials and techniques

As in other Iron Age cultures of the Mediterranean coastal area, the main construction materials were stone,

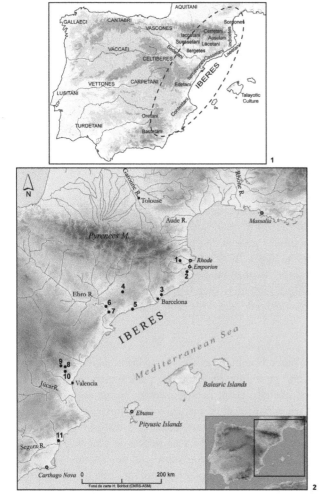

Figure 7.1. 1) Palaeoethnological map of the Iberian Peninsula indicating the approximate area occupied by the Iberians (after Sanmartí et al. 2019); 2) Map of the eastern area of the Iberian Peninsula, with the location of the main sites mentioned in this chapter (black circles), the colonial sites (red circles) and the main present-day cities (black squares) (Map Background Hervé Bohbot): 1) Mas Castellar (Pontós, Girona), 2) Puig de Sant Andreu (Ullastret, Girona), 3) Puig Castellar (Santa Coloma de Gramenet, Barcelona), 4) Estinclells (Verdú, Lleida), 5) Alorda Park (Calafell, Tarragona), 6) Castellet de Banyoles (Tivissa, Tarragona), 7) Castellot de la Roca Roja (Benifallet, Tarragona), 8) Puntal dels Llops (Olocau, Valencia), 9)El Castellet de Bernabé (Olocau, Valencia), 10) Tossal de Sant Miquel/Edeta (Llíria, Valencia), 11) El Oral (San Fulgencio, Alicante).

Figure 7.2. Examples of Iberian sites located in high places: aerial views of 1) Castellot de la Roca Roja (Benifallet, Tarragona) (© GRACPE-UB); 2) Castellet de Banyoles (Tivissa, Tarragona) (© GRACPE-UB) and 3) Estinclells (Verdú, Lleida) (© Equip Estinclells/Museu Comarcal de l'Urgell-Tàrrega/Centre d'Estudis Lacetans).

earth, timber and plants (Figure 7.3). The walls could be completely made of stone, but most had stone plinths that served as the base for an earth elevation. Stone walls or plinths were built of masonry, using medium-sized blocks of unworked or slightly worked stone bound together by an earthen mortar. The walls were usually built of mud bricks or adobe (pre-fabricated, moulded units made of a mixture of earth, water and straw and dried before they were used in the construction) bonded by an earthen mortar (Belarte 2011). Together with mudbricks, massive earth walls are also attested; in this case, the upper part of the wall was built by applying the earth directly on the stone plinth (Belarte & Gailledrat 2003). However, it is

not easy to detect the specific technique used. It has been suggested that the rammed earth construction technique (dry or slightly damp earth compacted with a rammer in a wooden formwork) could have been used, although no archaeological evidence of formwork structures has been found. Most massive earth constructions were probably built by applying a mixture of earth, water and plant matter directly onto the stone plinth. It would then have been modelled by hand and finally smoothed out with a shovel, without the need for a formwork (Belarte in press).

In any case, once built, the walls were externally plastered with earth to protect against erosion; a final clay plaster

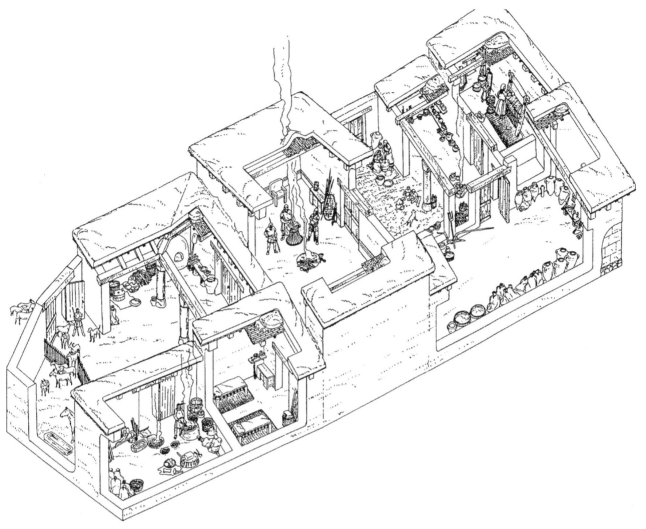

Figure 7.3. Reconstructed House 1 of Mas Castellar (Pontós, Girona) (© Francesc Riart).

could be applied over the earth layer, which was sometimes finished with a coat of lime or paint. Plaster was also applied to the inner face of the walls, often at the same time as the floors were laid, as we will see below.

Roofs have been not preserved in situ, but the remains of lumps of mud with the imprint of plants found in the destruction layers show us that they consisted of a bed of reeds or branches placed over a wooden framework of beams and later covered with a layer of earth mixed with straw. It should be mentioned that some houses had two or more stories. This is known from different indicators. Firstly, and in exceptional cases, stone walls several metres high have been preserved and even the indentations for upper floors can be detected, as in the case of Tossal de Sant Miquel (Llíria, València) (Bonet and Mata 2014, 477 and Fig. 27.2-c). Secondly, and more frequently, there is stratigraphic evidence, such as the remains of archaeological finds from the upper floors recovered in the destruction layers. Finally, we have the thickness of certain walls that would have been unnecessary if they were not designed to support at least an upper floor. An example can be found in Alorda Park (Calafell, Tarragona), where some rooms of a large house (House 201) had two-metre-

high walls and, moreover, the destruction layers contained the remains of the floors and plaster from an upper story (Asensio et al. 2005).

The house interiors were made mainly of earth: the floors were of compacted earth and the same material was used to plaster the walls, that were finished, as we have seen for the external face of the walls, with a coat of the same material or lime. In exceptional cases, some floors were partially or completely paved with stone slabs or covered with adobe. From the beginning of the 3rd century BC, some floors and plaster were made of lime mortar (a mixture of lime and sand that occasionally included small fragments of crushed pottery). This was a technique commonly used in the Iron Age in other Mediterranean regions (including the Greek, Punic and Italic areas) to make floors and plaster. It is commonly known as *opus signinum*.

The houses were equipped with the few domestic features necessary for daily activities (Figure 7.3). The most common were hearths, ovens and benches. Hearths were usually on the floor or in shallow holes dug into it. They had a clay surface, usually on a layer of sherds or pebbles or both, which presumably helped retain the heat. They were often in the middle of the room, although side or corner locations are also attested. Some rooms had stone or earth benches adjoining the walls or small benches in the corners. They may have had different uses: to keep tableware on, for certain domestic tasks, or just to sit on. Some of the houses had an oven for baking bread. It is likely that they also had items of wooden furniture (such as shelves) that have not been preserved.

Public or collective buildings were built with the same materials as houses. Larger blocks of stone worked into regular shapes were often used, while in domestic architecture, as we have seen, it was more common to use smaller stone blocks that had only been slightly worked. Nevertheless, there is not always a clear distinction between public and private architecture. Most of the buildings were for domestic use and public buildings seem to have been few and far between. This is particularly true in the northern Iberian area (present-day Catalonia), where monumental architecture is extremely rare, with a few exceptions such as the temples at Ullastret (Casas et al. 2005). It is likely that some of the large houses in a settlement were also used for certain communal activities.

House plans, domestic activities and space organisation

Iberian peoples were characterised by having a non-specialised architecture, where the distinction between domestic spaces and those with other functions is not always obvious. Most Iberian houses had a rectangular layout, although, as mentioned above, they could also have trapezoidal shapes depending on the topographical conditions and the general urban plan. These houses did not follow standard patterns or stereotypes and a certain variety of sizes and ground plans can be seen. These characteristics are shared by other examples of Iron Age architecture in the Mediterranean area, including the south of France (Belarte 2015).

Researchers usually distinguish between 'simple houses' and 'complex houses', although there is no consensus about what should be included in one group or the other. In the 'simple house' concept I include those dwellings whose plan follows the Late Bronze Age (early first millennium BC) tradition: a building with a rectangular or trapezoidal ground plan and a surface area of between 20 and 40-50 sq m. Simple houses mainly have one room but can be partitioned into two or three spaces. 'Complex houses' have a floor area of more than 50 sq m and often cover more than 100 sq m; they have a rectangular or square ground plan, several rooms with a minimum of four spaces, and may also include courtyards or access corridors.

In the simple houses with one room, the space was multifunctional. However, most houses were compartmentalised into several rooms (between 2 and 15). The degree of space segmentation is usually related to the floor area of the house.

Large houses with 100 sq m of floor area or more are documented from the beginning of 6th century and in the 5th century BC in the southern area of the Iberian culture (e.g. El Oral) (Abad & Sala 1993; 2001) (Figure 7.4, b and c); in the northern Iberian area at the beginning of 4th century BC (e.g. Puig de Sant Andreu, Ullastret, Girona) (Martín et al. 2004) (Figure 7.6, 1 and 2) and mainly during the 3rd century BC (Mas Castellar, Pontós, Girona (Pons 2002) (Figure 7.5, 2; Figure 7.6, 13), Alorda Park, Calafell, Tarragona (Asensio et al. 2005) (Figure 7.5, 1; Figure 7.5, 9) or Castellet de Banyoles, Tivissa, Tarragona (Asensio et al. 2012) (Figure 7.6, 3).

All the settlements had houses of different sizes and ground plans: simple one- or two-roomed dwellings coexisted alongside others with multiple spaces. However, the most complex houses with floor areas of several hundred square metres are not found at all sites, but in the main urban centres and other habitation sites of a certain size.

These large houses share some common elements, including their floor area and the segmentation of space into multiple rooms. These rooms may have been distributed around a central courtyard, providing greater privacy and sometimes separating two blocks in the same house. In some of them, an access corridor prevented the interior of the house being seen from the street. Their ground plan is often the result of modifications, even of the joining of two houses into one. They are located in central or key areas inside the settlements, sometimes near the rampart and even with a private access to the defensive system (e.g. Ullastret). Moreover, some of them have architectural elements that are not common to the simpler houses (e.g. columns, floors paved with of a kind of *opus signinum*, walls plastered with a mixture of lime and sand), wealth indicators (e.g. higher percentages of imported pottery), or concentrations of certain commodities (e.g. loom weights, querns). Finally, several complex houses have spaces that could have been devoted to ritual practices or meetings of a sociopolitical nature.

Taking into account all these characteristics, recent research has interpreted these larger houses as the residences of people belonging to a higher social category, i.e. the Iberian aristocracy. This would be consistent with other indicators of wealth in these houses, such as high percentages of imported tableware or evidence of a greater consumption of meat (Valenzuela-Lamas 2008).

There is no standard type of space distribution, nor any strict correlation between the activities carried out and the shape of a room or its location inside the house. The functional interpretation of spaces and the organisation of household activities is thus not always clear. However, certain tendencies can be mentioned with respect to the location of some of the spaces related to specific daily activities. For example, the hearth room, devoted to meal preparation and consumption, was often in a central position or at the entrance to the house, and the storage spaces were usually in the rear. The different activities

Figura 7.4. Plan of the site of El Oral (San Fulgencio, Alicante) (Belarte et al. 2009: 112, Figure 25).

may have taken place in separate rooms or in shared spaces (Figure 7.3). This is the case of milling, which may have been undertaken in a specific space, as well as in the hearth room or the storage space.

The activities carried out inside the houses can be inferred from a number of objects and items of equipment. Firstly, culinary activity is identified by the presence of hearths

and ovens, along with various utensils, among which cookware stands out. The latter consisted of pots and casseroles (mostly handmade, but also wheel-thrown pottery), and tableware, including jugs, large earthenware jars and other vessels for food storage.

As already mentioned, all the houses had hearths, whereas only a few had ovens. Ovens were rarely inside, with an outdoor location being preferred, suggesting they may have been used collectively. The preparation and consumption of food is also known through the remains of seeds (mainly cereals, but also legumes and fruit) and animal bones (mainly sheep, goats, cows and pigs, as well as fish bones at sites near the coast or freshwater lakes or rivers). All these are found concentrated in refuse pits, abandoned silos, on the streets or inside houses.

Other objects related to culinary activities are querns and mortars for grinding food. The quern was a basic implement for turning grain into flour in a society in which cereals were the staple food. Made of stone, they can be classified into two main types: saddle querns and rotary querns. The first type consisted of an elongated flat stone against which a smaller round stone was rolled back and forth to grind the grain. Rotary querns were circular and made of two parts: the lower part remained fixed and the active part performed a rotating movement. Saddle querns date from prehistory, but they are still documented in the Iberian period. The more efficient rotary type appeared in the 5th century BC (Alonso 2002) and represents a typical invention of this culture.

It is important to mention that house floors as well as combustion structures were regularly cleaned; as a result, macroscopic combustion remains as well as bones or other food waste on hearths and ovens, on the benches or on the floors are commonly scarce. Recently, interdisciplinary analyses are being applied to the study of domestic contexts that allow the detection of activity indicators, particularly when combustion structures are involved (Belarte 2021, 265), but also in pavements and other domestic features. Among them, we should mention the study of phytoliths and other calcitic microfossils (including faecal spherulites and wood ash pseudomorphs) (Portillo and García-Suárez 2021, Table 1), FTIR (Fourier transform infrared spectroscopy) (Saorin 2018), micromorphology (Mateu et al. 2019) or chemical analysis of hearths surfaces and pavements (Pecci 2021). These are providing information about issues such as fuels, functioning of combustion structures and food processing, as well as construction techniques.[1] Some of these techniques can also be applied to the study of objects such as querns, mortars and pottery.

Specific features related to agricultural processing, such as winemaking equipment, olive presses and storage areas are also identified in domestic contexts, usually in separated spaces.

Other common domestic activities were those related to cloth production. Spinning seems to have been frequent in most of the houses, as shown by the presence of so-called spindle whorls. These conical or biconical objects with a hole in the middle were usually made of pottery and were placed on the lower part of the spindle to facilitate the spinning of the fibres by twisting. Weaving is attested by loom weights (known in Latin as *pondera*). Also made of pottery with a prismatic shape, they were used to tighten the warp (vertical threads) in vertical-type looms (Figure 7.3). This craft was probably reserved for specialists, possibly connected to the elites, as loom weights are found in fewer dwellings than spindle whorls.

Other craft activities, such as metallurgy or pottery, were of a specialised nature and were not usually undertaken inside houses. However, metallurgy could on occasions be carried out in a specific room of a house. We have to take into account that other tasks that did not leave traces in the archaeological record, such as carpentry, leather working or wickerwork, could have been carried out in the domestic space.

Iberian houses provide indirect information about other activities that were performed outdoors. This is the case of agriculture, as occasionally a concentration of agricultural tools has been preserved, stored in a specific room, e.g. at Castellet de Bernabé (Guérin 2003) and Puntal dels Llops (Bonet and Mata 2002).

Together with the above-mentioned daily activities, the Iberian house was also the centre of ritual practices, although their significance is not always easy to interpret. Among them, the most frequent was the deposition of animal remains (mostly sheep or goats) buried below the floors of rooms in a simple pit close to a wall. They are thought to have been foundation rituals performed at the time the house was built in order to obtain the protection of the deities and possibly after a banquet. Less frequently, other objects, such as miniature vases or metal items, were buried during the foundation of a house. Large complex dwellings may have had a room specifically devoted to ritual practices. In House Number 1 at Pontós (Figure 7.5, 2), the remains of a marble altar were recovered from a pit, as well as carbonised animal bones, specifically of dogs that had been consumed during the ritual (Pons 2002). The house designated Zone 14 at Ullastret (Figure 7.6, 1) had the largest concentration of underfloor animal burials (sheep and goats) known to date (Codina et al. 2009). The intention was no doubt to protect this important building that was probably occupied by one of the town's wealthiest families.

In addition to these ritual functions, the main rooms of the largest houses may also have fulfilled social functions. In settlements where there were no public buildings, they could have been where important decisions were taken. Most of these rooms had a large hearth, normally in the middle. The space around the hearth could have served to gather the key members of the local aristocracy. Among the examples of this kind of house with a large room we can mention Alorda Park (House No. 201) (Figure 7.5, 1), Pontós (House No. 1) (Figure 7.3; Figure 7.5,2) and Ullastret (House in Zone 14) (Figure 7.6, 1).

---

[1] This methodology is being applied, together with experimental archaeology, in the project "Transdisciplinary and experimental study of combustion structures in the western Mediterranean during Protohistory (1st millennium BC)", funded by the Spanish Ministry of Science and Innovation (PID2019-104661GB-I00) (PI: M.C. Belarte).

Figure 7.5. 1) Plan of the site of Alorda Park (Calafell, Tarragona) (after Asensio et al. 2005 modified); 2) Plan of the site of Mas Castellar (Pontós, Girona) (© Enriqueta Pons).

Another common ritual practice was to bury still-born babies or infants of just a few months beneath the house floors. These burials were similar to faunal deposits in their main traits (deposition inside a pit, close to a wall). Children and animals were sometimes buried in the same pit. The interpretation of this practice remains uncertain. It is thought that children who died before a certain age did not have the right to be cremated and buried in the necropolises (cremation was the common ritual for adults in Iron Age Iberia). Another interpretation maintains that the burial of children in the domestic environment could have had the intention of protecting the house and, at the same time, avoiding future losses. Whatever the case may be, the relatively low number of such burials in a society in which the child mortality rate must have been high could indicate that it was a practice reserved for the elites or even the result of sacrifices.

The association of tasks with a particular gender is not obvious. The best documented activities in the Iberian household (weaving, food preparation, cooking, pantry organisation, domestic rituals, etc.) are those usually associated with women. It is more difficult to document spaces with tools or materials universally associated with men (weaponry, agricultural tools, animal husbandry, metallurgy, etc.).

In aristocratic residences, some of the most carefully decorated rooms could have been spaces for male gatherings and community decision-taking. In any case,

the limited differences between the various rooms in the house (which usually shared several functions) makes their attribution to the female or male environment a lot harder and appears to indicate that most of the spaces were shared by both genders (Belarte et al. 2009).

The houses and their occupants: the structure of Iberian households

The house is a social space as well as a shelter. However, studies on the household composition in Iron Age societies in the study area are rather recent, and have proliferated especially in the last two decades.

The written sources described certain cultural habits of the Iron Age peoples of the Iberian Peninsula, but did not mention details of kinship systems or family sizes or structures. Strabo recorded interesting observations about the peoples of the north of this territory in his *Geography*. He tells us that they married in the Greek way (III, 157), that women were able to inherit and that they concerned themselves with finding suitable wives for their brothers (III, 167). However, he did not comment on marriage or how Iberian families were formed or organised.

Several researchers have recently proposed that some of the Iberian dwellings described above could be considered as Houses with a capital H (Grau Mira and Vives-Ferrándiz Sánchez 2018, 76; Ruiz-Gálvez Priego 2018, 23-30) according to the "House Society" concept established by Lévi-Strauss (1983). "House Societies" are a middle stage between societies based on kinship and state societies. In them, houses are considered as institutions that guarantee the maintenance and transmission of property. More particularly, Houses with a capital H would be those considered in this chapter as "complex". Their occupants controlled economic production and were the seat of communal ritual and sociopolitical activities.

This interpretation does not exclude an approach within the framework of household archaeology. I consider that each building interpreted as a house, regardless of its size and spatial organisation, was occupied by one household. The household is usually defined as a unit of production, consumption and reproduction (Wilk and Rathje 1982, 621; Netting, Wilk and Arnould 1984, XXII; Ashmore and Wilk 1988, 4; Santley and Hirth 1993, 3), functions to which

some researchers add coresidence (Hendon, 1996, 47). Such activities are identified in all protohistoric houses: food preparation and consumption, some productive activities and, I believe, the common residence of a human group. The Iberian house was indeed an organisational unit in which domestic tasks were not separated from economic, ritual or political activities (Grau Mira and Vives-Ferrándiz Sánchez 2018, 75-76).

As for the household composition, depending on the floor areas, smaller residences could correspond to nuclear families, as they were able to accommodate four or five people. Bigger houses (over 100 sq m), however, could have been occupied by a larger number of inhabitants (Belarte 2013; Belarte 2018). This could suggest the existence of larger family groups in this period, or the coexistence of groups of different compositions (nuclear *vs.* extended families).

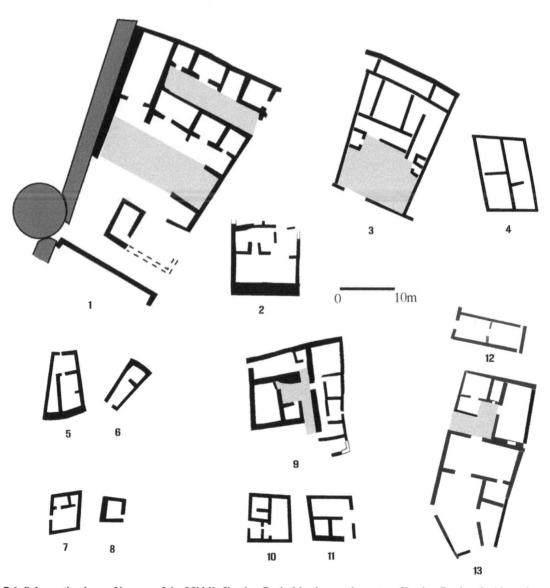

Figure 7.6. Schematic plans of houses of the Middle Iberian Period in the north-eastern Iberian Peninsula (the coloured areas indicate courtyards) (4th – 3rd cent. BC) at the same scale: 1-2: Houses of Puig de Sant Andreu; 3-4: Houses of Castellet de Banyoles; 5-6: Houses of Estinclells; 7-8: Houses of Puig Castellar, Santa Coloma de Gramenet; 9-11: Houses of Alorda Park; 12-13: Houses of Mas Castellar (after Belarte 2018, 121, fig. 3) (© the author).

In previous studies I have raised the possibility of a relationship between dwelling size and household type (Kramer 1979; Horne 1991), as well as between these two variables and status. In other words, larger houses would have been the residences of elites who, at the same time, would have been organised in larger domestic groups, whose members could have included dependent personnel (Netting 1982, 657) (Belarte 2013; 2018). This is difficult to document archaeologically, but ethnographic research shows examples where elites are organised into larger domestic groups because they have greater control over resources and consequently perform more functions (administrative, social, economic, ritual, etc.) that could explain the presence of more inhabitants in the dwelling (Van den Berghe 1979, 163; Hirth 1993, 123; Flannery 2002, 425). Some of these functions are documented in some of the large complex residences of the Iberian world. The enlargement of the domestic group could have been a form of consolidation and demonstration of elite status (Flannery 2002, 421). In the Iberian case, the most complex residences are documented mainly in the 3rd century BC. It seems logical to think that the appearance of these larger groups was related to the consolidation of the Iberian elites (Belarte et al. 2009, 119).

Analysis of the distribution of the houses in some Iberian settlements shows that the different types of dwellings were grouped into areas or neighbourhoods that can undoubtedly be associated with different social groups. It is also obvious that the built area had been distributed among the different groups since the foundation of the settlement, and that the elites had the right to occupy larger areas and to control access to public facilities, including defence.

We must also note the absence of physical separation between the neighbourhoods or areas, to the extent that, following a succession of complex houses, those with a simpler structure shared party walls with them. This shows the close relationship between the inhabitants from different social groups and suggests the will of the elites to control the rest of the community (Asensio et al. 2012).

If we go beyond the physical framework of the house, the close relationship between the members of the different households becomes equally evident. Particularly in the Iberian period, the outdoor space could have been shared for certain activities, indicating that the household space was not limited to that of the house. However, this does not mean that these actions were carried out communally and on equal terms, but were probably under the control of the elites (Belarte et al. 2016, 187; Grau Mira and Vives-Ferrándiz Sánchez, 93).

As already mentioned, complex houses share several characteristics. These include a large surface area, unique objects and particular architectural features, among other wealth indicators, as well as a main room probably devoted to representational functions and a privileged location within the settlement. The elements that characterise these complex houses coincide with some of the features that normally serve to define House Societies (González-Ruibal 2006; González-Ruibal & Gálvez-Ruiz 2016): symbolic or ritual elements (offerings and other signs of ritual practices), considerable effort put into in the construction of the house (specific finishings or decorations), concern for the link with the past (signs of having been built earlier than the rest of the houses and in a privileged location, or of having been remodelled in the same location), etc. In addition, some of them have prominent rooms that could have had a representational function devoted to meetings and decision-making that would have affected the whole community. This allows us to define these houses as centres of both domestic and social life, and therefore as institutions according to the model of House Societies. According to González-Ruibal and Ruiz-Gálvez Priego (2016, 383-385), these houses would have competed with each other in societies that were situated at an intermediate stage between kinship-based and state societies. This model, in which the large complex residences described would have been the centres of action, seems coherent in a proto-state society such as that of the Iberians.

Bibliography

Abad, L. & Sala, F., 1993. *El poblado ibérico de El Oral (San Fulgencio, Alicante)*. València: Trabajos Varios del Servicio de Investigaciones Prehistóricas, 90.

Abad, L. & Sala, F., 2001. *Poblamiento ibérico en el Bajo Segura. El Oral (II) y la Escuera*. Bibliotheca Archaeologica Hispana, 12. Madrid: Real Academia de la Historia.

Alonso, N., 2002. Le moulin rotatif manuel au nord-est de la Péninsule Ibérique: une innovation technique dans le contexte domestique de la mouture de céréales. In Procopiou, H. & Treuil, r. (Eds.), *Moudre et Broyer. L'interprétation fonctionnelle de l'outillage de mouture et de broyage dans la Préhistoire et l'Antiquité*. Paris: Comité des travaux historiques et scientifiques, 105-120.

Asensio, D., Morer, J., Pou, J., Sanmartí, J. & Santacana, J., 2005. Evidències arqueològiques del procés d'emergència d'élites aristocràtiques a la ciutadella ibèrica d'Alorda Park (Calafell, Baix Penedès). In Mercadal, O. (Coord.), *Món ibèric als Països Catalans. XIII Col·loqui Internacional d'Arqueologia de Puigcerdà: homenatge a Josep Barberà i Farràs*. Puigcerdà: Institut d'Estudis Ceretans, 597-613.

Asensio, D., Cardona, R., Ferrer, C., Garcia-Dalmau, C., Morer, J., Pou, J. & Saula, O., 2009. L'arquitectura domèstica en el nucli fortificat ilergeta dels Estinclells (Verdú, l'Urgell), segle III aC. In Belarte, M. C., (Ed. Cient.), *L'espai domèstic i l'organització de la societat a la protohistòria de la Mediterrània occidental (Ier mil·lenni). Actes de la IV Reunió Internacional d'Arqueologia de Calafell (Calafell – Tarragona, 6 al 9 de març de 2007)*. Arqueo Mediterrània, 11, Barcelona: Universitat de Barcelona – Institut Català d'Arqueologia Clàssica, 125-142.

Asensio, D., Sanmartí, J., Jornet, R. & Miró, M. T., 2012. L'urbanisme i l'arquitectura domèstica de la ciutat ibèrica del Castellet de Banyoles (Tivissa, Ribera d'Ebre). In: Belarte, M. C., Benavente, J. A., Fatás, L., Diloli, J., Moret, P. & Noguera, J. (Eds.), *Iberos del Ebro. Actas del II Congreso Internacional (Alcañiz-Tivissa, 16-19 de noviembre de 2011)*, Documenta 25, Tarragona: Institut Català d'Arqueologia Clàssica, 173-193.

Ashmore, W. & Wilk, R.R., 1988. Household and Community in Mesoamerican Past. In Wilk, R.R. & Ashmore, W. (Eds.), *Household and Community in the Mesoamerican Past*, Alburquerque, 1-27.

Belarte, M.C., 2008. "Domestic architecture and social differences in north-eastern Iberia during the Iron Age (c. 525-200 BC)", *Oxford Journal of Archaeology*, 27 (2), 175-199.

Belarte, M.C., 2011. L'utilisation de la brique crue dans la Péninsule Ibérique durant la protohistoire et la période romaine. In Chazelles, Cl.-A. de, Klein, A. & Pousthomis, N. (Dir.), *Les cultures constructives de la brique crue. Echanges transdisciplinaires, 3. Actas du colloque international Les cultures constructives de la brique crue, Toulouse, 16-17 mai 2008*. Montpellier: Editions Espérou, 165-184.

Belarte, M.C, 2013. El espacio doméstico y su lectura social en la protohistoria de Cataluña (s. VII – II/I a.C.). Gutiérrez, S. & Grau, I. (Eds.), *De la estructura doméstica al espacio social. Lecturas arqueológicas del uso social del espacio*. Alicante: Publicaciones Universidad de Alicante, 77-94.

Belarte, M.C., 2015. Domestic and Settlement Organisation in Iron Age Southern France. In Knapp, A.B. & van Dommelen, P. (Eds.), *The Cambridge Prehistory of the Bronze and Iron Age Mediterranean*. Cambridge: Cambridge University Press, 506- 521.

Belarte, M.C., 2018. Casas, familias, linajes, comunidades… el caso del mundo ibérico septentrional. In Rodríguez Díaz, A.; Pavón Soldevila, I. & Duque Espino, D. (Eds.), *Más allá de las casas. Familias, linajes y comunidades en la protohistoria peninsular*. Cáceres: Universidad de Extremadura, 111-138.

Belarte, M.C., 2021. Forme, fonction et signification des foyers dans la culture ibérique (600–200 av. J.-C.). In Lamaze, J. & Bastide, M., (Eds.), *Around the Hearth. Ritual and commensal practices in the Mediterranean Iron Age from the Aegean world to the Iberian Peninsula*. Berlin: De Gruyter, 255-275.

Belarte, M.C., in press. Building materials and techniques in Iron Age Northern Iberia (*c.* 600-200 BC). In Bonetto, J. & Previato, C., (Eds.), *Terra, legno e materiali deperibili nell'architettura antica*, Atti del Convegno Internazionale di Studi (Padova, 3-5 giugno 2021) - *Clay, Timber and Perishable Materials in Ancient Architecture* (Proceedings of the International Conference, Padua, 3-5 June 2021), Costruire nel mondo antico 6, Quasar, Roma.

Belarte, M. C., Bonet, H. & Sala, F., 2009. L'espai domèstic i l'organització de la societat ibèrica: els territoris de la franja mediterrània". In Belarte, M. C., (Ed.) *L'espai domèstic i l'organització de la societat a la protohistòria de la Mediterrània occidental (Ier mil·lenni). Actes de la IV Reunió Internacional d'Arqueologia de Calafell*. Arqueo Mediterrània, 11, Barcelona: Universitat de Barcelona – Institut Català d'Arqueologia Clàssica, 93-123.

Belarte, M.C., Gailledrat, E., 2003. Murs protohistoriques de terre massive, sur la côte orientale de la péninsule ibérique (VIIe-IIIe s. av. J.-C.). In Chazelles, C.-A. & Klein, A. (Dir.), *Échanges transdisciplinaires sur les constructions en terre crue. Actes de la Table Ronde de Montpellier, 17-18 novembre 2001*, Montpellier: Éditions de l'Espérou, 283-297.

Bonet, H. & Mata, C., 2002. *El Puntal dels Llops. Un fortín edetano*. València: Serie de Trabajos Varios del S.I.P, 99.

Bonet, H. & Mata, C., 2015. Who lives there? Settlements, houses and households in Iberia. In Knapp, A.B. & van Dommelen, P. (Eds.), *The Cambridge Prehistory of the Bronze and Iron Age Mediterranean*. New York: Cambridge University Press, 471-87.

Bonet, H., Mata, C. & Moreno, A., 2008. "Iron Age Landscape and Rural Habitat in the Edetan Territory, Iberia (4th–3rd centuries BC)". *Journal of Mediterranean Archaeology* 21, 165-89.

Casas, S. Codina, F. Margall, J. Martín, A. Patiño, C., & Prado, G. de, 2005. Els temples de l'oppidum d'Ullastret. Aportacions al seu coneixement. In Mercadal, O. (Coord.), *Món ibèric als Països Catalans. XIII Col·loqui Internacional d'Arqueologia de Puigcerdà: homenatge a Josep Barberà i Farràs*. Puigcerdà: Institut d'Estudis Ceretans, 989-1002.

Codina, F., Martín, A., Nadal, J., Prado, G. de, & Valenzuela, S., 2009. Étude et interprétation des dépôts fauniques sous pavement identifiés au Puig de Sant Andreu (Ullastret, Catalogne). In Bonnardin, S., Hamon, C., Lauwers, M. & Quilliec, B. (Dirs.), *Du matériel au spirituel:* réalités archéologiques et historiques des "dépôts" de la Préhistoire à nos jours. Actes des Rencontres, 16-18 octobre 2008. Antibes: Rencontres internationales d'archéologie et d'histoire d'Antibes, 133-144.

Ferrer, C., Rigo, A., 2002. *Puig Castellar. Els Ibers a Santa Coloma de Gramenent. 5 anys d'investigació arqueològica (1998-2002)*. Santa Coloma de Gramenet: Museu Torre Balldovina, Ajuntament de Santa Coloma de Gramenet (Monografies Locals, 2).

Flannery, K., 2002. "The origins of the village revisited: from nuclear to extended households". *American Antiquity*, 67(3), 417-33.

Francés, J., Sala, O., Guàrdia, M., Hernàndez, J. & Asensio, D., 2005. Aproximació a l'evolució urbanística del poblat laietà del Turó de Ca n'Oliver (s. VI-I aC). In Mercadal, O. (Coord.), *Món Ibèric als Països Catalans, XIII Col·loqui Internacional d'Arqueologia de Puigcerdà*, vol. 1. Puigcerdà: Institut d'Estdis Ceretans, 479-512.

González-Ruibal, A., 2006. "House societies *vs.* Kinship-shaped societies: an archaeological case for Iron Age Europe". *Journal of Anthropological Archaeology*, 25, 144-173.

González-Ruibal, A. & Ruiz-Gálvez Priego, M., 2016. "House Societies in the Ancient Mediterranean (2000-500 BC)". *Journal of World Prehistory*, 29-3, Issue 4, 383-437.

Grau Mira, I. & Vives-Ferrándiz Sánchez, J., 2018. Entre casas y comunidades: formas de organización y relación social en el área oriental de la Península Ibérica (siglos V – II a.n.e.). In Rodríguez Díaz, A. & Pavón Soldevila, I.; Duque Espino, D. (Eds.), *Más allá de las casas. Familias, linajes y comunidades en la protohistoria peninsular*. Cáceres: Universidad de Extremadura, 73-109.

Guérin, P., 2003. *El Castellet de Bernabé y el horizonte ibérico pleno edetano*, València: Serie de Trabajos Varios del S.I.P, 101.

Hendon, J., 1996. "Archaeological Approaches to the Organization of Domestic Labor: Household Practice and Domestic Relations". *Annual Review of Anthropology*, 25, 45-61.

Hirth, K.G., 1993. Identifying Rank and Socioeconomic Status in Domestic Contexts: An Example from Central Mexico. In Santley, R.S. & Hirth K.G. (Eds.), *Prehispanic domestic units in Mesoamerica: studies of the household, compound, and residence*, Boca Raton, 121-146.

Horne, L., 1991. "Reading village plans. Architecture and social change in Northeastern Iran". *Expedition*, 33, 1, 44-52.

Kramer, C., 1979. An Archaeological View of Contemporary Kurdish Village: Domestic Architecture, Household Size, and Wealth. In Kramer, C. (Ed.), *Ethnoarchaeology. Implications of Ethnography for Archaeology*, New York, 139-163.

Lévi-Strauss, C., 1983. *The way of the masks*. Londres: Johnatan Cape.

Maluquer de Motes, J. & Picazo, M., 1992. "Una casa del final del segle V a l'*oppidum* d'Ullastret". *Fonaments*, 8, 25-51.

Martín, A., Casas, S., Codina, F., Margall, J. and Prado, G. de, 2004. "La zona 14 de l'*oppidum* del Puig de Sant Andreu d'Ullastret. Un conjunt arquitectònic dels segles IV i III aC". *Cypsela*, 15, 265-284.

Mateu, M., Bergadà, M. M., Armada, X. L., Rafel, N., 2019. "Micromorphology of the Early Iron Age semi-cemented floors: El Calvari del Molar (Tarragona, NE Spain) as case study". *Journal of Archaeological Science: Reports* 23, 746-762.

Netting R. Mcc., 1982. "Some Home Truths on Household Size and Wealth". *American Behavioral Scientist*, 25: 6, 641-662.

Netting, R.M., Wilk, R.R. & Arnould, E.J., 1984. *Households. Comparative and Historical Studies of the Domestic Group*, Berkeley.

Pecci, A., 2021. "Análisis de residuos químicos en materiales arqueológicos". *Pyrenae,* 52, 1, 7-54.

Pons, E. (Dir.), 2002. *Mas Castellar de Pontós (Alt Empordà): un complex arqueològic d'època ibèrica: excavacions 1990-1998*. Girona: Museu d'Arqueologia de Catalunya-Girona (Sèrie Monogràfica, 21).

Portillo, M. & García-Suárez, A., 2021. "Disentangling Human-Plant-Animal Dynamics at the Microscale: Geo-Ethnoarchaeological Case Studies from North Africa and the Near East". *Applied Sciences* 11 (17), 8143. doi.org/10.3390/app11178143

Ruiz-Gálvez Priego, M., 2018. ¿Sociedad de clase o… "Sociedad de Casa"? Reflexiones sobre la estructura social de los pueblos de la Edad del Hierro en la Península Ibérica. In Rodríguez Díaz, A. & Pavón Soldevila, I.; Duque Espino, D. (Eds.), *Más allá de las casas. Familias, linajes y comunidades en la protohistoria peninsular*. Cáceres: Universidad de Extremadura, 13-40.

Sanmartí, J., 2004. "From local groups to early states". *Pyrenae*, 35-1, 7-41.

Sanmartí, J., 2014. Long-term social change in Iron Age northern Iberia. In Knapp, B. & van Dommelen, P. (Eds.), *The Cambridge Prehistory of the Bronze & Iron Age Mediterranean*. New York: Cambridge University Press, 454-70.

Sanmartí, J., Belarte, M.C., Noguera, J., Asensio, D. Jornet, R. & Morer, J., 2019. A city-state system in the pre-roman Mediterranean West: the Iberian cities of eastern Catalonia. In Belarte, M.C., Noguera, J. Plana-Mallart, R. & Sanmartí, J. (Eds.), *Urbanization in Iberia and Mediterranean Gaul in the First Millennium BC*. Tarragona: Institut Català d'Arqueologia Clàssica (Treballs de la Mediterrània Antiga 7), 91-108.

Santley, R., Hirth, K., 1993. *Prehispanic domestic units in Mesoamerica: studies of the household, compound, and residence*. Boca Raton.

Saorin, C., 2018. L'estudi de les estructures de combustió protohistòriques mitjançant FTIR. In *Actas de las XI Jornadas de Jóvenes en investigación Arqueológica*. Tarragona: Institut Català d'Arqueologia Clàssica, 195-198.

Valenzuela-Lamas, S., 2008. *Alimentació i ramaderia al Penedès durant la protohistòria (segles VII-III aC)*. Barcelona: Societat Catalana d'Arqueologia.

Van den Berghe, P.L., 1979. *Human Family Systems. An Evolutionary View*, New York.

Wilk R.D. & Rathje, W.L., 1982. Household archaeology. In Wilk, R.R. & Rathje, W.L. (Eds.), *Archaeology of the Household: Building a Prehistory of Domestic Life.* American Behavioral Scientist 25. Beverly Hills: Sage Publications, 617-39.

8

Espacios domésticos urbanos en al-Andalus. Las casas de Madīna Balaghí (Pla d'Almatà, Balaguer, Lleida)

Carme Alòs Trepat
Museu de la Noguera

Helena Kirchner Granell
Universitat Autònoma de Barcelona

Marta Monjo Gallego
Departament de Cultura. Generalitat de Catalunya

Eva Solanes Potrony
Museu de la Noguera

El yacimiento arqueológico del Pla d'Almatà está situado en la actual ciudad de Balaguer (Lleida), en el extremo nordeste de la península Ibérica, en un altiplano a orillas del río Segre. La fundación de este asentamiento data de un momento indeterminado de la alta edad media cuando se edificó la muralla perimetral que lo envuelve. Con el paso del tiempo el primitivo enclave se convirtió en uno de los barrios residenciales e industriales de la próspera *madīna* Balaghí, una de las ciudades más septentrionales de al-Andalus. Las intervenciones arqueológicas que se han realizado en el yacimiento desde 1982 han sacado a la luz diversas zonas de barrios residenciales en los que se ha podido documentar las viviendas y la distribución de los espacios domésticos de los siglos X y XI y sus posibles usos antes del abandono de este barrio a inicios del siglo XII. Se trata de barrios con un urbanismo previamente preconcebido, perfectamente planificado y ordenado. En total, se han excavado siete casas y tres tramos de calles que, de las cuales se conoce información precisa sobre sus dimensiones, la distribución de espacios, la función de las habitaciones, cómo se organizaba el saneamiento, las formas de almacenaje de productos agrícolas, la dieta de sus habitantes y, en síntesis, las formas de vida en esta ciudad andalusí.

The Pla d'Almatà archaeological site is located in the modern city of Balaguer (Lleida), in the northeast of the Iberian Peninsula, on a plateau by the banks of the Segre river. The founding of this settlement dates from an undetermined moment of the High Middle Ages, when the perimeter wall that surrounds it was built. With the passing of time, the primitive enclave became one of the residential and industrial neighbourhoods of the prosperous Balaghí Madīna, one of the northernmost cities of Al-Andalus. The archaeological interventions that have been carried out at the site since 1982 have brought to light various areas of residential neighbourhoods in which it has been possible to identify the dwellings and the distribution of domestic spaces from the 10th and 11th centuries, as well as their possible uses before the abandonment of this aera at the beginning of the 12th century. There is also a previously preconceived, perfectly planned and ordered urbanism. In total, seven houses and three sections of streets have been excavated. Precise information about their dimensions, the distribution of spaces, the function of rooms, the organisation of sanitation, the forms of storage of agricultural products, the diet of its inhabitants and, in short, the ways of life in this Andalusian city has been discovered.

Introducción

El yacimiento arqueológico del Pla d'Almatà está situado al norte del actual centro histórico de la ciudad de Balaguer (Lleida), en un altiplano de unas 27 hectáreas de extensión, que domina el paso del río Segre, que ha constituido una ruta de paso de gentes y mercancías desde todos los tiempos (Figura 8.1).[1] El altiplano está naturalmente defendido por el mismo río y por el barranco del Torrent o de Alcoraç, topónimo por el que se lo conocía en la edad media, por los lados este y sur. Por el oeste y el norte se

---

[1] Carme Brusau Alòs (Museu de la Noguera), topógrafa, ha realizado las planimetrías incluidas en este artículo.

Figura 8.1. El Pla d'Almatà se encuentra al norte del actual centro histórico de la ciudad de Balaguer, en un altiplano que domina el paso del río Segre (© Museu de la Noguera).

construyó una imponente muralla a base de sillares y tapial que alternaba el lienzo con torres macizas de las que se conservan actualmente 23.

Algunos autores han situado la fundación de la ciudad de Balaguer en este barrio y lo han puesto en relación con un campamento militar de la primera época de la conquista de la Península Ibérica (García et al., 1998, 147). Ese primer asentamiento con funciones militares, acogería en un momento indeterminado, pero posiblemente entre los siglos VIII y IX, a la población procedente de los asentamientos del territorio próximo, abandonados según nos indican fuentes arqueológicas entre los siglos VI y VIII. Podría ser el caso por ejemplo de las necrópolis de Morulls, en Gerb y Palous en Camarasa, las dos situadas pocos kilómetros al norte (Alòs et al., 2008; Solanes, Alòs, 2003; Alòs, Solanes, 2013).

Este primer asentamiento daría paso a una madīna con un importante contingente poblacional entre los siglos X y XI, momento en que llegó a ocupar, con las ampliaciones consiguientes en arrabales hacia el sur y el suroeste, hasta 40 hectáreas. Las fuentes escritas de época feudal en que los conquistadores de finales siglo XI e inicios del siglo XII se repartían la medina, describen una ciudad compleja con todas las infraestructuras necesarias para la vida urbana, material y espiritual. Barrios industriales, zonas residenciales, posadas, zonas comerciales, mezquitas, cementerios, baños, lavaderos, hornos, ricas vegas, molinos, naves, castillos y palacios... (Alòs, C. 2010,

44-45; Alòs 2015). Una riqueza y prosperidad que se vió truncada por los distintos asedios realizados por los condes de Urgell y diversos señores feudales que culminó con la conquista definitiva en 1105. Esta conquista supuso el despoblamiento de la ciudad y la necesidad de dotarla de nuevos habitantes mediante distintas concesiones de cartas y donaciones. Parece, sin embargo, que estos habitantes prefirieron los nuevos arrabales situados a los pies de la antigua Suda y que hoy en día constituyen el centro histórico de la ciudad. El Pla de Almatà, con sus murallas antiguas y como veremos, sus problemas de abastecimiento de agua, fue abandonado y ocupado sólo ocasional y parcialmente (Monjo 2010, 28). De esta manera la ruina parcial y constante convirtió el antiguo barrio en campos donde se cultivaban cereales, vid y almendros, hasta el último cuarto del siglo XX.

Actualmente el Pla d'Almatà goza de la protección que le otorga la categoría de Bé Cultural d'Interés Nacional (asimilable a los BIC españoles) y es objeto de un proyecto de investigación llevado a cabo por el Museu de la Noguera y la Universitat Autònoma de Barcelona.[2]

---

[2] Arqueologia d'una ciutat andalusina: Madīna Balaghí (Balaguer, La Noguera) (CLT009/18/00037), financiado por el Departament de Cultura (Generalitat de Catalunya); Órdenes agrarios y conquistas ibéricas (siglos XII–XVI). Estudios desde la arqueología histórica (HA2017–82157-P), financiado por el Ministerio de Economía, Industria y Competitividad; Órdenes agrarios y conquistas ibéricas (siglos XII-XVI). Estudios Comparativos (PID2020-112764GB-I00), financiado por el Ministerio de Ciencia e Innovación.

1. Madīna Ṭurṭūša, Madīna Lārida, Madīna Balaghí

Madīna Balaghí (Balaguer), juntamente con Madīna Ṭurṭūša (Tortosa) y Madīna Lārida (Lleida) fueron las ciudades más importantes del extremo oriental de la Frontera Superior de al-Andalus (*aṭ-Ṯaḡr al-Aʿlà*), distrito administrativo que comprendía aproximadamente el valle del Ebro (Sénac, 2002) (Figura 8.2).

Las ciudades de la Frontera Superior comienzan a tener una visibilidad significativa en las crónicas árabes a partir de la segunda mitad del siglo IX, cuando se documentan las primeras referencias a actividades constructivas de fortificación. Según al-Ḥimyarī, hacia el año 883 d.C., Ismāʿīl b.Mūsà b.Lubb b. Qasīs empieza a fortificar Madīna Lārida y reconstruye edificios (Bramon, 2000, 226; al- Ḥimyarī par.157d.). Como en Huesca, la fortificación de Lleida fue organizada por el *amīr* Muḥammad I cuando consiguió someter a los gobernadores rebeldes de estas ciudades. Madīna Ṭurṭūša fue una ciudad fiel a Córdoba durante la *fitna* y no parece haber sido objeto de iniciativas de fortificación antes del siglo X. En el 945 d.C., se construyó un arsenal estatal, la atarazana, y una muralla que protegía también los arrabales que habían crecido al norte y al sur de la *madīna*. La intervención califal en Tortosa supuso también la construcción de una nueva mezquita en el 956 d.C (Garcia et al., 1998).

Solo Madīna Ṭurṭūša puede ser considerada una *madīna* heredera de la estructura urbana de época romana. Madīna Lārida puede considerarse una fundación *ex novo* puesto que la ciudad romana estaba abandonada desde el siglo V. Madīna Balaghí no es descrita como ciudad hasta fechas tardías. En un principio, los textos se refieren a una fortificación o *ḥiṣn* Balaghí. Según algunos autores, habría tenido origen en un campamento militar (*miṣr*) del momento de la conquista con el que se ha relacionado el recinto amurallado que delimita el Pla d'Almatà.[3] Se trata de una extensa llanura situada al norte del actual Balaguer, naturalmente protegida por el río Segre al este y por el Barranc dels Rucs o de Alcoraç, al sur (Giralt, 1994, 219-232; Garcia et al., 1998). En el siglo X, pues, las tres ciudades, como otras de la Frontera Superior, parecen consolidadas urbanísticamente, con murallas, alcázar (*sudda*), mezquita y arrabales (Garcia et al., 1998).

La fuentes escritas y Balaguer

Se dispone de poca información de los momentos iniciales del asentamiento islámico en Balaghí. La primera referencia documental data del año 863 d.C. cuando, durante el traslado del cuerpo de San Vicente desde Zaragoza al monasterio de Castres (Septimania), el monje Aimó, que escribía la crónica, explica cómo, al pasar por delante del *oppidum* de Balaguer, una multitud salió a venerar el cuerpo del santo y una mujer recuperó milagrosamente la vista (Giralt, 1994, 220).

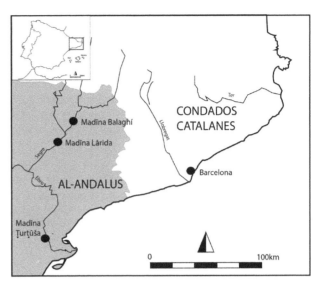

Figura 8.2. La Frontera Superior de al-Andalus, en su extremo occidental, a inicios del siglo XI.

Las fuentes escritas de época andalusí que hacen mención del asentamiento de Balaguer lo hacen inicialmente como un *ḥiṣn*. Los *ḥuṣūn* han sido considerados como estructuras defensivas centrales en la organización de la frontera. Construidos entre los siglos IX y X, solían estar ubicados en lugares con dominio sobre los cursos fluviales y las vías de comunicación, con una función de defensa de las comunidades rurales (Giralt, 1991, 71). Ibn Ḥayyān (988- 1076) recoge la crónica de ʿIsà b. Aḥmad al-Rāsī referente a los hechos sucedidos en la Frontera Superior en el año 284 H (897-898 d.C.), cuando Lubb b. Muḥammad b. Lubb b. Mūsà b. Qasī se enfrentó con Guifré el Pelós y lo mató. Según Ibn Ḥayyān, en el mismo año, comenzó a construir el *ḥiṣn* de Balaghí (Bramon, 2000, 238-240; Ibn Ḥayyān, 1973, vol.3, 126a). Así mismo, en una breve nota del *Muqtabis V*, Ibn Ḥayyān, considera el *ḥiṣn* de Balaguer, en el siglo X, el punto central de un territorio con diversos *ḥuṣūn* (Sénac, 1988, 68).

Las disputas políticas entre las diferentes familias de la frontera (Banū Qasī, Banū Šabriṭ, Banū ʿAmrūs o los Tuyibíes) se ven reflejadas en las narraciones de los historiadores a lo largo del siglo X. En estas narraciones, se menciona a menudo el *ḥiṣn* de Balaguer. Al-ʿUḏrī (muerto en 1085) indica que en el año 310 H (922 d.C.) Muḥammad b. Lubb Muḥammad b. Lubb b. Mūsà b. Qasī se consolidó en los *ḥuṣūn* de Monzón, Balaguer, Barbastro y Aḡīra, entre otros, y explica que cinco años después, los habitantes de Lérida y Balaguer lo expulsaron y pusieron en su lugar Hāšim b. Muḥammad [al-Anqar] b. ʿAbd al- Raḥmān ʿAbd al-ʿAzīz al-Tuḡībī (de la Granja, 1967; Bramon, 2000, 267-268; 271-272; al-ʿUḏrī, 1965, p.39-40a). Ibn Ḥayyān, en la crónica del califa ʿAbd al-Raḥmān III, menciona diversas veces el *ḥiṣn* de Balaguer con motivo de los nombramientos de los gobernadores (Alòs, 2015, 170). Concretamente, en el año 324 H. (935-936 d.C.), ʿAbd al-Raḥmān b. ʿAbd al-Allāh b. Waḍḍāh fue destituido de Lleida y de las fortalezas de levante a favor de Qāsim b. Raḥīq . Entre 938-939 d.C., hace constar

---

[3] Según Pere Balañà, un sustantivo árabe determinado por el artículo al- y con la raíz "uatà" utilizada para designar las "llanuras" (Balañà 1991, 42).

que Qāsim b. Raḥīq fue destituido de Lleida, Balaguer y las fortalezas del Levante en favor de Yaḥyà b. Hāsim [b. Muḥammad a- Anqar b. ʿAbd al-Raḥmān ʿAbd al-ʿAzīz al-Tuġībī (Bramon, 2000, 283; 287; Ibn Ḥayyān, vol. 5, p.265, 291). La zona estuvo, en todo este período, bajo dominio de la familia Tuyibí. La historiografía ha considerado tradicionalmente que todas estas referencias al *ḥiṣn* se corresponden con el alcázar, conocido actualmente como Castell Formós.

Los geógrafos e historiadores posteriores, como Yāqūt (1179 1229), describen Balaguer como una entidad de población compleja: "Balaġī es el nombre de una población andalusí que comprende numerosos *ḥuṣūn*..." (Bramon, 2000, 105; Yākūt, 1866-1873, vol.1, p.484). También en el siglo XII, al-Idrīsī (muerto el 1164-1165) menciona que entre la ciudad de Lleida y la de Balaguer hay 24 millas (Bramon, 2000, 141; al-Idrīsī, 1989, 165). El *ḥiṣn* Balaghí desaparece de las fuentes escritas a partir de la segunda mitad del siglo X y, a partir de este momento se menciona únicamente Madīna Balaghí.

A finales del siglo X o inicios del XI había, pues, una *madīna*, conformada por tres barrios diferenciados: el barrio de Almatà, el barrio que se formó a los pies del castillo y en torno al barranco de Alcoraç y un pequeño núcleo nacido en el altiplano situado al oeste del barrio de Alcoraç (Alòs, 2015).

El sistema constructivo de algunos tramos de la muralla del Pla d'Almatà y la extensión que delimita es lo que ha hecho pensar a algunos autores que el primer establecimiento fue un campamento militar vinculado a las expediciones de conquista que, a través del río Segre, llegaban a la Septimania (Giralt, 1991, 1994; Esco, Giralt, Sénac, 1988) y a la necesidad de hacer frente a las campañas francas, como la del 778 d.C., cuando Carlomagno atacó Zaragoza, o bien, la de 808-809 d.C., dirigida por un general de Ludovico Pío, que desde Tortosa remontó el Ebro y llegó al Cinca, destruyendo la ciudad de Lleida y llegando a Huesca (Manzano, 1991: 92). Como en otros casos orientales, pues, Madīna Balaghí se habría desarrollado a partir de un campamento militar. Sin embargo, la extensión de esta ciudad resulta chocante si la comparamos con otras medidas, incluso en el siglo XI. Y también es desconcertante que no sea mencionada como ciudad hasta fechas tan tardías.

Un ejemplo cronológicamente próximo a la fundación de Balaguer y que también quedó abandonado -aunque mucho antes, en el siglo IX- es el Tolmo de Minateda (Albacete), una ciudad de origen visigótico, ocupada y transformada tras la conquista islámica (Abad et al., 1998; Gutiérrez Lloret, 2011). El registro material de esta ciudad en los siglos VIII y IX es muy modesto si se compara con la monumentalidad de las murallas del Pla d'Almatà. Tanto en el Tolmo de Minateda como en Recópolis, también fundación visigoda (Olmo, 2011), se han podido excavar contextos domésticos, casas que reaprovechan en parte edificios antiguos, mientras que, en Balaguer, solo

la muralla puede ser fechada en este momento temprano. La identificación del registro doméstico de época emiral en Balaguer, pues, está pendiente de ser identificado. Por ahora, los restos arqueológicos disponibles no permiten describir el asentamiento anterior al siglo X. Otro ejemplo de yacimiento urbano que quedó despoblado, en este caso a causa de la conquista feudal (1085), es el de Vascos (Toledo). Vascos fue inicialmente un *ḥiṣn* y sólo a partir del siglo X, adoptó estructuras típicamente urbanas como las murallas, la alcazaba, los baños y dos mezquitas, además de dos cementerios extramuros (Izquierdo, 2000, 2005).

La fundación del *ḥiṣn* Balaghí y su desarrollo como Madīna Balaghí debe situarse, por tanto, en torno al siglo VIII y está íntimamente ligada al río Shíkar (Segre) y, posiblemente, a su importancia como vía de comunicación norte-sur para el paso de personas, transporte de mercancías y, en una época un poco más tardía, como explotación aurífera. Balaguer fue, a partir del siglo X, una de las medinas más septentrionales de al-Andalus y su situación le daría un marcado carácter fronterizo con un complejo sistema de murallas, castillos y torres vigía a su alrededor. Gracias a la captación mediante un azud de la acequia del Cup, se construyó una extensa vega irrigada que se extiende todavía hoy al sur del núcleo urbano.

El Pla d'Almatà

La conservación del barrio fundacional de Madīna Balaghí, situado en el altiplano del Pla d'Almatà, ha permitido una primera aproximación a las unidades domésticas y a las formas de vida de esta ciudad durante los siglos X y XI.[4] Una ciudad en la que el Islam era la religión imperante en esta época, aunque parece probable la convivencia con minorías cristianas y judías[5].

Las intervenciones arqueológicas que se han realizado en el yacimiento desde los años 80 del siglo pasado han ido corroborando que a inicios del siglo XII se había producido la plena ocupación del espacio en el interior de las murallas. Por el momento se han podido documentar varias zonas residenciales, un área industrial con talleres de alfarería y dos zonas de necrópolis. La *maqbara* o cementerio principal se encontraría en torno a la actual iglesia del santo Cristo de Balaguer donde se localizaba la antigua mezquita – aljama (Baraut, 1990-1991, 103). Algunas de las casas de la zona residencial se encontraban muy próximas a estas áreas de enterramiento, conviviendo sin problemas con su cercanía (Camats et al., 2015). Las intervenciones arqueológicas y las prospecciones electromagnéticas y de georadar realizadas (Alòs et al.,

---

[4] El yacimiento arqueológico fue protegido en 2006 con la categoría de Bé Cultural d'Interés Nacional –Zona Arqueològica. 3897-ZA. Acord GOV/118/2006 de 19.9.2006 (DOGC 4737 de 10.10.2006).
[5] En la mencionada crónica del traslado del cuerpo de San Vicente desde Zaragoza hasta Castres, pasando "ad oppidum Balagivium" donde una multitud salió a venerar el cuerpo del santo, se hace referencia a una comunidad cristiana (Giralt 1994, 220). Según la documentación que generó la conquista feudal de la medina a finales del siglo XI e inicios del siglo XII, vivía en Balaghí un rico judío llamado Yuceff Cavaller (BARAUT 1094-1995, 170-171).

2018) indican una organización ortogonal de las calles, así como la homogeneidad de las plantas y sistemas constructivos de las casas. Ambos aspectos son resultado de un proyecto planificado, sistemático y ordenado de crecimiento de la ciudad a partir, al menos, del siglo X (Alòs, et al. 2006, 273-290; Camats et al., 2015, 623-633).

Las zonas residenciales más conocidas son las de las denominadas zonas 1 y 5 (Figura 8.3), la primera situada en el entorno de los alfares, en la zona noreste del yacimiento, y la segunda muy próxima a la muralla sur y también al castillo, que se convirtió en *sudda* a partir del siglo XI.

Se han excavado un total de siete casas y tres tramos de calles que, juntamente con las prospecciones realizadas en el yacimiento proporcionan información precisa sobre sus dimensiones, la distribución de espacios, la función de las habitaciones, cómo se organizaba el saneamiento, las formas de almacenaje de productos agrícolas, la dieta de sus habitantes y, en síntesis, las formas de vida en esta ciudad andalusí.

Las casas del Pla d'Almatà de Balaguer: espacios sociales vs espacios íntimos

La expansión de la cultura islámica a partir del siglo VII d.C. contribuyó a uniformizar un tipo de vivienda centrada en torno a la estructura de un patio que se constituyó como el epicentro de la vida familiar. En el Mediterráneo, la tradición grecorromana ya había consolidado el tipo de casa con peristilo, el patio dotado de pórticos en sus cuatro lados, que evolucionó y se consolidó con la llegada de la civilización islámica. Son diversos los ejemplos de este tipo de viviendas que, desde la Alta Edad Media hasta el fin de la misma, se han excavado en la Península Ibérica (Orihuela, 2007, 299-355) y que responden a unas formas determinadas de vida y de entender la familia, la sociedad y el imaginario colectivo. Claramente se trata de un tipo de vivienda que se adapta al clima de las latitudes por las que se expandió el Islam y que permitía la realización de muchas tareas al aire libre y por consiguiente la vida en el exterior protegiendo aún así la intimidad de los moradores de la casa, especialmente de las mujeres. Esta protección vendría dada por el acceso a la casa desde la calle que adquiere en esta época una característica especial: la presencia de zaguanes en recodo que impedían la visualización del interior de la casa, así como la desalineación de puertas y ventanas (las mínimas) exteriores con las de los vecinos para evitar las vistas del interior de la casa. El patio (*was al-dar*) también servía de distribuidor de las distintas habitaciones a la vez que era fuente de luz y de ventilación.

Dentro de la gran extensión que ocupa el barrio del Pla d'Almatà, las llamadas zonas 1 (Figura 8.4) y 5 corresponden a sendas áreas residenciales de la ciudad. En las dos áreas nos encontramos con un urbanismo totalmente preconcebido y ordenado, con manzanas de casas que se organizan a partir de calles a las cuales se abren las viviendas. Esta concepción urbanística se observa no solo

Figura 8.3. Ubicación de las zonas 1 y 5 en el yacimiento arqueológico del Pla d'Almatà (© Museu de la Noguera).

en la distribución y organización de las casas, sino también en la propia construcción de éstas, puesto que las fachadas exteriores de las viviendas se construyen de un solo tramo, como si previamente se hubiesen establecido los límites de las viviendas para después distribuirlas. Se trata de barrios residenciales totalmente planificados de antemano, cuyas casas se construyen en un mismo momento, en espera de ser ocupadas por sus habitantes. Este hecho nos abre un sin fin de cuestiones sobre el por qué de la necesidad de planificar la construcción de las viviendas y, por supuesto, sobre la llegada de las personas que las habitaron.

Las casas excavadas presentan características constructivas idénticas (Figura 8.5). Tienen planta rectangular, a excepción de la casa 8 de la zona 5 que es trapezoidal al quedar encajada contra la muralla. Las dimensiones totales de las viviendas oscilan entre los 150 y los 180 m2 siendo, aparentemente, edificios de una sola altura. El número de habitaciones oscila entre 4 y 6, aunque podemos observar como algunas habitaciones se compartimentaron en un momento dado, posiblemente al aumentar el número de habitantes de la casa. Se trata de viviendas, organizadas alrededor de un patio de grandes dimensiones con crujías en dos de sus lados. La primera de ellas se dispone paralela a la calle y la segunda perpendicular a ésta y separada de la segunda crujía de la casa vecina por una pared medianera, de manera que los patios de las viviendas quedan también separados de los patios vecinos por paredes medianeras. El ingreso a la vivienda (casas 1, 3 i 8 de la zona 5) se realiza

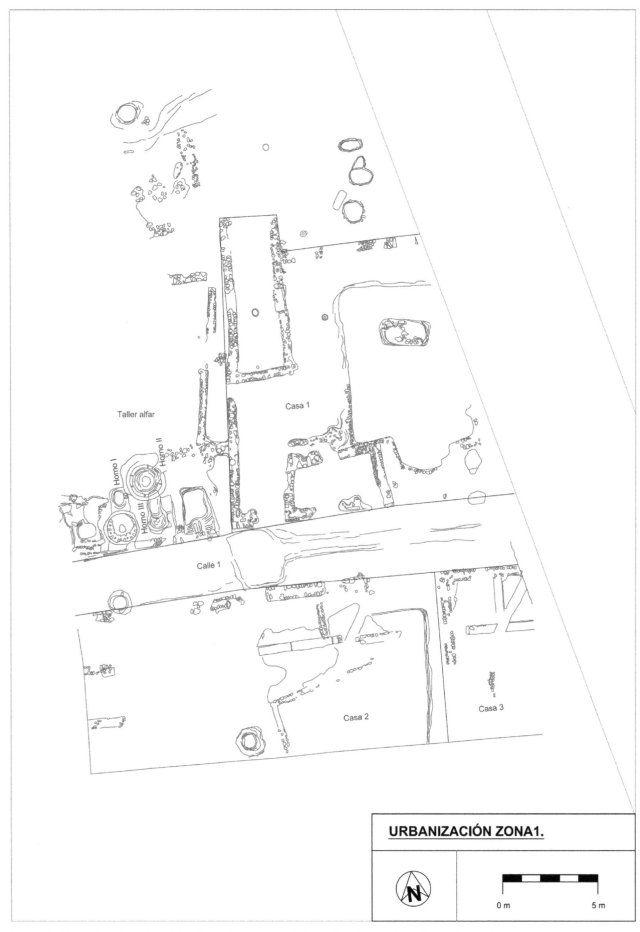

Figura 8.4. Distribución de las viviendas de la zona 1 en el Pla d'Almatà (© Museu de la Noguera).

Figura 8.5. Casas excavadas en la zona 5 en uno de los barrios residenciales de la ciudad (© Museu de la Noguera).

mayoritariamente a través de la primera crujía, mediante una puerta que da acceso directo a una habitación en la que se han hallado restos de hogares excavados directamente en el pavimento de tierra. En cambio, en la casa 2 de la zona 5, el acceso a la vivienda se realizaba a través de un largo pasadizo cerrado con puertas en sus dos extremos y que daba directamente al patio de la casa. La puerta de la calle era de doble vano mientras que la interior tendría una sola hoja que encajaba en un quicio de piedra que se ha conservado *in situ*.

Los patios son, con diferencia, las estancias de mayores dimensiones, pudiendo llegar a suponer más de la mitad de la superficie total de la vivienda. Se ha podido documentar en la casa 1 de la zona 5 un andén perimetral que bordea las habitaciones. En la casa 8 el andén estaría cubierto a modo de pórtico (Figura 8.6).

En los patios se hallan los silos para el almacenaje del grano doméstico. Por lo general, se ha documentado más de un silo por vivienda, si bien, no son sincrónicos ya que se ha podido constatar que, en cada casa, solo había uno en uso en el momento del abandono del yacimiento, mientras que el resto estaban amortizados y habían sido utilizados como escombreras. La capacidad media de estos silos es de 3.000 litros, tienen sección troncocónica y fondo plano con una profundidad que oscila entre 1,10 y 2,60 metros. Ninguno de los silos excavados presentaba restos de revestimiento. En alguno de ellos se ha podido encontrar parte de la estructura de cerramiento, consistente en varias losas de piedra. Se han documentado también silos ubicados en habitaciones de las viviendas, pero que

aparecen amortizados e inutilizados y que, por tanto, correspondían a etapas anteriores a la construcción de las habitaciones.

Los muros se construyeron sobre una base o zócalo de cantos de río o, en algún caso, pequeños sillares de piedra arenisca que se colocaron directamente sobre el suelo natural. Sobre estos zócalos se alzaron los muros de tapia.

En algún caso se han podido documentar restos de enlucido de yeso en las paredes interiores de las habitaciones.

Los pavimentos de las habitaciones del interior de las casas son de tierra y ocasionalmente se nivelan con gravas. Posiblemente eran espacios que se cubrían mediante alfombras que mejoraban la confortabilidad de los espacios. En los patios, los pavimentos son de acabado tosco, resultado de vertidos de tierra y gravas.

Las cubiertas estaban construidas con teja árabe, posiblemente a una sola vertiente ligeramente inclinadas hacia el interior de los patios para la recogida de las aguas pluviales. Con este fin se disponían grandes recipientes cerámicos, tinajas, en las esquinas de los patios. Es frecuente encontrar estos techos caídos sobre los pavimentos de habitaciones y patios. En las calles se hallan acumulaciones de tejas que responden al saqueo posterior al abandono de las viviendas (Figura 8.7).

No se han encontrado, hasta el momento, evidencias de depósitos u otros sistemas de almacenaje de agua en los patios de las casas excavadas de la zona 5. Sin embargo, en

Figura 8.6. Organización de las viviendas y distribución de los espacios domésticos en el barrio residencial de la zona 5 del Pla d'Almatà (© Museu de la Noguera).

la zona 1, se halló un canal que discurría por el centro de la calle y desaguaba en una rudimentaria alberca consistente en un rebaje del terreno natural situado también en plena calle. En la casa 1 de esa misma zona, se documentó una pequeña balsa de las mismas características situada en el patio de la vivienda. Curiosamente esta calle de la zona 1 parece que fue amortizada y cayó en desuso con la actividad de los hornos cerámicos construidos en esa zona a partir de mediados del siglo XI (Giralt, 1994, 242),

con lo que nos hallaríamos ante un sistema de captación y almacenaje de aguas pluviales en una calle aparentemente más antigua que las excavadas en la zona 5 dónde parece que fueron utilizadas hasta el abandono del barrio a inicios del siglo XII.

Un tipo de pieza cerámica muy abundante en el Pla d'Almatà son las grandes jarras con dos asas que muy probablemente eran utilizadas para ir a buscar agua en los

Figura 8.7. Detalle de una de las calles de la zona 5, con acumulaciones de tejas (© Museu de la Noguera).

cursos naturales próximos como el barranco de Alcoraç que discurre al sur del antiguo barrio, el mismo río Segre o a la acequia del Cup que transitan por la parte baja del altiplano al este del yacimiento. También se han podido documentar cantimploras cerámicas que se utilizaban para transportar agua en cortos trayectos.

En cuanto a las habitaciones, parece que no tenían asignada una función concreta sino que eran polivalentes pudiendo ser utilizadas tanto como sala, dormitorio, o espacio de cocina si disponían de hogar. Sin excepción, se ha documentado un mínimo de un hogar en cada casa, situado en las habitaciones paralelas a la calle o bien en las habitaciones que tienen acceso desde el patio. Se trata de hogares sencillos, ubicados directamente en el suelo, donde se excava la cubeta de combustión, y en alguna ocasión, enmarcados por cantos rodados (Figura 8.8). La carga de leña que alimentaba estos hogares rudimentarios nos dibuja el paisaje entorno a Madīna Balaghí en el siglo XI: los bosques próximos consistían en encinares acompañados de carrascales poblados de boj, enebro, aladierna y tomillo con presencia de especies heliófilas colonizadoras como el romero, el brezo, el madroño o el pino blanco, que nos indican una degradación por la acción humana de estos bosques; en la vega al lado del fértil río Segre se cultivaban frutales como el ciruelo, el

melocotonero, el cerezo, la higuera y el nogal. Destaca también, entre los carbones analizados, la abundante presencia de restos de vid y almendros[6].

En estos hogares se realizaba la cocción de los alimentos y, en consecuencia, una serie de objetos y utensilios asociados a ellos proporcionan información sobre la cocina que se realizaba en el Pla d'Almatà. Ollas con sus tapaderas y cazuelas, constituían los recipientes de cocción por excelencia, incorporando la novedad técnica de los vidriados interiores. Debemos mencionar aquí dos piezas muy comunes en las casas del Pla d'Almatà vinculadas posiblemente a la producción de pan casero: la solera y el *al-badr*, que conservan trazas de haber sido utilizadas sobre el fuego. Como utensilios de cocina hallamos también morteros de cerámica y pequeños anafes que debían utilizarse como calentadores de alimentos o bebidas.

La plurifuncionalidad de las habitaciones debía determinar un mobiliario sencillo y móvil. Se han hallado en las

---
[6] El estudio se realizó dentro del proyecto "Patrons d'assentament i d'organització territorial al Segre Mitjà. El Pla d'Almatà (s. VIII – XII)", financiado por el Departament d'Universitats, Recerca i Societat de la Informació. 2004 ACOM 00006 y 2009 ACOM 0040.

Figura 8.8. En las viviendas de la zona 5 aparecen hogares delimitados por cantos rodados (© Museu de la Noguera).

intervenciones arqueológicas restos de aplicaciones decoradas de bronce que posiblemente correspondían a pequeños muebles. En la casa 1 de la zona 5, se halló un pequeño tambor de cerámica que es testimonio de actividades relacionadas con la música en el entorno de las familias. En una intervención arqueológica en el barrio bajo de la medina se halló un fragmento de una rudimentaria flauta realizada con hueso que corrobora esta presencia de la música en la vida de Madīna Balaghí.

Las jarritas para servir líquidos y ataifores decorados constituían la vajilla de mesa principal, aunque la producción cerámica local proporcionaba también platos sin vidriar, decorados con sencillez, vasos de distintos tamaños, redomas, botellas, o jarritos en los que se han podido documentar restos de aceite vegetal, posiblemente de oliva (Pecci et al., 2015). La iluminación de estas habitaciones se conseguía a través de aperturas que daban al patio y para las horas sin luz natural se utilizaban candiles de cazoleta de cerámica provistos de un asa para su transporte.

Un espacio recurrente en las distintas casas excavadas son las letrinas, reconocibles gracias al pozo negro vinculado a ellas y al hecho que, en algunas, aún se conservan las atarjeas constituidas por una o varias tejas que desguazan en el pozo negro. Este sistema de desguace es frecuente documentarlo en otras viviendas andalusíes, como en las

casas del antiguo Portal de Magdalena en Lleida (Loriente, Oliver, 1992) o en Vascos (Toledo) donde también aparece relacionado con la evacuación de aguas desde el interior de las habitaciones (Izquierdo, 1990, 149).

Estas letrinas estaban ubicadas en un extremo del patio, cerradas por muros que debían proteger la intimidad de los usuarios. Esta ubicación no es extraña en otras ciudades como Zaragoza (Gutiérrez, 2006, 134), Lleida (Loriente, Oliver, 1992, 87), Siyasa (Cieza, Múrcia) (Navarro, 1990, 177), o Múrcia (Ramírez, López, 1994, 556).

En el extremo sureste de la casa 1 de la zona 5 se documentó una estructura formada por dos muros bajos construidos con piedras y argamasa colocados a los lados del pozo negro, que posiblemente sostenían un entramado de madera que permitía una cómoda utilización de la infraestructura. Esta ubicación de la letrina en el patio se documenta también en las casas 2 y 3 de la zona 5. En cambio, la casa 8 de esta misma zona encontramos la letrina situada en un extremo de la habitación paralela a la calle con restos de atarjeas que comunica con el pozo negro situado en la calle junto a la fachada de la casa. La excavación de la calle 2, en la zona 5, permitió documentar dos pozos negros más situados frente a las fachadas de las casas 6 y 15 que permiten suponer la presencia de letrinas en las habitaciones paralelas a la calle en estas casas aún por excavar. En el caso de la casa 2 de la zona 5, existía una letrina inicial en el patio que se anuló en un momento dado para trasladarse al interior de la casa siendo esta última utilizada hasta el momento del abandono del barrio a inicios del siglo XII. El hallazgo de clavos en el interior de los pozos indica que su cubrición se hacía con una estructura de madera (Alòs et al., 2006-2007, 153). La morfología de los pozos negros es bastante uniforme ya que presentan bocas de grandes dimensiones y paredes rectas, con profundidades que pueden llegar a alcanzar los 2,34 metros y una capacidad máxima de 3.000 l.

Gracias al análisis de los materiales y tierras de estos pozos negros podemos establecer un primer esbozo de la dieta y costumbres de los habitantes del Pla d'Almatà. En ellos quedaron depositados, además de las defecaciones de los habitantes de las casas, restos de alimentos, vajilla y otros materiales de desecho. El estudio de los sedimentos de los pozos ha permitido documentar el consumo de cereales: cebada, trigo, avena, maíz y mijo. Entre las legumbres se ha documentado un ejemplar de lenteja. En cuanto a las frutas cultivadas se han hallado restos de uvas, higos, manzanas/peras y melocotones. Los restos de fauna hallados en estos niveles arqueológicos permiten definir una dieta cárnica constituida principalmente por ovicápridos, aunque también se consumen bóvidos y gallinas. La presencia de restos de ciervo muestra que la caza era una actividad habitual. También se han documentado restos de cáscaras de huevo.

Mención aparte merecen los restos de gatos y perros que se han encontrado en los sedimentos y que nos indican la presencia de mascotas conviviendo con las familias de las casas del Pla d'Almatà (Alòs et al., 2006-2007).

Los niveles arqueológicos excavados han proporcionado también diversos objetos de uso personal como algunas joyas sencillas (un anillo con engaste para piedra y un pendiente) diversos instrumentos de uso quirúrgico o cosmético realizados en bronce, una hebilla de cinturón y objetos con usos que por el momento se nos escapan, como una campanilla y un cascabel de bronce. El conjunto monetario recuperado hasta el momento consta de algunos dirhams de plata y también de moneda fraccionaria en bronce.

Algunas conclusiones

Desde la época emiral podemos encontrar la casa islámica caracterizada por un patio vertebrador alrededor del cual se distribuyen una serie de habitaciones, a menudo con usos funcionales diferenciados (alcobas, letrinas, cocinas).[7] La disposición de las habitaciones suele hacerse en dos o tres lados del patio. Este tipo de casa, va asociado a menudo a un urbanismo planificado, en el que las calles siguen disposiciones ortogonales y las casas forman islas o se alinean compartiendo paredes medianeras. Estas

condiciones, que caracterizan las casas y el urbanismo del Pla d'Almatà en el siglo XI, las encontramos en otras ciudades como Córdoba, en el arrabal de Šaqunda, ocupado entre inicios del siglo VIII y el 818 dC. (Casal, 2008, 2018; Blanco, 2014), y en el de la Huerta de Santa Isabel, fechado en el siglo X (Aparicio, 2017); en Madīnat Raqaubal (Recópolis, Guadalajara), donde se han excavado casas que reaprovechan edificios de la ciudad visigoda, fechadas entre los siglos VIII y IX (Olmo, 2011), en Baŷŷāna (Pechina, Almería), en la primera mitad del siglo X (Castillo, Martínez, 1990); en Lleida, en el siglo XI (Loriente, 1990, 21-25); en la Madīna de Vascos (Navalmoralejo, Toledo), en el siglo XI (Izquierdo, 1990, 2000); en Al-Balāṭ (Romangordo, Càceres), donde se han excavado casas de la primera mitad del siglo XII, de época almorávide (Gilotte, Cáceres, 2017); en la Madīna Mārtulah (Alentejo, Beja), entre el siglo XII e inicios del XIII (Gómez-Martínez et al. 2009); y en Madīna Siyāsa (Cieza, Murcia), donde la mayoría de casas se han fechado en los siglos XII y XIII (Navarro, 1990; Navarro, Jiménez, 2007).

En contexto rural, encontramos este tipo de casa en algunos casos y con cronologías también muy variadas, como, por ejemplo, en Peñaflor (Jaén), entre el VIII y el IX (Salvatierra, Castillo 2000), Monte Mollet (Vilafamés, Castelló), del siglo VIII al IX (Bazzana, 1992), en Villa Vieja (Calasparra, Murcia), entre el siglo XI y el XIII (Pozo, 1989; 2000); Bofilla (Bétera, València), entre el siglo XI y el XIII (López Elum, 1994); en Yecla, (Murcia), en la alquería situada en la vertiente de la colina donde se encuentra el *ḥiṣn*, entre el siglo XII y el XIII (Ruiz Molina, 2009); y en El Castillejo (Guájar Faragüit, Granada), entre la mitad o finales del siglo XII y principios del XIV (García Porras, 2009). En Las Sillas (Marcén, Huesca), un asentamiento urbano ocupado a lo largo del siglo XI y principios del XII, con una cronología que coincide con el Pla d'Almatà y en el mismo contexto de la Frontera Superior, no se registra este modelo de casa. La mayor parte de las casas excavadas hasta el momento no tienen patio (Sénac, 2006, 2009). En muchos casos, conviven casas complejas, de varias habitaciones alrededor de un patio, con casas más simples, de una o dos habitaciones, también asociadas a un espacio abierto. En general, en los asentamientos rurales, la organización de las calles no es regular y se adapta a la orografía del terreno.

Hay que tener en cuenta, que el modelo de casa en torno al patio con habitaciones más o menos especializadas tiene, a su vez, numerosas variantes, que afectan al número de habitaciones, a la superficie de la casa, a la disposición respecto a las calles, a la existencia de un piso superior o no y a las técnicas y materiales constructivos utilizados.

En el caso de las casas del Pla d'Almatà, hay que destacar la existencia de una planificación que se refleja en una cierta regularidad del tamaño de las casas y una disposición similar de los distintos elementos que la conforman como el vestíbulo (*istawán*), a veces con forma de codo para impedir la visión del interior, o en forma de pasillo; un

---

[7] S. Gutiérrez (2012) y V. Cañavate (2013) consideran, sin embargo, que este tipo de casa se desarrolla a partir del siglo X preferentemente, en relación con el proceso de "islamización".

patio vertebrador, una serie de habitaciones con funciones de cocina o alcoba a las que se accede desde el patio y una letrina. La técnica y materiales constructivos (zócalos y tapial) y decorativos (revestimientos de mortero de cal) son también homogéneos. Y, también, la organización ortogonal de las calles, desde las que se accede a las casas, y su disposición formando islas, con paredes medianeras, indican también, no solo la planificación, sino una construcción realizada en un lapso de tiempo relativamente corto. Las prospecciones geofísicas y magnéticas realizadas muestran que la práctica totalidad de las 27 ha de superficie de yacimiento está organizada en calles y construcciones que podrían ser muy mayoritariamente casas.

Todas estas circunstancias demuestran, también, la existencia en Madīna Balaghí, de especialistas de la construcción. Los constructores no son los mismos habitantes de las casas, con recursos y técnicas poco especializados, sino especialistas de la construcción, que se habrían consolidado junto con otras actividades especializadas como la de la fabricación de la cerámica, bien documentada en los alfares excavados. Sin embargo, es difícil determinar quiénes fueron los habitantes de estas casas y qué circunstancias propiciaron esta operación de urbanización de un alcance muy considerable. La cronología atribuida hasta ahora a la construcción de las casas permite poner esta operación urbanística planificada en relación con la construcción de un palacio en el Castell Formós. Ch. Ewert, quien estudió las yeserías aparecidas en un relleno acumulado tras la muralla del castillo, propuso en su momento que fue Yūsuf al-Muzaffar, hijo de Sulaymān b. Hūd, primer rey de la dinastía de los Banū Hūd del reino de Zaragoza. Al-Muzaffar reinó sobre Lleida entre 1046-1047 y 1081 y, según Ewert, habría hecho construir el palacio al inicio de su mandato (Ewert, 1979). Para Giralt, la construcción del palacio es coherente con otras iniciativas similares relacionadas con la voluntad propagandística de los taifas, para paliar la falta de legitimidad de sus dirigentes tras la desaparición del Califato (Giralt, 1998, 175). Otro personaje que podría tener algo que ver con la construcción del palacio fue el califa de Córdoba Hišām III, quien se retiró exiliado en el 1031 a tierras de Lleida. Si su lugar de residencia, durante cinco años hasta su muerte, fue la suda de Balaguer, algo que no es posible saber con certeza, ello explicaría la riqueza de las técnicas decorativas utilizadas, quizás de la mano de especialistas artesanos cordobeses (Alòs, 2015, 171). Ambos personajes podrían ser los responsables de promover la urbanización del Pla d'Almatà, donde habría sido necesario instalar a las familias de todos aquellos vinculados al servicio del palacio, a su abastecimiento en productos agrarios y artesanales. Y ello habría constituido, también, un polo de atracción urbana. Tenemos constancia, por ejemplo, que en Balaguer residieron, al menos a partir del 1050 varios alfaquíes posiblemente asociados a la corte taifa (Ballestín, 1995, 492). Si la elección del lugar donde vivir de Hišām III fue Balaguer, sin embargo, cabe pensar que probablemente ya existía un cierto desarrollo urbano capaz de cubrir las necesidades de su exilio.

Fuentes

Árabes

Ibn Ḥayyān., 1973. *Al-Muqtabis.*

Ed. M. ʿA. Makkī, *al-Muqtabis min anbāʾahl-al-Andalus.* El Cairo, 1973

Ed. M. Martínez Antuña. *al-Muqtabis fī tārīḫ rīǧāl al-Andalus.* París, 1937

Ed. P. Chalmeta, F. Corriente, M.Subḥ, al-Muqtabas. Madrid: Instituto Hispano-Árabe de Cultura, Facultad de Letras de Rabat, 1979

Ed. ʿA. R. ʿA. al- Ḥaǧǧī. *al-Muqtabis fī aḫbār bilād al-Andalus (al-Ḥakam II).* Beirut: Dār al-Taqāfa. 1965, 1983[2]

al-Ḥimyarī.,1938. *Kitāb al- Rawḍ al-Miʿṭār.*

É. Lévi-Provençal (Ed.), La Péninsule Ibérique au Moyen Âge d'après le Kitāb al- Rawḍ al-Miʿṭār d' al-Ḥimyarī. Leiden: Brill.

Kitāb al- Rawḍ al-Miʿṭār. Ed. I. ʿAbbās, Beirut, 1980[2]

al-Idrīsī.,1989. *Uns al-muhaǧ wa rawḍ al-furaǧ.*

Ed. J.A. Mizal., 1989. *Los caminos de al-Andalus en el siglo XII según " Uns al- muhaǧ wa rawḍ al-furaǧ" (Solaz de corazones y prados de contemplación).* Madrid: CSIC.

al-ʿUḏrī., 1965. *Tarṣī al- aḫbār wa tanwīʿ al-*āṯār *wa l-bustān fī* ġarāʾib *al-buldān.*

Ed. ʿA. ʿA. Al- Ahwānī. Nuṣūṣ ʿan al-Andalus min kitāb *Tarṣī al- aḫbār.* Madrid: Instituto Egipcio de Estudios Islámicos, 1965.

Yākūt.,1866-1873. *Muʿǧam al-buldān..*

Ed. F. Wüstenfeld. *Muʿǧam al-buldān.* Leipzig. 6v.

Latinas

Baraut, C., 1990-1991. "Els documents dels anys 1151-1190, de l'Arxiu Capitular de la Seu d'Urgell". *Urgellia* 10, 7-350.

Baraut, C., 1994-1995. "Diplomatari del monestir de Sant Sadurní de Tavèrnoles (segles IX-XIII)". *Urgellia*, 12, 7-414.

Bibliografía

Abad, L.; Gutiérrez Lloret, S.; Sanz, R., 1998. *El Tolmo de Minateda. Una historia de tres mil quinientos años.* Toledo: Junta de Comunidades de Castilla-La Mancha.

Alòs, C., 2010. El creixement de madina Balaguer i el seu territori. *Catàleg de la col.lecció de materials andalusins del Museu de la Noguera.* Balaguer, Museu de la Noguera, 41-47.

Alòs, C, 2015. Balaguer: urbanisme entre dues cultures. *V Congrés d'Arqueologia medieval i moderna a Catalunya*, volum I, Barcelona, 165 – 178.

Alòs, C., Camats, A., Monjo, M., & Solanes, E., 2007. Les cases andalusines del Pla d'Almatà (Balaguer, La Noguera), *Tribuna d'Arqueologia 2006*. Barcelona: Generalitat de Catalunya, Departament de Cultura i Mitjans de Comunicació, 273-190.

Alòs, C., Camats, A., Monjo, M., Solanes, E., Alonso, N. & Martínez, J., 2006 – 2007. "El Pla d'Almatà (Balaguer, La Noguera): primeres aportacions interdisciplinàries a l'estudi de les sitges i els pous negres de la zona 5". *Revista d'Arqueologia de Ponent*, 16-17, 145-168.

Alòs, C., Camats, A., Monjo, M., & Solanes, E., 2008. Organización territorial y poblamiento rural en torno a Madîna Balagí (siglos VIII-XII). En Sénac, Ph. (Dir.), *Villa 2, Villes et campagnes de Tarraconaise et d'al-Andalus (Vie-Xie.) siècle: La transition.* Toulouse: Ed. Méridiennes, 157-181

Alòs, C., & Solanes, E., 2013. El jaciment arqueològic de Palous (Camarasa, La Noguera). Dades sobre el poblament hispano-visigot al mig Segre. En Ballestín, X., & Pastor, E. (Eds.), *Lo que vino de Oriente. Horizontes, praxis y dimensión material de los sistemas de dominación fiscal en al-Andalus (ss. VII – IX).* Oxford: BAR Publishing (International Series 2525), 211-222.

Alòs, C., Kirchner, H., Monjo, M., Sala, R. & Solanes, E., 2018. Noves dades sobre el jaciment andalusí del Pla d'Almatà de Balaguer. Prospeccions geofísiques i interpretació arqueològica. *VI Congrés d'Arqueologia medieval i moderna a Catalunya.* Lleida (en prensa).

Balañà., 1991. "Balaguer en temps dels musulmans (713-1106) Notes breus". *Revista Estudis La Noguera,* 4. Centre d'Estudis de la Noguera.

Ballestín, X., 1995. "Prosopografia dels fuqaha'l ulama de la zona oriental del tagr al-a'la: Balaga, Larida, Turtusa (II)". *Estudios onomàstico-bibliogràficos del al-Andalus*, 7, 489-532.

Bazzana, A., 1992. *Maisons d'al-Andalus: Habitat médiéval et structures de peuplement dans l'Espagne orientale.* Madrid: Casa de Velázquez

Blanco, R., 2014. Una ciudad en transición el inicio de la Córdoba islàmica. En Vaquerizo, D., Garriguet, J.A., & León, A. (Coord.), *Ciudad y territorio: transformaciones materiales e ideológicas entre la época clásica y el Altomedioevo.* Córdoba: Universidad de Córdoba, 185-200.

Bramon, D., 2000. *De quan* érem *o no musulmans. Textos del 713 al 1010,* Eumo Editorial, Vic.

Camats, A., 2006. *Memòria de la intervenció arqueològica d'urgència a la muralla del Pla d'Almatà (Balaguer, la Noguera).* Generalitat de Catalunya. Inèdit.

Camats, A., Monjo, M., Mulet, M., & Solanes, E., 2015. El *Pla d'Almatà (Balaguer, la Noguera): de campament militar a medina. Actes V Congrés d'Arqueologia medieval i moderna a Catalunya,* volum II, Barcelona,. 623-633

Cañavate, V., 2013. Aportaciones metodológicas al estudio de la vivienda islámica. En Gutiérrez, S., & Grau, I., (Eds.), *De la estructura doméstica al espacio social. Lecturas arqueológicas del uso social del espacio.* Alicante: Publicaciones de la Universidad de Alicante, 313-323.

Casal, M. T., 2008. Características generales del urbanismo cordobés de la primera etapa emiral: el arrabal de Šaqunda. *Anejos de Anales de Arqueología Cordobesa* 1, 109-134.

Casal , M. T., 2018. La vida en el primer arrabal islámico de la Córdoba Omeya: Šaqunda. *Al-Mulk. Anuario de estudios arabistas*, 16, 41-70.

Castillo, F., & Martínez, R., 1990. La vivienda hispanomusulmana en Bayyâna-Pechina (Almería). En Bermúdez, J., & Bazzana, A. (Coords.), *La casa hispano-musulmana: aportaciones de la arqueología, = La maison hispano-musulmane, apports de l'archeologie.* Granada: Patronato de la Alhambra y Generalife, 111-128.

Esco, C., Giralt, J. & Sénac, Ph., 1981. *Arqueología islámica en la Marca Superior de Al-*Ándalus. Zaragoza: Diputación de Huesca.

Ewert, Ch., 1979. *Hallazgos islámicos en Balaguer y la Aljafería de Zaragoza. Excavaciones Arqueològicas en España*, 97. Madrid: Ministerio de Educación y Ciencia, Dirección General del Patrimonio Artístico y Cultural.

García Biosca, J.E., Giralt, J., Loriente, A., & Martínez, J., 1998. La gènesi dels espais urbans andalusins (segles VIII-X) Tortosa, Lleida i Balaguer. *L'Islam i Catalunya*, 137-165. Barcelona: Lunwerg

García Porras, A., 2009. Cerámica y espacio doméstico. El poblado fortificado de "el castillejo" (Los Guájares, Granada). *Actas del VIII Congreso Internacional de Cerámica Medieval. Ciudad Real.* T. II, 1051-1062.

Gilotte, S., & Cáceres, Y., 2017. *Al-Balāt. Vida y guerra en la frontera de Al-*Ándalus *(Romangordo, Cáceres).* Junta de Extremadura: Diputación Provincial de Cáceres.

Giralt J., 1991. Fortificacions andalusines a la Marca Superior d'al-Andalus: aproximació a l'estudi de la zona nord del districte de Lleida. *La Marche Supérieure d'al-Andalus et l'Occident Chrétien.* Madrid: Casa de Velázquez, 67-76.

Giralt, J., 1994. Castell Formós (o de Balaguer). *Catalunya Romànica*, vol. XVII, 225-232; La ciutat de Balaguer. *Catalunya Romànica*, vol. XVII, 219-225. Jaciment arqueològic del Pla d'Almatà. *Catalunya Romànica*, vol. XVII, 238-243. Barcelona: Enciclopèdia Catalana.

Giralt, J. 1998. L'arquitectura dels Muluk al-Tawa'if. *L'Islam a Catalunya.* Barcelona: Lumnweg, 174-199.

Giralt, J., 1999. "Balaguer, de campament a ciutat (segles VIII-X)", *Catalunya a l'època carolíngia. Art i Cultura abans del Romànic (segles IX-X).* Barcelona,114-116.

Gómez-Martínez, S., Virgílio, C., Palma, M.F., 2009. "Mértola islâmica. A *madīna* e o arrabalde. *XELB*". *Revista de Arqueologia, Arte, Etnologia e História*, 9, 405-428.

Granja, F. de la, 1967. "La Marca Superior en la obra de al-Udri". *Estudios de la Edad Media en la Corona de Aragón*, VIII, 447-545.

Gutiérrez González, F.J., 2006. *La excavación arqueológica del paseo de la Independencia de Zaragoza*. Zaragoza: Grupo Entorno.

Gutiérrez Lloret, S., 2011. El Tolmo de Minateda en torno al 711. *711 Arqueología e Historia entre dos mundos*, Volumen I, *Zona Arqueológica*, 15, 355–371.

Gutiérrez Lloret, S., 2012. "Gramática de la casa. Perspectivas de análisis arqueológico de los espacios domésticos medievales en la península Ibérica (siglos VII-XIII)". *Arqueología de la Arquitectura*, 9, 141-166.

Izquierdo, R., 1990. "La vivienda en la ciudad hispanomusulmana de Vascos (Toledo). Estudio arqueológico". *La casa hispano-musulmana, aportaciones de la arqueología*, 147-162.

Izquierdo, R., 2000. *La ciudad hispanomusulmana de Vascos. Navalmorejo (Toledo)*. Toledo: Diputación Provincial de Toledo.

Izquierdo, R., 2005. "Una ciudad de la Marca Media: Vascos (Toledo)". *Arqueología y Territorio Medieval* 12/2, 35-55.

Loriente, A., 1990. *L'horitzó andalusí de l'antic Portal de Magdalena*, Lleida: Ajuntament de Lleida.

Loriente, A., & Oliver, A., 1992. *L'antic Portal de Magdalena, Monografies d'Arqueologia Urbana, 4*. Lleida: Ajuntament de Lleida.

Manzano, E., 1991. *La frontera de al-Andalus en* época de *los Omeyas*. Madrid: CSIC.

Monjo, M., 2010. El naixement de madina Balaguer: el Pla d'Almatà (segles VIII-XII) *Catàleg de la col.lecció de materials andalusins del Museu de la Noguera*. Balaguer, Museu de la Noguera, 21-28.

Navarro, J., 1990. La casa andalusí en Siyāsa: ensayo para una clasificación tipológica. En Bermúdez, J., & Bazzana, A. (Eds.), *La casa hispano-musulmana, aportaciones de la arqueología*. Granada: Patronato de la Alhambra y Generalife, 177-198.

Navarro, J., & Jiménez, P., 2007. *Siyāsa. Estudio arqueológico del despoblado andalusí (SS. XI – XIII)*. Granada: Escuela de Estudios Árabes de Granada (CSIC), El legado andalusí

Olmo Enciso, L., 2011. De Celtiberia a Šantabariyya: la gestación del espacio y el proceso de formación de la sociedad andalusí (ss. VIII-IX). *711 Arqueología e Historia entre dos mundos*. Volumen II, *Zona Arqueológica*, 15, 39-60.

Orihuela, A., 2007. "La casa andalusí: un recorrido a través de su evolución". *Artigrama*, 22, 299-335

Pecci, A., Degl'Innocenti, E., Giorgi, G., Cau, M.A., Cantini, F., Solanes, E., Alòs, C., & Miriello, D., 2015. "Organic residue analysis of experimental, medieval, and post-medieval glazad ceramics". *Archaeological and Anthropological Science*s 8(4). DOI: 10.1007/s12520-015-0262-3

Pozo Martínez, I., 1989. "El despoblado islámico de Villa Vieja, Calasparra (Murcia)". *Miscelánea Medieval Murciana*, 15, 185-212.

Pozo Martínez, I., 2000. La alquería islámica de Villa Vieja (Calasparra, Murcia). En Bazzana, A. & Hubert, E. (Eds.), *Castrum 6. Maisons et espaces domestiques dans le monde méditerranéen au Moyen* Âge, Roma: École Française de Rome, 165-175.

Ramírez, J.A., & López, J.A., 1994. Introducción al urbanismo de la Múrcia islámica a través de una intervención de urgencia en los solares número 31, 33 y 35 de la calle Platería (junio-octubre de 1994) *Colección de Memorias de Arqueología*, 9. Múrcia.

Ruiz Molina, L., 2009. "Yakka: un castillo de šarq al-andalus en los siglos XII y XIII. Aproximación histórica al poblamiento almohade en Yecla" (Murcia). *Tudmîr*, 1, 77-138.

Salvatierra, V., & Castillo, J.C., 2000. *Los Asentamientos Emirales de Peñaflor y Miguelico. El Poblamiento Hispano-Musulmán de Andalucía Oriental. La Campiña de Jaén (1987-1992)*. Jaén: Junta de Andalucía. Consejería de cultura.

Sénac, Ph., 1988. "Note sur les *husûn* de Lérida". *Mélanges de la Casa de Velázquez*, 24, 53-69.

Sénac, Ph., 2002. *La frontière et les hommes (VIIIe-XIIe siècle). Le peuplement musulman au nord de l'Ebre et les débuts de la reconquête aragonaise*, París: Maisonneuve & Larose.

Sénac, Ph., 2006. Un village de la Marche supérieure d'al-Andalus au tournant de l'an mil: Las Sillas (Marcén). *Actes du colloque organisé à l'occasion du Cinquantenaire du Centre d'Études Supérieures de Civilisation Médiévale (CESCM)*, Turnhout: Brepols. 521-536.

Sénac, Ph., 2009. *Un "village" d'al-Andalus autour de l'an mil: Las Sillas, Marcén, province de Huesca)*. Toulouse: Framespa.

Solanes, E., Alòs, C., 2003. "Interpretació de l'aixovar de la necròpolis visigòtica de Palous (Camarasa, La Noguera): apunts sobre l'adobatge de pells a l'antiguitat tardana". *Revista d'Arqueologia de Ponent*, 13, 345-350.

9

Domestic areas in the Merrell Tract II/Tract 15B area of downtown Cahokia: structure and dynamics of change

Imma Valese
Independent Scholar

Melissa Mattioli
University of Barcelona

Marco Valeri
Independent Scholar

Davide Domenici
Università di Bologna

Between 2011 and 2017 the University of Bologna (UNIBO) and the Washington University at St. Louis jointly organized a research project in the so-called Merrell Tract II, an area within the monumental epicenter of the Mississippian site of Cahokia (Illinois, USA). The excavated area, which was occupied during the whole Cahokia sequence suffering various functional transformations, yielded abundant data on both ceremonial and residential activities. Herein, based on our excavation data as well as on comparisons with other areas of the site, we describe the architecture and spatial organization of the investigated residential area, exploring its dynamics of change and its relationships with the wider developmental processes of the great Mississippian urban center.

Entre 2011 y 2017, la Universidad de Bolonia (UNIBO) y la Universidad de Washington en St. Louis organizaron conjuntamente un proyecto de investigación en el llamado Merrell Tract II, un área dentro del epicentro monumental del sitio misisipiano de Cahokia (Illinois, EE. UU.). El área excavada, que estuvo ocupada durante toda la secuencia de Cahokia sufriendo diversas transformaciones funcionales, arrojó abundantes datos sobre actividades tanto ceremoniales como residenciales. Aquí, con base en nuestros datos de excavación, así como en comparaciones con otras áreas del sitio, describimos la arquitectura y la organización espacial del área residencial investigada, explorando su dinámica de cambio y sus relaciones con los procesos de desarrollo más amplios de un gran centro urbano del Misisipio.

Introduction

Cahokia, the large Mississippian settlement in the American Bottom, undoubtedly represents the most complex urban phenomenon ever developed in pre-colonial North America (Kelly and Brown 2014). For more than two centuries (ca. AD 1050-1275), Cahokia thrived as a political and religious center where novel forms of community life, political organization, and ceremonialism where developed. More than one hundred earthen mounds, four large plazas, massive borrow pits often used as water reservoirs, communal buildings, woodhenges, and several residential areas were built over an area of approximately 13 km², inhabited by a population of about 10,000 individuals, part of them probably immigrants from neighboring regions. If we add the population settled in and around the two monumental precincts of East St. Louis and St. Louis – thus considering the so-called Greater

Cahokia as a large, polycentric settlement – the population figure would probably reach the 20,000 individuals (Brennan et al. 2018) (Figure 9.1). Besides these numbers, the historical relevance of the "Cahokia phenomenon" can also be ascertained by considering the effect it had after its demise, when Cahokia-originated innovations in terms of both ideology and material culture were spread all over the Southeast, where the Mississippian culture thrived until the arrival of the Europeans. Native groups such as the Dhegiha Sioux-speaking Osage, Omaha, Ponca, Kansa, and Quapaw represent today the most direct descendants of ancient Cahokians, proud inheritors of a multi-secular cultural legacy. Inevitably, the earthen mounds – and especially Monks Mound that, with its volume of 622,000 m³, is the largest pre-Columbian earthen structure ever built north of Mexico – have captured both scientific attention and popular imagination. Before extensive excavations at the site, scholars even believed that Cahokia was a large

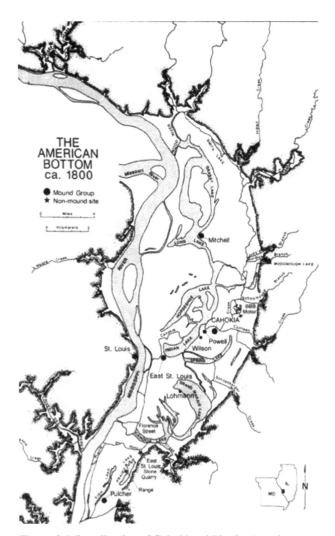

Figure 9.1. Localization of Cahokia within the American Bottom.

Cahokia Mounds Museum Society, Powell Archaeological Research Centre, Illinois State Museum Research and Collections Center, National Geographic Society and Carisbo Foundation.

The 327,75 m² area excavated by our project in the Merrell Tract II is contiguous to the western margin of Tract 15B, an area where extensive excavations were carried out in 1960 by Warren Wittry (Wittry and Vogel 1962; Pauketat 2013) (Figures 9.2, 9.3, 9.4). The project's research dealt with various aspects of the long occupational sequence of the Merrell Tract II/Tract 15B area – spanning the whole history of Cahokia's development and beyond, with testimonies from both pre- and post-Cahokian periods –, focusing most of its attention on a series of public buildings which were built when the area functioned as Cahokia's West Plaza (Domenici and Valese 2016). Herein, on the contrary, we will briefly present and discuss the data regarding those phases when – both before and after the creation and use of the West Plaza – the Merrell Tract II/Tract 15B hosted several domestic structures. As we will see, the dynamics of change seen in these residential areas, as well as in other residential areas that we will describe for comparative reasons, reflect wider phenomena in the history of the city.

Living in Cahokia Before Cahokia

The occupational sequence of the Merrell Tract II started well before the so-called "Big Bang" of AD 1050, when a massive transformation of Cahokian landscape was initiated by the construction of Monks Mound and the associated plazas. Indeed, in late Emergent Mississippian times (ca. AD 850-1050), various residential nuclei werw located in the Helms Ridge, along the south bank of the Cahokia Creek (where the Merrell Tract II and Tract 15B are located). The whole Emergent Mississippian period in the American Bottom was marked by the appearance of large nucleated agricultural villages in areas previously occupied by scattered horticultural communities. Among these Emergent Mississippian villages, characterized by central plazas with communal structures and facilities and by several groups of residential structures organized around courtyards, Cahokia already stood out as a "mega village" or "incipient urban cluster" which, at the mid of the 11th century, must have extended over an area between 17 and 34 hectares (Kelly J.E. 1990b).

The earliest archaeological evidences brought to light in the Merrell Tract II are some late Emergent Mississippian house basins and pits, conforming clusters of houses arranged around open areas or courtyards according to a common pattern in Emergent Mississippian sites, where each courtyard group arguably hosted the members of a same household (Kelly 1990a, 1990b). The pit houses located in the Merrell Tract-UNIBO were built following the predominant East-West orientation already observed in the 15B Tract. At least three or four of such courtyard groups stood in the Merrell Tract II/Tract 15B area (Pauketat 2013: 70-73; fig. 4.17) (Figure 9.5).

ritual center with no residential areas. This prevalent view changed after the investigations carried out in the 1960s, which revealed the presence of a dense and continued occupation of the site.

In the following we will present the data produced by the research project "The Cahokia Project", carried out between 2011 and 2017 in the so-called Merrell Tract II, an area west of Monks Mound corresponding to the north-central section of Cahokia's West Plaza. The research project was jointly organized by the Department of History and Cultures of the University of Bologna (Italy) and the Department of Anthropology of the Washington University, St. Louis (MO, USA) and was directed by Davide Domenici and John E. Kelly. Imma Valese acted as vice-director and coordinator of the fieldwork activities, Marco Valeri was in charge of topographic surveys, while Melissa Mattioli carried out ceramic analysis. The project received financial and logistical support from the organizing institutions, as well as from Italian Ministero degli Affari Esteri (Direzione Generale per la Promozione del Sistema Paese – DGSP – Ufficio VI – Settore Archeologia), Cahokia Mounds State Historic Site,

Figure 9.2. View of a section of the excavated area (photo by D. Domenici).

Emergent Mississippian houses had sub-rectangular semi-subterranean basins, cut into the sterile clayish or silty soil. Wooden poles where set into the ground along the basin's margins and then bent and tied, as to form an arbor roof (Pauketat 2013). This construction technique, is known as "single-post" in archaeological jargon to differentiate them from the typical "wall-trench" technique of Mississippian architecture (Figure 9.6).

The University of Bologna's excavation at the Merrell Tract, revealed the presence of a dense Emergent Mississippian occupation, since at least eight house basins were located. The constant rebuilding of the houses on the same spot could have had a social meaning related with the continuity of each family's position, both in social and spatial terms, expressed by the location of their houses around a specific courtyard (Pauketat 2013).

The Tract 15B excavations led to the identification of a central main courtyard of the Emergent Mississippian community, distinguished by the presence of the typical four pits and central post arrangement, hence it is possible that the other courtyards were used as secondary common areas (Pauketat 2013). UNIBO excavations brought to light the western limit of at least one of the household clusters already located in the 15B Tract, while another new courtyard was located at the southern limits of the excavation area as shown in Figure 9.5 (Valese 2017). The types of pit features and their content differ between

Figure 9.3. Tracts excavated in the West Plaza Area.

107

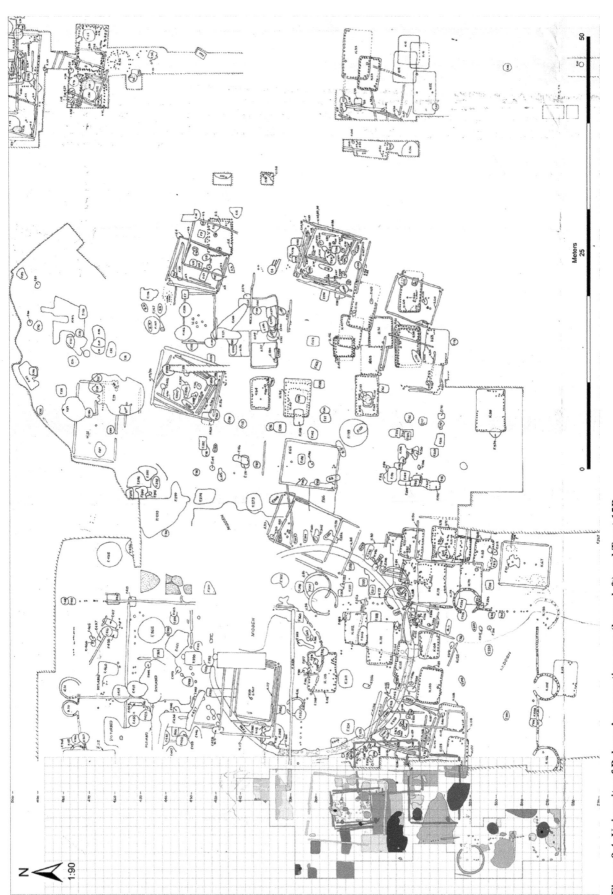

Figure 9.4. University of Bologna's excavation area (lower left) and Tract 15B.

the two portions of courtyards excavated in the Merrell Tract II. The northern courtyard was indeed occupied by refuse pits rich in pottery, lithic materials and botanical and faunal remains (F1016, F1017W, F1017E, F1080). Plant processing and cooking activities were confirmed by identification of seeds from species composing the socalled Eastern Complex (*Polygonum erectum, Phalaris carolinana and Lepidium virginicum*) and white-tailed deer (*Odocoileus virginianus*) remains. Among the seeds recovered in the refuse pit F1080, it is noticeable the presence of tobacco seeds (*Nicotiana rustica*) and morning glory (*Ipomoea sp.*) which may reflect the performance of ritual activities (Parker 2014). The southern courtyard, on the other hand, was characterized by the presence of small post pit and a large storage pit, whose dimensions (1.93 m of diameter and 92 cm of depth) suggest that it may have served various of the structures clustering around the courtyard. Thus, the northern courtyard seems to have been an area used for ritual/communal activities such as feasting, while the southern courtyard could have housed common storage facilities.

As far as ceramics are concerned, the "Late Bluff" Emergent Mississippian tradition at Cahokia includes jars and bowls, seed jars, bottles, miniature vessels and "stumpware", i.e. crude, footed vessels whose function is still unclear and that, according to some scholars, could have been related with maize nixtamalization (Kelly 1990a; Betzenhauser et al. 2018). Surface treatments of Emergent Mississippian vessels include plain surfaces and red slipping; cordmarked decoration, when present, it is typically found on jar lips.

Ceramic findings recovered from Merrell Tract II, especially abundant in the above-mentioned refuse pits

of the northern courtyard, witness the domestic activities carried out in the Emergent Mississippian household groups (Figure 9.7). Few exotic rim sherds proceeding from southern Missouri, northern Illinois and the southern Yazoo Basin may witness long-range interactions among Emergent Mississippian communities.

The Emergent Mississippian evidences brought to light in our excavation seem coherent with the general picture suggested by the excavation of coeval sites in the American Bottom, where settlement nucleation of various courtyard groups was accompanied by the establishment of centrally-located courtyards where supra-household ritual activities, witnessed by post pits, communal non-domestic buildings, and quadripartite arrangements of pits, where carried out (Kelly J.E. 1990a, 1990b).

Tim Pauketat (2013: 60, 301) noticed that the average dimensions of the Emergent Mississippian houses in Tract 15B are larger than those seen in other sectors of the city. This seems to be confirmed by our excavations and especially by houses F1046 (3,86 x 2,85 m) and F1189 (with an east-west axis of 4,15 m). According to Pauketat, this could be a hint of some kind of special status enjoyed by the inhabitants of the Helms Ridge, a privileged area that would be soon transformed into one of the four plazas conforming the very ritual hearth of Mississippian Cahokia. Interesting comparative elements proceed from the area immediately to the west of Merrell Tract II/Tract 15B, known as Tract 15A and also excavated by W. Wittry (Wittry 1961; Pauketat 1998). The Emergent Mississippian settlement in Tract 15A spanned the whole Emergent Mississippian phase with evidences of a constant increase of the average dimensions of the houses, nevertheless smaller than those seen in the Merrell Tract II/Tract 15B.

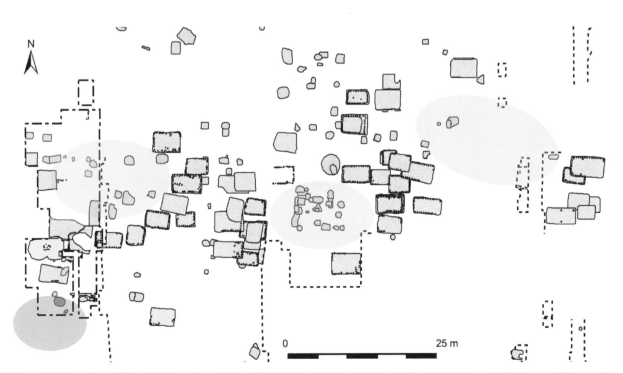

Figure 9.5. Location of three EM courtyards identified in Tract 15B and Merrell Tract II. At lower left, the possible courtyard whose existence has been revealed by our excavations.

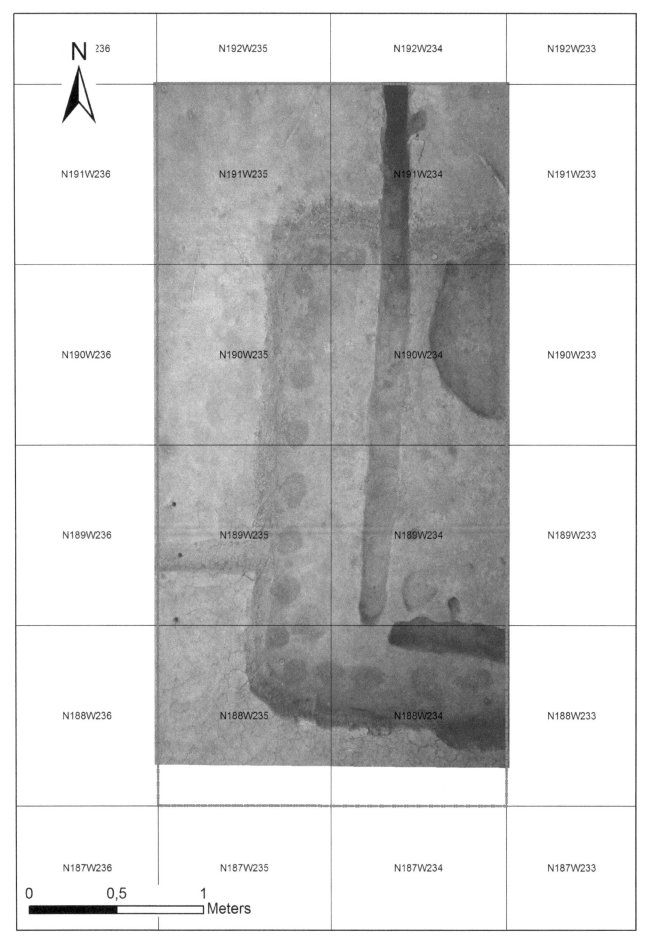

Figure 9.6. Photometric image of part of the Emergent Mississippian House F1013/H107, with post pits lining the house basin. The superimposed linear features (wall trenches) date to later, Mississippian times.

Figure 9.7. Emergent Mississippian vessels reconstructed from fragments retrieved in Merrell Tract II area.

Moreover, comparing the Emergent Mississippian occupation of the two Tracts, we can notice a more formal planning in the Merrell Tract II/Tract 15B, where all the structures share a same east-west orientation. On the contrary, in Tract 15A the east-west orientation became predominant only at the end of the Emergent Mississippian period, with various houses nonetheless showing a north-south orientation (Pauketat 1998; Valeri 2012). Even if this difference between the two settlement clusters is hard to explain, it is possible that the Merrell Tract II/Tract 15B was the main community in the area, characterized by a well-defined use of the space and possibly inhabited by families of higher social standing, while Tract 15A could have been a more "marginal" cluster, maybe created as a consequence of a westward expansion of the Merrell Tract II/Tract 15B cluster at the beginning of the Emergent Mississippian second sub-phase (Valeri 2012).

The concentration of Emergent Mississippian households along the Helms Ridge, arguably associated with a reinforcement of supra-household social bonds, seems to have also led to artificial modifications of the local landscape. Toward the end of the Emergent Mississippian occupation of the Merrell Tract II/Tract 15B area, packs of a clayish "blue fill" (F1160) with shallow feathered edges were laid down in natural depressions. In the Merrell Tract II these infilled areas are much less homogeneous than those seen in Tract 15B, which Pauketat interpreted as remnants of an Emergent Mississippian mound (Pauketat 2013: 73-76; fig. 4.19). We thus tend to believe that, rather than the presence of a mound, these packs testify the infilling of natural depressions (as well as of abandoned house basins) to create an even, flat surface (see also Pauketat 2013: 301). Such landscape modifications, requiring some kind of corporate labor organization in order to move large quantities of the dense and heavy "blue clay", would anticipate the radical transformation that the area suffered at the onset of the subsequent Lohmann phase (AD 1050-1100).

Indeed, at the mid the of 11th century the whole Merrell Tract II/Tract 15B area was completely cleared of all

the residential structures to be ultimately transformed into an open plaza surrounded by earthen mounds and hosting, in its north-central area, a series of large public buildings of various shapes that were sequentially used during Cahokia's heyday (phases Lohmann and Stirling, AD 1050-1200) (Pauketat 2013; Domenici and Valese 2016). Interestingly enough, the functional shift which characterized the Merrell Tract II/Tract 15B area did not affected Tract 15A, which was still occupied by residential structures during the Lohmann phase (Wittry 1961; Pauketat 1998). It is even possible that some of the former inhabitants of the Merrell Tract II/Tract 15B moved into Tract 15A. If so, a general increase of the average dimensions of the houses and the identification of a small plaza to the north of Tract 15A could reflect the increased social standing of its inhabitants (Valeri 2012).

The creation of the West Plaza was part of a much larger transformation of Cahokia's epicenter, marked by the erection of Monks Mound and by the creation of a quadripartite arrangement of plazas which followed a widespread Native American cosmological template (Kelly J.E. 1996; Kelly and Brown 2014). Newly built mounds, plazas and causeways shared a same orientation as part of a same urban plan which gave birth to the most complex city in Native North America. Such process of urban creation also involved a massive reorganization of the settlement's residential sectors, including those on the Helms Ridge, which had to be relocated to leave the space for the building of Cahokia's monumental epicenter. On a larger scale, the rise of Cahokia also impacted neighboring regions, as witnessed by the surge of settlements on the uplands east of the American Bottom where, starting form about AD 1000, both local and immigrant populations gave rise to the so-called Richland Complex (Alt 2018).

The so-called Interpretative Centre Tract II (ICT-II) in Cahokia is an example of the abovementioned new residential sectors and of the overall increase in formalized urban planning that took place at Cahokia after the "Big Bang". Indeed, the area was settled at the beginning of the Lohmann Phase, with dwellings built around open courtyards that served as common areas. All the structures were built with the long axes oriented toward the cardinal directions, following the so-called Cahokia Grid (Collins 1990). The Lohmann dwellings were built with a foundation basin and employing the wall-trench technique. The wall trenches, ca. 15 to 30 cm wide and 15 to 60 cm deep, were excavated into the floor of the foundation basin and the walls (maybe prefabricated and supported by posts) were placed into the trenches. Three types of roofing could have been employed to cover the buildings: the standard gable form, the dome, and the cone.

In the ICT-II the residential function of most structures was confirmed by the presence of communal facilities such as granaries and cooking areas in the courtyards (Collins 1990). Beside the dwellings and the associated "extra-mural" facilities (refuse and storage pits), special L-shaped and T-shaped structures were also erected. Their alcoves may have been used for the storage of religious/élite paraphernalia (Alt 2006). A sweat lodge, in the form of a small circular structure with a central hearth, was also identified in the ICT-II (Collins 1990).

A further radical transformation of Cahokia's monumental epicenter was marked, during the Stirling phase (AD 1100-1200), by the edification of the multiply-reconstructed wooden palisade which encircled Monks Mound and the Grand Plaza. This contraction of the city's public space strongly affected the West Plaza: even if the palisade's location west of Monks Mound is unclear, it is probable that the palisade run precisely through the plaza, thus radically reconfiguring its layout. Similarly, the palisade went through the East Plaza, which was completely reconstructed in a more easternly position (Ramey Plaza).

As a manifestation of the continuous transformation of Cahokia's monumental epicenter, during the Stirling phase Tract 15A suffered a radical reorganization which somehow mirrors what happened in the Merrell Tract II/Tract 15B area during the previous phase. Indeed, the area was cleared of residential buildings and was now occupied by public structures with a ritual function, namely a sequence of at least five different woodhenges, that is, of circles of red cedar posts. Their function is somewhat elusive: some of the posts, when observed from the one located at the center of the circle, show meaningful astronomical orientations (solstices and equinoxes), thus pointing to the performance of seasonal or calendar-related ceremonies, whose relationship with the function of the public buildings and mounds erected in and around the neighboring Merrell Tract II/Tract 15B is difficult to ascertain (Wittry 1961, 1996; Pauketat 1998).

The Late Mississippian Settlement of the Merrell Tract II/Tract 15B

As a consequence of the reconfiguration of Cahokia's epicenter, after more than a century of Early Mississippian building activity focused on a sequence of large, arguably communal wooden buildings (Domenici and Valese 2016), the Merrell Tract/Tract 15B area suffered another radical transformation at the onset of the Moorehead phase (AD 1200-1275). The area was again occupied by residential structures, now showing the typical Mississippian wall-trench architectural technique, where pre-built walls were erected within linear trenches. A similar process is also attested in Tract 15A, where the area previously occupied by the woodhenges was now reconverted in a residential sector with few, large buildings (Pauketat 1998; Wittry 1996; Valeri 2012).

The transition toward the new residential use of the Merrell Tract/Tract 15B area is not completely clear due to chronological uncertainties, but it seems that the earliest Moorehead residential structures (H6, H10, H20, H21) could have been coeval with the latest large rectangular building (F358/1001) and with several marker posts, so that T. Pauketat proposed that they could have been occupied by religious specialist or elite families (Pauketat 2013: 96-100; 302). Be as it may, over the course of the Moorehead phase (AD 1200-1275) the whole area was again occupied by several large rectangular houses. Warren Wittry also found several Moorehead and Sand Prairie (AD 1275-1400) burials in Tract 15B; in our excavation area a single Late Mississippian burial was detected but not excavated, thus confirming the performance of funerary activities within the domestic area and not in specialized buildings and mounds as it seems to have been the norm in Early Mississippian times.

Among the excavated houses, Merrell Tract II House F1005 (8.2 m. N-S and 7.12 m. E-W, covering an area of 66 m2) is one of the largest Moorehead houses ever excavated in the area, showing the typical orientation at 5° East of North also shared by other Late Mississippian houses in Tract 15B (Pauketat 2013: 114-119). This structure is composed by four wall trenches with three open corners; the western wall trench had an average depth of 30cm, in which irregularly spaced post pits with different depths (max 54 cm) were located. Some features excavated within the limits of F1005 (F1064, F1081, F1034 and F1132) could have been associated to this building (Figure 9. 8).

Another quite imposing structure must have been House H123 (F1009/1100), an E-W oriented house (92°), measuring 7,61 x 5,5 m., and covering an area of about 42,23 m2. It had been already located in Tract 15B during 1960's excavations, but only part of the northern and eastern walls had been excavated and mapped. UNIBO's excavation exposed the whole building, revealing its typical Mississippian wall-trench structure with at least three open corners and a rectangular shape. The presence of a hard clayish sterile soil, on top of which the structure was built, could have determined the shallowness of the wall trenches that in some points reached a minimum depth of 5cm.

The Moorehead houses in the Merrell Tract II, often showing evidence of multiple reconstructions (a common feature of Moorehead and later houses), seem to cluster around three open areas or courtyards, thus suggesting that the courtyard group continued to represent the main form of household settlement. The dwellings had a prevailing North- South orientation, which testify the abandonment of the previous E-W prevailing orientation as also happened in ICT-II (Collins 1990). The structures in the Merrell Tract II-Tract 15B area covered an average floor area between 30 and 35 m2 (Pauketat 2013: 114); the presence in the area of a few smaller buildings could both reflect status differentiations or different functional destinations (i.e. storage facilities associated with larger domiciles; Pauketat 1998). The houses were distributed around open courtyards (at least three of them can be recognized in the area), but most of the storage facilities were located within the structures and not in the open areas, suggesting increased privatization of storage practices (Collins 1990). On the other hand, substantial midden areas were identified in the open areas as well as in the northern sector of Merrell Tract II, where the Moorehead phase inhabitants of the Merrell Tract/Tract 15B area seem to have engaged in substantial borrowing activities, thus deleting earlier architectural evidence. The borrowed areas were then infilled with refuse containing ceramic fragments, animal bones (mostly deer, Odocoileus virginianus) and some rare material such as quartz crystals (F1019). A similar midden was also identified in a large and shallow sub-circular feature (F1049) associated with the Moorehead houses in the southern part of our excavation area, where a variety of ceramic fragments were discarded together with burned corncobs, animal bones and two fluorite beads. Among the ceramics recovered in the Moorehead phase middens we detected various plain types such as Cahokia Cordmarked and St. Clair Plain jars, together with decorated serving wares such as Wells Broad Trailed plates and Wells Fine Incised plates with a Ramey-like decoration. The increasing usage of serving (i.e. plates and platters) and common wares (i.e. Cahokia Cordmarked) was probably the result of slow abandonment of specialized manufacture of pottery and of the return to local, more domestic pottery-making (cfr. Hamlin 2004).

Nevertheless, Moorehead phase middens in the Merrell Tract II also contained decorated types which hint at the performance of ritual activities, such as the Cahokia Red Engraved beakers, characterized by the quartered circle motif surrounded by radiating lines possibly representing symbols related to the world, sun and stars. The usage of beakers was possibly related to the consumption of Black Drink during purification rituals (Crown et al. 2012). Besides these types, relevant quantities of fragments of Ramey Incised jars were found (Figure 9.9). Ramey jars, produced with a shell tempered paste and covered by a dark slip, are characterized by sharp angled shoulders, by a large orifice with generally rounded lips and by incised motifs of religious significance (Griffith, 1981; Emerson 1989; Pauketat and Emerson 1991; Pauketat 1997). Indeed, Ramey Incised pots were provided with cosmological imagery related to Native American notions about the organization of the cosmos (Friberg 2017). The

typical decorative motif proper of the Ramey Incised jars is the scroll motif that possibly represented the section of a conch shell or the movement of wind and water, even though falconoid eyes, tails and chevrons are also represented.

The content of Moorehead phase middens, similar to those excavated by Warren Wittry in Tract 15B (Pauketat 2013: 119-121), points thus to the performance of both domestic and ritual activities in the associated houses and courtyards. Besides the abundance of decorated ceramic types with high symbolic value and the presence of rare minerals such as quartz and fluorite, other evidences support this claim. Pit F1132, for example, contained remains of plants endowed with ceremonial significance, such as eastern red cedar (Juniperus virginiana) and bald cypress (Taxodium distichum) (Parker 2014). Of special interest is pit F1081, found within the large F1005 house, in whose interior we found two bone gorgets, various arrowheads (some of them miniature), copper beads, fourteen partial and whole Gulf Coast whelks, as well as the remains of a total of 102 vertebrate NISP (27 mammalian NISP, 26.5%; 37 avian NISP, 36.3%; 21 fish NISP, 20.5%); and 17 indeterminate NISP (16.7%). Among the identified species we can mention here the double-crested cormorant, trumpeter swan, snow goose, common merganser, diving ducks, catfish, bass and deer (Kelly L.S. 2015). The vertical arrangement of the animal remains within the pit could suggest some sort of "cosmological ordering" with the marine shells and fishes at the very bottom representing the watery underworld, while the waterfowl could represent the transition toward the upper world and sky. Even if the content of the pit still eludes a secure interpretation, it is evident that the presence of highly unusual materials and artifacts characterize it as a "special deposit" containing at least some leftovers from the production of ritual paraphernalia, as is the case of the partial whelks and the swan ulna showing evidence of being a residue of tool manufacture (Kelly L.S. 2015). It is useful to remind here that in Cahokia swan remains with traces of manufacture have been found together with feasting residues in a large, infilled Lohmann phase borrow pit underneath Mound 51 on a corner of the Grand Plaza (Kelly L.S. 2001; Pauketat et al. 2002; Pauketat and Emerson 1991).

The available evidence demonstrates that Moorehead phase households, whose high social status is indicated by the large dimensions of their houses, engaged in ceremonial activities involving feasting practices and the production of ritual paraphernalia. In his analysis of Wittry's excavation, Pauketat also suggested that the Moorehead community residing in Tract 15B may have also engaged in craft production practices related with the use of pigments (Pauketat 2013: 303). All this, in conjunction with the re-functionalization of areas that in previous phases were devoted to public activities in the very heart of Cahokia's monumental epicenter, suggests that during the political and religious reorganization known as the "Moorehead moment" ceremonial activities were mostly carried out at the household level and not in

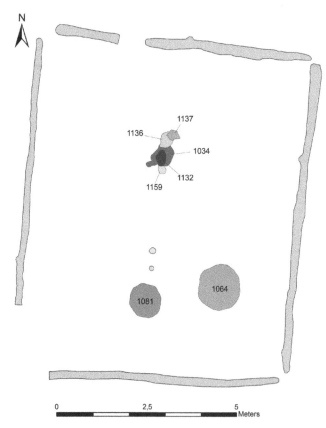

N

1137
1136
1034
1132
1159

1081
1064

0   2,5   5
Meters

Figure 9.8. Map of house F1005 and its associated pit features.

public spaces as was common in previous phases, probably as part of the increased factionalism of Late Mississippian Cahokian society. According to Kelly et al. (2001), in Moorehead times Cahokia became a sacred center able to integrate the extant differences among various corporate entities into a "megaconglomerate" of kin groups.

As attested by the remains found in Moorehead phase middens and refuse pits, household-based feasting must have played an important role in the Late Mississippian political reorganization of Cahokian society. Ramey jars, bearing highly valued sacred iconographies, could have been related with such feasting activities. It has been proposed that the ideological message carried by the Ramey vessels, legitimizing the relationship between the elite, non-elite and the cosmos, was presented to Cahokians during calendrically-based, community-forced rites of intensification, and through distribution of the vessels, following such ceremonies (Pauketat 1994; Emerson 1995).

Thus, rather than being a period of "decline" as it has been perceived in the past, the Moorehead moment marked "Cahokia's Second Climax" (Kelly et al. 2001) during which the area witnessed a reconstitution and florescence of the community on a different order and magnitude. It was also the apex in Cahokia's influence in the larger Mississippian region of the Southeast, as attested by the

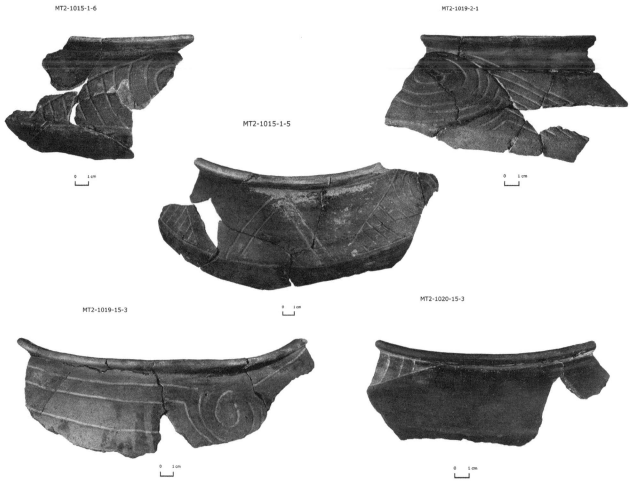

MT2-1015-1-6

MT2-1019-2-1

MT2-1015-1-5

MT2-1019-15-3

MT2-1020-15-3

Figure 9.9. Rims of Ramey Incised Jar found in Merrell Tract II.

114

diffusion of the Cahokia-related iconographies of the so-called South-Eastern Ceremonial Complex (SECC) (Brown and Kelly 2000).

A house (F1025-F1193) possibly dating to the subsequent Sand Prairie phase (AD 1275-1400) was detected in our excavation area (Figure 9.10) (see Kelly and Koldehoff

1995). The structure has an orientation of 20°NE and shows at least one rebuilding episode, mirroring the trend seen in other Sand Prairie phase structures found in Tract 15B. Unfortunately, it was not possible to completely excavate the house, but the exploration of the upper levels of the basin yielded a good amount of Late Moorhead and Sand Prairie phase ceramics (Valese 2017).

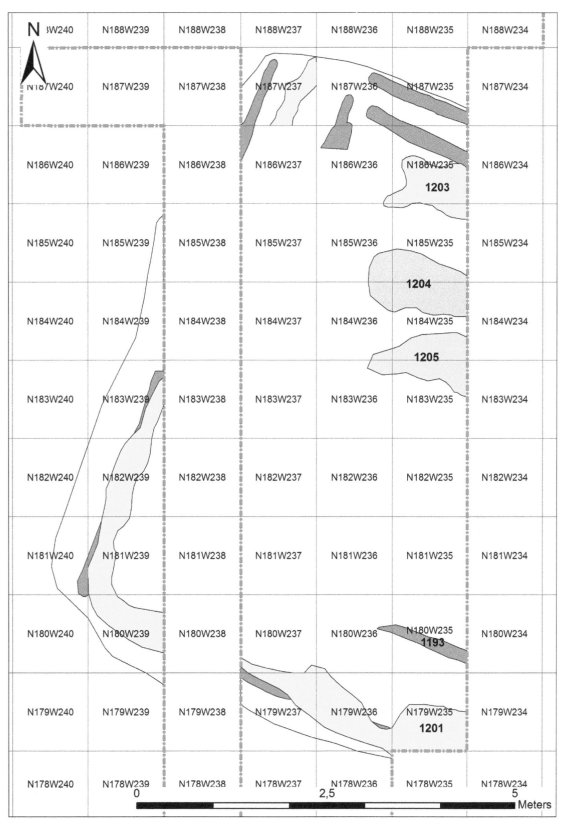

Figure 9.10. House F1193/1025 with possibly associated features and clay layer F1201.

Imma Valese, Melissa Mattioli, Marco Valeri and Davide Domenici

Conclusions

The research carried out in the Merrell Tract II and the revision of Wittry's excavations in Tract 15B produced a substantial amount of data on pre-Mississippian and Mississippian domestic settlements in Cahokia and their relationships with the "pulsating" dynamics of change which affected the Native American metropolis. The nucleation of Emergent Mississippian settlements along the Helms Ridge witnessed the population growth and community reorganization which marked the beginning of a process which would have led to the birth of the Mississippian metropolis. The arrangement of Emergent Mississippian houses in courtyard groups provides hints about the interaction among households, kin groups and the wider community. Most of the evidence from Emergent Mississippian contexts in the Merrell Tract II/ Tract 15B area points to mainly domestic activities, with hints to possible household-based ceremonial practices in the form of remains of ceremonially relevant plants such as tobacco and morning glory.

With the birth of Cahokia's monumental epicenter (phases Lohmann and Stirling), the area then suffered a radical transformation, being cleared of domestic structures and reconfigured into an open plaza with mounds and large wooden buildings. The relocation of the resident population in newly-built, well planned residential sectors within the city is a strong evidence of the scale of the process, which must have deeply affected families and kin-groups that had to abandon their traditional living spaces.

The contraction of Cahokia's epicenter during the Stirling phase and the construction of the palisade which bisected the West and East Plazas, arguably testifying some kind of factionalism, marked then an inversion of the process, culminating in the new residential occupation of the former West Plaza during the Moorehead phase. The dimensions of the Moorehead houses as well as the richness of their middens suggest that they were inhabited by high status families and kin groups. Of special interest is the evidence pointing to household-based feasting activities and other ritual practices, seemingly a confirmation of the increased factionalism that must have affected Cahokian society. The rich data recovered from Moorehead phase contexts confirms that, rather than a period of decline, the "Moorehead moment" should be perceived as a period of profound rearticulation of Cahokian social practices, significantly coinciding with a major impact of Cahokian cultural tradition in the American Bottom and all over the Southeast.

Acknowledgments

We want to thank John E. Kelly and Lucretia Kelly for their continuous support, for introducing us to Cahokian archaeology and, last but not least, for their friendship, by far the biggest "discovery" we made during our experience in Cahokia. We want to thank also all the Italian and American colleagues and students which took part in the project. Larry Kinsella, Sedona Kolmer, and Ken Williams were also incredibly supporting. Mark Esarey and Bill Iseminger, respectively Site Manager and Assistant Site Manager at the Cahokia Mounds State Historic Site, during our research period, provided invaluable help and assistance.

Bibliography

Alt, S.M., 2006. The power of diversity: The roles of migration and hybridity in culture change. In Butler, B. M., and Welch, P. D. (Eds.), *Leadership and polity in Mississippian society.* pp. 289-308. Occasional Paper No. 33. Carbondale: Center for Archaeological Investigations, Southern Illinois University.

Alt, S.M., 2018. *Cahokia's complexities: Ceremonies and politics of the first Mississippian farmers.* Tuscaloosa: University of Alabama Press.

Betzenhauser, A., Harken, S., Potter, V., Evans, M., Emerson, K., & Tufano, A., 2018. *Investigating stumpware: Evidence for Pre-Mississippian nixtamalization in Illinois.* Poster presented at the 2018 Ancient Technologies and Archaeological Materials Science and Archaeology Symposium, Sponsored by the Illinois State Archaeological Survey, University of Illinois at Urbana-Champaign.

Brennan, T.K., Betzenhauser, A.M., Lansdell, M.B., Plocher, L.A., Potter, V.E., & Blodgett, D.F., 2018. Community organization of the East St. Louis precinct. In Emerson, T.E., Koldehoff, B.H., and Brennan, T.K., (Eds.), *Revealing Greater Cahokia, North America's first Native city: Rediscovery and large-scale excavations of the East St. Louis precinct.* pp. 147–202. Illinois State Archaeological Survey, Studies in Archaeology 12. Urbana: University of Illinois.

Brown, J. A., & Kelly, J.E., 2000. Cahokia and the Southeastern Ceremonial Complex. In Ahler, S. R. (Ed.), *Mounds, Modoc, and Mesoamerica: Papers in Honour of Melvin L. Fowler.* pp. 469-510. Illinois State Museum Scientific Papers, Springfield.

Collins, J.M., 1990. *The Archaeology of the Cahokia Mounds ICT-II: Site Structure.* Illinois Cultural Resources Study No. 10. Springfield: Illinois Historic Preservation Agency.

Crown, P.L., Emerson, T.E., Gu, J., Hurst, J.W., Pauketat, T., & Ward, T., 2012. "Ritual Black Drink consumption at Cahokia". *Proceedings of the National Academy of Sciences,* 109(35), 13944-13949.

Domenici, D., Valese, I., 2016. "Toward an Understanding of Native American Socio-Political Complexity: Italian Archaeological Researches at Cahokia (Illinois, USA)". *Thule. Rivista Italiana di Studi Americanistici,* 38-41, 37-65.

Emerson, T. E., 1989. Water, Serpents, and the Underworld: An Exploration into Cahokia Symbolism. In Galloway, P. (Ed.), *The Southeastern Ceremonial Complex:*

Artifacts and Analysis. pp. 45-92. Lincoln: University of Nebraska Press.

Emerson, T. E., 1995. *Settlement, Symbolism, and Hegemony in the Cahokian Countryside*. Unpublished Ph.D. dissertation, University of Wisconsin-Madison.

Friberg, C.M., 2017. "Cosmic negotiations: Cahokian religion and Ramey Incised pottery in the northern hinterland", *Southeastern Archaeology*, 37(1):39-57.

Griffith, R. J., 1981. *Ramey Incised Pottery*. Springfield: Illinois Archaeological Society.

Hamlin, M.J., 2004. *Sociopolitical Significance of Moorehead Phase Ceramic Assemblage Variation in the Cahokia Area*. PhD dissertation, Washington University, Saint Louis.

Kelly, J.E., 1990a. The Range Site Community Patterns and the Mississippian Emergence. In Smith, B.D. (Ed.), *The Mississippian Emergence*. pp. 67-112. Tuscaloosa: The University of Alabama Press.

Kelly, J.E., 1990b, The Emergence of Mississippian Culture in the American Bottom Region. In Smith, B.D. (Ed.), *The Mississippian Emergence*. pp. 113-152. Tuscaloosa: The University of Alabama Press.

Kelly, J.E., 1996. "Redefining Cahokia: Principles and Elements of Community Organization". *The Wisconsin Archaeologist*, vol. 77, n. 3-4, pp. 97-119.

Kelly J.E., & Koldehoff, B., 1995. *The Sand Prairie Occupation of the Merrell Tract*, Cahokia. Draft Report submitted to the Cahokia Mounds Museum Society, Collinsville, IL.

Kelly J.E., & Brown, J.A., 2014. Cahokia: The Processes and Principles of the Creation of an Early Mississippian City. In Creekmore III, A.T. (Ed.), *Making Ancient Cities. Space and Place in Early Urban Societies*. pp. 292-336. Cambridge: Cambridge University Press.

Kelly, J.E., Brown, J.A., & Trubitt, M.A., 2001. *The Moorehead Phase Revisited: The Historical Context of Cahokia's Second Climax*. Paper presented at the 58th annual Southeastern Archaeological Conference, November 15-18, Chattanooga, TN.

Kelly L.S., 2001, A Case of Ritual Feasting at the Cahokia Site. In Dietler, M. (Ed.), *Feasts: Archaeological and Ethnographic Perspectives on Food, Politics, and Power*. pp. 334-367. Tuscaloosa: University of Alabama Press.

Kelly L.S., 2015. *Report of Fauna Recovered from Feature 1081, Merrell Tract, Cahokia Site*, Manuscript Research Report.

Parker K.E., 2014. *Botanical Remains from 2012-2014 Investigations at Cahokia's Merrell Tract*. Manuscript Research Report.

Pauketat, T.R., 1994. *The ascent of chiefs: Cahokia and Mississippian politics in native North America*. University of Alabama Press, Tuscaloosa.

Pauketat, T.R., 1997. "Specialization, Political Symbols, and the Crafty Elite of Cahokia". *Southeastern Archaeology*, 16, 1-15.

Pauketat, T.R., 1998. *The Archaeology of Downtown Cahokia: The Tract 15-A and Dunham Tract excavations*. Studies in Archaeology No. 1, Illinois Transportation Archaeology Research 11 Program. Urbana: University of Illinois.

Pauketat, T.R., 2013. *The Archaeology of Downtown Cahokia. The 1960 Excavation of Tract 15B*. Illinois State Archaeological Survey Studies in Archaeology 8, Urbana, IL.

Pauketat, T.R., & Emerson, T.E., 1991. "The Ideology of Authority and the Power of the Pot". *American Anthropologist*, 93(4), 919-941.

Pauketat Ti.R., Kelly, L.S., & Fritz, G.J., 2002. "The Residues of Feasting and Public Ritual at Early Cahokia". *American Antiquity*, 67(2), 257-279.

Valeri, M., 2012. *La Costruzione Dello Spazio Pubblico In Un Centro Mississippiano: Un'analisi Del Tract 15a Di Cahokia (Illinois, Usa)*. Unpublished MA Thesis, University of Bologna.

Valese, I., 2010/11. *Settlement Dynamics and Use of Space in the Mississippian World. An Analysis of Cahokia's Tract 15B and West Plaza (Illinois, USA)*. Unpublished MA Thesis, University of Bologna.

Valese, I., 2017. *The Archaeology of Cahokia's West Plaza. Excavations in the Merrell Tract*, Unpublished PhD thesis, University of Bologna.

Wittry, W., 1961. *Report of Phase 3 Archaeological Salvage Project. Fai 255, Section 60-6-1, Tract 15A*. Springfield: Illinois State Museum.

Wittry, W., 1977. *Summary Report on Investigations of the Woodhenges at the Cahokia Mounds Historic Site*. Springfield: Illinois State Museum.

Wittry, W., 1996. "Discovering and interpreting the Cahokia Woodhenges". *The Wisconsin Archaeologist*, 77 (3-4), 26-35.

Wittry, W., Vogel, J., 1962. Illinois State Museum Projects: October 1961 to June 1962. In Fowler, M.L., (Ed.), *First Annual Report: American Bottoms Archaeology, July 1, 1961-June 30, 1962*. pp. 15-30. Urbana: Illinois Archaeological Survey, University of Illinois.

10

In the beginnings: Daily life of an archaic home, some comments from the Cueva de Avendaños site, Chihuahua

Emiliano Gallaga[1]
Universidad Autónoma de Chiapas – UNACH

Tobías García-Vichis[2]
Universidad Iberoamericana

The near destruction of an archaeological site in the Sierra Madre Occidental in Chihuahua near the town of San Francisco de Borja in 2016, gave the opportunity to register an unknown area archaeologically. The archaeological contexts recorded indicate that the site Cueva de Avendaños is a late archaic / early agriculture period site and the preservation of multiple organic materials allowed us to know a little more about the daily life of this poor known period in Northern Mexico.

La casi destrucción de un sitio arqueológico en la Sierra Madre Occidental en Chihuahua en la población de San Francisco de Borja en 2016, dio la oportunidad de poder registrar un área casi no trabajada arqueológicamente. Los contextos arqueológicos que se registraron pudieron establecer que el sitio Cueva de Avendaños es del periodo arcaico tardío/agricultura temprana donde la preservación de múltiples materiales orgánicos hizo posible conocer un poco más de la vida cotidiana de este periodo poco conocido en el Norte de México.

When we read about the historical development of towns, communities, or individuals, the facts of what we consider to be most relevant to its understanding are highlighted, such as events, ceremonies, battles, births, and deaths. But ... what about the little details or activities that make this what we call life and do it every day? It is not also part of the historical development of our surroundings? Daily life is, after all, the mechanism on which individuals intertwine within a community and where their different cultural roles converge: whether they are family, work, leisure, consumer, or reproductive. But not only in material terms but also in the abstract and immaterial realm, since thoughts, ideas, desires, or spontaneous actions also interact. Thus, the study of daily life through the household unit as a material space, not only humanizes our object of study, the human being, but also gives room to tell the story of those whose actions were not recorded in history, but contributed to making it (Álvarez 2014; Castells 2005; Mélich 1997; Sánchez and Alarcón 2005).

In the region of south central Chihuahua, México, a very rich archaeological context was reported inside a rock shelter known as *Cueva de Avendaños* to the archaeologist of the *Escuela de Antropología e Historia del Norte de México* (EAHNM-INAH) on a Friday afternoon early in 2016. Among the material collected were at least 2 human skulls, bones, fragments of textile and basketry, wood, corn cobs, and a mummified military macaw (*Ara militaris*) whose feathers still retained such vivid colors. Radiocarbon dates demonstrate that much of the material at the site dates to the Late Archaic/Early Agricultural period, and the military macaw has a calibrated date range of 150 BC – AD 20 (Gallaga et al. 2018 and 2021) (Table 10.1). Both this region of Chihuahua and this time period, the transition between hunter-gatherer to early agriculture economies, has not been well studied and there is a lot to know about it. The *Cueva de Avendaños* site and its well preserved organic material are an extraordinary window to the past to start understanding how this early human community live in this remote region of the Sierra Madre, Chihuahua. In this paper, we would provide a description of the material found at the shelter that can shed some light on how the daily life could be for the inhabitants of the *Cueva de Avendaños* site in the early days of the acquisition of agriculture in this region (Figure 10.1).

Daily Life and Household Studies

Individuals exist and interact within a complex social network with other people, possessions, with natural and built environments, with activities inscribed in social and geographic spaces, and ideas and meanings. Within these complex social networks, we can define interaction units of different scales or levels that can be considered minor networks in themselves. It also needs to be aware that it is important to consider both the upper and lower elements of social structures and the individual and collective decision-making capacity or agency of individuals. Of all these scales, quite possibly the housing unit (household) is the social element that has proven to be the most interesting and enduring as a lasting social group, and as a collective human project (Bourdieu 2005: 20). In this way, the

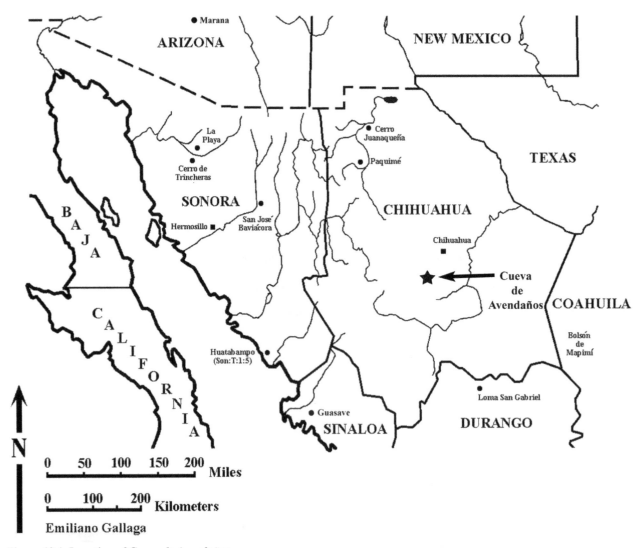

Figure 10.1. Location of Cueva de Avendaños.

housing element is one of the many units and institutions in which the individual exists and gravitates, which act on and are acted upon according to the broader networks and institutions such as communities, neighborhoods, social classes, groups, family, profession, political entities, states, empires, ethnic groups and different scales of economic networks (Castells 2005; Gallaga and Paris 2012).

As a definition of "housing unit/household" we follow the one used within the social sciences that says: "a group of people co-residents in a house or residential complex, who share activities of belonging to it and making decisions to a certain degree" (Blanton 1994: 5). This definition is based on the Greek term *oikos* (οἶκος, plural: οἶκοι). The *oikos* was "the basic unit of the society of any Greek city-state, and it included the head of the *oikos* (usually the oldest male), the extended family (wife and children), and the slaves who co-inhabited the same domestic unit" (Cox 1998: 190; Sánchez and Alarcón 2005). As a basic unit of co-residence, the activities "to belong to" are generally associated with a series of diverse actions such as economic production, consumption, inheritance, child-rearing and shelter, and historically it has been closely coupled with

other small social unit scales, such as families and kinship groups (Blanton 1994; Gallaga and Paris 2012).

As groups of co-residents, a household unit is inherently associated with the "house or home" that serves as a residential structure that generally represents a substantial investment of wealth, labor, time, and feelings. Bourdieu has called the home the "structuring structure" and the "main space" for the objectification of culture and its generative schemes (1977: 89; Johnston and Gonlin 1998: 145). Homes are particularly useful for communicating wealth and status, as they typically represent a significant cost to the family, and are therefore less subject to rapid turnover driven by fashion considerations (Blanton 1994: 14). In the same way, they are a rich source of information on cultural practices and ideals, expressed in architectural forms, construction, materials, and styles. Richard Wilk (1990: 35) mentions that culture does not form houses in some abstract or direct way; the people are the ones who make the houses. The shape of a house is not only the result of a cognitive model located in each of the cultural systems but rather reflects the interaction of cultural norms and traditions with decisions made by the members of the household unit themselves (Blanton 1994:5). The house or family unit then serves as a focal point through which social memory is inscribed within the physical landscape, and through which it is transmitted in time through a collective project of reproduction (Hendon 2010). And, sometimes it can take on a life of its own. In Mayan communities they consider structures as animated entities (Vogt 1969: 461-464, 1976: 52-55; Stuart 1998: 395; Houston 1998: 521); and these can serve as imitators of sacred or mythological places (Plank 2004).

Households can, in the same way, be spatially segregated based on their affiliation within the community such as neighborhoods, districts, professions, or ethnic groups. Houses can be built with materials and styles that evoke group affiliation and household activities, as reflected in the archaeological record, can express these types of identities and affiliations. This can be particularly visible in the case of migrations, colorizations, or diasporas. To cite an example, there are the different types of ethnic neighborhoods identified in the Teotihuacán site that reflect the presence of immigrants from other parts of Mesoamerica such as Oaxaca, the Gulf of Mexico, and the Maya region (Hendon 2002).

As fundamental social, political, and economic units, household units have changing and complex relationships with larger networks and institutions such as social classes, neighborhoods, political entities, and exchange networks. These larger networks and institutions, particularly social elites and political entities can potentially create pressure, constraints, and demands within households for decisions and behavior. On the other hand, the archaeological record can reveal the limits of the power of the State, the lack of control of the State over various aspects of the economic activity of the households that it claims to represent, the porosity of borders, or the active denial of state symbols. (Joyce et al. 2001). Through the daily activities of the home, relationships with elites or states can be established, maintained, contested, or ignored (Gallaga and Paris 2012; Hendon 2003; Pugh 2002; Schortman et al. 2001; Lohse and Valdez Jr. 2004).

Relevant aspects to analyze in the household units are:

1. Relationship between home and territory. This includes the aspects of construction, maintenance, and abandonment of the house itself, as well as the spatial distribution of elements related to the unit such as territory, platforms, terraces, soil movement, fields, and gardens.
2. Relationship between households and the social division of production taking into account their various types of income. In general, all households carry out subsistence production mechanisms for internal consumption, but many of these also carry out activities for external production or to fulfill social obligations, including wage income, commercial exchange benefits, the payment and receipt of taxes and rents, and the reciprocal exchange of gifts.
3. Relationship between home and labor force segregation. Work can be segregated within the home, and even outside it. Common types of job segregation run along recognized social divisions that include ethnicity, sex, or age. In many cases, the labor activities of men and women were segregated in the different manufacturing processes, and in some cases, they made different artifacts or goods.

Regarding the above, Giral (In preparation), registers that among the *mestizo* and the Rarámuri inhabitants of the community of San Francisco de Borja, the notion of "home", for the former is linked to fire, heat, cooking, and inside; while for the Rarámuri in general this represents the outside. Home is also the place where food is prepared, but not a meeting point. In other words, the house is not necessarily the home. Likewise, it should be noted that, like the Maya and other Mesoamerican groups, the house is perceived as a living being, which is part of a continuum, rather than a separation, between nature and culture (Hendon 2002).

Archaeology in San Francisco de Borja

Although the area is rich in archaeological remains, at the Catalog of Archaeological Sites of Chihuahua in the Public Registry Office of the *Instituto Nacional de Antropología y Historia* (INAH), there is no formal record of any archaeological site in the municipality of San Francisco de Borja. The historical information available for the region tells us that, by the seventeenth century, the Rarámuri, known as the Tarahumara, occupied the region. However, the sources note that the records of the Rarámuri date back only to the seventeenth century, and so the length of time this group has been in the region is not known. In addition, the area is on the border of the territory that the Conchos inhabited, a group that is not well known archaeologically (Gallaga and Martínez 2018; Gallaga et al. 2018, 2021; Griffin 1979; Guevara 1985; Sauer 1998). MacWilliams (2001:74), quoting Brooks's (1971) survey, notes about the area rock shelters: 'Several locations around San Francisco de Borja ... share recurrent characteristics, such as circular house outlines, plain ceramics, and ground stone with local variations,' in addition to sites in rock shelters with platforms in front of them that were built up to the level of the shelter. Brooks provided no information about when these rock shelters were occupied. On the other hand, Gamboa (2001:35–69) has pointed out that most of the research carried out in the area, which includes this municipality, has focused on the ethnography of the Rarámuri, and only a few archaeological and ethno-archaeological projects have been done. The Rarámuri ethnographic information and the Concho's historical record, may be important for the interpretation of archaeological data in this region (MacWilliams 2001:83–87), since their use of this land may well extend back hundreds, if not thousands, of years (Gallaga et al. 2018, 2021).

This ecological transition zone, called "Basin and Range", which separates the *Sierra Madre Occidental* from the

Chihuahuan semi-desert, has historically been a border zone between different cultural groups. Towards the time before the Conquest and throughout the 16th century, this area marked the boundary between the hunter-gatherer groups, (generically called Conchos) and groups of farmers (the Tarahumares or Rarámuri). Both groups are Uto – Nahua linguistic affiliation. The region was also a religious border area, during the first years of the seventeenth century, between the two main religious orders that began the evangelization of the province of Nueva Vizcaya. To the east, in the semi-desert, the order of San Francisco de Asís, and to the west the Society of Jesus, in the Sierra Tarahumara (Giral, et. al. 2018; Giral and García V 2020).

The Cueva de Avendaños Site

The site of Cueva de Avendaños is in the municipality of San Francisco de Borja in the south-central part of the state of Chihuahua, in the Sierra Madre Occidental physiographic province (see Figure 10.1). Hillerkus (1992) characterized the area as a Transition Zone between the Upper Tarahumara and the Central Plateau Zones. This region is an impressive landscape of steep mountains formed by a high plateau that has been cut through with canyons, and it is in this area that Copper Canyon is located. This region has an average elevation of 2,250 m (7,380 ft). Due to the higher moisture coming from the coast, the western slope has more eroded canyons than the eastern side. This upper zone causes changes in weather patterns; increased rainfall in the mountains provides wetter ecosystems where oak forests are the predominant plant life, with fertile soils and rivers to irrigate them. The main drainage is the San Pedro River, a tributary of the Conchos River, which crosses the municipality from southeast to northwest. The town of Avendaños, with a population of 70 people, is approximately 15 km southeast of San Francisco de Borja, the municipal seat, and 125 km southwest of Chihuahua City. Avendaños is a dispersed settlement on the banks of a seasonal stream that flows into the San Pedro River, and the rock shelter is on the south side of the stream facing east (Gallaga et al. 2018, 2021).

The site was reported to the archaeologist of the School of Anthropology and History of Northern Mexico (EAHNM), in 2016 by one of his student. He mentions that in his hometown some locals had discovered some prehispanic artifacts and asked if they were interested in checking them out (Gallaga et al. 2018, 2021). Understanding the potential significance of the discovery, the first archaeological examination of the site was quickly organized to the rock shelter where a rich archaeological context had been destroyed by leveling the interior with a bulldozer. The components of the project included recording the materials collected by the locals, conducting an inspection of the cave, recording materials that remained *in situ*, and excavating some exploratory trenches in a strip of the original cave floor approximately 1–2 m wide, 30 m long, and one meter deep the machinery had not disturbed that.

The site is in a C-shaped rock shelter with a maximum length of 49 m on its north-south axis and 34 m on its east–west axis (Figure 10.2). From the drip line to the interior wall, the maximum depth is 18 m to the west, and the estimated height is 12 m at the highest point. A bulldozer destroyed practically the entire rock shelter deposit, except for a strip about 30 m long that ran along the west wall of the shelter with a variable width of two meters or less. Analysis of the projectile point types recovered from the excavation units shows that the shelter was occupied as early as the Early and Middle Archaic periods (6000-3000 BC) (See figure 10.5:2; and Table 10.1). The organic materials collected from the excavated test trenches in the undisturbed deposits at the site suggest that the human community who later used the shelter inhabited it during the transition between the hunter and gatherer way of life to early agriculture activities during the Late Archaic/Early Agriculture period (1500 BC-AD 200). This inference is based on the recovery of early corn specimens and on a radiocarbon date of about 2060 14C BP from a burned corncob fragment found on the floor of one of the remaining excavated houses (Table 1).

The Late Archaic/Early Agriculture period is poorly known in this Chihuahua region (Kelley and Searcy 2015; Minnis and Whalen 2015). The Cerro Juanaqueña site in the Janos municipality to the north has the earliest record of maize in the area (starting perhaps between 1500–1300 BC; Hanselka 2000; Hard and Roney 1998, 2020), and the human burial at the Rancho Santa Maria II site in the Galeana municipality (1260 cal BC; Gallaga 2018) are the most recent findings related to this period in the state. The materials from Cueva de Avendaños and their analyses will shed more light on the Archaic and in particular on the Late Archaic/Early Agricultural periods in the region.

Field Work

A salvage archaeological project, on a way to stop the bulldozer work, assess the damage, and record the material that the owners of the shelter had collected and deposited in a *cobachita* (little hole) on a big rock outside the drip line of the shelter was the initial goal. The archaeologists noted the diversity of objects, and one of their first impressions was the excellent preservation of the materials. Because of the bright colors of the basketry, textiles, and macaw feathers, their initial inference was that the burial and macaw were from the Medio Period. All this material was transferred to the archeology laboratory at the EAHNM, Chihuahua, after each artifact was photographed, recorded, and packed. Among the materials that were recorded from the disturbed area were the mummified remains of at least three individuals (two adult crania and three pairs of femurs were counted); fragments of basketry with red geometric designs; a large fragment of red/dark brown textile that could have been used to wrap a funerary bundle; a fragment of deer hide in which a seam is present (possibly a bag or skirt); cord possibly made from cotton, yucca, and human hair; wood fragments; a large number of corn cobs; an unworked marine shell, and the naturally

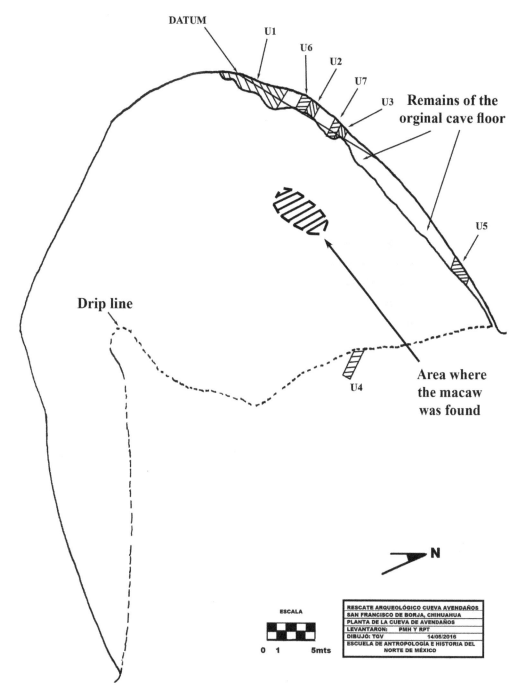

Figure 10.2. Map of Cueva de Avendaños, with the location of the remaining intact deposit at the back of the cave and where the macaw head was found, according to the owners.

Table 10. 1: Radiocarbon results for the human tooth, the military macaw, and the burned corn from Cueva Avendaños. Chihuahua (from Gallaga et al. 2018).

Laboratory No.	Sample ID	Material Dated	Material	Fraction Modern	±	D14C (‰)	±	14C age (BP)	±	$\delta^{13}C$ (‰)	$\delta^{15}N$ (‰)	%C	%N	C:N	Calibrated Age[a]
PSUAMS 2887	EGM1	Human incisor	30KDA gelatin	0.7501	0.0015	−249.9	1.5	2310	20	−9.4	8.3	43.1	15.5	3.25	405–360 BC (93.8%) 275–265 BC (1.7%)
PSUAMS 2888	EGM2	Ara militaris bone	30KDA gelatin	0.7748	0.0015	−225.2	1.5	2050	20	−10.2	5.9	43.1	14.8	3.40	150–140 BC (1.6%) 110 BC–AD 20 (93.8%)
UCIAMS No. 216365	2724	Burned corn cob		0.7735	0.0059	−226.5	5.9	2060	70						350–290 BC (5.6%) 210 BC–AD 125 (89.9%)

[a]OxCal 4.4.2, IntCal20 (Reimer et al. 2020).

mummified head of a military macaw (Figure 10.3 and 10. 4).

In the profile of a strip approximately 1 to 2 m wide by about 30 m long that the bulldozer had not destroyed, the archaeologist noticed a lot of artifacts and stratigraphy that could be excavated to provide more information. Some trenches were made in these undisturbed deposits to document the stratigraphy, to identify unaltered contexts, and, if possible, to obtain datable materials. At the end of the rescue, seven units of different dimensions had been excavated (see Figure 10.2).

All material from the excavation was screened with a ¼-inch mesh. The archaeological materials recovered were separated by type and placed in plastic bags with their respective labels. Diagnostic materials were labeled separately. When the materials were very delicate, such as organic material, samples of *bajareque* (wattle and daub), charcoal, and some minerals, they were collected with care and with the proper protocols to avoid contamination of samples and bagged in separate bags with their respective labels.

In general, all units showed similar stratigraphy. The most complex was Unit 1, which was the most extensive of the seven (5 × 1×1 m). This unit was at the far west end of the original modern cave floor strip at the back of the cave wall. Originally, it was a 2 × 1 m unit, but with the early identification of a pre-Hispanic earth floor in the profile, we enlarged it to a 5 × 1 m unit (Figure 10.5).

The stratigraphy description is as follows. The surface (1–2 cm) consisted of organic material (cow and sheep manure and modern corn cobs), stones, ashes, and dirt. Under it was a layer (Layer 1; 2–13 cm) of manure mixed with silt, clay, and ash, followed by another stratum (Layer 2; 13–20 cm) consisting of a layer of ashes of variable thickness and goat droppings mixed with silt and earth between 1 and 5 cm thick. Layer 3 was clearly formed by a fire event because a layer of charcoal and ash about 1–2 cm thick was present. The pre-Hispanic cultural contexts were sealed under all these strata. Layer 4 (23–47 cm) consisted of clay, probably the product of a collapsed/burned earthen structure, with a large amount of plant and cultural remains, which in turn was on top of what was left of a *bajareque* structure (Layer 5; 47–57 cm). At the bottom of Layer 5, we recorded an earth plaster floor (Floor # 1; 2–4 cm), on which the burned corncob used to date the *bajareque* structure was found. Under the pavement of the Floor # 1, a depositional event consisting of what appeared to be the original floor level of the cave or leveling fill was registered (Layer 6; 60–67 cm), with the *tepetate* (hardpan/caliche/sterile layer) at 67 cm deep (Layer 7).

Deciphering the daily life of a Cave 2000 years ago

By not being able to associate these contexts with any particular ethnolinguistic group, the least risky thing would be to accept that they must have been part of the

Uto-Nahua family. Although some authors maintain that, there are cultural elements to identify the inhabitants of the region as Rarámuri at least for the last 3000 years (Cf. Mac Williams 2001; Rodríguez 2019). That is a thousand years before the dates obtained from the Cueva de Avendaños samples. Based on incipient ethnographic research in San Francisco de Borja, we can see that the information that we have recovered about the Rarámuri is useful for making comparisons that allow us to sketch what a day could be like in the daily life of the inhabitants of Cueva de Avendaños.

A comparison of the settlement pattern and household units of the Rarámuri reported by ethnographers and historians suggests not only similarities but also continuity over time. Outside of the main towns, the settlement pattern remains dispersed. According to Ana Paula Pintado (2012), the Rarámuri have inhabited, at least since the seventeenth century to the present, in *rancherías*; that is, they are not concentrated in adjoining houses and towns, due to their fear of revealing their wealth to their neighbors and the concomitant fear of witchcraft. Therefore, there is an active and dynamic need to live apart,

The term *ranchería* was used for the first time in the seventeenth century by the Spanish, who defined it as a non-compact settlement point, that is, the houses were (and are) built up to 1 km apart and, in addition, during the course of one year, they changed from one to another […] Later, Spicer defines these indigenous peoples as "*ranchería* people", people whose main means of subsistence consisted of agriculture, unlike the "village people", with intense agriculture, " band people ", peoples in which agriculture was less important than hunting-gathering and the" non-agricultural bands ", which only took advantage of wild resources (Pintado 2012: 66 – 67).

The settlement pattern that predominates today and, probably in the past, agrees with what was described by Pintado (op. cit.) and Deeds (2000; also 1992), who also points out that the Rarámuri, as well as other groups of the Sierra Tarahumara, practiced agriculture since before contact with Europeans. And who, towards the 16th and 17th centuries, lived in caves or stone houses, but always on the banks of rivers (Deeds 2000: 387-389). A feature that can now be observed in practically all the settlements in the Upper Zone. To this, Hillerkuss adds:

They often inhabited under the numerous rocky outcrops, shaped like caves, next to the streams of rivers or higher than the latter. Occasionally they offered a roof to more than one family; in that case, walls made of stacked stones divided the place. (Hillerkuss, 1992: 21).

The findings in Cueva de Avendaños concord with Hillerkuss, although the only construction that we could observe was made of *bajareque* and not of stone.

On the other hand, the degree of cultural development of the inhabitants of the cave is comparable to that of the

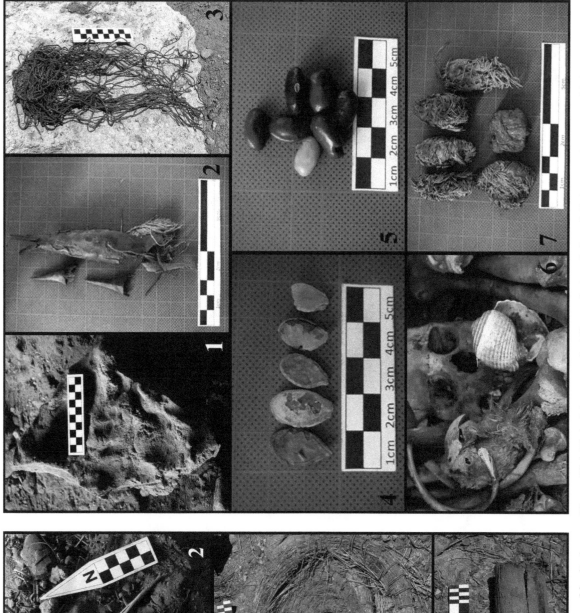

Figure 10.4. Material recovered at Cueva de Avendaños: 1) Bajareque fragment with hand print on it; 2) maguey thorns; 3) cotton cord; 4) pumpkin seeds; 5) beans; 6) Mummified head of the Military Macaw and see shell; and 7) maguey bagasse (photos by Proyecto Rescate Arqueológico Cueva de Avendaños, INAH).

Figure 10.3. Material recovered at Cueva de Avendaños: 1) corn found in situ in unit two; 2) squash found in situ in unit 2; 3) textile; 4) a piece of leather; 5) and an olla basketry base; 6) basin metate (# 3084); and 7) wood pole fragment with cut marks (photos by Emiliano Gallaga, INAH).

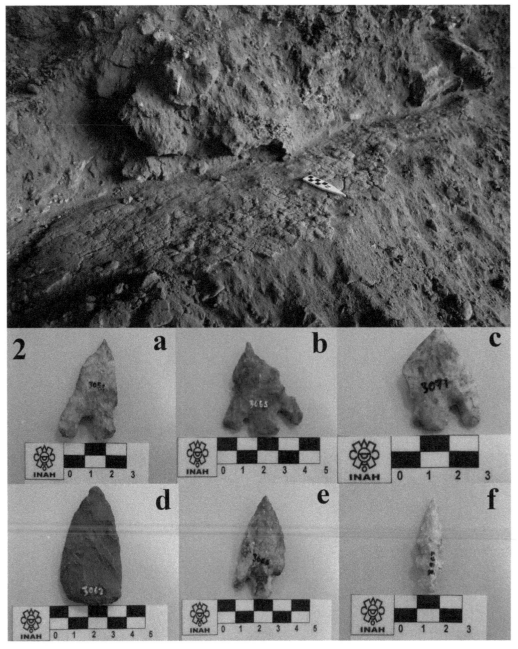

Figure 10.5. 1) Detail of the earth floor of house unit # 1, arrow shows a burn corncob that gave a radiocarbon calibrated date of 350 BC –AD 125 (photos by Proyecto Rescate Arqueológico Cueva de Avendaños, INAH). 2) Archaic points from Cueva de Avendaños: A-C – Bell points; D – Abasolo point; E – Shumla point; F – Duran point (photos by Brenda Castro).

peoples of nuclear Mesoamerica of the Early Pre Classic period. In other words, the archaeological record of the Cave shows a series of elements that bear similarities both to the Mesoamerican developments of the Pre Classic period, as well as to some cultural patterns of groups identified as nomads, such as the so-called *Chichimecas*, but without being the one or the same. It is plausible that the inhabitants of the Cueva de Avendaños belonged to a social group that lived in an area of confluence of different cultural traditions and with different modes of production (gatherers – hunters and farmers), which places them at an intermediate point between both, without being properly considered one or the other. In a metaphorical sense, it can be said that they are in a liminal situation. (Cf. García V. 2017: 21 – 22). In this regard, Hillerkus (1992) argues that:

A Neolithic society such as that of the pre-Hispanic Tarahumara, which does not know the supra-regional trade in basic foodstuffs or markets, can satisfy its requirements in a "normal year" within its original vital space with no other practice than agriculture.

However, the presence of the mummified remains of a macaw (Gallaga et al. 2018, 2021; Cruz et al. 2021), as well as a sea shell of the species *Malea ringens*, whose habitat extends along the Pacific coast (from Puerto Peñasco to Ecuador (González Villarreal 2005: 38), both coming from distant areas, contradict Hillerkus' (op. cit.) assertion regarding supraregional trade. In the case of agriculture, this one is not restricted to the cultivation of corn, but also to the exploitation of agave species. According to

Gerome Levi (Personal communication, October 2017), the Rarámuri tend to plant agave in uninhabited areas, in order to collect them for consumption, which can be confused with wild species

In this sense, the remains identified in Cueva de Avendaños illustrate a diverse diet composed of both foods of agricultural origin such as corn, beans (up to 3 different varieties), and squash; as well as collection such as seeds and tubers, which they crushed into bowl metates to make flour. To obtain nutrients and sugar, they chewed little pieces of baked maguey hearts that they plant and collect from the nearby areas. Hare/rabbit, deer, turtle, rodents, and other smaller animals complement the diet. We know that from these animals they used the skins to make clothes, strings, and possibly bags of some kind. Instruments such as awls and/or needles were manufactured from the bones, mainly to be used in the process of making textiles in general, and also baskets, of which quite a few of them were registered in the cave. These include wide baskets like plates, closed baskets like pots, circles/bases for pots and/or large baskets, and strings of different warp (simple and complex). As mentioned previously, no ceramic sherds were recorded in the lower levels, only some plain types in the upper strata, possibly from a later occupation. Some fragments of baskets show a geometric decoration in red/purple tones very characteristic of this archaic period or equivalent to the Basketmakers of the American Southwest (see Figures 10.3 and 10.4).

In spite of the vast destruction of the majority of the archaeological context, was possible to identify the remains of at least one house or dwelling unit at the bottom of the cave taking advantage of its natural wall. The *bajareque* technique (wattle and daub and smoothed by hand) was used to build the house and the interior floor was a clean/fine compacted earth. Outside of this house, also at the bottom of the cave, some garbage dumps and at least two burials were identified (an infant wrapped in a mesh of rabbit skin string, and an adult). As well as the remains of a possible barn or storage area with a circular clay lid. It is possible that the vast majority of activities took place in the center and at the entrance of the cave.

They must have worked the stone somewhere in the cave, from where they collected the wasted flakes and threw them to the bottom of the cave where we found them. They worked the stone to make projectile points to hunt and defend themselves, and bowl metates with which they crushed seeds and/or dyes. They must have made stone axes and polishers since we found fragments of wooden poles with cuts and polish marks, used for the roofs of the housing units. Although the region provided them with the necessary resources to survive (food, water, and accommodation), the inhabitants of Cueva de Avendaños, participate in the exchange routes between the coast and the interior. The identification of a mummified military macaw, that recent research identified its closed habitat around 300/350 km southeast of the cave, and the presence of seashells, very highly from the Gulf of California, illustrated that exchange.

Although this is a brief interpretation of the materials and contexts recorded at the Cueva de Avendaños site, it gives us a superficial idea of what daily life might have been like in this region during the early agricultural period. Further research and data collection is still necessary, not only on site but in the region to learn more about the cultural development of the area.

- ¡came on *kánari*! Say…*Co´ogá Sunú, Co´ogá Sunú!* (eat corn in Rarámuri).

Cosíki Siyoname (blue cotton in Rarámuri), my son, leave the poor *kánari* (macaw in Rarámuri) alone. Do not you see that is tired? Why you do not take some water to your father that had been working on the stone all morning. Say *Chumarí Warina* (fast deer in Rarámuri) my mother, who used to run like the wind through the mountains before she met my father *Rawigá Ko´nare* (hungry cougar in Rarámuri) a very strong warrior but also a good stone knapped. I leave the *kánari* in his wooden post that was in one side of the courtyard and fill one of the *jicaras* with water to take it to my father. Since they brought the *kánari* from the other side of the big mountain (*Sierra Madre*), I been in charge of feeding it with tender corn, that new seed that also came from the south. I try not to run, got outside of the shelter and look the almost empty river that was waiting for the summer rains, just like us. I turn to the left and there it was, my father in his working area. My mom send him outside because she did not like to clean the stone debris, specially the tiny ones that can cut your feet's easily. The shelter were we live is near to the river and the mountains, is a big shelter were my family, the family of my uncle and my grandparents live. We build a couple of rooms at the back of the shelter with branches and wet earth that we smooth with our hands (I like to leave the impression of my hands on it jeje). We only used the rooms to sleep; they are fresh in the summer and warm in winter. All the activities are made outside, around the big patio or near the fire when the women's and kids prepare the food. Alternatively, outside the shelter like my father when he work the stones.

- *Onó* (father in Rarámuri), take some fresh water. Say *Cosíki Siyoname*.
- Ooh thanks my dear son! Soo kind of you, working the stone is a hard work and I was wetting thirsty. Answer *Rawigá Ko´nare*.
- What are you doing today *Onó*? More points? They looks different.
- Yes, in this one (Bell type) the wins are not as separate from the body as this other ones (Shumla type), they fly better and penetrated more deeply. I saw one in my last trip to the big water and now I wanted to see if I could make some for the next hunting trip.

Cosíki Siyoname!!! Could you come and help your *Usú* (grandmother in Rarámuri), my mother shout at me. I run to her inside the shelter, my *Usú* was at the fireplace grinding seeds in the basin metate. I like her, she always tell me histories from the ancients ones and give me traits like pieces of the roosting heart of the agave that we chew until we get the last drop of honey, then we throw the bagasse at the bottom of the cave. Bring me some wood to feed the fire will you *Cosíki Siyoname*, say my *Usú*. The wood was stacked at the opposite end of the entrance to the shelter; I took a long string to bring a good amount. The string was made of fibers collected along the river bend, strong and good for these tasks, not fine like the ones my sister made of cotton or human hair. As I went through the wood, loud laughter turned my attention to where my sisters and aunts were. When they sat together to work the leather to make bags, clothes, twine or work the baskets, they only spent the time gossiping. With my almost 12 solar years, I stood tall as the future warrior I would become, just like my father *Rawigá Ko´nare*. When they saw me, they just laughed. A great and loud thunder, made us all shut up and turn towards the sky, the desire rains had finally arrived.

By Emiliano Gallaga

Blibliography

Álvarez, J., 2014. *La Antropología pedagógica y la vida cotidiana en la escuela.* Paper presented at the table "Humanismo, persona y tecnología", 5 de abril. Universidad de San Buenaventura, Bogotá.

Blanton, R., 1994. *Houses and Households: A Comparative Study.* Plenum Press, New York.

Bourdieu, P., 1977. *Outline of a Theory of Practice.* Cambridge University Press, Cambridge, England.

Bourdieu, P., 2005. *The social structures of the economy.* Trans. Turner, Chris. Polity, Cambridge, England.

Brooks, R., 1971. *Lithic Traditions in Northwestern Mexico, Paleo-Indian to Chalchihuites.* PhD dissertation, Department of Anthropology, University of Colorado, Boulder.

Castells, L., 2005. *La Historia de la Vida Cotidiana. En Sobre la Historia Actual: entre política y cultura.* Hernández, E., y Langa, A., (Eds.), pp. 37-62. Abada Editores, Madrid.

Cox, C., 1998. *Household interests: property, marriage strategies, and family dynamics in ancient Athens.* Princeton University Press, Princeton, NJ. http://pup.princeton.edu/titles/6232.html.

Cruz, J., Gallaga, E., Corona, E., 2021. Local or allochthonous resource? The early military Macaw from Cueva de Avendaños, Chihuahua. Poster presented at the 10th Meeting of the International Council for Archaeozoology (ICAZ) Bird Working Group, Norway.

Deeds, S., 1992. Las rebeliones de los tepehuanes y los tarahumaras durante el siglo XVII en la Nueva Vizacaya. In Campbell, Y. (Ed.), *El contacto entre los españoles e indígenas en el norte de la Nueva España.* pp. 9-40. Ciudad Juárez, Chihuahua, México Universidad Autónoma de Ciudad Juárez.

Deeds, S., 2000. Cómo historiar con poca historia y menos arqueología: Clasificación de los acaxees, xiximes, tepehuanes, tarahumares y conchos. In Hers, M.A., Mirafuentes, J. L., Soto, Ma. D. & Vallebueno, M. (Eds.), *Nómadas y sedentarios en el Norte de México. Homenaje a Beatriz Braniff.* Pp. 381 – 391. México. IIA, IIE, IIH, UNAM.

Gallaga, E., 2018. *Comunidades Humanas en el Rancho Santa Maria, Municipiode Galeana, Chihuahua.* EAHNM-INAH, México.

Gallaga, E., Gilman, P., Plog, S., and Kennett, D., 2021. "An Early Military Macaw from Cueva de Avendaños, Chihuahua". *Kiva* 87(1).

https://doi.org/10.1080/00231940.2020.1870030

Gallaga, E., and Martínez, A., 2018. *Informe no Publicado del Proyecto Arqueológico Cañada El Café, Municipio de Aldama, Chihuahua.* Archivo del Consejo de Arqueología, INAH, México.

Gallaga, E., and Paris, E., 2012. *Agency and Autonomy in Prehispanic Households, an Introduction.* Paper no published presented at the 77th Annual Reunion of the Society of American Archaeologist, at Memphis, Tennesse.

Gallaga, E., Plog, S., Gilman, P., Kenne, D., and Castro, B., 2018. "La Guacamaya momificada de Cueva de Avendaños, Chihuahua". *Arqueología Mexicana,* Vol. XXVI (154):76-83.

Gamboa, E., 2001. Arqueología en la Sierra Tarahumara: Elementos para la Interpretación de los Orígenes de los Pueblos Indios del Norte de México. In Molinar, C., & Porras, E. (Eds.), *Identidad y Cultura en la Sierra Tarahumara.* pp. 35–54. INAH, Colección Obra Diversa, México.

García, T., 2017. La frontera seminómada del Norte de México. In Moreno, E., and Valenzuela, J. (Eds.) *Los nortes de México: Culturas, geografías y temporalidades.* pp. 21–32. EAHNM – INAH, México.

Giral, N., (In process). El paisaje interétnico e interespecie en San Francisco de Borja, Chihuahua. PhD Dissertation for Doctora de Antropología, Departamento de Ciencias Sociales, Universidad Iberoamericana, México.

Giral, N., García, T., Miranda, P., and Parra, M., 2018. Los seres del agua entre los tarahumaras de San Francisco de Borja y la Alta Tarahumara Chihuahua". *Estudios Digital,* [S.l.], nov. 2018. http://iihaa.usac.edu.gt/revistaestudios/index.php/ed/article/view/287 2018.

Giral, N., and García, T., 2020. La acción performativa-ritual en las danzas a travésdel uso, representaciones y presencias de la máscara en el Municipio de San Francisco de Borja Chihuahua. In Gutiérrez, J., and Giral, N. (Eds.), *Teatro, cuerpo y memoria en América Latina Experiencias y reflexiones sobre las artes escénicas.* La campana sumergida ed. Bielsko-Biala, Polonia.

González, L., 2005. "Guía ilustrada de los gasterópodos marinos de la Bahía de Tenacatita, Jalisco, México". *Scientia-CUCBA* 7(1):1-84.

Griffen, W., 1979. *Indian Assimilation in the Franciscan Area of the Nueva Vizcaya*. Anthropological Papers No. 33. University of Arizona Press, Tucson.

Guevara, A., 1985. *Los Conchos: Apuntes para su Monografía*. Gobierno del Estado de Chihuahua, INAH, Chihuahua City.

Hanselka, J., 2000. *Late Archaic Plant Use and Early Agriculture in Northwestern Chihuahua, Mexico: Insights from Cerros de Trincheras Sites*. Master's thesis, Department of Anthropology, University of Texas, San Antonio.

Hard, R., and Roney, J., 1998. "A Massive Terraced Village Complex in Chihuahua, Mexico, 3000 Years before Present". *Science* 279:1661–1664.

Hard, R., and Roney, J., 2020. *Early Farming and Warfare in Northwest Mexico*. University of Utah Press, Salt Lake City.

Hillerkuss, T., 1992. "Ecología, Economía y Orden Social, de los Tarahumaras en la Época Prehispánica y Colonial". *Estudios de Historia Novohispana* 12:9–66.

Hendon, J., 2002. Household and State in Pre-Hispanic Maya Society: Gender, Identity, and Practice. In Gustafson, L. and Trevelyan, A. (Eds.), *Ancient Maya gender identity and relations*. pp. 75–92. Bergin & Garvey, Westport, Conn.

Hendon, J., 2003. Feasting at Home: Community and House Solidarity among the Maya of Southeastern Mesoamerica. In Bray, T. (Ed.), *The Archaeology of Food and Feasting in Early States and Empires*. pp. 203–233. Kluwer Academic Publishing, New York.

Hendon, J., 2010. *Houses in a Landscape: Memory and Everyday Life in Mesoamerica*. Duke University Press, Durham, North Carolina.

Houston, S., 1998. Finding Function and Meaning in Classic Maya Architecture. In Houston, S. (Ed.), *Function and Meaning in Classic Maya Architecture*. pp. 519–538. Dumbarton Oaks Research Library and Collection, Washington, DC.

Johnston, K., and Gonlin, N., 1998. What do Houses Mean? Approaches to the Analysis of Classic Maya Commoner Residences. In Houston, S. (Ed.), *Function and Meaning in Classic Maya Architecture*. pp. 141–185. Dumbarton Oaks, Washington, D.C.

Joyce, A., Bustamente, L., and Levine, M., 2001. "Commoner Power: A Case Study from the Classic Period Collapse on the Oaxaca Coast". *Journal of Archaeological Method and Theory* 8(4): 343–385.

Kelley, J., and Searcy, M., 2015. Beginnings: The Viejo Period. In Minnis, P., & Whalen, M. (Eds.), *Ancient Paquimé and the Casas Grandes World*. pp. 17–41. University of Arizona Press, Tucson.

Lohse, J., and Valdez Jr., F., 2004. Examining Ancient Maya Commoners Anew. In Lohse, J., and Valdez Jr., F. (Eds.), *Ancient Maya Commoners*. pp. 1–22. University of Texas Press, Austin.

MacWilliams, A. 2001. *The Archaeology of Laguna Bustillos Basin, Chihuahua Mexico*. PhD dissertation, Department of Anthropology, University of Arizona, Tucson.

Mélich, J., 1997. "Del extraño al cómplice. La educación en la vida cotidiana". *Anthropos*, (70):70-71. Barcelona

Minnis, P., and Whalen, M., 2015. *Ancient Paquimé and the Casas Grandes World*. University of Arizona Press, Tucson.

Pintado, A., 2012. *Los hijos de Riosi y Riablo, fiestas grandes y resistencia cultural en una comunidad tarahumara de la barranca*. Colección Etnografía de los pueblos indígenas de México: Serie Estudios monográficos, INAH, México

Plank, S., 2004. *Maya dwellings in hieroglyphs and archaeology: an integrative approach to ancient architecture and spatial cognition*. BAR Publishing, International Series No. 1324, Oxford.

Pugh, T., 2002. Remembering Mayapán: Kowoj Domestic Architecture as Social Metaphor and Power. In O'Donovan, M. (Ed.), *The Dynamics of Power*. pp. 301–323. Center for Archaeological Investigations Occasional Paper No. 30, Southern Illinois University, Carbondale.

Rodríguez, A., 2019. "Irrupción de la lengua y población rarámuri en Chihuahua". *Conjeturas interdisciplinares. Chihuahua Hoy*, año 17, Núm. 17 (enero-diciembre, 2019): pp. 17-34.

Sánchez, M., and Alarcón, E., 2005. "Crónica del curso Arqueología y Género: vida cotidiana, relaciones e identidad". *RAMPAS* 7:245-250. Universidad de Cádiz.

Sauer, C., 1998. *Aztatlan*. Siglo Ventiuno editores, México.

Schortman, E., Urban, P., and Ausec, M., 2001. "Politics with Style: Identity Formation in Prehispanic Southeastern Mesoamerica". *American Anthropologist* 103(2): 312–330. doi:10.1525/aa.2001.103.2.312.

Stuart, D., 1998. The Fire Enters His House: Architecture and Ritual in Classic Maya Texts. In Houston, S. (Ed.), *Function and Meaning in Classic Maya Architecture*. pp. 373–426. Dumbarton Oaks Research Library and Collection, Washington, DC.

Vogt, E., 1969. *Zinacantan: A Maya Community in the Highlands of Chiapas*. Belknap Press, Cambridge.

Vogt, E., 1976. *Tortillas for the Gods: A Symbolic Analysis of Zinacanteco Rituals*. Harvard University Press, Cambridge, Mass.

Wilk, R., 1990. Behavioral conventions and archaeology: methods for the analysis of ancient architecture. In Kent, S. (Ed.), *Domestic architecture and the use of space: an interdisciplinary cross-cultural study*. pp. 34–42. New directions in archaeology. Cambridge University Press, Cambridge [England]; New York.

11

Moradores del desierto: contextos habitacionales al aire libre en grupos cazadores-recolectores

Geiser Gerardo Martín Medina
Universidad Autónoma de Yucatán, México; Universidad Internacional
Iberoamericana, México; Universidad Europea del Atlántico, España

La arqueología mexicana se ha caracterizado por el estudio de grupos mesoamericanos donde la monumentalidad, la escritura, entre otros elementos; ponderan la reconstrucción histórica de estas sociedades. Otros, se aproximan a las "culturas del desierto", indagando en las asociaciones a la arquitectura regional o del llamado sur de los Estados Unidos. En este trabajo se abordará a otros grupos coexistentes, pero invisibles en muchas ocasiones: los cazadores recolectores al aire libre.

The Mexican archeology has been characterized by the study of Mesoamerican groups where monumentality, writing, among other elements; they ponder the historical reconstruction of these societies. Others approach the "cultures of the desert", inquiring into the associations to regional architecture or the so-called southern United States. This work will address other coexisting groups, but often invisible: outdoor hunter gatherers.

Introducción

El presente trabajo pretende plasmar una visión general en torno a los grupos humanos de cazadores – recolectores que habitaron una amplia región de la frontera norte de Mesoamérica conocida como Altiplano Potosino y localizada en la parte central de la denominada Mesoamérica Septentrional. Esto se abordará a partir de algunos antecedentes de investigación derivados de la arqueología y la etnohistoria del área de estudio y su contraste con las regiones vecinas. Analizar zonas colindantes correspondientes a los actuales estados de Querétaro, Guanajuato y Zacatecas dan evidencia sobre similitudes y diferencias en la región mencionada con anterioridad. Esto permite la comparación de estrategias y metodologías a aplicar en campo, así como en el estudio de los materiales arqueológicos. Lo anterior y sumado a conceptos como paisaje o territorialidad pueden ser de ayuda en combinación con estudios de patrón de asentamiento o dispersión de materiales de superficie en el caso de campamentos de cazadores, así como el cotejar esos elementos con los datos medioambientales que fueron un factor relevante en el establecimiento de áreas de ocupación humana. De igual manera, la consulta de algunas fuentes históricas permite vislumbrar una aproximación a las dinámicas poblacionales y de reajuste territorial; brindando una aproximación sobre el paradero de estas poblaciones en esta fase de transición durante la época colonial.

Ubicación y generalidades de la región

El área de estudio se localiza en el actual estado de San Luis Potosí, limitado de norte a sur por su lado este, con los estados de Coahuila, Nuevo León, Tamaulipas, Veracruz e Hidalgo; y de sur a norte, por el oeste, Querétaro, Guanajuato, Jalisco y Zacatecas (INEGI, 1985: 3). La Región Altiplano ocupa la mayor parte de la extensión territorial del Estado en la parte septentrional, donde cruza el Trópico de Cáncer. Su clima es seco- desértico y en sus grandes extensiones se encuentra una gran variedad de cactáceas.

La región presenta una diversidad climática que oscila desde los cálidos relativamente húmedos, hasta los secos templados del altiplano. Esta gama se debe, por un lado, a las variaciones de altitud y latitud, y por otro, a la influencia marítima del golfo (INEGI, 1985: 9). En la región del Altiplano Potosino predominan los climas secos y semidesérticos templados, los cuales son de carácter continental y van de los secos a los semisecos de norte a sur y se distribuyen en altitudes que van de 1600 a 2700 metros. En esta región las condiciones del terreno son similares a la región Media Potosina, ya que se cuenta algunos con arroyos de características intermitentes a nivel de superficie siendo algunos de buen cauce y algunos aislados. Estos suelen presentar un alto nivel durante todo el año, así como algunos ojos de agua dulce y una laguna salina permanente. La escasa vegetación derivada de los cerros calizos resalta en sus áreas de azolve, árboles que presentan un crecimiento medio y bajo (mezquites, huizaches y arbustos espinosos); mientras que en las áreas de mayor altitud y cerca se los desbordamientos volcánicos se presenta una vegetación más abundante producto de los suelos más ricos estando presentes una gran variedad de cactáceas siendo muchas de ellas comestibles (nopales, pitahayas, garambullos, cardos clavellinas, entre otras) (Tesch, 2005: 100).

La fauna también presenta similitudes con la región Media, ya que la zona es nicho de especies silvestres como mamíferos pequeños (ardillas, ratas de campo, ratas de canguro, rata maguevera, liebres, y conejos del desierto) y de tamaño mediano (venado, mapache, zorrillo, zorra gris, coyote y gato montés); así como alguna diversidad de reptiles (víboras de cascabel, lagartijas, camaleones, ranas y tortugas de agua y tierra) y la presencia de aves (zopilotes, quebrantahuesos, aguilillas, tzentzontle, azulillo, colibrí, paloma morada, tórtola, codorniz, carpintero y patos) (Tesch, 2005: 102).

Paisaje y territorio en la región del Altiplano Potosino

Observar y comprender las anteriores características del terreno y lo que es posible obtener en la región brinda una gama de opciones de importancia ya que si bien el entorno de hoy no es el mismo de hace 2 mil años; este nos propone una aproximación a la posible realidad a la que se enfrentaron los pobladores de dicha área. Ante ello debió tomarles un tiempo considerable entender la dinámica de las lluvias, las temporadas de secas, la recolección y la caza; derivando en un aprendizaje que solo con la experiencia permitiría "dominar" el conocimiento del paisaje.

Para Viramontes (2000:50) es claro que los grupos poseían un conocimiento sustancial del medio en el que vivían lo que les permitió obtener la máxima eficiencia en la explotación de los recursos disponibles, donde se localizaban, como se aprovechan, quienes dentro del grupo –especialistas- se deben abocar a la obtención de estos, etcétera. Es por todo lo anterior que se considera al medio geográfico como el elemento en el cual se puede registrar las evidencias del comportamiento de una comunidad que se verán manifestadas a través de los materiales arqueológicos. Es por ello que el espacio físico en este caso es donde se dan todas las relaciones sociales ligadas a la producción o los lugares de apropiación de la naturaleza –y por ende de las materias primas o recursos-, la disposición, distribución, lugares de trabajo, etcétera.

En primera instancia, hay que hacer hincapié en que el entorno natural y la conformación de los territorios ha sufrido y seguirá sufriendo modificaciones tanto sutiles como de gran importancia, ya sea a nivel hidrológico, orográfico, y de especies animales y vegetales. Inclusive, es ilógico el no considerar las condiciones de modificación a nivel antrópico, ya que no siempre han sido las mismas. Es posible que durante el establecimiento de los primeros asentamientos humanos en la región y durante un largo tiempo hasta el inicio de la colonia, la accesibilidad a los recursos, así como su explotación modificación del entorno. Más aun cuando de cierta manera la paulatina adaptación al área pudo haber generado el éxito o fracaso del establecimiento de comunidades. En este sentido, y sí partimos directamente del paisaje actual para "afirmar" el éxito o fracaso de los grupos humanos en el pasado se estaría cayendo en un error. Sin embargo, es posible plantear algunas aproximaciones de forma general y que podrían ser extrapolables a largo plazo teniendo otros elementos comparativos como la etnohistoria y también datos de análisis como los paleobotánicos, geológicos, de sedimentos, etcétera.

Para llegar a estas hipótesis y posibles respuestas a las formas de vida de estos grupos humanos, es imprescindible hacer una revisión general de los datos que hasta el momento se conocen sobre la región provenientes de excavación, análisis y archivo.

Primeras evidencias humanas en la región

Si bien no es una novedad el conocimiento acerca de cómo los grupos que poblaron el continente americano pasando por diversas fases y movimientos migratorios, los cuales debieron responder al clima, el entorno y desde luego a la disponibilidad y accesibilidad de los alimentos. Para la región en cuestión, la evidencia de presencia humana más antigua se remonta al Arqueolítico fechado entre el 33,000 (+-2700/1800) y el 31,850 (+-1600) antes del presente; localizado en el sitio Rancho La Amapola en el municipio de Cedral, San Luis Potosí, donde el área está conformada por una cuenca cerrada con una importante cantidad de fósiles de animales y madera, junto con evidencia de actividad humana. Al ser una región semidesértica, la presencia de una cuenca con abundantes manantiales generó que llegase una diversidad de fauna local, creándose así un área propicia para obtener presas fáciles, por lo que los cazadores-recolectores de este período debieron utilizar este espacio para abastecerse de agua y aprovecharle como coto para la cacería (Mirambell, 1994: 190-193, 206; 2001: 47; Sanchez, 2010: 63-64).

Sin embargo, estos mismos grupos tuvieron algunos movimientos hacia otras áreas no tan ricas ambientalmente y que generaron ciertas limitaciones a nivel de subsistencia, teniendo que adaptarse a otras formas de obtención de alimentos. La combinación de rasgos entre los asentamientos y costumbres de origen "mesoamericano" y su combinación con prácticas "anteriores" como la caza y recolección dieron sustento y propiciaron el asentamiento de sitios en un área limítrofe que fue denominada por Braniff (1975, 1992, 1994), Mesoamérica Septentrional; comprendiendo en la actualidad los estados de Querétaro, Guanajuato, San Luis Potosí, y Zacatecas.

Únicamente a modo de comparación referencial, en el caso de los estudios arqueológicos en la región Media Potosina, estos recaen en asentamientos sedentarios con restos arquitectónicos que van desde el Clásico Medio al Posclásico Temprano (500 al 1100 d.C.) y han dejado de lado otro tipo de sitios que por las dificultades que representa su identificación, quedando limitados también los estudios arqueológicos enfocados en las poblaciones cazadoras-recolectoras (Tesch, 2005: 99). Los grupos nómadas de esta región se han identificado principalmente sobre los desbordamientos de roca basáltica que forman parte de la Sierra Madre Oriental donde se localizan áreas llanas de aluvión con periodos de inundación temporal y de características salitrosas (Tesch, 2005: 100).

Evidencias Arqueológicas de cazadores-recolectores en área colindantes

Las excavaciones realizadas en la cueva de San Nicolás, enclavada en el semidesierto del actual estado de Querétaro (colindando al sur de San Luis Potosí), ha proporcionado evidencia humana desde el 8000 a.C., donde la etapa más representada corresponde a los grupos nómadas de la región. De igual manera se identificó la presencia de grupos humanos que practicaron la agricultura en algún momento, pero la presencia de cazadores-recolectores es de mayor incidencia, por lo que a partir de ello se les consideran como grupo seminómadas en épocas tardías (Irwin, en Viramontes, 2000: 18).

Irwin (en Viramontes, 2000:22) considera que estos grupos se adaptaron a la paulatina desertización de la región desde el 8000 a.C.; ya que durante las excavaciones antes mencionadas se buscaba comprobar la hipótesis de que la ocupación humana temprana en esta zona se da desde los inicios del Holoceno hasta la época precerámica. Dicha propuesta se sustentó en la posibilidad de encontrar este tipo de evidencia cultural en las formaciones geológicas volcánicas existentes, ya que presentaban fracturas susceptibles de tener abrigos y cuevas; además se su proximidad con las regiones culturales de la cuenca de México.

Las evidencias líticas localizadas fueron comparadas a partir de las morfologías y tipologías ya establecidas para el sudeste de los Estados Unidos, así como Tamaulipas, Oaxaca, Puebla, Hidalgo y Querétaro. Con los datos recabados se establecen las fases San Juan, Hidalgo, Tecolote y San Nicolás dentro de un complejo de ocupación de aproximadamente 6500 años y que correspondió del 8000 al 1500 a.C. El material asociado, así como los fechamientos por carbono 14, permitió establecer una cronología no solo desde la época precerámica, sino abarcar la época prehispánica desde el formativo o preclásico temprano hasta el posclásico e inclusive manifestaciones culturales asociadas a la época colonial (Irwin en Viramontes, 2000:22-23).

En Hidalgo (en la colindancia sureste de san Luis Potosí) se han localizado materiales líticos de la tradición punta acanalada asociados a la ocupación de abrigos rocosos y cuevas, así como a campamentos estacionales de cazadores- recolectores y sitios con manifestaciones grafico rupestres (Viramontes, 2000:23).

Modos de vida y habitad de los grupos cazadores-recolectores

Antes de adentrarnos en el tema en cuestión, es importante señalar algunas consideraciones de importancia hacia los estudios y aparentes "carencias" de esta zona. Primeramente, se han considerado dos escenarios a partir de investigaciones previas.

El primero, parte de la existencia de grupos humanos llamados "toltecas-chichimecas", responsables de sitios chalchihutecos, así como su asociación a las culturas bolaños, chupícuaro y casas grandes y que tienen una aparición tardía en la región con respecto a las cronologías establecidas para Mesoamérica. En segundo lugar y

en contraparte, se han tenido otras aproximaciones regionalizando los estudios a la zona centro-occidente comprendiendo Zacatecas, el bajío Guanajuatense, Morelos, Michoacán, Jalisco, Durango, Chihuahua y Sonora; que en ocasiones poco tienen que ver desde la posible filiación étnica con los grupos que se movilizaron en la región del tunal o del altiplano.

Basado en lo anterior, también se suele tener "deprimentes" perspectivas de las áreas aparentemente vacías o abandonas que parecen existir en las regiones semidesérticas y áridas que comprenden estados como San Luis Potosí, Zacatecas, Durango, Coahuila, etcétera. González (2007: 20) apunta que es necesario de igual manera replantear las interpretaciones hacia un fenómeno de ocupación diferente en contra punto a la percepción de espacios "vacíos", esto a partir de la comparación con los tradicionales asentamientos prehispánicos que parten del modelo mesoamericano.

Quizá otro de los posibles inconvenientes al abordar el estudio de los grupos cazadores-recolectores se da desde el enfoque de como entendemos un "sitio" arqueológico en contextos mesoamericanos ya que generalmente se espera encontrar elementos de notoriedad y evidencias a nivel de registro arqueológico como suelen serlo la arquitectura y materiales de superficie asociados. Sin embargo, no es fácil la identificación de estos asentamientos sin comprender las dos necesidades básicas de las sociedades cazadoras-recolectoras en relación al espacio y los elementos asociados: abrigo y sustento. En primer punto se tiene que resolver la ubicación del área o campamento habitacional; y en segundo lugar, se busca establecer una relación inmediata entre los espacios habitados y la distribución de los productos provenientes de la naturaleza, tanto como medio de alimento y subsistencia como de materia prima para objetos de trabajo (González, 2007: 29-30).

Debido a lo anterior, los grupos de cazadores-recolectores de la región del altiplano poseían diversas maneras de entender el mundo, ya que tanto su historia como medio ambiente son diferentes. La ideología del Guachichil [para el posclásico] que habito el árido altiplano potosino consistió en la cacería de pequeños animales y los tunales como forma de albergue y sustento (Braniff, 2010: 103).

Rodriguez (2016: 33) apunta que los mal llamados "indios infieles y barbaros", no desconocían de las actividades agrícolas y urbanas de otras poblaciones Mesoamericanas, pues en el caso de los grupos de San Luis Potosí inclusive fabricaban cerámica y tenían edificaciones. También destacaron en el empleo de la piedra, así como la talla y pulido de la misma para fabricar armas y herramientas.

Según los datos presentados por Rodriguez (2016) en cuanto a los materiales líticos y su correlación con la cerámica y niveles estratigráficos, existe una aparente relación de grupos cazadores-recolectores cercanos a la región del Gran Tunal (al sur de la capital potosina) y Río Verde (sector oriente de San Luis Potosí, colindando con la región Huasteca de Veracruz, Hidalgo y parte de Tamaulipas), donde los primeros aprovecharon esta cercanía para hacerse de cerámica de estas regiones, así como ubicar algunos asentamientos en ambas áreas. Esto corroborado con la presencia de sitios tipo cazadores-recolectores con evidencia de cerámica tipo Valle San Luis y Río Verde. Estos sitios, se ubican regularmente en las márgenes de cursos de agua y presentan uso de cerámica, ya sea elaborada o importada del tipo Valle San Luis. Otros sitios presentan navajillas prismáticas de obsidiana asociadas a cerámicas del tipo Río Verde. Más interesante aún son los sitios donde confluyen ambas fronteras, las de tradición Río Verde y las del Valle de San Luis. Estos asentamientos presentan ambas tradiciones cerámicas, pero en escasa cantidad (Rodriguez, 2016: 41-42).

Las concepciones del norte de México tienden a colocar la cultura nómada y la sedentaria a partir de la ausencia/presencia de sus elementos característicos. Esto tiene la desventaja de mostrar a las culturas del centro de México como núcleos de irradiación Mesoamericanos y separando los estudios de los grupos del norte con menos presencia de cerámica y monumentos. Bajo esta mirada, las culturas prehispánicas del norte parecían ausentes, en contraste con lo "espectacular" de los monumentos de las culturas centrales (Zapata, 2013: 31).

Para el caso del altiplano potosino se tiene poca exploración arqueológica en comparación con la huasteca. Prospecciones de campo realizadas en la zona han develado la presencia Guachichil en prácticamente todo el altiplano potosino. La evidencia arqueológica consiste en numerosas piezas de lítica cuyo acomodo sugiere, en algunos casos, la existencia de talleres donde se manufacturaban puntas de flecha (Zapata, 2013: 44-45).

Un área de comparación para los estudios del altiplano puede ser la región media potosina, donde al igual que la región anterior, los vestigios de cazadores-recolectores son difíciles de fechar, debido a que se trata en su mayoría de artefactos recuperados sobre el terreno durante el recorrido intensivo de superficie; además de ser áreas que no presentan suficiente suelo y mucho menos estratigrafía que permita algún tipo de fechamiento diferente al comparativo (Tesch, 2008: 119).

En una solución a la ausencia de trabajos de grupos nómadas del área semiárida de la zona media potosina, en el centro INAH San Luis Potosí dentro del Proyecto Arqueológico Alaquines-Obregón, se han realizado estudios orientados al conocimiento de los pobladores prehispánicos en la región (Tesch, 2008: 119). Tesch plantea un recorrido intensivo en las inmediaciones de los poblados de Álvaro Obregón, Tablas y La Morita del que derivo la ubicación de áreas de campamentos mayores en áreas de afloramientos basálticos que estuvieron asociados a campamentos menores y campamentos de paso de cazadores-recolectores. Estos campamentos de paso se caracterizan por ser de pequeñas dimensiones y dispersos en áreas de planicie o, por ser lugares de descanso corto

localizados en lugares específicos. De igual manera se identificó un par de yacimientos de sílex que funcionaron como lugar de abastecimiento de materia prima para la elaboración de artefactos (Tesch, 2005:103-104, Tesch, 2008: 119).

Es a partir de lo anterior que la relación entre el ambiente donde se localizaron los campamentos, sumado a las condiciones que ofrecen la vegetación y fauna; presenta cualidades suficientes para la supervivencia de grupos seminómadas. Esto ha sido fundamental para un estudio con recorridos intensivos en los desbordamientos volcánicos, obteniendo de esta manera un panorama relativo al comportamiento de los grupos nómadas y a sus preferencias en cuanto al medio ambiente y abastecimiento alimentario. A partir de ello, registraron más de 40 sitios, todos ellos correspondientes a cazadores-recolectores prehispánicos seminómadas (Tesch, 2008:119-120).

Por ejemplo, el sitio denominado El Cráter se encuentra dividido por un arroyo que separa al este las áreas de talleres líticos y al oeste las áreas de actividad doméstica, así como elementos cerámicos a la falda del cerro correspondientes a otras regiones de San Luis Potosí como la cerámica del Valle de Río Verde corresponde a la fase Río Verde I y II que van del 500 al 1100 d.C.[1]; así como fragmentos originarios de la región de Guadalcázar (Altiplano) y la Huasteca además de tipos con posible origen del Norte o Centro de México, estos últimos aun sin poder identificar su procedencia especifica (Tesch, 2005: 105).

La mayor parte de los campamentos presentaron de forma recurrente fragmentos de roca volcánica no mayores a 10 cm3 y en gran cantidad de concentraciones, por lo que Tesch (2005) argumenta que pudo ser un elemento de gran valor cultural. Este es uno de los posibles indicadores [además del paisaje natural, como lo son las fuentes de agua y laderas de los cerros] que pudieran servir para indicar la presencia de asentamientos de cazadores-recolectores en la región. Otro posible indicador del tipo de asentamiento es el tipo de cultura material asociada, ya que los campamentos mayores presentan una gran cantidad de lascas y puntas de proyectil con una amplia gama de formas y tamaños elaboradas principalmente de sílex y en menor cantidad la obsidiana o el jaspe y raramente de piedra de arenisca, aunque esta última ha sido mayormente identificada en asentamientos localizados al norte [refiriendo posiblemente a la región del Altiplano Potosino] (Tesch, 2005: 105).

Uno de los detalles importantes en los materiales líticos recuperados en esta región son las variaciones en las puntas de proyectil, lo que para Tesch (2005) podría hacer hincapié en la preferencia de algunos grupos por un tipo de técnica de talla y a su vez generar "diferencias" entre grupos u otra temporalidad (Tesch, 2005: 108).

---

[1] Datos comparados por Tesch 2005, con el trabajo de Michelet 1984 (Misión Francesa).

Otro punto por considerar es la posible diferenciación entre los talleres que preparaban los núcleos a los talleres que elaboraban los artefactos. Aunque esto solo ha sido identificado en el sitio del El Cráter, esta es una línea de investigación abierta y que queda pendiente por comparar con otros sitios. Por su parte, en lo relativo a las áreas domésticas los artefactos de molienda pueden identificarse *in situ* en rocas volcánicas y sobre su cara superior el desgaste que lo identifica como metate, así como la localización de fogones (Tesch, 2005: 111) (Figura 11.1).

Para Tesch (2008: 120) es factible que el Altiplano Potosino plantee un patrón diferente a la región media en relación al entorno de los grupos cazadores-recolectores. Sin embargo, la clara preferencia por las mesas y laderas bajas de los afloramientos volcánicos, da una probabilidad de que los sitios del Altiplano se encuentren en los bosques de palma yuca, donde se presenta ese tipo de terreno. Esto hace pensar que se trata de dos hábitats que fueron recorridos por diferentes grupos con distintas prioridades alimentarias o por los mismos grupos, pero durante épocas del año diferentes.

Es por ello que el ambiente y la nula variabilidad en cuanto a las condiciones de éste, así como el contraste de las fuentes históricas; denota que los grupos cazadores-recolectores localizados en campamentos mayores se ubicaban en las inmediaciones de los afloramientos basálticos que propiciaban el crecimiento de cactáceas comestibles, al igual que fueron nichos habitables para diversas especies de mamíferos, aves, reptiles y anfibios; por lo que un modelo de movilidad de estos grupos bajo la oferta de alimentos en nichos tipo oasis (desierto-ciénega-sierra), es acertado en cuanto a lo identificado en dicha zona de estudio, puesto que al tener todos los recursos disponibles pudieron permanecer todo el año en el mismo lugar sin necesidad de buscar otras fuentes de alimento. Esto podría explicar la gran cantidad de materiales líticos y quizá la división de trabajo en cuento a estos (Tesch, 2005: 112-113).

Igualmente es viable que estos grupos aprovecharon ciertas regiones de la zona media debido a la obtención de materias primas, ya que San Luis Potosí cuenta con un yacimiento de obsidiana el cual corresponde al Cerro del Sombrero y reportado por García Cook (Cruz 1994:28). Una revisión más detalla del área, los sitios aledaños y la comparación de elementos líticos localizados en los sitios en contraste con la fuente podrán corroborar este dato. Finalmente, Tesch (2008) apunta que para corroborar cualquiera de las dos hipótesis es necesario realizar estudios en el Altiplano, el cual por el momento se encuentra muy poco investigado desde el punto de vista arqueológico (Tesch, 2008: 120).

En el caso de estudio hacia la región Media, ésta carece de abrigos rocos o cuevas que hayan funcionado como espacios de habitación en el área recorrida por Tesch (2005), sin embargo, es notorio recalcar que, en los cerros calizos de los alrededores, las cuevas identificadas aparentemente sólo tuvieron una función de carácter

Figura 11.1. Ejemplo de la industria lítica de la región de estudio dentro del Museo Regional Potosino. Fotografía del autor.

funerario, sin embargo, la alteración de los materiales a causas del saqueo complica los posibles análisis e inferencias (Tesch, 2005: 112).

La morada en el desierto: tipos de campamentos para grupos de cazadores-recolectores

A partir de la revisión anterior, podemos notar cómo la importancia del paisaje es un factor determinante para identificar sitios. Por ejemplo, un caso relevante es la propuesta que González (2010) elabora en relación a los grupos que ocuparon el norte de México donde sostiene que los asentamientos de cazadores-recolectores de esta región [que podría aplicarse en la Mesoamérica Septentrional y la región del Altiplano Potosino], son diversos entre sí. Así mismo y con base en la revisión de documentos e investigaciones desde el siglo XIX hasta la actualidad, propone cinco tipos de contextos generales para el norte de México (González, 2010) y de la cual se retomarán las características más notables que por sus elementos podrían encontrarse en las áreas potosinas.

El primer tipo lo denomina como *Sitio habitacional al aire libre*, que a diferencia de un "típico" campamento habitacional, es probable el primero no tuviera alguna estructura para resguardarse y normalmente es elaborada con materiales perecederos. Dentro de los indicadores para detectar estos sitios se identifica la localización de elementos cerámicos como tepalcates, objetos de barro (como fragmentos de pipa, etcétera), malacates [pudiendo ser de cerámica, hueso y otro material], lítica tallada, evidencia de fogatas y cuentas de concha. Un indicador de estos sitios tanto como de los campamentos temporales es la identificación de fragmentos de bajareque (González, 2010: 52).

La segunda clasificación empleada corresponde al *Campamento habitacional*, que a su vez se presentan en dos maneras. Los sitios con características *al aire libre*, que usualmente tienen presencia o escasez de lítica tallada y pulida, así como restos de fogatas. Presentan ausencia de cerámica y construcciones fijas. El segundo subtipo corresponde a los localizados *bajo techo* en cuevas y abrigos, donde aparecen restos de fogata, artefactos en fibra, corteza y hojas (cestas, sandalias, cordaje y/o redes), artefactos de madera; instrumentos de hueso, artefactos líticos tallados y pulidos, entre otros (González, 2010: 52-53).

El tercer tipo de sitio corresponde al *Campamento de paso al aire libre*, el cual usualmente es identificado por la presencia de fogatas como único elemento. La cuarta variante se refiere a la *Estación de trabajo al aire libre*. Este tipo de lugares presentan artefactos de tecnología y/o función homogénea. Esta particularidad permite identificar la presencia de lítica tallada que tiene datos sobre la manufactura y/o su función. Se puede observar la presencia de núcleos y lascas primarias con córtex total; conjuntos de herramientas retocados como los raspadores; presencia de puntas de proyectil y artefactos asociados a la molienda, así como a la preparación de alimentos (González, 2010: 53-54).

La denominada *Área ritual y ceremonial*, que puede ser al aire libre o bajo techo, corresponde a la quinta clasificación de González (2010) y a su vez se subdivide en sitio funerario, sitio con elementos gráfico-rupestres y sitios con petrograbados.

En lo relacionado a los sitios de carácter funerario, usualmente por el interior de cuevas presentan textiles, cestos y sandalias; petates; astas de venado; adornos de concha (usualmente provenientes del Pacífico) y elementos de cacería como el palo conejero y/o grandes navajas enmangadas. Sin embargo, también pueden presentar la ausencia de lo anterior y en algunos casos en sitios al aire libre asociado a cerámica (González, 2010: 54). Los sitios con manifestaciones gráfico-rupestres pueden ser en paredes internas de cuevas y abrigos o en frentes rocosos de cauces de arroyo o de sierras. En ambos casos refiere a sitios con elementos de pintura. Finalmente, en el caso de los petrograbados, estos pueden localizarse bajo techo o al aire libre y en dos tipos. El tipo con grabados incisos que suele localizarse en afloramientos de roca a nivel de superficie de abrigos y cuevas; y los del tipo grabados por percusión indirecta únicamente en afloramiento de roca a ras de suelo o en lomas y cerros (González, 2010: 55).

A partir de la anterior clasificación es posible tener una aproximación hacia los contextos de manifestaciones gráfico-rupestres no como un elemento aislado, sino como parte de un conjunto de asentamientos que en su época de elaboración estaban plenamente identificados en el paisaje. Si ya considerando la dificultad de las aproximaciones a estos grupos y sus asentamientos, sumado en ocasiones la visión Mesoamericanista de lo que sería un "sitio"; se cae en algunas complicaciones metodológicas para el adecuado estudio de estas regiones.

Ambas zonas de estudio se vuelven más complejas cuando se trata de platear aproximaciones de estudio a las manifestaciones gráficos-rupestres que existen en toda la región del Altiplano y el Gran Tunal debido en ocasiones

a la inexactitud de fechamiento para estos sitios como la atemporalidad de algunas representaciones que ocasiones no sólo se trata de superposiciones a manifestaciones previas, sino que los elementos pueden ir desde elementos del paisaje y naturistas, líneas y trazos esquemáticos, seres antropomorfos y zoomorfos así como abstractos, escenas de cacería, armas y herramientas y/o elementos asociados al catolicismo colonial que en ocasiones siguen los parámetros de atraso y pigmento que los diseños previos (Figura 11.2).

Un ejemplo de lo anterior es el sitio Mimbres localizado en Zacatecas consiste en un abrigo rocoso que cuenta con pinturas de color rojo conformado por cuatro motivos, los cuales consienten en elementos abstractos con cruces cristianas que tienen una aparente función de cubrir los motivos anteriores y diseños esquemáticos con una figura antropomorfa (Valencia, 2005: 361-363).

La mayoría de los sitios de manifestaciones gráfico-rupestres presentan un mal estado de conservación debido a la presencia de pozos de saqueo y en algunos casos la presencia de material cerámico y lítico, permite plantear la posibilidad de que estas manifestaciones plasmadas en los abrigos rocos hayan sido producidas por grupos sedentarios o semisedentarios de la región.

Como dato adicional, los sitios donde se manifiestan representaciones pictóricas en color negro no presentan materiales y tienen una fase pictórica roja sobrepuesta y a su vez, estas manifestaciones rojas en su etapa final presentan una superposición de pigmentos blancos y estos presentan una continuidad hasta la época histórica (Valencia, 2005: 365-366).

Más ejemplos de manifestaciones gráfico-rupestres son evidentes como parte de la región del semidesierto queretano y el oriente guanajuatense. Viramontes, con el

Figura 11.2. Sitios en San Luis Potosí con presencia de manifestaciones grafico-rupestres (Rodriguez, 2016 en Martín, 2018).

registro de más de un centenar de expresiones, ha buscado realizar una aproximación iconográfica y cosmogónica de los grupos de cazadores-recolectores que plasmaron su ideología en los abrigos rocosos de estas regiones (Viramontes, 2005: 369).

Las temáticas culturalmente relacionadas van orientadas a los ritos de paso, iniciación, terapia, apropiación de lluvias, cacería, entre otras. A partir ello, se propone que las particularidades de las representaciones, atributos y la grafía espacial de ciertos motivos y significancia en abrigos rocosos podría ser un indicador de prácticas rituales asociadas a un chamán (Viramontes, 2005: 369-370). La constante repetición de figuras humanas y a pesar de las diferencias en la forma plástica de representar estas figuras, hay vínculos que relacionan estas modalidades con la cosmovisión de los grupos de cazadores-recolectores del centro y norte de México (Viramontes, 2005: 370).

Así mismo, Viramontes (2005: 390), considera que los diseños y motivos plasmados en la gráfica rupestre pudo ser el medio por el cual se dio la comunicación con el mundo espiritual y como este a su vez podía incidir en el mundo y entorno real.

En el caso de El Cerrito, existe un conjunto de pinturas en la sección plana de un acantilado (de la Maza, 1991) donde es posible observar la representación de un personaje con penacho con plumas que llegan hasta las rodillas (Guevara, 2005: 135), lo cual podría estar reafirmando el planteamiento de Viramontes (2005) sobre la ritualidad y el chamanismo dentro de estos grupos. Como se ha mencionado con anterioridad, este sitio -y similar a las formas de ocupación en otras partes del Gran Tunal- presenta una relación de ocupación entre espacios con manifestaciones pictóricas y asentamientos de cazadores-recolectores (Figura 11.3).

Como parte de estas manifestaciones también deben considerarse los petroglifos, que es prácticamente un grabado sobre roca que puede contener o no una carga simbólica y/o ritual y a su vez puede o no estar compuesto de otros elementos asociados como fogatas, lítica tallada, instrumentos de molienda, etcétera (González, 2005: 279). En el caso particular de los petrograbados, si bien no fue posible detectar registro alguno en la región además de pinturas; para el caso de Nuevo León y Coahuila estos elementos [a nivel de contexto arqueológico] suelen estar asociados a actividades de cazadores-recolectores (González, 2005: 285).

El semidesierto queretano tiene afinidad a nivel de clima, vegetación, fauna y cultural con el este de Guanajuato, y con el sur y oeste de San Luis Potosí, por lo que, debido a las condiciones de la región, hubo una coexistencia entre las sociedades agrícolas con los grupos de cazadores-recolectores (Viramontes, 2000:21).

Riyel (1993:13), plantea que en la época prehispánica los grupos humanos transitaban por un "antiguo camino" que sigue el costado Este de la sierra madre occidental y que conectaba con el occidente mesoamericano con la región de la cultura Chalchihuites en Durango. A través de esta ruta transitaban objetos de la costa de occidente hacia Casas Grandes y viceversa entre los que se tenían conchas y moluscos marinos, pericos, turquesa, serpentina, cerámica y sal por mencionar algunos.

El Altiplano Potosino hacia el siglo XVI y el desplazamiento de los grupos seminómadas

Hacia el siglo XVI y XVII el mismo "camino" que empleaban los grupos por la sierra madre occidental es retomado, logrando comunicar al centro de México, y llegando hasta Chihuahua. De ahí se parte hacia Santa Fe, Nuevo México (California) y convirtiéndolo en la ruta del ahora llamado Camino Real de Tierra Adentro (Riyel, 1993:13).

Para ello, hay que partir de analizar el contexto bajo el cual se ocupa la región y como se da el inicio del posible desplazamiento de estos grupos; ya que en un principio se entiende que el termino Chichimecas engloba a diversas poblaciones que de forma despectiva fue asignada por los mexicas y el cual fue retomado por los españoles (Tomé, 2017:27). Si se considera la visión española sobre los grupos mesoamericanos como los mexicas, mayas, entre otros; con la referencia hacia lo "bárbaro" o "salvaje" apuntado por la sociedad mexica, los españoles debieron prejuiciosamente entender a estos grupos prácticamente como seres irracionales.

Fray Antonio de Ciudad Real relata que bajo el término chichimeca, existían diversas "naciones" como los pamíes –pames-, zacatecos, atanatoyas, huaxabanes, copuces, tepehuanes y huachichiles (Ciudad, 1976: II [161] en Tomé, 2017:45). Hacia el siglo XVII, Alonso de León describe a estos grupos como gente que "hacen fuego

Figura 11.3. Ejemplo de manifestaciones grafico-rupestres en el sitio de "El Cerrito" (Viramontes, 2005 en Martín, 2018).

donde quieran… no hay ave ni animal que no comen. Hasta los ponzoñosos como son culebras, víboras, ratones y de lo demás" (de León, 1690 (1975) en Recio, 2012:125).

Quizá bajo esta premisa, y desde la llegada de los españoles, los grupos cazadores-recolectores fueron paulatinamente despojados de sus territorios, viendo de la misma manera cada vez más limitados al acceso del agua, áreas para la cacería y la pesca; así como el territorio de acceso a las especies vegetales que les proveían de alimentos. Adicional a esto, las familias eran constantemente separadas para ser vendidos como esclavos. Es ante estas situaciones que, para evitar ser capturados, ser víctimas de padecimientos de nuevas enfermedades y a la vez el intentar acceder a recursos de alimentación; se veían obligados a huir hacia la sierra (Valdés, 1995 en Recio, 2012:125).

Hacia el siglo XVI, Gonzalo de las Casas (1994 en Viramontes, 2000:38) menciona que tanto Jonaces, Guamares y Guachichiles eran considerados como naciones de gente valiente y belicosa, pero tambien traidoras y dañosas. En el caso de los Guachichiles, quienes fueron nombrados así por los mexicanos debido a la costumbre de pintarse el cuerpo de colorado se dividían en parcialidades o grupos menores.

Kirchhoff (1967 en Viramontes, 2000:38) menciona que la división cultural propuesta para los territorios áridos del norte de México fue con base en la obtención y producción de alimentos, clasificando a estos en: 1) cultivadores, 2) cultivadores como actividad de menor importancia, 3) cazadores y recolectores simples, 4) recolectores y cazadores avanzados; y 5) cazadores avanzados. Para esta división considero como criterio la recolección y preparación de alimentos, caza, pesca, cultivo, útiles y recipientes, transporte, habitación, indumentaria, guerra, organización social, religión y culto a la muerte.

Es a partir de estos rasgos y de los limites norte de los ríos San Juan y Lerma que llega a la conclusión que, en los actuales estados de Querétaro, Guanajuato, San Luis Potosí, Zacatecas, Aguascalientes, sur de Nuevo León, Tamaulipas y Coahuila habitaron grupos chichimecas de las "naciones" pame, guamar, guachichil, zacatenca y rayada, entre otros y considerando a todos estos como grupos de recolección avanzada (Viramontes, 2000:39) (Figura 11.4).

Gonzalo de las Casas (en Viramontes, 2000:41) asienta que, para la última etapa de la época prehispánica, la región semidesértica de Querétaro, San Luis Potosí y Guanajuato fue habitada por grupos de filiación pame. Estos grupos de cazadores-recolectores procuraban la practica del cultivo de forma complementaria, a su economía de subsistencia por lo que se puede considerar como un grupo seminómada. Hacia el siglo XVI los pames son descritos como un grupo pacifico, de condición dócil y poco afecto a defender sus tierras en contra de los españoles. Gozaban del trabajo y el comercio, y andaban vestidos además de mantener orden entre ellos (Viramontes, 2000:38).

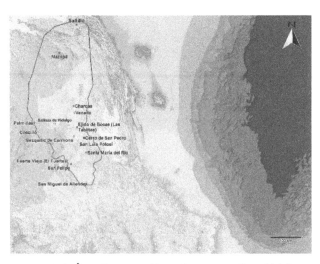

Figura 11.4. Área de ocupación de los grupos Guachichiles hacia el siglo XVI y XVII (Zapata, 2013 en Martín, 2018).

De entre los más de 170 grupos indígenas que de acuerdo con Valdés (1995 en Recio, 2012:126) habitaron la región entre 1591 y 1886, los Guachichiles fueron parte de estos grupos que los habitantes de la Nueva España consideraban como una amenaza. Por ello, una de las estrategias como se ha mencionado antes fue la captura y venta como esclavos ya sea en México o a Cuba para las plantaciones e ingenios –presumiblemente azucareros–. Otra estrategia incitaba a los indígenas matarse entre sí. Hacia finales del siglo XVIII la situación empeora, siendo estos perseguidos al grado del exterminio (Valdés, 1995 en Recio, 2012:126).

Es posible que ante este contante acoso y matanza a los grupos indígenas, estos paulatinamente se organizaran y dieran respuesta a los abusos. Esto se deja en claro en diversos documentos del Archivo Municipal de Saltillo donde se deja constancia de los ataques de estos grupos entre 1830 y 1850, sobre todo a las poblaciones localizadas en las inmediaciones del Río Bravo o hacia el sur del ahora estado de Coahuila (Recio, 2012:126).

En 1847 se registra la presencia de grupos Guachichiles al sur de Saltillo durante la ocupación estadounidense en Coahuila (Recio, 2012:125). Igualmente, otros grupos nativos de la región realizaron varios ataques a diversas poblaciones en este mismo año. Finalmente, varios por no decir todos los grupos indígenas de la región acabaron siendo exterminados hacia el año 1880 (Recio, 2012:131).

Otra aproximación a la desaparición de estos grupos que considero es complementaria a lo anterior, es planteada por Esteva (2017:83-84) señalando que los grupos chichimecas fueron diversos grupos migrantes bajo la condicionante de reconocer los sitios o lugares propicios para sus estancias o campamentos y aprovechando los recursos de su alrededor.

Esta práctica se modifica o combina en la época colonial, aprovechando algunos poblados o haciendas para trabajos cortos y obtener alimento en áreas ya pobladas y donde el entorno ya estuviera afectado. Finalmente, el crecimiento de villas y poblados llegó a afectar de tal forma el territorio que los grupos migratorios eventual y paulatinamente fueron teniendo mayores problemas de abastecimiento para su subsistencia, que fue causa de su decadencia e irremediable desaparición; además sumando desde luego el proceso de conquista y evangelización de la región (Esteva, 2017:84-85).

Consideraciones finales

El área de la Mesoamérica Septentrional ocupa el territorio semiárido, de los estados de Chihuahua, Durango, Jalisco, Zacatecas, Aguascalientes, Guanajuato, San Luis Potosí, Querétaro y Tamaulipas. Los límites fronterizos septentrionales que resultaron de esta expansión corrían en forma paralela a los confines de la Mesoamérica del siglo XVI, aunque 250 km más al norte (Zamora, 2004: 27).

En esta inmensa extensión vivieron diversidad de grupos humanos; tratándose de pueblos que difieren en su tradición lingüística, en sus características socio políticas, étnicas y culturales. Sin embargo, si existían un eje común el cual era la economía, sustentada en la recolección de vegetales: nopales, mezquites, agaves, tubérculos y yucas, especies que estaban entre las preferencias alimenticias. El poco conocimiento sobre estos grupos hizo que desde los albores del periodo novohispano se les llamara chichimecas, nombre que desde la época prehispánica era impreciso (López y López, 1996: 38–39).

Debido a la colindancia con Mesoamérica, los cazadores-recolectores de la región Septentrional establecieron múltiples relaciones de intercambio que propiciaron las recíprocas influencias culturales. Los flujos de intercambio llevaban de norte a sur pieles, turquesas y peyote; en sentido inverso: granos, cerámica, textiles, metales y adornos (López y López, 1996: 40). Ante esto, Braniff (2010) argumenta que: *"Peoples of the Bajío and Tunal Grande were in contact with and influenced by peoples from surrounding regions, including the nomadic hunter-gatherers of the desert to the north"* (Braniff, 2010: 36).

Braniff argumenta que las relaciones entre los cazadores-recolectores del Altiplano Potosino y los asentamientos mesoamericanos es corroborable a partir de la tecnología lítica de la región del Gran Tunal (región de la actual capital de San Luis Potosí). Los artefactos líticos compartidos y correspondientes a la región del Tunal recaen en pequeños raspadores unifaciales de calcedonia retocados por presión como los reportados para la Cueva de la Candelaria en Coahuila (Aveleyra, Maldonado y Martínez, 1956 en Braniff, 1994), ya que las formas corresponden a elementos diagnósticos. Estos objetos aparecen en sitios del Tunal como Cerro de Silva y Villa de Reyes, donde este último está fechado junto con la cerámica desde el 100 a.C. hasta el 1200 d.C. (Braniff, 1994: 135-136).

A nivel osteológico, los cráneos reportados en Cerro de Silva corroboran a estos individuos como de la región norte debido a una deformación del tipo dolicocéfala (Braniff, 1994: 136). Por su parte, los restos encontrados en Villa de Reyes presentan algunas características en los cráneos que podrían indicar un tipo de mestizaje (Braniff, 1992). Por otra parte, Rodríguez (2016) deja en evidencia la alta posibilidad de contacto entre dichas regiones a partir de las relaciones de intercambio.

Asimismo, Muñoz y Castañeda (2002) realizan una revisión de los materiales líticos obtenidos del Proyecto Arqueológico Norte de Querétaro, donde a partir de la comparación de algunos elementos recuperados como material de superficie llegaron a identificar formas de talla y objetos que fueron registrados en los trabajos previos de Michelet (1976, 1984, 1996) para la región Río Verde y Centro de San Luis así como en los resultados de Rodríguez de 1983 (2016).

Esto da pie a sugerir la posibilidad no solamente de desplazamiento de los grupos cazadores-recolectores a través de la Sierra Gorda; sino que de igual manera insinúa la posible interacción entre estos y los grupos no sólo del Norte de Querétaro, sino de la Región del Gran Tunal Potosino, guanajuatense y zacatecano (Ver Figura 11.5).

Las interrelaciones comerciales entre regiones alejadas entre sí y de diferente cultura que ocurrieron en la Mesoamérica Septentrional son calificadas por Braniff (2009) como sumamente interesantes, pues son evidencia de unidades sociales poderosas que obtienen objetos y bienes de otras zonas mediante el intercambio y/o el comercio.

No obstante, las condiciones comerciales y/o políticas fomentaron también la distribución de nuevos conocimientos, modas y tecnologías entre las diferentes poblaciones, como la introducción, de norte a sur, del arco, la flecha y el hacha ranurada que, si bien no son objetos de lujo, ambos son importantes para la supervivencia en el territorio septentrional (Braniff, 2009: 31).

Con base en lo anterior, Braniff (2009) propone un modo de operación comercial entre el Occidente, la Mesoamérica Chichimeca [septentrional] y el Noroeste, donde varios de los siguientes materiales se distribuyeron en ambos sentidos (Ver Figura 11.6).

Desde los llamados sitios "prístinos" de producción se enviaban productos de origen marino como pescado, conchas, caracoles y sal. Productos agrícolas (maíz, fríjol, algodón); productos artesanales (cerámica, tejidos y diversos objetos de parafernalia); materias primas y/o terminadas (lítica, turquesa, sílex, cobre); productos de caza (pieles, animales, aves) y productos de recolección (plantas medicinales, granos, semillas). Por su parte, los sitios de segunda categoría funcionaron como lugares de recepción, intercambio o comercio de uno o varios de los materiales obtenidos en los sitios de producción. Los sitios de segundo orden pueden funcionar como intermediarios o "aduanas" entre las zonas de producción y otros asentamientos de similar o mayor categoría (Braniff, 2009: 32).

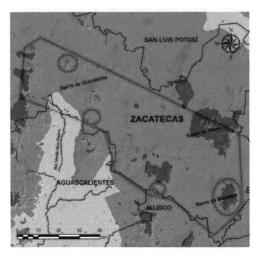

Figura 11.5. Sitios con presencia cerámica de la región del San Luis Potosí que coincide con elevaciones y abrigos rocosos cercanos a manifestaciones grafico-rupestres (Ramirez, 2010 en Martín, 2018).

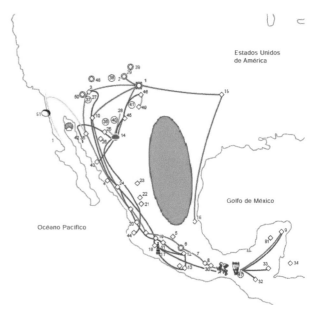

Figura 11.6. Conexiones comerciales para el posclásico según Braniff (2009). Nótese que la región del centro-norte (en verde) aparece vacía denotando una ausencia en las rutas de comercio. Modificación del autor (Martín, en prensa).

Y finalmente, los sitios grandes como pueblos o ciudades de primera categoría, además de los materiales básicos provenientes de sitios de producción, requieren de materiales exóticos, lujo o prestigio y que se obtienen con base en el comercio, la colonización o tributación. Estos sitios pueden comerciar con otros similares, tanto dentro de su región cultural como fuera de ella; donde los materiales de lujo, exóticos y de prestigio pueden funcionar como iconos comerciales.

Durante los últimos siglos antes de la llegada de los españoles, entre cazadores-recolectores y sedentarios se observan interacciones (Tesch, 2008: 118). Las regiones nororientales del país (área que ocupa el actual estado de San Luis Potosí) se han documentado evidencias que sugieren otro tipo de interacciones que tienen más que ver con el beneficio mutuo y cooperación de diversas sociedades. Por ejemplo, en el área de Alaquines [región media potosina], se parte de la inferencia de que se hubiese dado una coexistencia pacífica entre nómadas, seminómadas, semisedentarios y sedentarios dentro de esta área de contactos múltiples (Tesch, 1993: 455; Tesch, 2000: 552).

La anterior referencia nos da inferencias sobre una región fronteriza en donde confluyen dos modos de vida, los agricultores sedentarios y los nómadas cazadores-recolectores. Esto no implica que tengan que darse contradicciones que fomenten una atmósfera de violencia, sino que la interacción entre distintos grupos humanos comprende diversas dimensiones y escalas, como el comercio e intercambio ideológico (Macías, 2006: 57).

Para entender de mejor manera estas relaciones e interacciones, es necesario pensar en un espacio o en términos más prácticos: un territorio. El concepto de territorialidad compaginado con paisaje natural y/o cultural puede complementar aún más la compresión y relación ser humano-espacio.

Se podría definir que el territorio es el espacio donde se construyen las identidades culturales, a partir de referentes históricos y cotidianos, donde un grupo humano comparte representaciones, prácticas y expresiones dentro del contexto de la acción y las relaciones humanas (Moreno, 2016: 29). Giménez (1999 en Moreno, 2016: 29), lo refiere como la pertenencia socio-territorial, que integra a los simbolismos que caracterizan a la comunidad. Es aquí donde los individuos deberán socializar e interiorizar progresivamente una serie de elementos simbólicos de pertenencia y significación [un sitio, espacio, área o región determinada] (Giménez, 1999 en Moreno, 2016: 29-30). Es decir que el territorio es el "...resultado de la apropiación del espacio en diferentes escalas [simbólicas y prácticas] por los miembros de un grupo o una sociedad" (Giménez y Héau, 2008: 66).

De acuerdo con Moreno, el territorio participa en la construcción de un espacio conformado por sus ocupantes, que a partir de agentes como lo pueden ser políticos y económicos, inciden en la conservación o transformación de las prácticas, representaciones e identidades de estos mismos grupos (Moreno, 2016: 22). En este sentido, el territorio es entendido como el espacio sobre el cual la cultura deja evidencias de quien o quienes lo habitan (Moreno, 2016: 28).

Este tipo de constructo desde una perspectiva sociocultural ayuda a comprender e integrar la idea de paisaje y territorio como el establecimiento de los grupos humanos en áreas determinadas, así como su vinculación con sitios o grupos de filiación similar o con intereses en común.

Por ejemplo, los nexos posibles descritos por Braniff (1975, 1992) y Rodríguez (2016) no sólo demuestran las posibles vías materializadas del contacto entre estos grupos, sino que deja pie a la interpretación del intercambio de conocimientos, representaciones culturales, adecuación del espacio habitable, entre otros aspectos inherentes de la condición humana relacionado al entorno.

Giménez retomando a Cribb (2004), da una aproximación sobre los cazadores-recolectores en relación al territorio, donde estos grupos humanos disponen sus movimientos en sentido de la adquisición y consumo de alimentos, es decir la subsistencia. Esto en el entendido de que tienden a desplazarse hacia lugares donde existe la disponibilidad de recursos para su consumo y en una constante hacia la "estrategia de adquisición", que se refleja el explorar una diversidad de lugares y recursos. Lo anterior siempre relacionado a sus actividades de obtención y consumo de alimentos que, a su vez, están ligados a una tendencia de consumir en el lugar de la obtención o cerca de él y sin preocupación por el almacenamiento de excedentes (Giménez y Héau, 2008: 69).

Finalmente, hablar de un modelo de "casa" o "habitación" como tal y única en el caso de los grupos cazadores-recolectores es algo complejo y quizá difícil de plantear ante las variantes mencionadas anteriormente; pero si tuviéramos que referirnos al espacio íntimo de estos grupos donde realizan sus actividades de alimentación, pernocta y subsistencia, me atrevería a plantear que es el territorio y el paisaje en sí mismo la equivalencia a esta unidad.

Bibliografía

Aveleyra, L., Maldonado, M., y Martínez, P., 1956. "Cueva de la Candelaria". Memorias, Vol. 1. INAH, México.

Braniff, B., 1975. La estratigrafía arqueológica de Villa de Reyes, S.L.P. Un sitio en la frontera norte de Mesoamérica, Dirección de Estudios Regionales. Centro Regional del Noroeste. México, INAH (Cuadernos de los centros, 17).

Braniff, B., 1992. La estratigrafía arqueológica de Villa de Reyes, San Luis Potosí. México, INAH (Colección Científica, 264).

Braniff, B., 1994. La frontera septentrional de Mesoamérica. En Manzanilla, L., y López L. (Eds.), Historia Antigua de México, Vol. 1 El México antiguo, sus áreas culturales, los orígenes y el horizonte Preclásico, pp. 113-143. México, INAH-UNAM-Porrúa.

Braniff, B., 2009. Comercio e interrelaciones entre Mesoamérica y la Gran Chichimeca. En Long J., y A. Lecón, A. (Eds.), Caminos y mercados de México, pp. 27- 50. México, INAH-UNAM.

Braniff, B., 2010. A Summary of the Archaeology of North-Central Mesoamerica: Guanajuato, Querétaro, and San Luis Potosí. En Foster, M., y Gorenstein, S. (Eds.), Greater Mesoamerica. The Archaeology of West and Northwest Mexico, pp. 35-42. Salt Lake City, The University of Utah Press.

Cribb, R., 2004. Nomads in Archaeology. Cambridge, Cambridge University Prees.

Ciudad, A., 1976 (1584-1589). Tratado curioso y docto de las grandezas de la Nueva España. UNAM, México.

De la Maza, F., 1991. Pinturas rupestres potosinas. En Mirambell, L. (Coord.), Dávila, P., y Zaragoza, D. (Comps.), Arqueología de San Luis Potosí, pp. 169-174. México, INAH.

De las Casas, G., 1944. Guerra de los chichimecas, Museo Nacional de México, 2da Época, México.

De León, A., 1690 (1975). Historia de Nuevo León con noticas sobre Coahuila, Tejas y Nuevo México, Porrúa, México.

Esteva, C., 2017. Auge misiones y declive chichimeca: una reflexión. En Fábregas, A., Nájera, M. y Vázquez-Ramos, A. (Coords), Territorio e imaginarios en la Gran Chichimeca, pp. 83-102. El Colegio de Michoacán, El Colegio de San Luis, El Colegio de Jalisco, Universidad Autónoma de Zacatecas, Universidad Autónoma de Aguascalientes, Universidad Autónoma de Coahuila, CIESAS Occidente, Universidad de Guadalajara, California-Mexico Styudies Center INC, y California State University LB. México

Giménez, G., 1999. "Territorio, cultura e identidades. La región socio-cultural". Estudios sobre las culturas contemporáneas, V (9): 25-57.

Giménez, G., y Héau, C., 2008. El Desierto como territorio, paisaje y referente de identidad. En Fábregas, A., Nájera, M., y Esteva, C. (Eds.), Continuidad y Fragmentación de la Gran Chichimeca, pp.63-93. México, Universidad Autónoma de Guadalajara, Universidad Autónoma de Zacatecas, Universidad Autónoma de Aguascalientes, Universidad Intercultural de Chiapas, El Colegio de San Luis, El Colegio de Michoacán, El Colegio de Jalisco y Universidad Autónoma de Coahuila.

Guevara, A., 2005. Atavios identificables en el arte rupestre del Norte-Centro. En Casado, M., y Mirambell, L. (Eds.), Arte rupestre en México. Ensayos 1990-2004, pp. 323-352. Instituto Nacional de Antropología e Historia, México.

González, L., 2007. Historia y etnohistoria del norte de México y de la Comarca Lagunera. México, INAH.

González, L., 2010. La Laguna, punta de contacto entre las sociedades agricultoras de la Sierra Madre Occidental y los cazadores-recolectores del desierto. En Punzo, J., y Hers. M. (Eds.), Historia de Durango, Tomo I: Época Antigua, pp. 48-75. México, Universidad Juárez del Estado de Durango.

Instituto Nacional de Estadística y Geografía. 1985 Síntesis Geográfica del Estado de San Luis Potosí. México, INEGI.

Instituto Nacional de Estadística y Geografía. 2017. Anuario estadístico y geográfico de San Luis Potosí 2017. México, INEGI.

Kirchhoff, P., 1967. "Mesoamerica: sus límites geográficos, composición étnica y características culturales". Tlatoani, Suplemento 3.

López, A., y López, L., 1996. El pasado indígena. México, Fondo de Cultura Económica y El Colegio de México.

Macías, J., 2006. Prospección arqueológica en el sur occidente de Aguascalientes. Tesis de licenciatura. Universidad Autónoma de Zacatecas, México.

Martín, G., 2018. Proyecto Paisaje y territorialidad: una aproximación a las relaciones entre el Altiplano Potosino y el Gran Tunal. Manuscrito inedito, Archivo Tecnico, Instituto Nacional de Antropología e Historia.

Martín, G. en prensa. "Consideraciones sobre los pobladores del semidesierto en la región del Altiplano Potosino y el Gran Tunal durante la época prehispánica desde el paisaje y territorialidad.", Arqueología, Segunda Época, núm. 62.

Michelet, D., 1976. Archéologie de Rio Verde (État de San Luis Potosi): contribution à l'étude des zones frontalières septentrionales de la Mésoamérique. Las fronteras de Mesoamérica, I: 15-20. XIV Mesa Redonda de la Sociedad Mexicana de Antropologia. México.

Michelet, D., 1984. Rio Verde, San Luis Potosi (Mexique). Paris, CEMCA.

Michelet, D., 1996. Río Verde, San Luis Potosi. México, Instituto de Cultura San Luis Potosí.

Mirambell, L., 1994. Los primeros pobladores del actual territorio mexicano. En Manzanilla, L., y López, L. (Eds.), Historia Antigua de México, Vol. 1. El México antiguo, sus áreas culturales, los orígenes y el horizonte Preclásico, pp. 177-208. Instituto Nacional de Antropología e Historia, Universidad Nacional Autónoma de México, Porrúa: México.

Mirambell, L., Dávila, P., y Zaragoza, D., 1991. Arqueología de San Luis Potosí. México, INAH.

Moreno, R., 2016. El uso social del territorio patrimonializado: Los comerciantes del pasaje Zaragoza en el centro histórico de la ciudad de San Luis Potosí, 1990-2015. Tesis doctoral. El Colegio de San Luis. México.

Moreno, R., 2008. Evolución cultural prehispánica de los grupos nómadas en San Luis Potosí, México. En Anzaldo, R., Muntzel, M., y Suarez, M., (Ed.), La trayectoria de la creatividad humana indoamericana y su expresión en el mundo actual I, (pp. 117-124). México, INAH.

Muñoz, M., y Castañeda, J., 2002. "Reflexión sobre la arqueología y la historia de la Sierra Gorda: análisis y descripción de puntas". Iztapalapa 52 (23): 408-429.

Ramírez, A., 2010. Reconocimientos arqueológicos en el sureste del estado de Zacatecas: municipios de Pinos, Loreto, Villa García, Luis Moya, Ciudad Cuauhtémoc y Ojocaliente. Tesis de licenciatura, Escuela Nacional de Antropología e Historia-INAH, México.

Rodríguez-Loubet, F., 2016. San Luis Potosí y Gran Tunal en el Chichimecatlán del México Antiguo. Arqueología y etnohistórica. México, Fomento Cultural del Norte Potosino A.C. y El Colegio de San Luis.

Sánchez, D., 2011. Conformación del paisaje arqueológico en San Rafael de la Sierra Gorda: Un ejercicio de construcción social del espacio. Tesis de licenciatura, Escuela Nacional de Antropología e Historia-INAH, México

Riley, C., 1993. The Pre-Spanish Camino Real. En Palmer, G. (Comp.), El Camino Real de Tierra Adentro, pp. 13-19. Cultural Resources Series No. 11, 1993, New Mexico Bureau of Land Management, New Mexico State Office, Santa Fe.

Tesch, M., 1993. El área de Alaquines: una zona de contactos. En Cabrero, M., (Ed.), Coloquio Pedro Bosch Gimpera, pp. 443-459. México, UNAM.

Tesch, M., 2000. Aridoamérica su frontera sur: Aspectos arqueológicos dentro de la zona media potosina. En Hers, M., y Soto, M. (Eds.), Nómadas y Sedentarios. Homenaje a Beatriz Braniff, pp.547-561. México, UNAM.

Tesch, M., 2005. La zona media potosina y su problematica regional. En Vargas, E., (Ed.), V Coloquio Pedro Bosch Gimpera. Tomo I: El occidente y centro de México, pp. 99-118. Universidad Nacional Autónoma de México. México.

Tomé, P. 2017. Los chichimecas: encabalgamiento de imaginarios. En Fábregas, A., Nájera, M. y Vázquez-Ramos, A. (Coords), Territorio e imaginarios en la Gran Chichimeca, pp. 27-58. El Colegio de Michoacán, El Colegio de San Luis, El Colegio de Jalisco, Universidad Autónoma de Zacatecas, Universidad Autónoma de Aguascalientes, Universidad Autónoma de Coahuila, CIESAS Occidente, Universidad de Guadalajara, California-Mexico Styudies Center INC, y California State University LB. México.

Valdés, C., 1995. La guerra del Mezquite. Los indios nómadas del Noreste de México en la Colonia, CIESAS, México.

Valencia, D., 2005. La continuidad de la pintura rupestre en el tiempo. La Región de Aguascalientes. En Casado, M., y Mirambell, L. (Eds.), Arte Rupestre en México. Ensayos 1990-2004, pp. 353-368. México, INAH.

Viramontes, C., 2000. De chichimecas, pames y jonaces. Los recolectores-cazadores del semidesierto de Querétaro, Instituto Nacional de Antropología, México.

Viramontes, C., 2005. Las representaciones de la figura humana en la pintura rupestre del semidesierto de Querétaro y oriente de Guanajuato. En Casado, M., y Mirambell, L., (Eds.), Arte Rupestre en México. Ensayos 1990-2004, pp. 369-394. México, INAH.

Zamora, V., 2004. "Asentamientos Prehispánicos en el Estado de Guanajuato". Acta Universitaria, 14 (2): 25-44.

Zapata, T., 2013. Etnicidad e identidad étnica guachichil en el Tunal Grande, 1560-1620. Tesis de maestría. El Colegio de San Luis, México.

12

Indicadores arquitectónicos y urbanos útiles en la identificación arqueológica del espacio habitable; algunos ejemplos mesoamericanos

Alejandro Villalobos
Verónica Bravo
Mayra Vera y
Nubia Gutiérrez
Centro de Investigaciones y Programa de Posgrado, ambos en
Arquitectura; Universidad Nacional Autónoma de México

La arquitectura, como las ciudades mesoamericanas; son artefactos de escala colectiva y, por tanto, susceptibles de ser analizados desde la perspectiva sistémica que privilegia una visión de componentes activos al exterior e interior de complejas redes de relaciones como continentes, contenidos y cometidos funcionales; así como en su condición de indicadores concretos arquitectónicos y arqueológicos. Las unidades habitacionales teotihuacanas se producen con base en ancestrales cánones de edificación tempranamente establecidos y culminantes en el momento de mayor desarrollo de la ciudad, no obstante debemos reconocer y asumir que sus programas arquitectónicos pudieron ser alterados y modificados para albergar nuevas tareas con motivo del inevitable crepúsculo de la sociedad clásica teotihuacana y la progresiva ocupación de que fue objeto hasta el inevitable y dramático abandono de la gran urbe mesoamericana.

The architecture, as all mesoamerican cities; are artifacts of a collective scale and, therefore, susceptible to be analyzed from the systemic perspective, this favors a vision from active components to the exterior and interior of complex networks of relationships such as continents, contents and functional roles; as well as in their condition as concrete, objective, architectural and archaeological indicators. Teotihuacan housing units are produced based on ancestral building canons that were established in the early times and culminating in the periods of greatest development of the city, however we must recognize and assume that their architectural programs could be altered and modified to accommodate new tasks due to the unavoidable twilight of the classical teotihuacan society and the progressive occupation of the entire city that was subjected until the inevitable and perhaps dramatic abandonment of the great Mesoamerican capital.
Keywords: architecture, Teotihuacan housing architecture, Atetelco, constructive technology, Teotihuacán, urbanism.

Introducción

Casi sesenta años han transcurrido desde la Undécima Mesa Redonda de la Sociedad Mexicana de Antropología (1966) cuyo tema central fueron las nuevas y renovadas visiones del fenómeno teotihuacano, a la luz de proyectos consecuentes a la sistemática reconstrucción de que fuese objeto en los primeros años de la década (1962-1964). Resaltan, de ese evento: la presentación de avances que, el grupo encabezado por el Dr. René Millon de la Universidad de Texas (pp: 1-16; 57-78; 149-156), sometía a consideración del colectivo académico nacional y cuyos resultados, hoy por todos conocido, se convertirían en muy poco tiempo, en el inobjetable parámetro de referencia e instrumento sustancial de toda investigación que involucre el territorio de la urbe teotihuacana en la actualidad; desde luego nos referimos al "Teotihuacan Maping Project" concluido entre 1968, 1970 y su final publicación en 1973.

Otra temática abordada con motivo de esta reunión y que sobresale por su oportunidad y originalidad, es aquella titulada "Sobre sistemas y materiales de construcción en Teotihuacán" suscrita por Carlos R. Margáin Araujo, encuya presentación inicial anuncia una obra de nueve tomos "El funcionalismo arquitectónico en el México Prehispánico" que aparentemente nunca vio la luz; a cambio, cuarenta y cinco años después, Margáin nos obsequia una Tesis doctoral en Arquitectura fechada para 1999 pero presentada en el primer semestre del 2000, donde recupera el título inédito de aquella obra de nueve tomos, atribuyendo su existencia previa como tesis de licenciatura, en el resumen de su solicitud de examen de grado de doctor, Margáin escribe: "Basado en un 'Marco

Teórico' cuya elaboración la inicie (sic) cuando hice mi tesis de Licenciatura que titulé: "El funcionalismo arquitectónico en el México Prehispánico", me llevó algunos años el llegar a sintetizarlo en un organigrama que presento en mi tesis de Doctorado. En ésta demuestro que la creatividad arquitectónica creada en la 'Época Clásica' de las culturas prehispánicas (siglo VII D.C.), vuelve a surgir en nuestra época hispano-colonial, en el siglo XVIII con el genéricamente llamado 'Barroco Mexicano'." Fecha de solicitud 5 de abril de 2000.

Nuestro lector podrá preguntarse… ¿A qué viene toda esta extensa retrospectiva?; pues bien, era del dominio público que Carlos R. Margáin Araujo, estaría abordando temáticas constructivas y de edificación en el México Prehispánico desde 1951, fecha de la presunta presentación de tesis de licenciatura en arqueología por la ENAH y maestría por la UNAM. Materiales que serían incluidos en la obra de Marquina de la misma fecha. Esta información nunca se incorporó, quedando pendiente el abordaje de los materiales y sistemas constructivos de la arquitectura prehispánica, que bien hubiese ameritado un volumen similar al original del primer tomo de la colección Memorias del INAH.

Para el arquitecto Ignacio Marquina, a la sazón, Director General del INAH (1947-1956), era de fundamental importancia abordar la temática de los materiales, sistemas constructivos y, desde luego, del entonces llamado "género" habitacional (comunicación personal, 1980) en la arquitectura prehispánica; no solamente por tratarse de asignaturas pendientes de la agenda de investigación institucional, sino por la apremiante necesidad de generar y concretar líneas y acciones necesarias de resguardo patrimonial en las zonas de monumentos y sus respectivas periferias.

La exhaustiva exposición que sobre esta temática fue capaz de integrar nuestro apreciado Carlos R. Margáin y mayoritariamente suscrita por el ingeniero Ezequiel Ordóñez a quien, por cierto, responsabiliza de los criterios y cálculos estructurales de la arquitectura del artículo en cuestión; produjo un efecto nunca antes visto en torno de la sistemáticamente explorada, expuesta y reconstruida zona habitacional de Atetelco en el perímetro monumental del núcleo urbano de Teotihuacán, esta valiosísima información que no vio la luz hasta el primer trimestre de 1968, fue contemporánea de los trabajos en el Palacio de Quetzalpapálotl de Jorge R. Acosta y publicados meses antes en la colección de "Memorias del INAH" (prevista como una serie para coleccionistas), la presentación de Margáin y Ordóñez no palidecen ante semejante opulencia que adolece, dicho sea de paso, del siempre apreciado cálculo estructural que todo estudioso agradece enormemente. No hubo tiempo ya de incorporar la componente constructiva en la ya en marcha, segunda edición y última, de Arquitectura Prehispánica, obra de decenas de especialistas compilados por la labor monumental del arquitecto Ignacio Marquina. Dos grandes ausentes han sido, en esta obra, los aspectos vinculados con la tecnología constructiva y el género habitacional, con

sus respectivas áreas de actividad y zonas de producción doméstica. Volveremos a estos aspectos más adelante.

La unidad habitacional de Atetelco fue posteriormente explorada e intervenida en materia de conservación hacia finales del siglo pasado tanto por el equipo de Rubén Cabrera, como de la Zona Arqueológica. Culminando en una experiencia editorial electrónica que vio la luz en 2011 (Cabrera, et. alt., 2011).

El territorio, la ciudad y la vivienda

Sin duda, uno de los temas fundamentales de la investigación urbana y arquitectónica mesoamericana está compuesto por las grandes estructuras monumentales que señorean los sitios arqueológicos. A estos ejemplos de arquitectura debemos las primeras interpretaciones hechas en torno a la cultura indígena de nuestro país y que en la actualidad significan un bien patrimonial único e insustituible, no sólo por su alto contenido testimonial, sino por tratarse de un polo de atracción turística internacional y, en consecuencia, proveedor de recursos a sus actuales habitantes próximos. En términos generales, hablar de sitio arqueológico ha sido sinónimo de Centros Urbanos Prehispánicos y permanentemente asociados con grandes conjuntos de estructuras monumentales, donde el visitante se aproxima apenas a una fracción, si bien significativa, de la sociedad que produjo tales objetos y espacios (Figura 12.1).

Por largo tiempo, estos conjuntos y edificios han sido objeto de exploración e intervención por parte de especialistas, sin embargo, en últimas fechas, las investigaciones arqueológicas –en una proporción creciente- se han orientado al estudio de otros sectores de los asentamientos urbanos donde la concentración de estructuras monumentales se reduce progresivamente para dar lugar a zonas de asentamiento preferentemente habitacional y doméstico; el objetos de estos estudios ha sido dar a conocer, en un nivel primordialmente especializado, el patrón de asentamiento, las dimensiones y formas de organización del espacio urbano mesoamericano a través de la permanente asociación del hallazgo y el espacio productivo doméstico en una escala más reducida: el nivel unifamiliar o multifamiliar.

Es así como el conocimiento de las formas de vida mesoamericanas se ha visto enriquecido, tanto por la arqueología como por la etnología, al llevar a cabo exploraciones de culturas desaparecidas y analizar la posibilidad de una extensión en el tiempo de las formas de vida prehispánicas hasta nuestros días al proponer que gran cantidad de las soluciones arquitectónicas existentes en culturas indígenas contemporáneas no han visto modificada sustancialmente su morfología, distribución y funcionamiento. De esta manera, uno de los recursos metodológicos para la investigación y conocimiento de las culturas prehispánicas ha sido la denominada "analogía etnográfica", donde se propone que la producción, tanto de artefactos como de edificios, obedece a un proceso

Figura 12. 1. Aspectos del urbanismo teotihuacano. a: Perspectiva de la Pirámide del Sol desde la Calzada de los Muertos, al oriente del Conunto Plaza Oeste o Frente IV del proyecto 80-82, Teotihuacán. México. (Gráficos de A. Villalobos, 2017). b: Fotografía y reconstitución arquitectónica del Conjunto de los "Cinco templos", también llamado "De las columnas" Calzada de los muertos, Teotihuacán (Fotografía de Blanca Cárdenas y Dibujo de A. Villalobos, 2012).

adaptativo de una determinada sociedad, entendida ésta como grupo cultural homogéneo, en su relación con el medio ambiente [Villalobos, 1987: 50]. Al no registrarse cambios sustanciales en las condiciones del entorno, la respuesta cultural no tendrá, pues, variaciones significativas en cuanto a su forma y función social; el sustento objetivo de esta propuesta lo componen, sin lugar a dudas, las reminiscencias culturales indígenas contemporáneas. Existen, al respecto discusiones que bien privilegian la escala como indicador jerárquico de las tipologías habitacionales pre-urbanas (Schwarz;1961; apud: Schoenauer, 1984: 12) que incluso entre estos autores, les denominan "clasificacion primitiva" (Schoenauer, 1984: 13); se proponen seis categorías preponderantemente; transcribo:

1. "Viviendas efímeras o transitorias. Viviendas de familias nómadas, pertenecientes a un grupo social cuya existencia está basada en una economía simple de caza y recolección.
2. Viviendas transitorias o temporalmente irregulares. Viviendas de un grupo social cuya existencia está basada en prácticas avanzadas del pastoreo y formas primitivas de cultivo.
3. Viviendas priódicas temporalmente regulares. Viviendas pertenecientes a sociedades tribales cuya existencia está basada en el pastoreo.

4. Viviendas estacionales. Viviendas pertenecientes a sociedades tribales de vida seminómada basadas tanto en el pastoreo como en los cultivos marginales.
5. Viviendas semipermanentes. Viviendas habitadas por comunidades sedentarias o campesinos de azadón que practican cultivos de subsistencia.
6. Unidades habitacionales permanentes. Viviendas pertenecientes a sociedades agrícolas que poseen una organización social o política como la de una nación y una economía agrícola de excedentes [destinados, desde luego al intercambio]" N.del A. (Figura 12.2).

Con la llana aplicación de un modelo clasificatorio como en anterior, las unidades habitacionales teotihuacanas están, desde épocas tempranas, en el pináculo de la clsificación. Nada mal para una sociedad prehistórica y precapitalista de la edad de piedra. Nos responde el mismo autor: "Solamente en la sexta etapa de desarrollo socioeconómico se encuentran los prerrequisitos necesarios para un asentamiento urbano favorecido." (Idem.) Un modelo que aborda la taxonomía de los continentes sin reparo de los contenidos espaciales, sus cometidos funcionales y de relación entre sus habitantes, al interior y exterior.

Las unidades habitacionales mayas edificadas ancestralmente en los perímetros de influencia de núcleos urbanos tempranos con su patrón de asentamiento disperso,

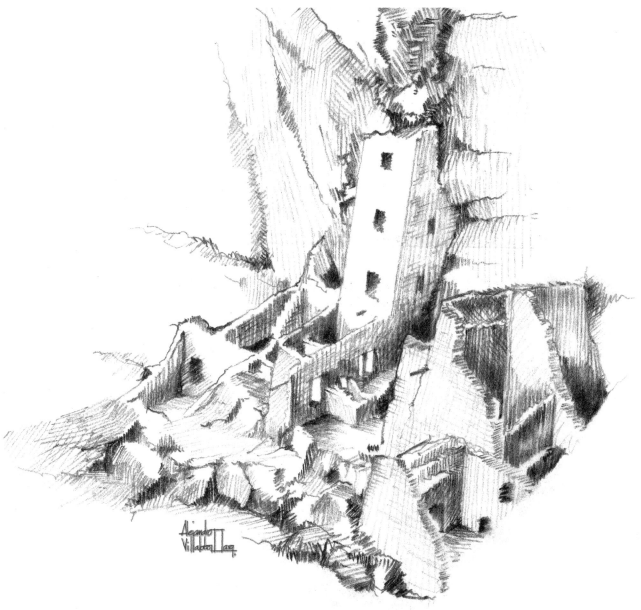

Figura 12.2. Viviendas estacionales y permanentes americanas. a: Perspectiva de reconstitución de Vivienda del Formativo en San Rafael Chamapa, Tlatilco; Estado de México; según Eduardo Pareyón Moreno, 1959. b: Perspectiva del natural en conjunto de viviendas "Grupo de la Torre" en Mesa Verde, Colorado; Estados Unidos de América. (Gráficos de A. Villalobos, 2014).

sobretodo en las tierras bajas, cumplen con las consignas de la sexta categoría de este por demás empírico modelo y ex tienden sus niveles de permanencia, como solución arquitectónica de probada pertinencia, hasta nuestros días (Figura 12.3).

Percibo una notable diferencia entre los estudios de corte descriptivo todavía prevalecientes en nuestro medio y el estado de avance en que se encuentran los estudios y tecnologías en campo arqueológico en nuestra latitud; sobretodo en el caso habitacional, por su condición específica de indicador sincrónico de actividad colectiva en una escala de unidades asociadas con uno o varios territorios específicos, ha sido, hasta ahora, donde más exitosamente se ha aplicado el análisis de los procesos de producción de espacios y estructuras; por primera ocasión, el caso teotihuacano y concretamente a conjuntos habitacionales próximos a espacios urbanos tradicionalmente considerados monumentales [Morelos, 1985, 1986] (Figura 12.4).

Nos resulta un tanto provocador que, tanto urbanismo como arquitectura mesoamericanos, encuentren en la arquitectura doméstica arqueológica y a través de la integración de modelos de estudio, un sólido fundamento discursivo; debido a que la interacción de los hallazgos en el entorno de los hechos denota posibles funciones arquitectònicas con un equivalente etnografico. Esto es, que la distribución de los espacios útiles son proporcionalmente más tangibles que en áreas comunitarias, y en caso de ausencia de datos la analogía etnográfica puede apoyar en mayor medida un análisis que busque atribuir determinado género urbano o arquitectónico a la organización y funcionamiento en el espacio contenido por las estructuras arqueológicas.

En algunos estudios [Lastell, 1972 apud Manzanilla, 1986: I4] definen al grupo doméstico a partir de tres niveles funcionales básicos: "el de la residencia, el de las actividades compartidas y el del parentesco", de la misma manera este grupo es considerado "el componente social más común de la subsistencia" [Wilk y Rathje, 1982 apud ibid.], y ello no implica forzosamente, para el caso mesoamericano, un contexto urbano. Así, sus elementos constitutivos pueden estar referidos a:

"…lo social o número de miembros y sus interrelaciones, lo material o la vivienda, áreas de actividad y posesiones [en un contexto urbano los bienes muebles e inmuebles] y el del comportamiento, es decir las actividades que el grupo realiza: producción, distribución, transmisión y reproducción" [ibid.]. Mientras los dos primeros están referidos a contenidos y continentes, el tercer elemento aborda el de un cometido extensivo, esto es, una función más allá del habitar; la producción está asociada al espacio habitacional mesoamericano y quizá no precisamente al arquitectónico, tanto como al espacio o territorio que ocupa la vivienda (interno y externo), situación que en algunas culturas etnográficas sobrevive en la actualidad y que en los contextos urbanos contemporáneos – prácticamente- se ha extinguido.

No es materia de esta exposición abordar con precisión el papel que puede jugar la vivienda en los procesos de sedentarización o cambio social en culturas extintas, sino la divulgación de algunos pormenores conocidos de la vivienda prehispánica en su implicación territorial.

La territorialidad puede estar referida a la posesión y defensa de un espacio vital frente a otros individuos o grupos de la misma especie, con frecuencia, los etnólogos consideran el comportamiento territorialista como parte de una herencia biológica (Hunter,1981: 632). Desde esta perspectiva el territorio está vinculado a consideraciones de orden ideológico en tanto éste constituye un espacio dirigido a la provisión de recursos de subsistencia

COMPONENTES CONSTRUCTIVOS EN LA CASA MAYA:

HOL-NA-CHÉ
HIL
U-BEEL-CHÓ
HUN-KI-CHÉ
CAPAC o TAN-CHÉ
AAK
HALAB-CHÉ
XIX-OCOM o LAT-MOY
NOH-OCOM
COOP-CHÉ
HUANO
HOOL-NA-Hó
LU-UMMÓ
SAHCAB

TRES MOMENTOS EN EL BAJAREQUE MAYA:
COLO-CHÉ-OOB

PAK-LUM

IMPRONTA

Alejandro Villalobos; 2021. México.

Figura 12.3. Casa maya y su sistema constructivo (Gráficos de A. Villalobos; 2021). a: Conjunto de Casa y cocina mayas; sus componentes constructivos. b: Tres momentos en el bajareque maya: Colo-ché-oob, Paklum e Impronta.

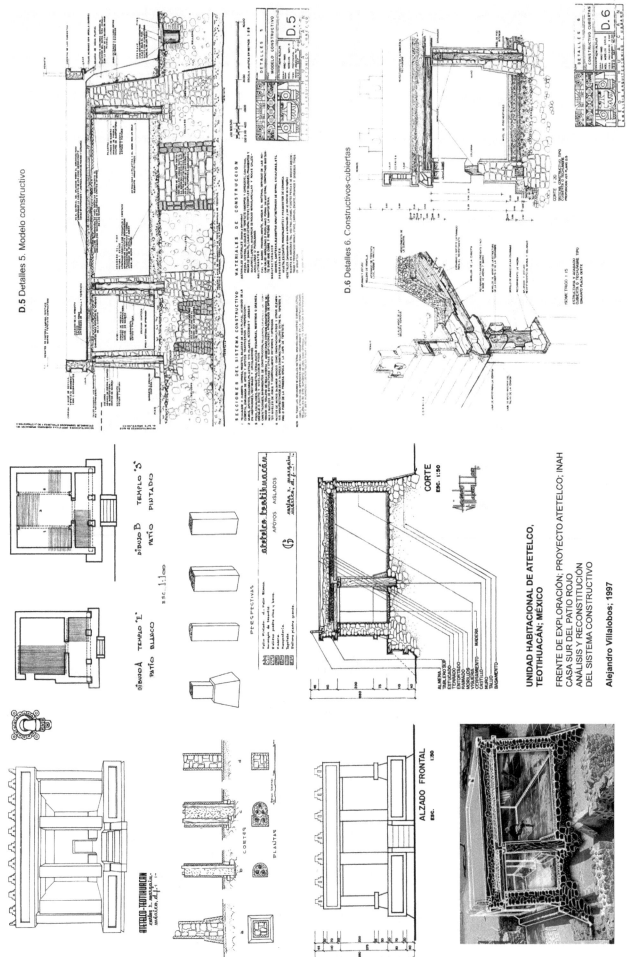

Figura 12.4. Casas teotihuacanas, sistemas constructivos (Margáin, Morelos y Villalobos).

para uno o varios grupos domésticos. No obstante lo anterior, este concepto nos habla más bien de un espacio continente, a diferencia de un terreno (aquel sobre el que se desplanta una vivienda) que se refiere a una espacio contenido y más próximo a funciones relativas al habitar. En un contexto urbano, la concentración de estructuras en determinadas áreas implica la interiorización de las funciones productivas al ser circunscritas en un espacio contenido. Es entonces cuando elementos sustanciales en la arquitectura habitacio-al prehispánica adquieren mayor importancia, nos referimos a los patios frontales, solares y perimetrales y el patio interno.

Conforme los procesos de urbanización van surgiendo en el contexto mesoamericano (posteriores al año 400 aC), las viviendas y agrupaciones integran progresivamente estos espacios cuyas funciones objetivas pueden ser las de iluminar y ventilar un conjunto de viviendas desde su periferia o entorno próximo, hasta actuar como área vestibular centralizada de conjuntos de espacios interiores o cuartos. Sin embargo, la función social implica la relación entre individuos articulados fundamentalmente por relaciones de parentesco, sin menoscabo de otras funcionas de orden ideológico que son materia de recientes discusiones arqueológicas y etnohistóricas.

En el contexto urbano, la territorialidad encuentra en el espacio interior abierto o patio interno una alternativa de integración. Esta solución, eminentemente arquitectónica, forma parte del conjunto de valores sociales de un determinado grupo y consecuentemente es un elemento constitutivo de su tradición cultural. En el contexto rural o suburbano, el territorio está dimensionalmente determinado por un área de actividad productiva y sustentante de la economía del grupo o grupos asentados

en su proximidad, mientras que el de la vivienda se refiere a las diversas labores domésticas propias del usuario de los espacios cubiertos.

Apreciaciones extensivas sobre el concepto de patio interno en su condición de espacio interior abierto han sido expuestas por otros investigadores llevando estos términos a la escala urbana donde, por su elevada capacidad de contención de usuarios, la plaza puede equipararse con el patio de la unidad doméstica a partir del papel que juega como elemento articulador y vestibular, no ya como espacio interior abierto, sino como espacio comunitario exterior cerrado o perimetralmente delimitado.

Si atendemos con sentido crítico la función objetiva de estos espacios, referido a la iluminación, ventilación y relación entre individuos identificados por factores sociales comunes o parentesco, podemos ver que la presencia de elementos para el cambio cuantitativo o de escala permiten igualmente transformaciones en el terreno de lo cualitativo o desarrollo del procedimiento constructivo aplicado, a través de la inserción de componentes que ya podemos llamar estructurales y distintos de los originalmente utilizados; tal es el caso de apoyos aislados a manera de columnas que permiten la penetración de luz y aire en mayor proporción que los vanos o puertas, como simples discontinuidades u oquedades de muros y que dan frente a estos espacios (Figura 12.5).

Los espacios porticados son un importante componente del sistema arquitectónico habitacional que eventualmente extiende su escala a nivel urbano y a la arquitectura monumental; en este contexto, la presencia de apoyos aislados nos habla de la sistematización del trabajo constructivo al llegar a la solución arquitectónica de un

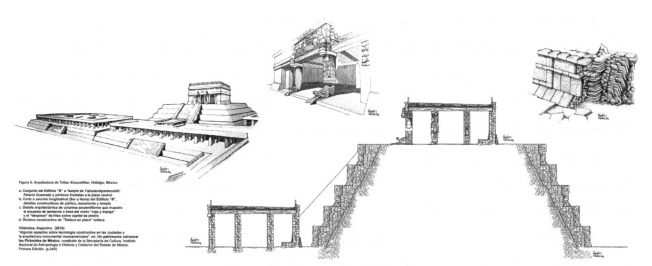

Figura 12.5. Arquitectura de Tollan Xicocotitlan, Hidalgo; México. a: Conjunto del Edificio "B" o Templo de Tlahuizcalpantecuhtli: Palacio Quemado y pórticos frontales a la plaza central. b: Corte o sección longitudinal (Sur a Norte) del Edificio "B", detalles constructivos de pórtico, basamento y templo. c: Detalle arquitectónico de columna serpentiforme que muestra el encastre de tambores a base del modo "caja y espiga" y el "despiece" de friso sobre capitel de piedra. d: Sistema constructivo de "Tablero en placa" tolteca. Fuente: Villalobos, Alejandro; (2018) "Algunos aspectos sobre tecnología constructiva en las ciudades y la arquitectura monumental mesoamericana", en: Un patrimonio universal las Pirámides de México; coedición de la Secretaría de Cultura, Instituto Nacional de Antropologia e Historia y Cobierno del Estado de México. Primera Edición. (p. 240).

ejemplar, su producción masiva de da por extensión de la matriz original. Decimos que su solución puede ya recibir el atributo de "estructural" debido a que requiere del despliegue de una tecnología constructiva proporcionalmente más compleja y diversa de aquella necesaria para muros, al liberar claros considerables se generan regímenes de carga que incluyen esfuerzos puntuales y momentos, lo que requiere la instrumentación de técnicas y procedimientos de edificación que progresivamente adquieren mayor demanda de recursos tecnológicos.

Las implicaciones espaciales de los pórticos son importantes en tanto interconectan espacios interiores (abiertos y cerrados) con otros eminentemente exteriores (también cerrados y/o abiertos). Así, tenemos que las columnatas tendrán una función similar a la desempeñada por su ancestro doméstico, al permitir la transición entre dos conceptos primigenios de espacio, nos referimos a la progresiva continuidad entre espacio eminentemente externo y aquel interior cerrado (cubierto). Los pórticos pueden considerarse, en términos de su condición espacial, como espacios transitorios.

Para concluir, podemos decir que una unidad doméstica o habitacional, sea cual fuere su dimensión, tecnología constructiva o género próximo, ésta no puede entenderse sin territorio, área de actividad o espacio continente. A diferencia de una vivienda, casa o estructura que se dimensiona por virtud del espacio contenido, mismo que, al incorporar elementos donde se lleva a cabo la relación de individuos entre sí, contribuye a la identificación de ancestrales valores colectivos comunes y consecuentemente al fortalecimiento de la unidad e identidad comunitarias. Ofrecemos un recurso gráfico de ilustración con la casa o estructura dos del sitio de Chicaná, Campeche; México (Figura 12.6).

Ya hemos señalado que no es intención de esta breve exposición el discutir acerca del papel que la territorialidad y la vivienda tienen en el proceso de aculturación en Mesoamérica, sino el de dar a conocer algunos aspectos sobre una tradición que se remonta muchos siglos atrás y que, a través de diversos procesos de integración, forman parte esencial de nuestros espacios urbanos y formas de vida aún en la actualidad.

En síntesis, la vivienda mesoamericana no es comprensible sin territorio, área de actividad o superficie tributaria, no sólo como espacio continente de aquéllos destinados a la habitación, sino como envolvente general de funciones sociales, económicas, productivas, familiares o comunitarias; en un nivel extensivo al espacio urbano donde la identificación de los individuos se produce en el contexto de valores comunes y como parte fundamental de la tradición cultural.

Recapitulando sobre algunos de los alcances mínimos esperados por un estudio exhaustivo en materia de espacios habitables mesoamericanos, en orden de prioridad, proponemos los siguientes:

1. Enfrentar objetivamente la problemática teórica que significa el estudio de la arquitectura prehispánica mesoamericana en el contexto de un academicismo que postula la permanente analogía con las manifestaciones culturales del Occidente.

2. Fundamentar posturas analíticas de carácter teórico cuyas metas principales sean delinear y orientar trabajos posteriores que contribuyan a ampliar el campo de conocimientos en materia de espacio habitable.

3. Revisar y discutir las diversas corrientes y tendencias que han incidido en el estudio de esta materia, con el objeto de sustentar una exposición, no como un producto terminado, sino con el firme compromiso de la relación estrecha que sea posible mantener con la objetividad del conocimiento sobre la urbanística y arquitectura prehispánicas, tanto en el ámbito mesoamericano como en el sudamericano, y extensivamente a la llamada arquitectura prehistórica occidental.

4. Conformar y sustentar una metodología que articule la secuencia prevista en la definición de géneros urbanos para el caso mesoamericano cuya continuidad permita una aproximación con mejores parámetros de objetividad.

5. Establecer parámetros de evaluación crítica de los elementos del conocimiento urbano y arquitectónico mesoamericano con mayor énfasis en el caso planteado, no solamente como componente verificador, sino con el objeto de constituirse en el punto de partida de iniciativas de protección y salvaguarda del patrimonio arqueológico y monumental de nuestro país.

6. Configurar alternativas de trabajo acordes con los alcances establecidos para la investigación propuesta, así como la detección de posibles variables que puedan presentarse en casos similares.

Consideraciones finales

Como resultado de la experiencia de investigación de campo en las unidades habitacionales que componen el conjunto arquitectónico de Atetelco, en la Zona Arqueológica de Teotihuacán, las contribuciones a propósito de su investigaciones precedentes, las lagunas, vacíos, excesos, encuentros y eonctronazos de visiones contemporáneas y, desde luego la tan discutible imagen resultante y apenas esbozadas en las líneas que anteceden estas consdieraciones finales; nos permitimos proponer ocho puntos a la amable atención de nuestros lectores: En primer lugar, hay que enfatizar que los símbolos, tradiciones y valores, en su papel de elementos integrados a una manifestación cultural determinada, son atributos conferidos a los bienes del patrimonio cultural, por tanto, dimensionados en sus condiciones concretas de espacio y tiempo específicos; éstos son materia de estudio de gran cantidad de especialidades que componen la actual estructura de la investigación antropológicas.

Su variabilidad está condicionada por estas dimensiones. Por su parte, los espacios continentes, entendidos como

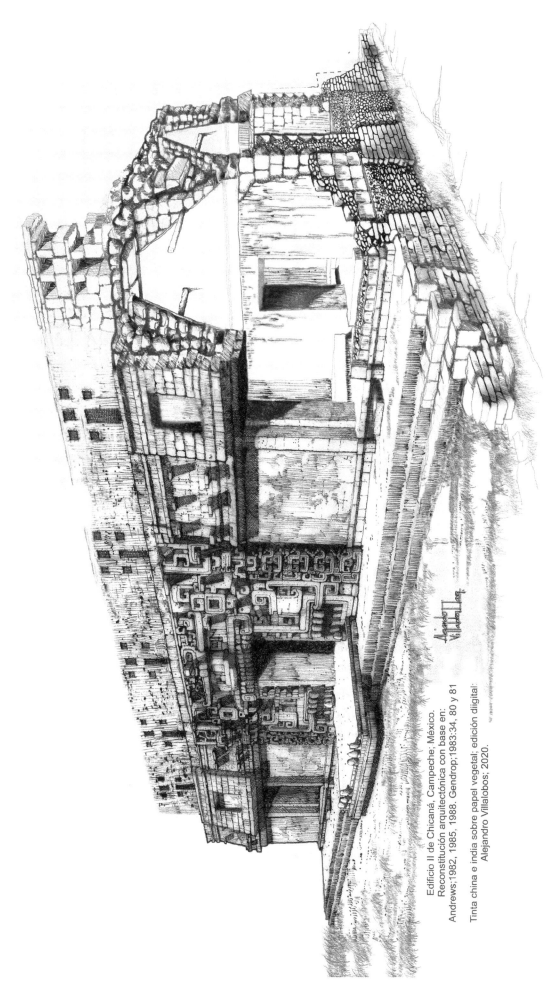

Edificio II de Chicaná, Campeche; México.
Reconstitución arquitectónica con base en:
Andrews;1982, 1985, 1988. Gendrop;1983:34, 80 y 81

Tinta china e india sobre papel vegetal; edición digital:
Alejandro Villalobos; 2020.

Figura 12.6. Perspectiva reconstitutiva en escorzo frontal desde el Poniente de la casa o estructura dos de Chicaná, Campeche; México. Detalles contructivos. (Reconstitución de A. Villalobos, 2020).

los objetos materiales donde tiene sede la expresión física y tangible de una cultura, se han circunscrito sobre todo al ejercicio de la especialidad de arqueología para el caso mesoamericano. El continente, a diferencia del contenido, es concreto y es tangible.

En segundo lugar, a diferencia de lo que estamos generalmente acostumbrados cuando estudiamos urbanismo y arquitectura histórica (en los casos donde existen referencias documentales), la arquitectura mesoamericana al tiempo de asumir una suerte de anonimato en su autoría, materializa y conjuga elementos presentes en la sociedad que la produce; no fue construida bajo el concepto de "funcionalidad" con el que ahora proyectamos y edificamos, de ahí que ante nuestros ojos presente muchos componentes o conductas que si bien concretas, nos resultan eventualmente ilegibles.

Una tercera consideración, en el contexto mesoamericano, es generalmente perceptible una continuidad conceptual (y muy posiblemente laboral) entre infraestructura urbana, emplazamiento, urbanismo, arquitectura, escultura y puntura, conformando un sistema productivo articulado por recursos materiales y humanos, como por fuerzas productivas y sus correspondientes formas de organización en tanto que les concedemos un equivalente a las relaciones sociales de producción. En cuarto lugar, una obra de infraestructura urbana o de arquitectura monumental en el México antiguo no es explicable en ausencia de planeación y de un sistemático y adecuadamente dirigido trabajo de producción de satisfactores de escala colectiva.

Por otra parte, si atendemos con sentido crítico la definición que de la arquitectura tenemos en la actualidad, el espacio por ella contenido permanece capturado entre los escombros de un edificio prehispánico, actualmente matizado por la cercanía del medio ambiente que, después de deteriorar las estructuras, ahora se convierte en su principal agente preservador, el continente transfigura su forma externa y el contenido permanece inmutable.

Adicionalmente, en quinto lugar, hay que reconocer la condición de un edificio como un objeto producido, por lo que la arquitectura en su conjunto es un producto del trabajo y, consecuentemente, genera valor en su contexto; la irreproductibilidad de sus condiciones originales de producción extiende su valor al terreno de lo patrimonial, así, en nuestros días, al hablar de arquitectura mesoamericana, estaremos hablando de bienes concretos del patrimonio monumental, como objetos que guardan la memoria tangible y objetiva de un momento histórico y donde eventualmente pueden depositarse algunos elementos de identidad, no sólo para quienes los produjeron, sino para las generaciones de su devenir.

Un sexto elemento es que pese a la desaparición de sus constructores y habitantes, el espacio contenido permanece como escenario de su vida cotidiana o significativa, este contexto cultural no sufre transformaciones, sino por efecto de la intervención o deterioro irreversible de su continente.

Además, existe la posibilidad de obsolescencia en el contexto mismo de producción, esto es que un edificio o todo un conjunto arquitectónicos puede ser objeto de destrucción sistemática (en tiempo remotos) por motivos que hoy pueden parecernos desconocidos y, en nuestros términos, contradictorios. Sin embargo, en séptimo sitio: la dilucidación sobre los polos intencionales de tales conductas colectivas, hace necesaria la instrumentación de perspectivas analíticas en la identificación de las posibles iniciativas procedentes de una sociedad desaparecida, tanto en el terreno de sus condicionantes económicas como de las eventuales transformaciones en su estructura productiva e ideológica.

El octavo punto refiere a que un edificio o conjunto arquitectónico tiene como mínimo una historia o ciclo cerrado de planeación-edificación-uso; por su parte, un asentamiento es el producto de un largo proceso de desarrollo o de escala de sucesión generacional. Así al enfrentarnos a un sitio arqueológico, estamos frente a la obra de generaciones enteras ocupadas en la planeación, edificación y mantenimiento de edificios y conjuntos que generaron lazos estrechos de apropiación o afectividad entre la vida cotidiana se sus habitantes o usuarios y aquella representada por las forma externas y significativas de su arquitectura, asociadas, quizá, a la apropiación de escenarios cotidianos y vinculados a una posible superestructura social, también llamada ideología.

A continuación, se requiere conceptuar que el espacio capturado por el continente arquitectónico es, a su vez, contenedor de la vida cotidiana y significativas del grupo que ocupa y vitaliza esos escenarios, sean o no los habitantes sus propios constructores. Ante el cúmulo de incógnitas que representa la determinación de funciones sociales en los edificios pertenecientes al vasto acervo de la arquitectura mesoamericana, las perspectivas de estudio han sido de tal variedad que van desde la recalcitrante arqueología de campo, donde nada es cierto y todo es duda, hasta las evocaciones románticas fundamentadas en los estudios comparativos, por citar solamente dos extremos de una larga cadena ocasionalmente cerrada.

A reserva de continuar el debate, nos parece que la interdisciplina es la vía que permitirá una deseable apretura, porque hemos podido comprobar la inconsistencia que presenta el trabajo en niveles de áreas exclusiva. Por último, cabe recalcar que independientemente de desarrollar algunas de estas consideraciones en el futuro, con el objeto de abatir los faltantes y lagunas heredados por los "grandes maestros", es necesario establecer escalas de aproximación o identificación que permitan distinguir los niveles de desarrollo cultural y la posible conversión de asentamientos en ciudades; esto queda referido a los conceptos de infraestructura urbana, territorialidad, soluciones arquitectónicas habitacionales y los posibles géneros urbanos como componentes activos de los sistemas de asentamientos y ciudades en el contexto mesoamericano. (Villalobos, 2007).

Bibliografía

Alexander, C., 1982. *El Modo intemporal de construir, Arquitectura/Perspectivas*. G.Gili; Barcelona.

Allison, P. (Ed.), 1999. *The Archaeology of Household activities*. Routledge. EUA.

Cabrera, R., y Ortega, V. (Coords), 2011. *Investigaciones recientes en el conjunto arquitectónico de Atetelco, Teotihuacán,* Publicación electrónica del Instituto Nacional de Antropología e Historia. México.

Hunter, D., 1981. *Enciclopedia de Antropología*, Barcelona; Bellaterra.

Manzanilla, L., 1986. "Introducción". En Manzanilla, L. (Ed.), *Unidades Habitacionales Mesoamericanas y sus Áreas de Actividad.* México, IIA-UNAM, pp.9-18.

Margáin, C., 1968. Sobre materiales y sistemas constructivos en Teotihuacán, XI Mesa Redonda de Teotihuacán. México.

Margáin, C., 1999. La arquitectura como fuente de información histórica. Tesis doctoral, DEP FA UNAM. México.

Marquina, I., 1964. Arquitectura Prehispánica, *Memorias del INAH* #1. 2ª. Ed. INAHSEP. México

Morelos, N., 1986. El concepto de Unidad Habitacional en el Altiplano (200 a.C.-750 d.C.). En Manzanilla, L. (Ed), *Unidades Habitacionales Mesoamericanas y sus Áreas de Actividad*, México, ILA-UNAM, pp.193-220.

Morelos, N., 1993. *Proceso de producción de espacios y estructuras en Teotihuacan, Conjunto Plaza Oeste y Complejo Calle de los Muertos.* Colección Científica 274, México, INAH.

Moya, V., 1984. *La vivienda indígena de México y del mundo.* 2ª.Ed. UNAM. México.

Prieto, V. (Coord)., 1982. *Vivienda Popular Mexicana.* Trueblood Editores; SAHOP. México.

Prieto, V. (Coord)., 1994. *Vivienda campesina en México.* 2ª.Ed., Trueblood Editores; SEDESOL. México.

Schoenahuer, C., 1984. *6000 años de hábitat.* Colección Arquitectura/Perspectivas. Gustavo Gili. Barcelona

Villalobos, A., 1987. Conservación Arquitectónica Prehispánica, Tesis de maestríaen Restauración de Monumentos, México, DEP, FA, UNAM.

Villalobos, A., 2007. Elementos para una arqueología de la arquitectura en el México Antiguo. En Cejudo & San Martín (Coords). *Teoría e Historia de la Arquitectura.* Facultad de Arquitectura; UNAM. México (pp 347-56).

13

La casa donde giran malacates y se sacuden sonajas: etnoarqueología de la casa *yokot'an*

Miriam Judith Gallegos Gómora
Ricardo Armijo Torres
Instituto Nacional de Antropología e Historia, Centro INAH Tabasco

La población que residía en la periferia de la antigua ciudad de Joy'Chan -Comalcalco- debía aprovechar los promontorios naturales o formar montículos de tierra compactada para construir sus viviendas, porque gran parte del territorio está ocupado por una llanura aluvial formada por dos corrientes caudalosas que anualmente se desbordan. Recurriendo a los materiales locales formaban los espacios en donde convivían, descansaban, preparaban y consumían alimentos, efectuaban sus rituales domésticos o en los que además realizaban actividades de producción para el sustento familiar o contribución para la comunidad. La excavación de una unidad habitacional en Chichicapa, sumado al registro etnoarqueológico de varias viviendas de la región, han permitido esbozar algunos aspectos del hogar donde el trabajo textil fue prioritario, coincidiendo con la etapa donde la vestimenta era parte sobresaliente de la identidad social y del intercambio.

The people that resided on the periphery of the old city of Joy'Chan -Comalcalco- had to take advantage of the natural promontories, or the compacted earth mounds they made to build their houses, because much of the territory is occupied by an alluvial plain formed by two mighty streams that annually overflow the region. Using local materials, people built the spaces where they lived together; rested; prepared and consumed food; carried out their domestic rituals; or where they carried out production activities for family or community maintenance. The excavation of a household unit at Chichicapa – together with the ethno-archaeological record of several households in the region–, have made it possible to imagine some aspects of this excavated home, where textile work was a priority, coinciding with the stage where clothing was an outstanding part of social identity and commercial exchange.

Introducción

El diseño (planta, muros y techumbre) de las viviendas rurales, sus materiales constructivos, e incluso algunas de las actividades cotidianas que se efectúan hoy día en gran parte de los grupos domésticos situados en las llanuras aluviales del estado de Tabasco (al sur de México), son resultado de las soluciones desarrolladas por las poblaciones locales para habitar desde antaño y exitosamente, un entorno tropical pletórico de recursos, pero rudo (Figura 13.1).

El estudio de estos espacios había recibido poca atención por parte de los investigadores enfocados en la arqueología y la etnografía de la zona, y no es sino hasta mediados del siglo XX cuando comenzaron a efectuarse exploraciones aisladas en algunos sitios arqueológicos y regiones; además de hacerse trabajos etnográficos en algunas comunidades de pueblos originarios localizadas en Centla, Nacajuca, Jonuta y otros municipios de Tabasco (Armijo y Gallegos, 2017; Brown, 2005; Cadena y Suárez, 1988; Gallegos, 1998; Gallegos y Armijo, 2008, 2009, 2020, Inchaustegui, 1987; López, N., 1982; López, F., 1993: 398-437; Lorente, 2017; Maimone, 2009; Rubio y Martínez, 2012, 2014; Uribe y May, 2000; Vásquez et al., entre otros).

Figura 13. 1. Vivienda yokot'an rodeada por agua. Un cayuco se usa como puente para cruzar el área anegada. A un lado se observa la batea de madera para lavar la ropa. Fotografía de Nacho López alrededor de 1970. (Mediateca INAH, número de catálogo 400999).

Durante la década de los noventa, el Instituto Nacional de Antropología e Historia -INAH- inició varios proyectos de investigación dirigidos a conocer el modo de vida de la población prehispánica. Uno de éstos se enfocó en Comalcalco, ciudad maya del período Clásico. Inicialmente, los recursos se concentraron en las excavaciones del área monumental donde se intervinieron edificios funerarios y de culto, dos residencias de elite, un sistema de reservorios y distribución de agua, y el *popol nah* o casa del consejo, construcción dedicada a la celebración de reuniones de gobierno y para resguardo de la parafernalia ritual (Gallegos, 2003). La investigación interdisciplinaria produjo datos que delinearon la forma en que vivía la elite, respecto a sus condiciones de salud y alimentación, las prácticas funerarias, identificación de los recursos locales que aprovechaban, tipo y materia prima de sus herramientas y objetos rituales, así como información sobre los vínculos políticos que sostenía su población con otras entidades, su estratificación y composición social, además de obtener una temporalidad más precisa de la ciudad (Armijo, 2016; Gallegos, 2018). Sin embargo, la perspectiva sobre la forma de vida en la antigua ciudad de Joy'Chan -ahora Comalcalco- era parcial, pues se tenían pocos datos sobre la población que habitaba en el resto de la ciudad. Resultaba necesario descubrir cómo estaba organizada la gente a través de sus viviendas y cómo cobraban sentido los espacios en la sociedad de antaño (Robin, 2016: 45).

Considerando que las unidades domésticas son aquellos espacios en los que interactúan los individuos, donde se descansa y resguardan bienes personales y familiares; donde se practican rituales domésticos y en los que existe una zona de preparación, consumo y almacenaje de alimentos

y también son las áreas para la realización de actividades productivas en su interior o las inmediaciones (Manzanilla, 1986; Wilk y Rathje, 1982), resultaba imprescindible investigar viviendas del entorno para indagar: ¿quiénes eran y qué acciones realizaban sus habitantes?; ¿cuál era la forma, materiales constructivos y dimensiones de los espacios edificados, y cómo se organizaban? Su investigación también permitiría identificar la jerarquía de los residentes, así como elementos de su cosmovisión y su identidad social.

La gente de la periferia proveyó de recursos y mano de obra a la ciudad para erigir los grandes edificios, darles mantenimiento, así como prestar servicios. También se había adaptado a vivir en la selva tropical modificando el territorio con sus cultivos de maíz y cacao en las tierras no inundables; eran ellos quienes realizaban la quema de conchas de moluscos para producir cal o moldeaban las vasijas, figurillas y ladrillos de barro para el intercambio. Dicha comunidad habitó en viviendas hechas de materiales perecederos situadas sobre plataformas de tierra, semejantes a las que se ven en algunas regiones de Tabasco (Figura 13.2).

Con objetivo de responder algunas de las interrogantes anteriores, se efectuó la excavación de una unidad habitacional prehispánica localizada a 2140 m en línea recta, a partir de la base de la Gran Acrópolis de Comalcalco. Es importante abrir un paréntesis y resaltar el problema que existe en las zonas arqueológicas de Tabasco como

Figura 13.2. Ladrillos con representación de viviendas con techo a dos aguas. El ejemplar de la izquierda muestra un área rectangular al frente que quizá representa la explanada o patio para secar cacao o el espacio del solar. Acervo del Laboratorio de materiales arqueológicos de Comalcalco-INAH (Fotos de Ricardo Armijo, 2011).

Comalcalco y Jonuta, donde las poblaciones modernas engullen los asentamientos prehispánicos sin control. La imagen reciente de *Google Earth* permite observar cómo está creciendo la mancha urbana de la moderna ciudad de Comalcalco, no sólo sobre las áreas de cultivo sino impactando el área periférica del asentamiento prehispánico, aquella donde se encuentran los montículos que sirvieron de base a las unidades habitacionales. Estas plataformas se usan actualmente como bancos de material para obtener tierra, o sirven de asiento para edificar nuevas construcciones de mampostería en detrimento del patrimonio. En el caso de Comalcalco, este crecimiento anárquico ha puesto en riesgo el área nuclear de la ciudad prehispánica por la construcción de caminos asfaltados o la instalación de drenajes al pie de la Gran Acrópolis (Gallegos y Armijo, 2006). De hecho, la unidad habitacional que refiere esta investigación aún se conserva, pero hoy día se está cortando toda la vegetación en la cima y alrededores. La casa de materiales perecederos se retiró, y es probable que el predio pronto vaya a ser lotificado y se construyan nuevas casas ampliando así el área urbana de Chichicapa, la población más inmediata que crece al oeste para unirse con la actual ciudad de Comalcalco (Figura 13.3).

En apoyo a la interpretación de los datos y la información de las excavaciones arqueológicas efectuadas en las unidades domésticas periféricas, se investigaron varias viviendas de agricultores, caleros y pescadores en los municipios de Comalcalco y Paraíso, quienes ocupan el mismo entorno geográfico de la gente que residió en la periferia de la ciudad prehispánica más grande e importante al extremo noreste del mundo maya entre el 600-950 d.C., la vieja Joy'Chan. Se hizo un registro etnoarqueológico de las actividades y modo de vida de los pobladores, así como la producción, tipología, distribución, consumo y descarte de bienes. Se asistió y participó en compañía de miembros de la comunidad yokot'an de Mazateupa (municipio de Nacajuca) y Tamulté de las Sabanas (municipio de Centro) a ceremonias comunitarias y rituales domésticos donde, por ejemplo, se emplean instrumentos musicales (tambores y flautas) o se ingieren alimentos con base en maíz, tales como tamales y pozol, mismos que se reportan en contextos arqueológicos. También se entrevistó y registró el trabajo de alfareros tradicionales en los municipios de Nacajuca, Jalpa de Méndez, Centla y Jonuta en el estado de Tabasco.

Se coincide con Arnaud (2014:37) en que el cotejo de las características de una vivienda prehispánica contra las de otra contemporánea en una región específica, va más allá de aceptar una "continuidad cultural". De hecho, lo que se reconoce es la persistencia de la relación entre la población y su entorno geográfico -que en Tabasco comenzó a sufrir alteraciones serias hasta fechas recientes), donde la familia se ha mantenido como unidad de reproducción y se efectúan varias actividades productivas vinculadas con el medio local, tales como la alfarería, la elaboración de cal o el tejido de "cañita" (*Cyperus giganteus*) y palma (*Sabal mexicana*) para producir petates, sombreros y cestos, así como la pesca, entre otras acciones.

El entorno geográfico de ayer y hoy

El territorio tabasqueño puede definirse como una vasta llanura aluvial que sólo en su límite sur presenta algunos lomeríos y la disponibilidad de rocas como la arenisca, sílex y caliza. Dos ríos cruzan la región de sur a norte. Al poniente se ubica el Mezcalapa y al oriente el Usumacinta. Ambos modelaron la región mientras arrastraban sus aguas hasta desembocar en el Golfo de México, dejando sólo algunas fajas de tierra con mayor elevación, las cuales fueron aprovechadas por las poblaciones prehispánicas. Es una región donde predominaba hasta hace poco tiempo, una selva tropical lluviosa, aunque en la costa se observa una faja de manglares y playas arenosas. Su altitud y escasas elevaciones favorecen un clima húmedo con altas temperaturas la mayor parte del año.

La región conserva evidencias de diferentes poblaciones desde hace tres mil años, iniciando con asentamientos de la cultura olmeca y más tarde -desde el período Clásico-, por los mayas chontales o yokot'an. Antes de 1521, los mayas aprovecharon intensamente las especies locales, muchas de las cuales se siguen consumiendo no sólo para la alimentación, sino también para edificar viviendas o hacer implementos de uso doméstico y ritual. Cabe señalar que otras especies que aparecen en el registro arqueológico han sido diezmadas brutalmente y por ello no es común observarlas en algunas regiones donde antes abundaban, como los cocodrilos (*Crocodylus moreletii*), manatíes (*Trichechus manatus*), venados (*Odocoileus virginianus*) y monos araña (*Ateles geoffroyi*). Por supuesto especies vegetales citadas en las relaciones históricas también han visto mermada de forma severa su presencia como la ceiba (*C. pentandra*), caoba (*S. macrophylla*), cedro americano (*C. odorata*), o el samán (*S. Saman*), entre otras.

Hasta mediados del siglo XX, el medio principal de comunicación en la región eran las vías acuáticas, ya que en el territorio predominaban los cauces fluviales. De tal modo, los mayas yokot'an del Clásico fueron ampliamente reconocidos como navegantes de mar y ríos, pero también como productores y comerciantes de alfarería de pasta fina, lograda por la calidad de las arcillas de la llanura donde habitaban. Enlazaron diferentes regiones y surcaron largas distancias circunnavegando desde la costa de Tabasco hasta llegar al Golfo de Honduras o el centro de Veracruz.

El entorno ribereño tuvo un papel crucial en la cultura de los antiguos pobladores de la región, no sólo como medio de comunicación, sino también como fuente de recursos. El agua de los ríos y las lluvias ayudaba a las siembras y satisfacía la sed, aunque en las crecientes inundaba los sembradíos y podía producir hambrunas. El agua era origen de vida y creación y también de muerte (Armijo y Gallegos, 2012; Gallegos y Armijo, 2014). Confirma la importancia de la navegación y el transporte de bienes por vía acuática, el dibujo inciso en un ladrillo decorado de Comalcalco. La figura muestra un cayuco -tipo de embarcación de madera-, de extremos elevados, que indica que podía dirigirse por ambos lados. Un tripulante sostiene un largo remo en la

Figura 13.3. Arriba: plano de localización de la unidad UH-1 a 2140 m al sureste de la Plaza Norte de la ciudad de Comalcalco. Se observa el crecimiento de Comalcalco y de Chichicapa sobre terreno de la poligonal del sitio (Google Earth 2021). Abajo: vista desde el norte hacia la Unidad habitacional 1. Destaca un montículo con dos elevaciones. Sobre una hay una casa de materiales perecederos, otra despejada fue el área donde se efectuó la investigación. Al frente, un sembradío de maíz (foto de Ricardo Armijo, Proyecto Arqueológico Comalcalco).

proa mientras en la popa parece haber otro en igual pose. Al centro hay bultos. Esta canoa permitía trasladar no sólo bienes de comercio y personas, sino pescar, viajar a sitios de caza o lugares de recolección de diversos recursos. Por supuesto en las naves se desplazaban los conocimientos, las ideas y la información de los acontecimientos que ocurrían por toda la región (Figura 13.4).

Hasta hace algunos años el cayuco era una de las posesiones más importantes de las familias de la región fueran o no hablantes de yokot'an. Hoy día pueden conducirlos hombres, mujeres y niños sin distinción. También en las comunidades yokot'an más tradicionales todavía se mantiene una relación estrecha con los cuerpos de agua pues reconocen la existencia de los "dueños del lago" a quienes es necesario hacer una ofrenda, antes de aprovechar alguno de los recursos que se encuentran en los cuerpos de agua (Marbella Isidro -Mazateupa- y Manuel de los Santos -Tecoluta-, 1999).

Figura 13.4. Ladrillo con inciso con la representación de un cayuco de extremos levantado con dos navegantes en la proa y la popa, así como una serie de bultos en la parte central de la embarcación. Pieza del Museo de Sitio de Comalcalco – INAH. Fotografía de R. Armijo.

Viviendo fuera de la ciudad entre el agua y cacaotales

Los conjuntos de arquitectura monumental de Joy'Chan están conformados por edificios y plazas distribuidos sobre un eje este a oeste aprovechando un domo de tierra situado a 900 m de la orilla del río Seco antes conocido como Mazapa-Mezcalapa. Los inmuebles como residencias de elite, criptas funerarias, áreas administrativas o de culto, se caracterizan por su mampostería de ladrillo y la ornamentación de bajorrelieves y esculturas de bulto hechas con pasta de cal. Materiales constructivos hechos fuera de la ciudad. En su periferia, radicaba el grueso de la población, en casas situadas sobre montículos generalmente dispersos. Debido a que el territorio tabasqueño estaba cubierto por agua, primero los olmecas y luego los mayas del Clásico debieron adecuar sus asentamientos -y por tanto sus viviendas-, a esta condicionante, tal y como ocurría hasta hace poco.

En la década de los setenta, Martínez (1973:24-27, 30-31) llevó a cabo el levantamiento topográfico de 6.750 km^2 que fue útil para delimitar el sitio (y con ello trazar su poligonal oficial de protección), estableciendo once tipos de edificaciones con base en sus dimensiones, resultando en una densidad de 52.98 estructuras por km^2. Dos tipos de construcciones corresponden a los montículos ubicados en torno al área nuclear. Los más sencillos son los "montículos de habitación rural" de los que registró 105 ejemplos distribuidos con profusión al sureste y norte del área nuclear. Según su estudio tienen un área de 306 m a 1168 m con alturas que van de 0.27 a 2.0 m. No presentan un patrón de distribución ordenado y más bien se encuentran sobre los bordes de los cauces. Encima se disponen uno o más promontorios que corresponden a las bases de las viviendas hechas con materiales perecederos.

La siguiente categoría de viviendas corresponde a los "montículos residenciales", que muestran construcciones que pueden estar ordenadas alrededor de pequeñas plazuelas o patios y donde las plataformas presentan pisos de tierra estucados, mayor complejidad arquitectónica y presencia de cerámica fina y materiales foráneos.

De la clase "montículos de habitación rural", Martínez (1973) y Peniche (1973) exploraron los montículos M-142 al este de la Gran Acrópolis -GA- y el M-168 al suroeste de la Plaza Norte -PN-. Mientras que del tipo "montículos residenciales" excavaron el M-264 al noreste de la GA, el M-281 al norte de PN, y el M-78 al suroeste de la PN; finalmente, el M-10 o Unidad habitacional-1 de Chichicapa localizado al suroeste de la GA, fue excavado por los autores y tema de este trabajo (Figura 13.5). En todos los casos, los montículos se ubican de forma dispersa, evitando las superficies anegadizas, pero todas en el entorno de la ciudad más grande del extremo occidental del mundo Maya prehispánico durante el período Clásico: Joy'Chan.

Es relevante mencionar que en el siglo XIX los historiadores describieron la presencia de "vecindades rurales" o "rancherías", integradas por varias unidades habitacionales espaciadas entre 10 a 100 m una de otra. Se disponían a lo largo de una línea marcada por el ancho bordo de los cauces viejos, o sobre las protuberancias pleistocénicas que existen en la llanura aluvial. Más tarde, los estudios hechos por R. West y su equipo, identificaron estas rancherías o tipos de asentamientos y les denominaron "poblados en línea" o riberas y propusieron que los asentamientos prehispánicos presentaron este patrón (West et al., 1985:128-140). Ahora, al observar el plano topográfico de Joy'Chan son claros los alineamientos ondulantes de algunos grupos de montículos dispuestos en terrenos donde era posible mantener vivienda y campos de cultivo en alto. Las imágenes tomadas en 1904 por el fotógrafo E. Ibáñez en Olcuatitán, Nacajuca, capturaron este tipo de viviendas hachas con materiales perecederos. Todas se observan con cierto alineamiento ondulante, pues se dispusieron en la margen de un cauce ubicado hacia la parte posterior de las casas. El frente da hacia el área pública. La calle principal de Olcuatitán conserva en la actualidad ese movimiento. La imagen de Ibáñez permite concebir cómo fueron aquellas viviendas situadas en la periferia de Joy'Chan durante el Clásico tardío (Figura 13.6).

Descubriendo la casa de una familia en Chichicapa

El lugar elegido para investigar cómo eran los espacios y la forma en que vivía la gente que habitó en la periferia de Joy'Chan durante el Clásico tardío (650-950 d.C.), fue un predio en tierras ejidales pertenecientes al poblado conocido como Chichicapa, a 2140 m del área nuclear de la ciudad prehispánica. Su elección derivó del buen estado de conservación de las plataformas y su distanciamiento de los crecimientos urbanos de la moderna ciudad de Comalcalco y de la Villa Chichicapa. Al momento de elegir el área, tenía sembradíos de maíz y plátano, entre los que resaltaba una especie de islote con cuatro montículos de tierra elevándose en un promedio de 2 m con respecto al nivel general de la zona (Figura 13.7).

Este contexto de montículos habitacionales prehispánicos es semejante a los "solares" que se observan en muchos puntos de la llanura aluvial tabasqueña. Las familias ocupan una explanada amplia donde se distribuyen las casas dejando áreas comunes para actividades diversas que integran a todo el grupo como: fiestas, rezos, elaboración de comidas especiales, juegos, convivencia y otras acciones conjuntas). Suele existir un vertedero u hondonada donde se arroja la basura de todas las casas, que incluyen los restos de alimentos, la vegetación que se poda y más reciente- mente papeles y plásticos. Todo ello se quema periódicamente.

Cada familia puede tener una letrina y área de baño, pero otras comparten el espacio. Las cenizas del fogón pueden usarse para las letrinas o se esparcen sobre los pasillos de tránsito. Estos espacios de aseo se encuentran en las áreas posteriores del solar que constituye el área privada del terreno. La batea para lavar la ropa -útil también para

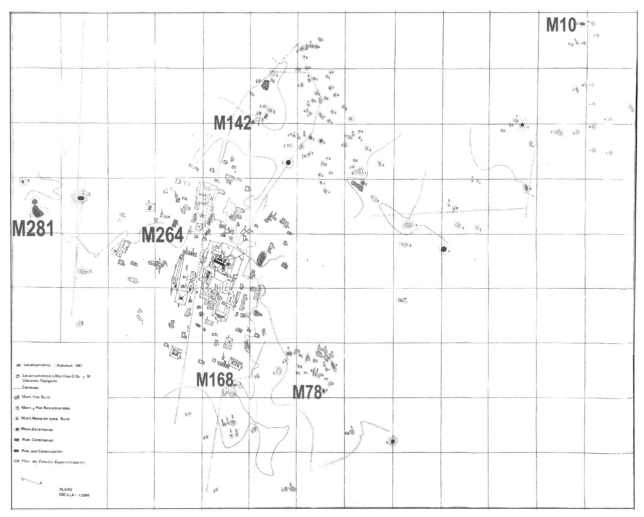

Figura 13.5. Poligonal de la zona arqueológica de Comalcalco (Martínez 1972) con identificación de las unidades habitacionales excavadas entre los años 1972 al 2000. Todas, excepto la UH-1 de Chichicapa (M-10), se encuentran en las inmediaciones del centro citadino. Proyecto Arqueológico Comalcalco-INAH.

Figura 13.6. Evento que congregó a la población masculina del poblado maya yokot'an de Olcuatitán, Nacajuca. Al fondo y del lado derecho se observan las viviendas situadas en un alineamiento con cierta ondulación siguiendo la ruta de un cauce. El diseño y materiales constructivos corresponden a los descritos en el siglo XVI y coinciden con el registro de viviendas prehispánicas. Foto Elías Ibañez 1904, Archivo Histórico del Estado de Tabasco.

Figura 13.7. Perspectiva del islote investigado en Chichicapa (Unidad habitacional 1). En una vista de norte a sur desde el occidente se observa el islote y uno de los montículos que sirvieron como viviendas durante el Clásico tardío (Foto Miriam Judith Gallegos – Proyecto Arqueológico Comalcalco INAH).

bañar niños pequeños-, se ubica cerca de cada casa junto a un árbol o bajo un techo de palma. El agua jabonosa y de enjuague se vierte a un lado.

Las casas se erigen con materiales perecederos (techos de palmas locales, paredes de jahuacté -*Bactris mexicana*-, soleras, cintas y padrones de tatúan -*Colubrina greggii S. Wats*- o de macuilí -*Tabebuis penthaphylla L*-); y algunas todavía presentan como material de amarre diferentes tipos de bejucos, en especial el tipo "uña de iguana" (familia *Dolichandra*). Otras están hechas de troncos de palmas de las que se obtienen longitudinalmente "rajas" o tablones que permiten cubrir espacios de 9 x 6 m, haciendo un aprovechamiento óptimo del tronco. Los pisos suelen ser de tierra.

La forma de las viviendas es cuadrangular, hacia la parte posterior puede presentar un "caedizo" o techumbre bajo la cual se encuentra el fogón y los implementos de cocina. El fogón suele estar en alto como la mesa o tabla para el molino o el metate. Encima de la lumbre generalmente hay un *yagual* -cesto de fibras- utilizado para colocar alimentos o vasijas a efecto de ahumarlas. La casa tiene dos vanos encontrados para ventilar el espacio interior y no incluye ventanas. Es común que tengan un "tapesco" o entramado de varas o madera horizontal que se coloca en alto para almacenar semillas, grandes cestos o vasijas; o resguardar bienes familiares protegiéndoles de los animales domésticos, así como de las inundaciones. El interior de las casas tiene un equipamiento exiguo: hamacas o camastros de madera, cajas para resguardo de ropa (aunque ésta usualmente se cuelga en un muro junto a otros objetos), y una o varias imágenes religiosas acompañadas de veladoras. Sillas y pequeñas mesas rústicas hechas de madera complementan el ajuar (Figura 13.8).

La vivienda prehispánica excavada en Chichicapa debió ser muy semejante a la antes descrita, pero sólo se conservaron algunos fragmentos del apisonado de tierra, y en un perfil se registró parte del nivel horizontal de la última ocupación. Es importante señalar que un problema de las excavaciones que se realizan en las llanuras aluviales es el grado de deterioro de los contextos por factores climáticos. Se ha constatado la pérdida completa de una plataforma habitacional arrasada por una creciente del río Usumacinta en la ciudad de Jonuta, mientras que, en otros casos, como

ocurrió en Chichicapa, la erosión natural ocurrida después del abandono de la vivienda, más los depósitos periódicos de aluvión, sumados al paso del tiempo, deterioran la superficie y orillas de las plataformas. No obstante, aún fue factible obtener información de la unidad doméstica, respecto a quiénes y cuándo habitaron el espacio; que áreas la conformaban, cuáles elementos de equipamiento se conservaron y las actividades que se efectuaron en ésta.

Con estas interrogantes inició la investigación hace varios años, sin embargo, en fechas más recientes, para enriquecer la interpretación de los materiales, datos e información se ha tomado en consideración la perspectiva de género (actividades y posición específica de las mujeres); además de observar la cultura material como referentes históricos y simbólicos, resultado de la "memoria social" (Hendon, 1997, 2010; Robin, 2003,2013).

La excavación de la unidad habitacional en Chichicapa, produjo gran cantidad de información sobre recursos aprovechados, donde destacó -como en la zona de arquitectura monumental-, la presencia de restos de tortuga blanca (*Dermatemys mawii*), que era parte importante de la dieta local, además de fragmentos de caparazones de la tortuga pochitoque (*Kinostemon leucostomun*). Hoy día ambas son especies apreciadas como alimento pese a las restricciones de consumo pues la primera se encuentra en peligro de extinción. También se clasificaron por tipo y variedad una muestra de 20,950 bordes y cuerpos identificables de cerámica de pastas finas y burdas locales y algunas foráneas en un área de $50m^2$, lo que indica que la familia que residía en esta vivienda podía adquirir bienes exógenos y consumía las vasijas que producía Joy'Chan para el intercambio como los altos vasos altos con paredes de hasta 3 mm de espesor y los platones trípodes de los grupos Comalcalco Gris y Jalpa Negro. Estas vasijas no sólo eran útiles para servir raciones abundantes de alimentos, sino que también producían un efecto emocional pues los soportes son de tipo sonaja. De tal forma, al mover la pieza de un lado a otro se agitan y producen ruidos (Figura 13.9).

Además, la sensación al tocar la superficie de este tipo de piezas es muy agradable por la suavidad de la pasta y su fino acabado. Igualmente consideramos que los colores de fondo y la forma hacían resaltar los alimentos que se sirvieron en éstos, y que no fueron solamente tamales y

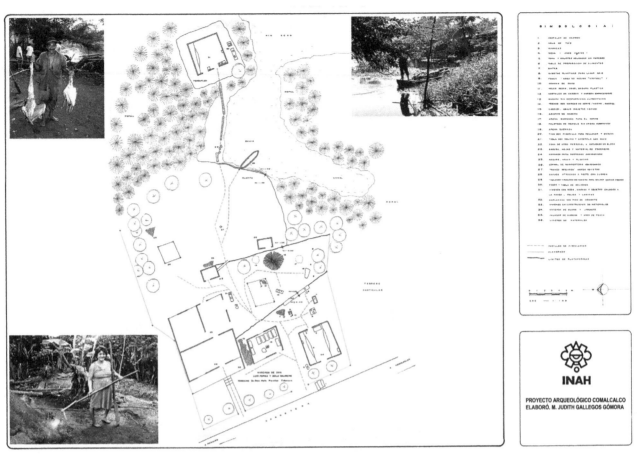

Figura 13. 8. Vivienda de L.P. y Z.G. Familias que pescan, cazan aves, cortan mangle y producen carbón, otras en la zona elaboran cal. Habitan en la orilla de un cauce fluvial, ganan terreno al agua elevando algunas áreas. Usan la explanada para convivencia, reparación de redes o calafateo de su embarcación. Tienen el área de aseo afuera. Los pasillos de circulación son claros por la compactación de la tierra y porque es común que presenten conchas trituradas o cascajo para un tránsito seguro en época de lluvias. Levantamiento M.J. Gallegos. Proyecto Arqueológico Comalcalco-INAH. Fotos R. Armijo.

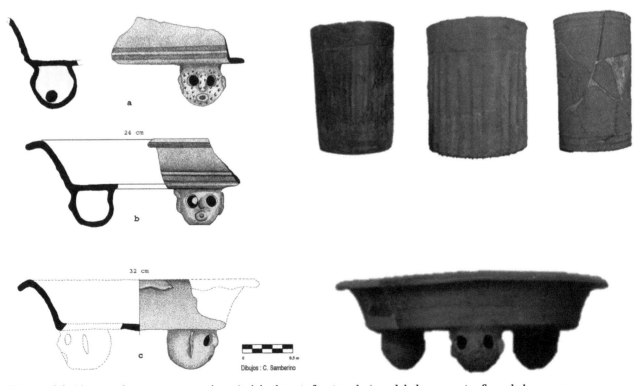

Figura 13.9. Algunos platones, vasos y cajetes (originalmente fracturados) modelados en pastas finas de los grupos Comalcalco Gris y Jalpa negro. Dibujos C. Samberino y fotos de R. Armijo. Proyecto Arqueológico Comalcalco – INAH.

pozol, sino que debieron usarse para servir platillos iguales o semejantes a algunos de la cocina tradicional local como el *uliche* (mole con guajolote y masa de maíz), tamal de cola de cocodrilo con axiote (*Bixa orellana*), armadillo (*Dasypodidae*) asado, tortuga hicotea (*Trachemys venusta*) en sangre, tortuga pochitoque en salsa de chipilín (*Crotalaria longirostrata*), iguana (*Ctenosaura similis*) en verde, o pejelagarto (*Atractosteus tropicus*) asado.

Los platillos citados, como lo señaló Mintz (1996:568), caracterizan la *cuisine* de una comunidad, porque incluyen los ingredientes locales, los guisos (recetas) y técnicas tradicionales de preparación, elementos que se modifican muy lentamente en el tiempo. Es importante señalar que también debe considerarse dentro de estas prácticas culturales reconocer quién elabora los alimentos cotidianos y rituales. Los registros históricos apuntan a que, entre los yokot'an es la mujer la que muele el maíz diariamente, la que enciende y utiliza el fogón y la que guisa. Pero también son ellas las responsables de preparar los platillos rituales para las fiestas, son quienes conocen las recetas y los tiempos, quienes transmiten de generación en generación esas prácticas que les identifican. Cabe señalar que los hombres si tienen algunas

actividades específicas como cuando se captura y destazan animales grandes, o son los responsables de fermentar en una batea de madera el guarapo. Actividades que sólo tienen lugar en las festividades de toda la comunidad (Gallegos, Armijo y Rojas, 2018).

En el depósito descubierto en Chichicapa aparte de los tiestos de pastas finas mencionados se encontró gran cantidad de cerámica de los Grupos Cimatán y Centla que corresponden a piezas de pasta granulosa y con la cual se elaboraron recipientes para el resguardo de líquidos, cocinar o exponer al fuego, además de hacer cucharas y comales para tostar el cacao y otros ingredientes. Todo este material pudo ser el descarte de un banquete ocurrido durante la ocupación final del montículo porque los tipos cerámicos pertenecen al depósito ubicado entre 750-900 d.C. (Clásico tardío).

Cabe señalar sobre esta clase de cerámica que pasada la conquista tuvo lugar un declive drástico de las actividades tradicionales de las poblaciones locales en Tabasco. Las pastas finas y figurillas que les identificaban ya no se requirieron para el comercio o el uso de la elite local, por tanto, dejaron de producirse. En cambio, las vasijas de barro grueso útiles para guisar y almacenar, así como los sahumerios, continuaron elaborándose, porque la población en general los usaba para su vida diaria. Hoy se siguen usando. En muchas comunidades rurales de Tabasco se emplea el "horno" para guisar en fogón. Esta es una vasija de grandes dimensiones que tiene las mismas características y tamaño que una excavada en la unidad habitacional de Chichicapa. Su utilidad en el ámbito culinario local le ha hecho superar el paso del tiempo (Figura 13.10).

La excavación en Chichicapa no produjo entierros, ni detalles sobre los materiales constructivos, pero sí sobre las actividades que realizaba la familia que le habitó. En la hondonada donde se encontró el material de descarte, quizá posterior a un festejo, incluyó, aparte de la cerámica, 480 fragmentos y seis figurillas completas de barro, 24 malacates (completos e incompletos), dos fragmentos de flautas, moldes de figurillas, navajillas y núcleos agotados de obsidiana de fuentes guatemaltecas, cinco pulidores de piedra, cuentas de barro, fragmentos de metates y una máscara de barro fracturada, entre otros objetos (Figura 13.11).

Por su contenido y ubicación, este depósito es semejante al "basurero" encontrado por S. Ekholm en el sitio de Lagartero, Chiapas donde ella descubrió 500 fragmentos y piezas completas de figurillas, malacates, miles de tiestos, pero también gran cantidad de huesos animales y humanos (Ekholm, 1979:174). En Chichicapa, además de los restos de tortuga había algunos de aves, cocodrilo, venado y caracol de río. Ambos hallazgos por su semejanza podrían indicar la realización de una práctica común. Ceremonias en las que se consumían alimentos y posteriormente se depositaban fragmentadas las vasijas y otros objetos. Pero también indican el aprovechamiento de especies locales

Figura 13.10. Izquierda: vasija del Grupo Cimatán de cuerpo curvo convergente con huellas de fuego en la base, excavada en Chichicapa. Derecha: horno de barro sobre un fogón en una casa de las afueras de la zona arqueológica de Comalcalco. Fotos de M.J. Gallegos y R. Armijo. Proyecto Arqueológico Comalcalco – INAH.

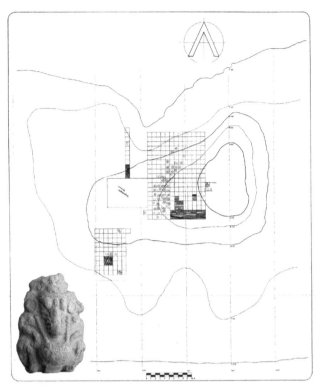

Figura 13.11. Plano topográfico del montículo habitacional en Chichicapa y retícula de excavación (1x1 m) con la ubicación de las figurillas y malacates de barro, concentrados hacia el oeste de la explanada. Figurilla silbato con representación de un cocodrilo antropomorfizado (por su pose y atavíos) pieza localizada dentro de este depósito. Levantamiento de M.J. Gallegos. Proyecto Arqueológico Comalcalco–INAH.

que proveyeron a la población con proteínas y materiales para la manufactura de herramientas y adornos. Especies como el venado y el cocodrilo no es común encontrarlas en contextos arqueológicos excepto en residencias de elite y espacios rituales por su relevancia ya que era un animal vinculado con los tres niveles de su cosmovisión. La vivienda de Chichicapa además de los restos de cocodrilo también poseía una figurilla de barro con su efigie. En la actualidad, el cocodrilo continúa siendo un ser importante de la comunidad yokot'an de varios poblados, los que comparten un entorno específico y una misma cosmovisión que les identifica y distingue de otros (Arias, 2007).

De los materiales descubiertos en esta excavación se abordarán dos: los malacates y las figurillas de barro. Los primeros porque brindan información sobre una actividad productiva relevante en el Clásico tardío vinculada con las mujeres; y las figurillas porque permiten indagar la forma en que se percibía e identificaba la población local, pero también porque estos objetos son instrumentos musicales que debieron acompañar rituales efectuados en las unidades domésticas.

A diferencia de otras regiones donde suelen encontrarse como parte de ofrendas mortuorias, en esta región es más común encontrarles como parte del ajuar de las viviendas de elite o comunes. Incluso en otro sitio de la llanura,

Jonuta, se han encontrado en las viviendas además de las figurillas-sonajas o figurillas silbato y pequeños tambores de mano moldeados en pastas finas, lo que revela la importancia de la música en los ritos domésticos de la vida cotidiana.

La casa donde giran malacates y se agitan las sonajas

Las relaciones históricas refieren que la población maya del siglo XVI de las llanuras aluviales de Tabasco recibía mantas de la zona de la Península de Yucatán, pues la gente de todas edades estaba ocupada en el cultivo y cuidado de los cacaotales, no tenían tiempo de hilar y tejer. Sin embargo, durante el período Clásico, la vestimenta fue parte fundamental de la sociedad maya. Los varones cubrían los genitales con bragueros y las mujeres con un huipil o camisa y un enredo atado alrededor de la cadera. La estratificación social estaba marcada en la vestimenta de cada estamento, y entre mayor nivel social el atuendo se observa más complejo o de mejor calidad en el tejido e hilo. La vestimenta también era un marcador que señalaba origen del individuo, y también podía identificar su ocupación o estado civil, tal y como acontece actualmente con los trajes de muchos poblados en Oaxaca, Chiapas o Guatemala.

La casa de Chichicapa era una unidad productora de textiles esto lo sugiere el hallazgo de 24 malacates, varios de los cuales mostraban una de las superficies con marcado desgaste. En contraste, en el área monumental se han localizado 40 ejemplares, 30 piezas vinculadas viviendas de elite -Estructura 3, Palacio y el pasillo de la Estructura 5-, tres se descubrieron en el espacio del *popol nah*, todos fueron moldeados en barro. A estos se suman siete encontrados en el Templo durante las exploraciones de P. Salazar en los setenta, asociados a braseros y entierros. Este grupo en particular merece atención aparte porque fueron manufacturados en una vértebra de cocodrilo y los restantes en osteodermos de este mismo animal (Gallegos, Armijo y Valentín, 2019).

Los malacates de la casa de Chichicapa se moldearon en barro, y estuvieron asociados a navajillas de obsidiana y figurillas, entre las que destaca la que representa un cocodrilo. Esta especie se vincula con la fertilidad y el inframundo, pero también con el tejido. En los mitos mayas plasmados por ejemplo en el Códice Madrid, se observan deidades tejiendo, Ix Chel (diosa O), K'iimil (dios A, muerte) e Itzam Na, con una personalidad andrógina por sus diferentes advocaciones y relacionado al cocodrilo celeste. Estas deidades tejen el universo, lo crean y renuevan en un trabajo cíclico como el movimiento del malacate (Morales 2011). Confirmado esta idea, en la primera mitad del siglo veinte Thompson registró que entre los jacaltecos de Guatemala el día del calendario *Imix* –cocodrilo- se relacionaba con el acto de tejer (Thompson 1971:70). No es extraño entonces la presencia en una vivienda dedicada al tejido -como lo marca la cantidad de instrumentos- la presencia de una figurilla representando a este reptil-deidad (ver detalle en Figura 13.11).

Estas pequeñas herramientas tienen un peso que varía de 4.6 -8.4 gramos, y sus diámetros oscilan entre 23 hasta 27 milímetros, mientras que el oficio central suele ser un poco menor a 5 milímetros. La dimensión de su orificio sugiere el hilado de una fibra delgada como el algodón. Este material podía traerse desde el sur de Veracruz a través de las redes por las que llegaba el basalto. La fibra del algodón permite elaborar tejidos ligeros muy cómodos para el calor que prevalece en la zona. La forma y decoración de las piezas en Chichicapa es igual a los ejemplares encontrado en las viviendas del área monumental, lo que sumado al hallazgo de otros materiales culturales indica que el espacio era ocupado por una familia de nivel elevado comparable con la que residía en el centro, donde también giraban los malacates para formar hilos finos de algodón (Figura 13.12).

Un rasgo que debe resaltarse es el hecho de que estas herramientas fueron hechas con molde, lo que señala la necesidad de hilar más o con una calidad específica, posiblemente para la producción de material de cierta calidad requerido en el intercambio o para formar los "bultos de tela" como aquellos textiles que se entregaban en las entronizaciones como la que registra el Dintel 1 de Yaxchilán, donde el señor Pájaro Jaguar IV recibe en un día 9.16.1.0.0 11 *Ajaw* (29 de abril de 752 d.C.), un bulto de tela que le entrega la Señora Gran Cráneo, su consorte, como parte de la ceremonia y que quizá comprendía mantas o atavíos textiles inherentes a su cargo.

Los mayas yokot'an de la llanura aluvial han sido reconocidos como grandes navegantes y alfareros, tal vez a estas cualidades podría sumarse la elaboración de tejidos. Actividad que también se perdió, como la elaboración de vasijas de pasta fina y figurillas, al desaparecer las redes comerciales y también quienes consumían estos bienes.

Finalmente, otro elemento relevante entre el material cultural que se recuperó en la unidad habitacional y que permite conocer a la gente que vivía alejada del rumor del área central de la ciudad, son las figurillas. El montículo habitacional de Chichicapa presentó dos niveles de ocupación, ambos con presencia de figurillas. La primera ocupación fue identificada a través de pozos de control de 3.50 y 4.20 m de profundidad con respecto al nivel de superficie. En este nivel se descubrieron fragmentos de figurillas comparables a piezas de sitios de la costa del Golfo de México, como las "oradoras", que recuerdan materiales del Grupo D establecido para Jaina (Corson, 1976: figs. 25-31). Dichas figuras estaban asociadas a la mitad de una vasija de importación Sayán roja sobre crema fechada entre 600 y 800 d.C. En cambio, el resto de las piezas de la última ocupación en la vivienda -situadas entre 1.50-2.0 m de profundidad- son de tipos más variados, incluyendo representaciones antropomorfas y zoomorfas asociadas a tiestos de pastas finas Jalpa Negro y Comalcalco Gris datadas entre 750 y 900 d.C. (Figura 13.13).

En cuanto a su representación, más del 50% eran femeninas, el 15% masculinas, 21 correspondieron a fauna

local (búhos, aves, monos, cocodrilo, jaguar) y también se encontraron algunos fragmentos de moldes y tres figurillas de tronos o fardos funerarios. Entre las piezas con representación de mujeres fue abundante la Señora de Comalcalco, una figura que representa el prototipo de la mujer maya, además de piezas que también representan elementos de la imaginería característica de esta cultura con el cráneo modificado, mutilación dental, cabello recogido, entre otros. Pieza que igualmente es frecuente en el área monumental.

Comentario final

Aunque están pendientes los análisis de huellas de uso en los artefactos líticos, así como el de los sedimentos de vasijas o morteros, los materiales culturales descubiertos en la unidad habitacional sugieren que en ésta se elaboraron textiles durante el Clásico tardío, momento en que se tiene registrado que el tejer era una actividad ligada al género femenino; producción que, además, había cobrado relevancia por el auge de la vestimenta entre la población, así como en atavíos para eventos especiales. Aunque no se encontraron entierros, planteamos que en este hogar vivieron tejedoras expertas quienes usaron malacates y navajillas de obsidiana gris para realizar su trabajo, pudiendo ser ellas mismas quienes reavivaban el filo de sus instrumentos y quienes también moldeaban los malacates, acorde a sus necesidades y experiencia de uso. Chichicapa pudo ser un espacio de producción de hilos finos, muy seguramente algodón. Este trabajo, como se observa hoy día entre tejedoras de Guatemala o Chiapas, es un conocimiento que se pasa de generación a generación mientras que se transmite el sentido de pertenencia al grupo, que además se refuerza al elaborar los diseños característicos de la vestimenta local, que nosotros proponemos que es la que presenta la figurilla llamada Señora de Comalcalco.

El depósito de herramientas de trabajo (malacates), sumado a vasijas fragmentadas para servir cantidades generosas de alimentos y bebidas, junto con figurillas que también funcionaban como instrumentos musicales, señalan la posible realización de una ceremonia donde hubo un banquete acompañado por sonidos, que robustecían la memoria social, la identidad y unión del grupo. Hoy, en la misma región, la población yokot'an acompaña sus ceremonias más tradicionales con la danza del "Baila Viejo", usando sonajas, abanicos, flautas, tambores y máscaras, para hacer la entrega de sus ofrendas a los dioses cristianos y las deidades del monte. Se ofrecen alimentos, el humo de los sahumerios, los gritos de los danzantes y su baile, así como los sonidos producidos por los instrumentos musicales, y el aire que se agita al sacudir los abanicos de fibras vegetales. En ceremonias observadas entre 2001-2002 en Mazateupa y Tecoluta las mujeres prepararon atol con pimienta, tamales y otros alimentos para toda la comunidad, en un evento idéntico al descrito en 1872 por el presbítero Manuel Gil y Sáenz en otra comunidad yokot'an (Gallegos, 2006: 204).

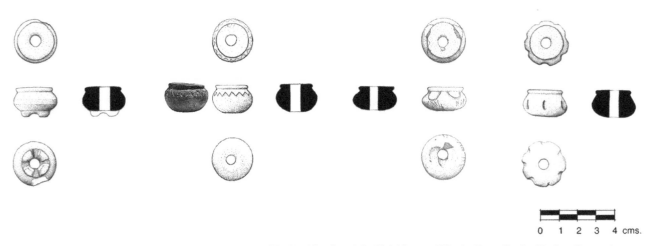

Figura 13.12. Pequeños malacates de barro de la unidad habitacional de Chichicapa. Dibujo Juan Carlos Rodas. Proyecto Arqueológico Comalcalco-INAH.

Figura 13.13. Algunas figurillas antropomorfas y una zoomorfa excavadas en la unidad habitacional de Chichicapa. Arriba fragmentos de tocado y representación masculina. Silbato de búho. Abajo: figuras de la Señora de Comalcalco. Proyecto Arqueológico Comalcalco-INAH. Fotos de Ricardo Armijo.

En la casa de Chichicapa sus pobladores hacían uso del mismo tipo de objetos que se encuentran en las residencias de la Gran Acrópolis, lo que indica que en la periferia también residían individuos de estatus elevado que podían adquirir cerámica, obsidiana y otras rocas de intercambio. Incluso los estudios de pastas de una muestra de figurillas señalan que éstas eran manufacturadas con materiales locales, pero algunas tienen elementos que les identifica como foráneas, lo que se suma a la evidencia del movimiento de estos objetos por la costa del Golfo de México, compartiendo prácticas culturales (Gallegos, 2018). Planteamos que, en su momento, las figurillas fueron seres animados, su sonoridad fue "la voz", el medio para comunicarse con el mundo sobrenatural, por ello la importancia de su buena manufactura; al descartarse, la mayor parte de éstas como los malacates y las vasijas se fracturaron perdiendo así sus cualidades de intermediación.

La vivienda explorada en Chichicapa confirmó el uso de lomeríos naturales sobre los que la gente erigía montículos de tierra para situar casas de materiales perecederos, semejantes a las que se conservan en algunos puntos de la llanura aluvial, cuyos elementos constitutivos son locales, eficientes y adecuados para el medio; compartían un islote rodeado por un terreno bajo cultivable por temporada, como los solares actuales y aquellos descritos por cronistas e historiadores. Aunque el tiempo ha pasado el entorno permanece en lo general, así como el uso de viviendas rurales sobre partes altas, y algunas actividades que han resultado de apoyo para elaborar una mejor interpretación sobre cómo y quiénes vivieron en la periferia de Joy'Chan.

Agradecimientos

El Instituto Nacional de Antropología e Historia financió y autorizó a través del Consejo de Arqueología, las diferentes temporadas de campo y gabinete del "Proyecto Etnoarqueología de la vivienda tradicional en la Chontalpa Tabasqueña", el "Proyecto Arqueológico Comalcalco", el "Proyecto Investigación Etnoarqueológica Yokot'an" y el "Proyecto Arqueológico Jonuta", de los cuales deriva la información utilizada para la elaboración de este texto. Apreciamos también la invitación del Dr. Juan Targa y el Arqlgo. Geiser G. Martín para colaborar en este volumen.

Bibliografía

Arias, T., 2007. "El cocodrilo en la región maya yokot'an. Un acercamiento antropológico a la actualidad del ambiente en Tabasco". *Itinerarios* 45: 101-122, Instituto de Estudios Ibéricos e Iberoamericanos – Universidad de Varsovia, Varsovia.

Armijo, R., 2016. Un katún de investigaciones en Joy'Chan (Comalcalco). Tesis de doctorado en Antropología. Escuela Nacional de Antropología e Historia, México.

Armijo, R., y Gallegos, M., 2017. "La impronta de los mayas prehispánicos en los conocimientos tradicionales de Tabasco, México". *Archaeobios* 11(1): 144-163.

Armijo, R., y Gallegos, M., 2012. El universo acuático de los antiguos mayas de Joy'Chan-Comalcalco: sustento del mundo terrestre y residencia de los ancestros. *Los investigadores de la cultura Maya*, 20(1): 175-190, Universidad Autónoma de Campeche, Campeche.

Arnauld, M., 2014. El proyecto maya de vida y sociedad. En Pierrebourg, F., y Ruz, M. (Coords.), *Maya, otoch. Concepción, factura y atributos de la morada maya*, pp. 37-64, Secretaría de Educación del Estado de Yucatán – UNAM, México.

Brown, D., 2005. The Chontal Maya of Tabasco. En Sandstrom, A. y García, E. (Eds.), *Native Peoples of the Gulf Coast of Mexico*, pp. 114-138, The University of Arizona Press, Tucson.

Cadena, S., y Suárez, S., 1988. *Los chontales ante una nueva expectativa de cambio: el petróleo*. Serie de antropología social 79, Instituto Nacional Indigenista, México.

Corson, C., 1976. *Maya Anthropomorphic Figurines from Jaina Island, Campeche*. Ballena Press Studies in Mesoamerican Art, Archaeology and Ethnology, Ed. J. A. Graham, Ramona.

Ekholm, S., 1979. Lagartero Figurine. En Hammond, N. y Willey, G. (Eds.), *Maya Archaeology and Ethnology*, pp. 172-189, University of Texas Press, Austin.

Gallegos, M., 2018 "Vida cotidiana e identidad de la región de Comalcalco en el contexto mesoamericano". *Nuevo Mundo Mundos Nuevos-Noveaux mondes mondes noveaux*. Colloques, mis en ligne le 10 décembre 2018, consulté le 18 octobre 2020. DOI: https://doi.org/10.4000/nuevomundo.74356

Gallegos, M., 2006. El Baila Viejo: danza y música ritual de la comunidad yokot'an, Tabasco, México. En *El arte popular mexicano. Memoria del Coloquio Nacional*, pp. 193-215, Secretaría de Educación del Estado de Veracruz – Consejo Veracruzano de Arte Popular, Xalapa.

Gallegos, M., 2003. Las iglesias yokot'an: una modalidad del popol-nah prehispánico en Tabasco. *Los Investigadores de la Cultura Maya*, 11(2):514-523 Universidad Autónoma de Campeche, Campeche.

Gallegos, M., 1998 Arquitectura y actividades tradicionales de la Chontalpa. *Los Investigadores de la Cultura Maya*, 6 (1):132-145, Universidad Autónoma de Campeche, Campeche.

Gallegos, M., y Armijo, R., 2020. Comalcalco: la metamorfosis del pantano en una ciudad con palacios de ladrillo. En García, J. y Martín, G., (Eds.), *El paisaje urbano maya: del Preclásico al Virreinato*, BAR International Series 2985, pp. 255-266, Bar Publishing, Londres.

Gallegos, M., y Armijo, R., 2014. Navegar y pescar: actividades cotidianas de la población prehispánica y actual de Tabasco. *Los Investigadores de la Cultura Maya*, 22(1):97-116, Universidad Autónoma de Campeche, Campeche.

Gallegos, M., y Armijo, R., 2009. El patrimonio inmaterial de las poblaciones costeras de Tabasco y su entorno medioambiental: la producción artesanal de cal. En *Las artesanías mexicanas. Memoria del III Coloquio nacional de arte popular*, pp. 87-98, Consejo Veracruzano de Arte Popular-Gobierno del Estado de Veracruz, México.

Gallegos, M., y Armijo, R., 2008. Colores y ceremonias en los espacios rituales de la población maya yokot'an de Tabasco: rasgos de su identidad. En (Coord. y Ed.), *Memoria IV. Anuario de Investigación sobre Conservación, Historia y Crítica del Patrimonio Arquitectónico Urbano: Lecturas y estrategias de la conservación del patrimonio tangible e intangible*, pp. 93-96, Universidad Autónoma de Yucatán, Mérida.

Gallegos, M., y Armijo, R., 2006. El problema del impacto socio urbano en sitios prehispánicos de Tabasco: el caso de Jonuta y Comalcalco. En Paredes, B. (Coord. y Ed.), *Memorias II Anuario de Investigación sobre conservación, historia y crítica del patrimonio arquitectónico y urbano*, págs. 75-79, Universidad Autónoma de Yucatán, Mérida.

Gallegos, M., Armijo, R., y Rojas, J. 2018. La cocina yokot'an: un rasgo de identidad a través del tiempo. En Domínguez, M., Gallegos, M., Armijo, R., y León, M. (Eds.), *Los investigadores de la cultura maya. Gastronomía en la cultura maya: usos y costumbres*, pp. 175-196, Universidad Autónoma de Campeche, Campeche.

Gallegos, M., Armijo, R., y Valentín, N., 2019. Hilando la historia: consideraciones sobre contextos, dimensiones, iconografía y cosmovisión en los malacates de Comalcalco y su entorno. En *V Simposio de Cultura Maya Ichkaantijoo. Ideas recientes y avances en el estudio de los mayas*, pp. 268-281, INAH Yucatán-Digital editorial, Mérida.

Hendon, J., 1997. Women's Work, Women's Space, and Women's Status Among the Classic – period Maya Elite of the Copan Valley, Honduras. En Claassen, C., y Joyce, R. (Eds.), *Women in Prehistory* pp. 33-46, University of Pennsylvania Press, Philadelphia.

Hendon, J., 2010. *Houses in a Landscape. Memory and Everyday Life in Mesoamerica*, Duke University Press, Durham.

Incháustegui, C., 1987. *Las márgenes del Tabasco chontal*. Gobierno del estado de Tabasco – Instituto de Cultura de Tabasco, Villahermosa.

López, N., 1982. *Los Chontales de Tabasco*. Emipres, México.

López, F., 1993. *Arquitectura vernácula en México*. Trillas, México.

Lorente, D., 2017. "Mitología y multifuncionalidad del Trueno entre los chontales de Tabasco". *Anales de Antropología* 51: 73-82, IIA-UNAM, México.

Maimone, D., 2009. *Ceremonias tradicionales chontales*. Colección La Tanda No. 16, Colectivo Artístico Morelia A.C., Morelia.

Manzanilla, L., 1986. "Introducción", *Unidades habitacionales mesoamericanas y sus áreas de actividad*, pp. 1-18, IIA-UNAM, Méxio.

Martínez, L., 1973. Poblamiento, arquitectura y ornamentación de Comalcalco, Tabasco. Tesis inédita de licenciatura en Arqueología, Universidad Autónoma de Yucatán, Mérida.

Mintz, S. 1996. *Tasting Food, Tasting Freedom: Excursions into Eating, Culture, and the Past*, Beacon Press, Boston.

Morales, M. 2011 "La tejedora, la muerte y la vida. Simbolismo maya del trabajo textil en el Códice Tro-Cortesiano". *Datatextil*, núm. 24:77-83, Centre de Documentación i Museu Tèxtil, Barcelona.

Peniche, P., 1973. Comalcalco, Tabasco: su cerámica, artefactos y enterramientos. Tesis de licenciatura en Arqueología, Facultad de Ciencias Antropológicas, Universidad Autónoma de Yucatán, Mérida

Robin, C., 2013. *Everyday Life Matters. Maya Farmers at Chan.* University Press of Florida, Gainesville.

Robin, C., 2003. "New Directions in Classic Maya Household Archaeology". *Journal of Archaeological Research* 11(4): 307-356, Springer.

Rubio, M., y Martínez, M., 2017. Dos miradas sobre la etnología y la antropología social en Tabasco. En Rubio, M. y otros (Coords.), *Una visión antropológica e histórica,* pp. 493-535, Gobierno del Estado de Tabasco-UNAM-CONACULTA, México.

Rubio, M., y Martínez, M., 2012. *Ritos y conceptos relacionados con la muerte entre los yokot'an de Tabasco.* UNAM, México.

Thompson, J., 1971. *Maya Hieroglyphic Writing*, University of Oklahoma Press, Norman.

Uribe, R., y May, B., 2000. *T'an i K'ajalin Yokot'an. Palabra y pensamiento yokot'an.* CONACULTA-UNAM-CRIM, México.

Vásquez, M., Solís, M. y Hipólito, E., 1988. La vivienda en la cultura chontal de Tabasco. En *La vivienda rural en el sureste de México,* pp. 19-42. SECUR IV Comité Regional de la UNESCO, México.

West, R., Psuty, N., y Thom, B., 1969. *The Tabasco Lowlands of Southeastern Mexico,* Louisiana State University Press, Baton Rouge.

Wilk, R., y Rathje, W., 1982. "Household Archaeology". *American Behavioral Scientist*, 25(6), 617–639.

14

Espacio y símbolo en las unidades residenciales del área maya

Lilia Fernández Souza
Facultad de Ciencias Antropológicas, Universidad Autónoma de Yucatán

El interés arqueológico por las casas de los mayas prehispánicos tiene antecedentes en el siglo XIX, aunque es partir de las últimas décadas del siglo XX que la arqueología de los grupos domésticos logra algunos de sus más importantes avances. En este capítulo se aborda una serie de perspectivas sobre las residencias mayas y sus habitantes: la forma y función de las estructuras y sus espacios; las prácticas cotidianas de los grupos domésticos; la manera en que las identidades sociales como el género, la ocupación, el estrato socioeconómico y político impactan la estructura y relaciones al interior y entre los grupos; y de qué manera aspectos como la memoria y la sensorialidad pueden ser abordados arqueológicamente, ayudándonos a comprender cada vez un poco mejor a esta antigua civilización.

The archaeological interest for pre-Columbian Maya houses has its background in 19th Century, although household archaeology gains some of its most important advances from the last decades of 20th Century. This chapter addresses some of the recent perspectives about Maya residencies and their inhabitants: form and function of houses and domestic spaces; daily life practices; the way in which social identities such as gender, labor, socioeconomic and political differences impact structure and relationships inside and between domestic groups; and how archaeology may approach aspects such as memory and sensoriality in order to improve our comprehension of ancient Maya civilization.

Introducción

La civilización maya antigua es conocida en el mundo por sus majestuosos templos piramidales y su arte público monumental. Sin embargo, en las últimas décadas, la arqueología de los grupos domésticos se ha abocado a conocer aspectos más cotidianos, íntimos y mundanos del pasado. En el presente capítulo se aborda el estudio de los grupos domésticos mayas, organizando el tema en dos apartados generales: en primer lugar, se expone algunas de las perspectivas conceptuales y teóricas más influyentes, con sus respectivos referentes arqueológicos en el área maya; posteriormente, se ofrece un estudio de caso centrado en el sitio de Sihó, Yucatán, México (Figura 14.1).

El grupo doméstico como unidad de análisis

El tema de las casas mayas ha sido abordado por numerosos investigadores desde hace algo más de una centuria (Ricketson y Ricketson 1937; Smith 1962; Thompson 1886). Pero es sobre todo a partir de las décadas de 1970 y 1980 que se han desarrollado más extensamente los planteamientos teóricos sobre el significado de las unidades habitacionales arqueológicas y sobre la manera en la que éstas expresan materialmente ciertas formas de organización humana. El grupo doméstico ha sido considerado como la unidad más pequeña de la sociedad, después del individuo, y como un elemento fundamental para comprender aspectos tanto económicos como sociales y culturales (Chase y Chase 2014; Douglass y

Figura 14.1. Mapa del Área Maya, con sitios mencionados en el texto (Dibujo L. Fernández; digitalización, M.J. Novelo).

Gonlin 2012; Manzanilla 1986; Robin 2001, 2013; Wilk y Netting 1984; Wilk y Rathje 1982). Hammel y Laslett (1974: 76) afirman que el grupo doméstico se constituye por "aquellas [personas] que comparten el mismo espacio físico con el propósito de comer, dormir, tomar tiempos de descanso y ocio, crecer, procrear y criar a los niños"[1]. Frecuentemente, los miembros de los grupos domésticos se hallan emparentados; sin embargo, la inclusión en el mismo espacio de individuos que no comparten lazos de sangre, como podrían ser sirvientes, visitantes, inquilinos o invitados, implica que los conceptos de grupo doméstico y familia no son sinónimos, por lo cual es fundamental diferenciarlos (Hammel y Laslett 1974: 77-78; Manzanilla 1986; Netting, Wilk y Arnould 1984; Wilk y Netting 1984).

Wilk y Rathje (1982: 618) afirman que el grupo o unidad doméstica (con el término inglés *household*) es "el componente social más común de subsistencia y el grupo de actividad más abundante"[2], y proponen que se constituye de tres elementos: 1) el elemento social, que incluye tanto a sus miembros como a las relaciones existentes entre éstos; 2) el elemento material, en el que se encuentran la casa, las áreas de actividad y las posesiones y 3) el elemento conductual, en el que se cuentan las actividades y el performance. Wilk y Netting (1984: 5) enfatizaron este último aspecto con fines de definición, identificación y comparación de los *households* en distintas culturas, destacando la importancia de registrar lo que sus miembros *hacen*, es decir, las actividades corporadas que llevan a cabo. La propuesta de estos autores incluyó cinco esferas de actividad: producción, distribución, transmisión, reproducción y corresidencia (Wilk y Netting 1984: 5), mismas que han sido retomadas y analizadas por investigadores mesoamericanistas en general y mayistas en particular (Douglass y Gonlin 2012; Gonlin 2012; Manzanilla 1986; Ochoa 1997).

Formas, funciones y referentes materiales

La corresidencia (Wilk y Netting 1984: 5) es uno de los aspectos de los que el trabajo arqueológico se beneficia en la búsqueda de evidencias de las otras actividades cotidianas. Como apuntan Douglass y Gonlin (2012: 4) hay funciones del grupo doméstico que no necesitan la corresidencialidad, pero la tendencia es que tanto grupos domésticos como familias habiten en espacios comunes de vivienda, y los estudios arqueológicos operan bajo este principio.

Con base en lo anterior, la búsqueda de vestigios materiales de las actividades domésticas se sistematizó en una serie de niveles, que Manzanilla (1986: 9-10) enumera como: 1) área de actividad, 2) unidad habitacional, 3) la agrupación de casas; 4) el sitio arqueológico en su totalidad y 5) la región, que comprendería una serie de sitios de algún modo relacionados. Para identificar las áreas de actividad,

en varios sitios de Mesoamérica, y del área maya en particular como Cobá, Kabah, Muxucuxcab, y Sihó, los hallazgos de rasgos y artefactos se han combinado con diversos tipos de análisis. Por ejemplo, se lleva a cabo análisis de residuos químicos que se depositan en los pisos y suelos arqueológicos como resultado del derrame de sustancias en actividades como preparación de alimentos, destazamiento de animales, actividades rituales, etc.; recuperación de vestigios paleobotánicos como pólenes, gránulos de almidón, fitolitos o macro restos; identificación de restos óseos de animales resultantes de la preparación de alimentos, desecho de basura o elaboración de artefactos; análisis de enterramientos humanos depositados en contextos domésticos; cotejo, en lo posible, con fuentes históricas, iconográficas y etnográficas que contribuyan con la identificación de patrones (Barba, Ortiz y Pecci 2014; Fernández, Toscano y Zimmermann 2020; García Targa 1992; Herrera 2021; Götz 2011, 2014; Manzanilla 2011; Matos 2014; Morell-Hart, Joyce y Henderson 2014; Pierrebourg 2007; Ruz 2014; Tiesler y Cucina 2010; Zimmermann 2019).

El siguiente nivel de análisis, la unidad habitacional, ha permitido identificar tanto los patrones comunes, como la diversidad que existió entre las construcciones domésticas de los distintos asentamientos y al interior de los mismos. Dentro de los patrones comunes, se encuentra que las estructuras que componen la unidad o el conjunto habitacional solían distribuirse en, o, alrededor de un patio o área abierta. Esta característica se observa en sitios con evidencia de ocupación en el preclásico medio y tardío (1000 a.C.-250 d.C) como Komchén, así como en asentamientos del período Clásico (250 -900/1000 d.C.) tales como Caracol, Cerén, Cobá, Copán, Chan Noohol, Chichén Itzá, Chunchucmil, Dzibilchaltún, Kabah, Sihó, Tikal y Yaxuná, y del postclásico (1000-1500 d.C.) como Mayapán. Es en estos espacios abiertos que suelen localizarse algunos de los rasgos y artefactos más evidentes de la actividad doméstica, como es el caso de las piedras de moler o metates, los depósitos de agua o los adoratorios (Benavides 1987; Chase y Chase 2014, 2016; Cobos et al 2002; Fernández, Toscano y Zimmermann 2014; García Targa 1992; Gonlin 2012; Robin 2001, 2006, 2013; Ochoa 1995; Pierrebourg 2007; Sheets et al 2012).

Por otro lado, y a pesar de sus similitudes, las construcciones habitacionales mayas también ofrecen notorias diferencias entre sí, si comparamos sus materiales de construcción, su forma, y su complejidad. Por ejemplo, en Cobá, se planteó dos tipos de unidades habitacionales: las simples, con un solo núcleo habitacional, y las compuestas, con dos o más núcleos de habitación, organizados respecto a dos o más patios o espacios abiertos (Benavides 1987: 27). Hay estructuras de formas diversas: cuadradas, circulares, elipsoidales y rectangulares de uno o varios cuartos. Respecto a los materiales de construcción, se cuentan desde estructuras elaboradas en piedra recubierta de estuco, con elementos especializados para las bóvedas, hasta sencillos alineamientos de piedra que soportaron edificaciones de madera, paja o guano.

---

[1] Traducción de la autora
[2] Traducción de la autora

En los niveles más elevados de la miríada social y política maya, encontramos edificaciones muy complejas y con gran inversión de trabajo, que coexisten, en las áreas urbanas, con construcciones habitacionales más sencillas. El término "palacio" ha sido utilizado para definir estas estructuras, que suelen tener múltiples cuartos, áreas destinadas a eventos públicos rituales o administrativos, y también espacios habitacionales más privados (Christie 2003; Fernández 2010; Inomata y Triadan 2003). Christie (2003: 1), ha subrayado la necesidad de diferenciar arqueológicamente los palacios, entre aquellos que fungieron como sedes habitacionales y administrativas de los dinastas, y aquellos otros que fueron residencias en las que vivieron grupos elitarios no gobernantes. Entre los indicadores de diferenciación de encuentra la información escrita, en ocasiones con los nombres de los dinastas, el acceso a monumentos políticos y la relación de las estructuras palaciegas con templos de relevancia monumental.

En las localidades rurales también se identifica la variedad constructiva. En Honduras, Gonlin (2004, 2012) analizó cuidadosamente la distribución y variación de las estructuras y los contenidos artefactuales en localidades rurales, llegando a identificar una gran diversidad entre los grupos domésticos no elitarios, lo cual se reflejó en la arquitectura y la cultura material en general, incluso entre los grupos habitacionales más sencillos, en términos tanto de tamaño como de complejidad e inversión constructiva.

Respecto a las actividades de los grupos domésticos, hay también numerosas evidencias. Con respecto a la procuración de alimentos, la agricultura constituyó la base fundamental del sustento en los asentamientos mayas, y varios investigadores han ofrecido evidencias de formas de cultivo extensivas (como la milpa, el sistema de roza y quema), e intensivas (terrazas, camellones elevados, irrigación) (Chase y Chase 2016; Robin 2001, 2006; 2013; Sheets et al 2012). En el sitio de Caracol, en Belice, las investigaciones desarrolladas a lo largo de varias décadas indican que los ocupantes de esta ciudad, de alrededor de 100,000 habitantes, construyeron terrazas agrícolas al interior del asentamiento, entre los conjuntos residenciales. Estos se hallaban separados unos de otros por una distancia de entre 50 y 200 metros (Chase y Chase 2016). Patrones similares se encuentran en asentamientos pequeños como Chan Noohol, Belice, donde los conjuntos residenciales de los agricultores ocupaban espacios terraceados para la siembra (Robin 2013: 120[3]). El aprovechamiento de los espacios inmediatos a las casas para el cultivo de plantas comestibles también se encuentra documentado en el sitio de Cerén, en el Salvador (Sheets et al 2012).

Los miembros de los grupos domésticos mayas llevaron a cabo muchos otros procesos de producción, elaboración y consumo. Por ejemplo, la preparación e ingesta de alimentos quedan evidenciados por piedras y manos

de moler, artefactos utilitarios de pedernal y obsidiana, recipientes cerámicos para la cocción, transporte, almacenamiento y servicio de alimentos, así como por residuos paleobotánicos, zooarqueológicos y químicos concentrados en distintas áreas de actividad, en cocinas y en basureros (Chase y Chase 2014; Fernández Souza 2010; Gonlin 2012; Herrera Parra 2021; Matos Llanes 2014; Manzanilla 1986).

La elaboración de bienes no alimentarios ha dejado también numerosas huellas, como es el caso de los malacates, o pesas para huso, que sugieren fabricación de textiles en conjuntos residenciales de sitios como Caracol, Copán, Chichén Itzá, Dzibilchaltún, Xuencal y Sihó, entre otros (Ardren et al 2010; Chase y Chase 2008; Hernández Álvarez y Peniche May 2012; Hendon 1991; McCafferty y McCafferty 1998). Objetos suntuarios de jade, herramientas y ornamentos de pedernal, obsidiana y concha, maceradores de papel, alisadores de estuco, espejos, pigmentos y recipientes de pintura han sido registrados en numerosos sitios; muchos de ellos fueron elaborados y, o, utilizados, consumidos o desechados en contextos domésticos de los distintos estratos socioeconómicos (Inomata y Triadan, 2003; Fernández Souza et al 2013, 2015; Hernández Álvarez 2011; Peniche May 2004, 2010).

Conociendo a los habitantes de los sitios mayas

Si bien los hallazgos sobre las formas y funciones de los grupos domésticos y sus espacios de habitación han sido primordiales para la compresión de las sociedades mayas prehispánicas, en las últimas décadas, también ha habido un creciente interés por acercar la lupa un poco más. Por ejemplo, Robin (2001: 18) anota que las "fundamentales pero inanimadas preguntas" de qué, cuándo y dónde, necesitaban ser complementadas con otras como "porqué, cómo, por quién y con qué significado", a través de una combinación de aproximaciones humanísticas y científicas, con metodologías multidisciplinarias. De tal manera, Robin plantea que es posible abordar aspectos que antes se consideraban fuera de los alcances de la arqueología, tales como los ciclos de vida de las personas y sus percepciones sobre el mundo (Robin 2001: 18). Es verdad que el contexto material de algunos individuos es más favorable para conocerlos de manera más cercana: por ejemplo, los dinastas mayas cuyas tumbas contuvieron ricos y variados ajuares y ofrendas que incluían vasijas con comida y bebida, así como imágenes e inscripciones que informan de sus nombres y hazañas, proveen información personal muy poco frecuente, e impensable para la generalidad de la población antigua. Sin embargo, los estudios bioarqueológicos, son capaces de ofrecer datos biovitales de los individuos, independientemente de su estatus, tal como su región de nacimiento, dieta, enfermedades, tiempo de lactancia y algunas prácticas laborales. En este sentido, cabe destacar que el área maya era común enterrar a los difuntos bajo el piso de las casas, por lo cual las excavaciones sistemáticas en unidades residenciales son indispensables (Robin 2001).

---

[3] Traducción de la autora

Las unidades habitacionales mayas han sido también arenas muy apreciadas para acercarse a las diferencias sociales de sus ocupantes, como el estatus, el género y la ocupación, aspectos que conforman las identidades múltiples de un grupo humano (Robin 2001, 2006, 2013; Ardren 2002, 2015; Hernández Álvarez 2011; Hendon 1997, 2002; Hutson 2018; Joyce 1993; Pool Cab 2011). Con base en estudios de varios años, se ha planteado que la maya prehispánica era una sociedad jerarquizada, con élites gobernantes (encabezadas durante el período Clásico por los *k'ujul ajawo'ob*, "reyes divinos", dinastas de las distintas entidades políticas) y una muy diversa población perteneciente a grupos no elitarios (*commoners*). Más allá de esta muy general división, varios investigadores han propuesto una sociedad en realidad heterogénea, y cada vez más estudios se han ocupado de los grupos no elitarios (Herrera Parra 2021; Gonlin 2004, 2012; Lohse y Valdez 2004; Marcus 2004; Robin 2001, 2006, 2012). Las diferencias se han planteado desde varios puntos de vista: por ejemplo, Adams (en Hutson 2018: 142) proponía la existencia de cuatro "clases", basadas en la ocupación: 1) reyes, sacerdotes y administradores 2) artesanos especializados (escribas, escultores), 3) trabajadores semi-especializados (albañiles, alfareros) y 4) campesinos. Marcus (2004: 261), sin referirse estrictamente a una "clase media" maya prehispánica, identifica la existencia de individuos no pertenecientes a las élites, pero que habrían alcanzado posiciones económicas acomodadas debido a sus ocupaciones. Arqueológicamente, esto puede complicar la comprensión de los estratos, ya que, en palabras de Hutson (2018: 143), "un miembro de bajo rango de la clase más alta puede haber tenido menos riqueza que alguien nacido en una clase inferior"[4]. En el sitio de Caracol, en Belice, las investigaciones desarrolladas por Chase y Chase (2014, 2016) han apoyado también la existencia de estratos socioeconómicos intermedios que, aunque no tenían textos jeroglíficos asociados (estos sí exclusivos de las élites gobernantes), gozaban de bienes que usualmente se considerarían elitarios.

El género, por otro lado, ha sido tema central de un número importante de estudios (Ardren 2002, 2015; Ardren et al 2010; Hendon 1997, 2002; Gonlin 2012; Hernández Álvarez 2011; Joyce 1993). Por ejemplo, Gonlin (2012: 82), en su definición de grupo doméstico, apunta que se trata de "un grupo corresidencial de actividad que incluye a las *mujeres y las niñas, los hombres y los niños* que producen, consumen, distribuyen y llevan a cabo otras actividades[5]". El género interactúa con otros aspectos como la edad, el estatus, la ocupación, el pueblo o ciudad de residencia, el lugar ocupado en las relaciones parentales, el momento histórico y la identidad étnica con el fin acercar un poco más el enfoque hacia individuos, o grupos de individuos, que habitaron los espacios domésticos (Hernández Álvarez 2011; Gonlin 2012; McAnany y Plank 2001).

En teoría, los artefactos, rasgos y otro tipo de vestigios materiales encontrados en los espacios domésticos son evidencia de las acciones e interrelaciones entre las personas. Sin embargo, como apunta Gonlin (2012: 82) los artefactos y los espacios pueden haber sido multipropósito, utilizados indistintamente por dos (o más) géneros; algunas tareas productivas pudieron desarrollarlas niños y de muchas otras puede no haber quedado rastro alguno. Así, la multidisciplina es indispensable: con base en el análisis de figurillas, escenas pintadas o talladas, textos prehispánicos y documentos posteriores a la conquista, es posible fortalecer la identificación de ciertas tendencias. Por ejemplo, Joyce (1993) analiza la representación de las labores de cada género en dos tipos de imágenes prehispánicas, las monumentales (públicas) y las figurillas e imágenes en cerámica, de carácter menos público y quizá un poco fuera del control político centralizado. De acuerdo con la autora, en las imágenes cerámicas se representan papeles femeninos relacionados con la reproducción, el cuidado de los niños y las labores productivas estereotipadas como la cocina, la cría de animales y el hilado, mostrando que, en el ámbito doméstico, la imagen de la mujer como madre, cocinera, hiladora y tejedora se presenta y se celebra como una contraparte del varón guerrero (es él quien suele aparecer con armas) y participante de rituales. En cambio, en las imágenes monumentales y públicas (elitarias), las mujeres aparecen frecuentemente como un complemento de los hombres desde una perspectiva política y ritual (Joyce 1993: 269). Por otro lado, Robin (2006) ha planteado, con base en su investigación de las unidades habitacionales agrícolas de Chan Noohol (no eliarias), que en ellas no se encuentra evidencias de espacios claramente divididos por género, y que las herramientas más comunes fueron lascas y otras herramientas de piedra sin asociación evidente a hombres o a mujeres. Como la actividad primordial de estos grupos era la siembra, y los campos se encontraban adyacentes a las casas, Robin (2006: 417) considera que es posible que hubiera momentos de trabajo agrícola colaborativo entre géneros y edades distintas, y otros momentos en los que se llevara a cabo tareas más orientadas hacia un género y edad en específico, como la cocina o el hilado. Comparando grupos domésticos de gente común, nobles y élites reales mayas, Robin (2006: 418) sostiene que a medida que se escala en la jerarquía social, se observa una estructura de género más pronunciada, con separaciones genéricas más marcadas de la gente y sus actividades. Sin embargo, también existieron casos de mujeres que desarrollaron actividades, reinaron y detentaron identidades menos frecuentes que sus semejantes femeninas, como fue el caso de la dama Wac Chanil Ajaw de Naranjo, quien detentó el poder político como gobernante de la entidad política a la que fue enviada desde su nativa Piedras Negras (Ardren 2002: 1-2).

Experiencia, memoria y sensorialidad

Dos últimos aspectos por tratar, abordados sobre todo en los últimos tres lustros, tienen qué ver, por un lado, con la experiencia sensible, que es capaz de despertar en los humanos recuerdos, emociones y afectos, y por el otro, con la memoria misma. Las reacciones corporales a los estímulos externos no son sólo una respuesta neurológica,

---

[4] Traducción de la autora
[5] Traducción y énfasis de la autora

sino que constituyen una forma íntima y personal de relacionarse con el medio ambiente y con todo aquello que nos rodea; sin embargo, y a pesar de ser tan profundamente individuales, las sensaciones se encuentran también situadas en marcos culturales y colectivos, y como consecuencia pueden ser cambiantes según el género, la edad o el status de las personas (Hamilakis 2011; 2015 [2013], 2015a; Nyberg 2010; Price 2018). La arqueología de los sentidos busca aproximarse a la experiencia sensible de los individuos del pasado a través de las evidencias materiales que sugieran la búsqueda reiterada de una textura, un sabor, un aroma, un sonido o una imagen. Pero no sólo eso: varios investigadores coinciden en que la sensorialidad humana trasciende los cinco sentidos generalmente asumidos por las sociedades occidentales, y funciona a partir de la sinestesia, que combina todos los sentidos mencionados y algunos otros aspectos. Así, se puede hablar de un tacto visual, del sentido del movimiento y del equilibrio, de temperatura, de sentido del espacio o de la sensación de embriaguez (Hamilakis, 2015 [2013], 2015a; Mongelluzzo 2011). Muchas, quizá la mayoría, de estas sensaciones son producidas por agentes materiales, o combinaciones de éstos, y, consecuentemente, los espacios domésticos son una fuente potencialmente inagotable de información, en tanto se encuentre la regularidad y repetición que sugiera la búsqueda de una experiencia sensible dada: la frescura de un edificio de piedra, la textura de una pieza cerámica, el rojo del cinabrio para cubrir a los difuntos o el aroma de la vainilla (sin dejar de considerar, desde luego, que toda experiencia se encuentra históricamente situada). La búsqueda de estas regularidades materiales necesita ser abordada, como en otros casos, de manera multidisciplinaria. En el caso de los mayas antiguos, es afortunado contar con una iconografía rica y detallada, que en ocasiones también se encuentra acompañada por inscripciones jeroglíficas, si bien tal información se limita al ámbito elitario. Las exquisitas escenas pintadas en vasos cerámicos del período clásico muestran numerosos interiores palaciegos; en algunos de ellos es posible observar a individuos principales sentados en tronos cubiertos de mullidos cojines de piel de jaguar y decorados con lánguidas cortinas. A sus pies reposan platos de tamales chorreantes de salsa, vasos con espumoso cacao y jarras rebosantes de bebidas embriagantes. A veces, se observa a músicos amenizando una visita, mientras una persona de menor rango refresca a su señor agitando un gran abanico. Ciertamente, estas escenas corresponden a espacios y situaciones limitadas, de estratos socioeconómicos y políticos muy elevados. Pero, a través de análisis arqueométricos, zooarqueológicos y paleobotánicos, la textura y el tipo de cocción de los huesos de animales, los daños térmicos de los gránulos de almidón de los vegetales preparados, recuperados de las ollas, los residuos químicos en el fondo de los vasos y otros vestigios botánicos, apoyados por las descripciones coloniales tempranas, pueden acercarnos a la búsqueda de texturas, atmósferas, comodidad y toda una plétora de experiencias sensibles (Götz 2014; Morell-Hart, Joyce y Henderson 2014; Novelo Pérez et al 2019; Ruz Sosa 2014; Zimmermann 2019).

Pero la memoria se conforma no solamente de experiencias personales, sino también de construcciones sociales que refuerzan la identidad de una colectividad, así como de las identidades múltiples de los grupos y sus miembros (Ardren 2015; Boozer 2010; Hendon 2010; Magnoni, Stanton y Hutson 2014; Van Dyke y Alcock 2003). La memoria colectiva tiene que ver con aspectos tales como el sentido que se le otorga a un lugar, con las relaciones que se establecen entre las personas (vivas y muertas) o con las entidades espirituales, y con aquello que el grupo coincide en recordar o en olvidar (Ardren 2015; Hendon 2010; Magnoni, Stanton y Hutson 2014). Estudiar la memoria (social o individual) podría parecer inviable para la labor arqueológica. Sin embargo, como menciona Hendon (2010: 2), es posible porque, como práctica social, está ligada a la manera en que las personas se relacionan entre sí y con el mundo que les rodea "a través de lo que hacen, de dónde y cómo lo hacen, y de con quién o con qué lo hacen—todo lo cual deja las evidencias físicas que componen el registro arqueológico"[6]. Van Dyke y Alcock (2003: 4) anotan cuatro categorías de medios a través de los cuales la memoria puede ser construida y manifiesta materialmente: las conductas rituales, las narrativas, los objetos y representaciones y los lugares. Aunque todas ellas tienen posibilidad de ligarse a contextos domésticos, algunas, como las conductas rituales, pueden resultar particularmente evidentes porque se manifiestan en tratamientos mortuorios, vestigios de festines, altares y adoratorios, monumentos para los ancestros, así como en reocupaciones y reapropiaciones de lugares previamente abandonados, como se ha discutido en sitios como Yaxuná y Chunchucmil (Ardren 2015; Magnoni, Stanton y Hutson 2014; Van Dyke y Alcock 2003).

Grupos domésticos en Sihó, Yucatán, México

El sitio arqueológico de Sihó se localiza en el noroccidente de la Península de Yucatán (Figura 14.1). Se trata de un asentamiento considerado de tercer rango, lo cual implica que cuenta con un grupo arquitectónico central monumental alrededor del cual se encuentran otros conjuntos (Cobos et al 2002; Cobos y Lacadena García-Gallo 2019). Implica también que es un sitio menos extenso, complejo y monumental que asentamientos como Calakmul, Tikal o Chichén Itzá. La Universidad Autónoma de Yucatán ha desarrollado dos proyectos arqueológicos, de 2001 a 2004, y de 2013 a 2017, entre cuyos principales objetivos se ha encontrado la investigación de dos conjuntos residenciales de élite y seis no elitarios, de los cuales se ofrece un bosquejo a continuación.

La ciudad y sus casas

El asentamiento de Sihó tuvo una ocupación que data probablemente de finales del Preclásico Medio, aunque su auge –al que corresponden casi todas las estructuras actualmente visibles—parece haber ocurrido en el Clásico

---

[6] Traducción de la autora

Tardío y el Clásico Terminal (550-900/1000 d.C.) (Jiménez Álvarez 2007; Jiménez Álvarez et al, en Fernández Souza et al 2016). Levantamiento y mapeo llevados a cabo por Cobos e Inurreta Díaz (Cobos et al 2002) y por Pantoja Díaz y Gamboa del Centro INAH Yucatán (2009), así como las excavaciones horizontales de las estructuras intervenidas, muestran un patrón de asentamiento en el cual los conjuntos arquitectónicos se hallaban separados entre sí por espacios "vacíos", en los que presumiblemente se llevaban a cabo actividades agrícolas (Figura 14.2). En los conjuntos residenciales, las construcciones se hallaban dispuestas en patios, con distintos tipos de arreglos: unas veces mirando hacia el centro del espacio abierto, otras ocupando un sector del espacio total del conjunto y dejando libre el resto, y otras más formando espacios de patios más pequeños con las distintas edificaciones (Cobos et al 2002; Fernández Souza 2010; Fernández Souza et al 2016; Herklotz Balam y Fernández Souza 2014; Herrera Parra 2021).

En el transcurso de ambos proyectos, fueron intervenidos ocho conjuntos residenciales, en la totalidad de los cuales se llevó a cabo la recolección sistemática de superficie a partir de cuadrículas de control cuyos cuadros medían 2 x 2 m. Doce estructuras fueron excavadas de manera horizontal, con base en las cuadrículas, a través de calas de aproximación y siguiendo la estratigrafía natural o constructiva, según el caso, salvo en contextos de material terroso profundo, donde se emplearon capas arbitrarias con un grosor de 20 cm. Se llevó a cabo el registro de la arquitectura y de rasgos como piedras de moler, cisternas, posibles altares y basureros, cruzando esta información con análisis químicos semicuantitativos en la totalidad de tres de los conjuntos, y en puntos específicos de otros dos de ellos, siguiendo los protocolos desarrollados por Barba Pingarrón y sus colegas (2014). Estos análisis consisten en la identificación de los niveles relativos de ciertos compuestos como los fosfatos, carbonatos, ácidos grasos, carbohidratos, residuos proteicos y pH, que son indicadores de la presencia de restos orgánicos, cal, aceites o resinas, carne, sangre o algún alimento alto en proteínas. En combinación con la recuperación y el registro de artefactos y ecofactos, los métodos y técnicas anteriores han permitido identificar áreas de actividad que remiten a posibles cocinas, espacios de molienda, áreas de elaboración y retoque de herramientas de pedernal y obsidiana, de ritual, áreas de destazamiento, de descanso, de paso y basureros (Fernández Souza et al 2016; Herrera Parra 2021; Matos Llanes 2014; Peniche May 2004). Otras actividades han sido inferidas con base en

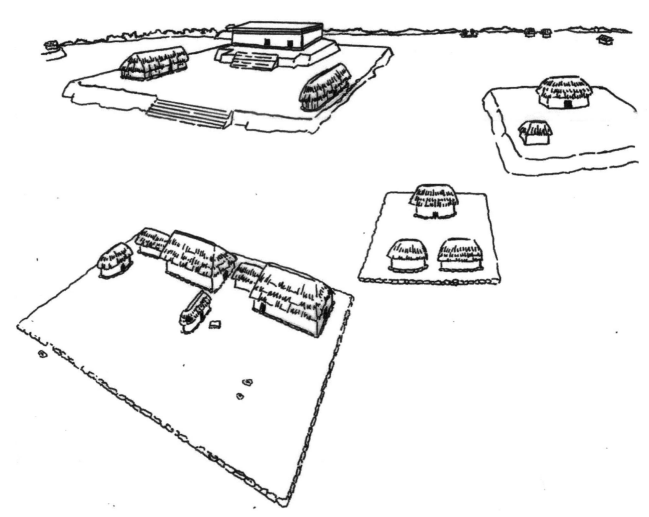

Figura 14.2. Reconstrucción hipotética de un sector de Sihó. Al fondo, el grupo de la Estructura 5D16. Al frente, 5D54. Al centro, 5D57 (Dibujo L. Fernández; digitalización, M.J. Novelo).

artefactos localizados en los patios o entre los conjuntos, aunque no se haya aún identificado las áreas específicas de producción o elaboración: hilado y tejido, trabajo de concha, cría de abejas, elaboración de papel (evidenciada por maceradores) y de cerámica, escultura y escritura (Jiménez Álvarez et al en Fernández Souza et al 2016; Pujol Pizà 2022).

Los sihoenses y sus diferencias sociales

En el Grupo Central de Sihó, los edificios y rasgos evidencian la presencia de la élite gobernante: estructuras de mampostería y bóveda de piedra, tipo palacio, como es el caso de la Estructura 5D2, se combinan con templos, patios, plazas y escalinatas para subir los elevados basamentos. En la plaza central, monumentos tipo estela (lamentablemente la escritura no se ha conservado de manera que pueda ser leída) dan cuenta de que el sitio debió haber sido un reino o *ajawlel*, sede de una dinastía gobernante cuyo nombre aún desconocemos. Otra estructura de mampostería, denominada 5D16, se encuentra a unos 200 metros del centro (Figura 14.3). Desplanta sobre un basamento elevado y cuenta también con bóvedas de piedra, pero su relativa lejanía del centro y su limitado número de construcciones auxiliares – únicamente dos, de materiales perecederos--, parecen sugerir que se trató de un espacio de élite secundaria, o, al menos, no gobernante. Sin embargo, la única fecha tallada en piedra (652 d.C.) que se ha recuperado hasta el momento se encuentra en ella (Fernández Souza 2010; Cobos y Lacadena García-Gallo 2019).

Descendiendo en la escala social, los conjuntos residenciales ofrecen una gran variedad (Figura 14.4). Por ejemplo, el conjunto 5D72, a pocos metros del Grupo Central, tiene una plataforma baja sobre la que descansan sus dos estructuras. La estructura principal desplanta

Figura 14.3. Estructura 5D16. En primer plano, una de sus construcciones auxiliares (Foto: L. Fernández).

sobre un basamento que reproduce la planta de las estructuras elitarias 5D2 y 5D16 e incluso cuenta con una escalinata de piedra; sin embargo, su escala y altura son mucho menores, y el edificio superior fue construido con materiales perecederos.

En este conjunto fue recuperado un gránulo de almidón de cacao en una piedra de moler, tres orejeras de piedra verde encontradas como ofrenda al edificio y, como han mostrado los análisis de Jiménez Álvarez y colegas, cierta cantidad de material cerámico foráneo (Fernández Souza et al 2016; Herklotz Balam y Fernández Souza 2014; Matos Llanes 2014). Todo lo anterior sugiere que los habitantes de 5D2 contaban con acceso a algunos bienes suntuarios y tenían cierta capacidad para la inversión constructiva --aunque muy lejana de las élites gobernantes o secundarias—y probablemente hayan pertenecido a grupos intermedios de la escala social y económica del sitio.

Figura 14.4. En primer plano, Estructura 5D72. Al fondo, 5D16 (Foto: L. Fernández).

Otros conjuntos, como 5D53 y 5D58 (Figura 14.5), ofrecen evidencia de casas más sencillas, desplantadas sobre plataformas bajas --aunque con patios lo suficientemente amplios para llevar a cabo las tareas domésticas-- y construidas con un alineamiento sencillo de piedra que hacía las veces de cimiento para la edificación de materiales perecederos. Aún había otras unidades más simples todavía, construidas con cimientos que descansaban directamente sobre el terreno.

Además de estas diferencias constructivas, análisis químicos semicuantitativos llevados a cabo también en fragmentos cerámicos, así como análisis zooarqueológicos (Götz 2011; Novelo Pérez et al 2019; Fernández Souza, Zimmermann y Jiménez Álvarez 2020) muestran con bastante claridad un acceso diferenciado a la alimentación cárnica. Es en el palacio y en la residencia elitaria en los que se concentran los vestigios de animales consumidos (sobre todo venados, pavos de monte, pecaríes e iguanas negras) y donde la cerámica se encuentra más enriquecida de residuos proteicos.

Hasta el momento, evidencia de hilado y tejido con base en malacates ha sido hallada únicamente en los contextos elitarios, sugiriendo que el trabajo textil constituía una tarea respetada y apreciada por las mujeres de la élite. Aunque no tenemos evidencia directa, podría inferirse que actividades más pesadas como la molienda en las grandes piedras de moler, presentes en todos los conjuntos, pudieron ser llevadas a cabo por mujeres de estrato social inferior, en el caso de los palacios, y por los miembros femeninos de los otros grupos domésticos. Al pie de la Estructura 5D16 se encontró una concentración importante de pedernal, y el material sugiere que ahí se desarrollaron ciertas actividades de talla o retoque de herramientas (Peniche May 2004). Tanto los artefactos de pedernal como los de obsidiana (material que tenía que importarse a Yucatán, por no ser ésta zona volcánica) se encuentran en mucha mayor cantidad en los conjuntos de palacio que en los conjuntos medios y bajos, sugiriendo un acceso diferenciado al material y un posible control del mismo por parte de la élite.

La escritura y la escultura, aunque con relativamente pocos ejemplos hasta ahora, y los maceradores de papel, permiten pensar en la presencia de artistas y escribas, usualmente pertenecientes a la élite. Por otro lado, los miembros de conjuntos tales como 5D53 y 5D58, que se encuentran en medio de los posibles campos de cultivo, pudieron dedicarse a actividades agrícolas, tanto por la presencia de algunas herramientas de pedernal como por la ausencia de evidencia de cualquier otra actividad, fuera de las de preparación y consumo de alimentos (Herklotz Balam y Fernández 2014; Herrera Parra 2021).

Aroma a milpa, sabor a miel

Con base en una combinación de análisis químicos y paleobotánicos aplicados a fragmentos cerámicos, el resultado de análisis zooarqueológicos (Götz 2011) y

Figura 14.5. Plantas de estructuras en los Grupos 5D53, 5D58 y 5D72 (L. Fernández, M.J. Novelo, C. León y J. Venegas de la Torre).

aproximaciones históricas (por ejemplo, Ruz Sosa 2014), ha sido posible empezar a acercarse a la gastronomía y menaje de los antiguos habitantes de Sihó. Los análisis de gránulos de almidón desarrollados por Novelo Pérez, Herrera Parra, Matos Llanes, Balam Lara y Chaparro Pech (Fernández Souza, Zimmermann y Jiménez Álvarez 2020; Herrera Parra 2021; Novelo Pérez et al 2019; Matos Llanes 2014) han ofrecido evidencia de maíz (¿quizá el que se sembraba en las milpas, entre las residencias?), al menos dos tipos de frijol y varios tipos de tubérculos, así como cacao y ramón. Las formas más frecuentes de los recipientes son las ollas, las cazuelas, los cuencos y los platos, con algunos pocos fragmentos de vasos, indicando la preparación y el consumo de platillos líquidos y secos, además de las bebidas. Dos especímenes resultaron particularmente interesantes: un fragmento de olla que contenía gránulos de almidón de frijol y residuos proteicos elevados, sugiriendo una especie de cocido de frijol con carne, y un fragmento de vaso en el que se halló presencia de maíz y camote (*Ipomea batata*). Este vaso pudo contener "atole de camote", bebida de maíz cocido y molido, con el tubérculo igualmente molido, que se toma aún en algunos lugares de Yucatán, y que cuenta con un casi milenario registro epigráfico, histórico y etnográfico (Novelo Pérez et al 2019; Fernández Souza, Zimmermann y Jiménez Álvarez 2020). Por otro lado, tapas de piedra de colmena, encontradas en al menos dos de los conjuntos, dan cuenta de la presencia de la miel como endulzante.

Finalmente, considerando las categorías presentadas por Van Dyke y Alcock (2003: 4) como medios de construcción y manifestación de la memoria, en Sihó encontramos algunos objetos, y evidencia de conductas rituales. Un ejemplo de los primeros son las estelas de piedra localizadas en el Grupo Central. En el área maya, este tipo de monumentos se encuentra relacionado con los reyes divinos, quienes eran representados y nombrados en ellos, en los espacios públicos de las ciudades. Las estelas, hincadas en el espacio central de Sihó, debieron ser monumentos que ensalzaban a los gobernantes vivos, pero también conmemoraban a aquellos que les habían precedido y que ocupaban el papel de los ancestros divinizados. Las estelas se convertían así en una manifestación de memoria e identidad y en una exaltación del poder del gobernante, su familia y allegados. Con la información de la que disponemos, no es posible decir si los sihoenses que no pertenecían a las élites participaban, de algún modo, de alguna identidad compartida en tanto habitantes de la ciudad, admirando la belleza de su plaza monumental y quizá la majestad de sus señores, o si los propios monumentos fueron un marcador más, público, visible y excluyente, que subrayaba las diferencias de poder, riqueza y estatus entre la gente común y los dinastas.

Los grupos domésticos menores también dejaron evidencia de algunas de sus conductas rituales: dos pequeños rasgos centrales, localizados en los centros de los conjuntos 5D72 y 5D54 respectivamente, sugieren la existencia de adoratorios ubicados en el patio de los grupos. De acuerdo con Matos Llanes (2014) residuos químicos elevados en el posible rasgo ritual de 5D72 permiten proponer prácticas que incluyeron el derramamiento de sustancias con ácidos grasos y proteínas. Fue posiblemente en estos espacios centrales, a cielo abierto, pero más íntimos y privados, que los miembros de los grupos domésticos no elitarios recordaron a sus antepasados, y rogaron y ofrendaron a sus dioses, quizá a la vez que escuchaban el rumor de los maizales al moverse con el viento o saboreaban la textura sedosa de un atole con miel. Mientras, en lo alto, en el palacio, las damas de la corte tejían y bordaban primorosas prendas de algodón y, también desde allí, el (o la) gobernante miraba la ciudad que dominaba, verde, activa, heterogénea y salpicada por todas las casas de la gente.

Bibliografía

Ardren, T., 2002. Women and Gender in the Ancient Maya World. In Ardren, T., (Ed.), *Ancient Maya Women*, pp. 1-11. Walnut Creek, Laham, New York, Oxford: Altamira Press.

Ardren, T., 2015. *Social Identities in the Classic Maya Northern Lowlands. Gender, Age, Memory, and Place.* Austin: University of Texas Press.

Ardren, T., Manahan, K., Wesp, J., y Alonso, A., 2010. "Cloth Production and Economic Intensification in the Area Surrounding Chichen Itza". *Latin American Antiquity* 21(3), 274-289.

Barba, L., Ortiz, A., y Pecci, A., 2014. "Los residuos químicos. Indicadores arqueológicos para entender la producción, preparación, consumo y almacenamiento de alimentos en Mesoamérica". *Anales de Antropología,* 48-I, 201-239.

Benavides, A., 1987. Arquitectura doméstica en Cobá. Cobá, Quinatana Roo. En Manzanilla, L., (Ed.), *Análisis de dos unidades habitacionales mayas del Horizonte Clásico*, pp. 25-67. México, D.F., Universidad Nacional Autónoma de México.

Boozer, A., 2010. Memory and Microhistory of an Empire: Domestic contexts in Roman Amheida, Egypt. In Borić, D. (Ed.), *Archaeology and Memory,* , pp. 138-157. Oakville: Oxbow Books.

Cobos, R., Fernández, L., Tiesler, V., Zabala, P., Inurreta, A., Peniche, N., Vázquez de Ágredos M., y Pozuelo, D., 2002. El Surgimiento de la Civilización en el Occidente de Yucatán: los Orígenes de la Complejidad Social en Sihó. Informe de Actividades de la Temporada de Campo 2001 presentado al Consejo de Arqueología del INAH.

Cobos, R., y Lacadena, A., 2019. "Un conjunto arquitectónico asociado con la elite de Sihó, Yucatán". *Revista Española de Antropología Americana* 49, 139-155. DOI: https://doi.org/10.5209/reaa.64964.

Chase, A., Chase D., Zorn, E., y Teeter, W., 2008. "Textiles and the Maya Archaeological Record. Gender, power, and status in Classic Period Caracol, Belize". *Ancient Mesoamerica* 19, 127–142. doi: 10.1017/S095653610700003X

Chase, A., y Chase, D., 2014. "Ancient Maya Houses, Households, and Residential Groups at Caracol, Belize". *Research Reports in Belizean Archaeology*, Vol. 11, 3-17.

Chase, D., y Chase, A., 2016. "Caracol, Belize, and Changing Perceptions of Ancient Maya Society". *Journal of Archaeological Research* DOI 10.1007/s10814-016-9101-z.

Christie, J., 2003. Introduction. In Christie, J. (Ed.), *Maya Palaces and Elite Residences,* pp. 1-12. Austin: University of Texas Press.

Douglass, J., y Gonlin, N., 2012. The Household as Analytycal Unit: Case Studies from the Americas. In Douglass, J., y Gonlin, N. (Eds.), *Ancient Households of the Americas,* pp. 1-44. Boulder: University Press of Colorado.

Fernández, L. 2010. Grupos domésticos y espacios habitacionales en las tierras bajas mayas durante el período Clásico. Tesis Doctoral, Universidad de Hamburgo. http://ediss.sub.unihamburg.de/volltexte/2010/4512/pdf/Dissertation.pdf

Fernández, L., Toscano, L., y Zimmermann, M., 2014. De maíz y de cacao: aproximación a la cocina de las élites mayas en tiempos prehispánicos. En Ayora, S., y Vargas, G., (Eds.), *Estética y poder en la ciencia y la tecnología*, pp. 107-130. Mérida: Universidad Autónoma de Yucatán.

Fernández, L., Jiménez, S., Novelo, M., Hernández, H., Espinosa, A., Matos, C., Balam, R., Chaparro, R., Herrera, E., Pujol, L., Espinosa, M., y Venegas, J., 2016. La vida cotidiana en Sihó, Yucatán: diversidad social y económica en grupos domésticos no elitarios en una comunidad del periodo Clásico. Reporte de la Temporada 2015 al Consejo de Arqueología-INAH. Mérida: Universidad Autónoma de Yucatán.

Fernández, L., Zimmermann, M., y Jiménez, S., 2020. Celebrating Sihó: the Role of Food and Foodways in the Construction of Social Identities. In Ardren, T. (Ed.), *Her Cup for Sweet Cacao. Food in Ancient Maya Society,* pp. 188-218. University of Texas Press, Austin.

García, J., 1992. "Unidades habitacionales en el Área Maya". *Boletín Americanista* 42-43, 231-254.

Götz, C., 2011. Diferencias socioeconómicas en el uso de animales vertebrados en las tierras bajas mayas del norte. En Cobos, R., y Fernandez, L. (Eds.), *Vida cotidiana de los antiguos mayas del norte de la Península de Yucatán,* pp. 45-65. Mérida (México): Ediciones de la Universidad Autónoma de Yucatán.

Götz C., 2014. "La alimentación de los mayas prehispánicos vista desde la zooarqueología". *Anales de Antropología* Vol. 48 (1), 167-199

Gonlin, N., 2004. Methods for Understanding Classic Maya Commoners: Structure, Function, Energetics and More. In Lohse, J., y Valdez, F. (Eds.), *Ancient Maya Commoners*, pp. 225-254. Austin: University of Texas Press, Austin.

Gonlin, N., 2012. Production and Consumption in the Countryside: a Case Study fron the Late Rural Commoner Households at Copán, Honduras. In Douglass, J., y Gonlin, N. (Eds.), *Ancient Households of the Americas*, pp. 79-116. Boulder: University Press of Colorado

Hamilakis, Y., 2011. Archaeologies of the Senses. In Insoll, T. (Ed.), *The Oxford Handbook of the Archaeology of Ritual and Religion*, pp. 208-224. Oxford and New York: Oxford University Press.

Hamilakis, Y., 2015 [2013]. *Arqueología y los sentidos. Experiencia, memoria y afecto.* Madrid: JAS Arqueología.

Hamilakis, Y., 2015a. Food as Sensory Experience. In Metheny, K., and Beaudry, M. (Eds.), *Archaeology of Food: An Encyclopaedia,* pp. 205-206. Lanham: Rowman and Littlefield.

Hammel, E., y Laslett, P., 1974. "Comparing Household Structure over Time and between Cultures". *Comparative Studies in Society and History* Vol. 16, No. 1, 73-109.

Hendon, J., 1997. Women's Work, Women's Space, and Women's Status Among the Classic-Period Maya Elite of the Copan Valley, Honduras. In Claassen, C., and Joyce, R. (Eds.), *Women in Prehistory. North America*

and Mesoamérica, pp. 33-62. Philadelphia: University of Pennsylvania Press.

Hendon, J., 2002. Household and State in Pre-Hispanic Maya Society: Gender, Identity and Practice. In Gustafson, L., and Trevelyan, A. (Eds.), *Ancient Maya Gender Identity and Relation*, pp. 75-92. Bergin and Garvey. Westport, CT.

Hendon, J., 2010. *Houses in a Landscape. Memory and Everyday Life in Mesoamérica.* Durham and London: Duke University Press.

Herklotz, D., y Fernández, L., 2014. Vida cotidiana en la comunidad prehispánica de Sihó, Yucatán. *Los Investigadores de la Cultura Maya* 22, I, 245-264. Campeche: Universidad Autónoma de Campeche.

Hernández, H., 2011. Género, labores y vida cotidiana en grupos domésticos mayas del clásico. En Cobos, R. y Fernández, L. (Eds.), *Vida Cotidiana de los Antiguos Mayas del Norte de la Península de Yucatán*, pp. 149-182. Mérida, México: Universidad Autónoma de Yucatán.

Hernández, H., y Peniche, N., 2012. "Los malacates arqueológicos de la Península de Yucatán". *Ancient Mesoamerica*, 23, 441-459. doi:10.1017/S0956536112000284

Herrera, M., 2021. "Actividades que dejan huella. Un estudio arqueológico de suelos de ocupación en Sihó, Yucatán". *Anales de Antropología* 55-I, 143-160. DOI: http://dx.doi.org/10.22201/iia.24486221e.2021.1.75984

Hutson, S., 2016. *The Ancient Urban Maya. Neighborhoods, Inequality, and Built Form.* Gainesville / Tallahassee / Tampa / Boca Raton / Pensacola / Orlando / Miami / Jacksonville /Ft. Myers / Sarasota: University Press of Florida.

Hutson, S., y Terry, R., 2006. "Recovering Social and Cultural Dynamics from Plaster Floors: Chemical Analyses at Ancient Chunchucmil, Yucatan, Mexico". *Journal of Archaeological Science* 33 (3), 391– 404. https://doi.org/10.1016/j.jas.2005.08.004

Inomata, T., and Triadan, D., 2003. Where did Elites Live? Identifying Elite Residences at Aguateca, Guatemala. In Christie, J. (Ed.), *Maya Palaces and Elite Residences*, pp. 154-183. University of Texas Press. Austin.

Joyce, R., 1993. "Women's Work". *Current Anthropology*, Vol. 34, No. 3, 255-274.

Lohse, J. y Valdez, F., 2004. Examining Ancient Maya Commoners Anew. In Lohse, J., y Valdez, F. (Eds.), *Ancient Maya Commoners,* pp. 1-22. Austin, University of Texas Press, Austin.

Manzanilla, L. (1986) Introducción. *Unidades Habitacionales Mesoamericanas y sus Areas de Actividad,* L. Manzanilla (ed.), pp. 9-18. México, D.F. Universidad Nacional Autónoma de México.

Manzanilla, L. (2011). Los grupos sociales de Teotihuacan. Perspectiva interdisciplinaria para su estudio. *Memoria 2011*, p.p. 201-237. México, D.F: El Colegio Nacional.

McCafferty, S. y McCafferty, G. (1998). Spinning and Weaving as Female Gender Identity in Post-Classic Mexico. *Reader in Gender Archaeology,* Hays-Gilpin, K. y Whitley, D.S. (eds.), pp. 213-230. Londres y New York: Routledge.

McAnany, P., y Plank, S., 2001. Perspectives on Actors, Gender Roles, and Architecture at Classic Maya Courts and Households. In Inomata, T., and Houston, S. (Eds.), *Royal Courts of the Ancient Maya*, I, pp. 84-129. Boulder, Co. and Oxford: Westview Press.

Magnoni, A., Stanton, T., y Hutson, S., 2014. The Importance of Place and Memory in the Maya Past: The Variable Appropriation of Ancient Settlement at Chunchucmil and Yaxuná, Yucatán, during the Terminal Classic. In Stanton, T. (Ed.), *The Archaeology of Yucatán,* pp. 457-466. Oxford: Archaeopress

Marcus, J., 2004. The Commoners: The Stereotype and the Reality. In Lohse, J., y Valdez, F. (Eds.), *Ancient Maya Commoners*, pp. 255-284. University of Texas Press, Austin.

Matos, C., 2014. Alimentación vegetal y áreas de actividad en la Unidad Habitacional 5D72 de Sihó, Yucatán. Etnoarqueología, análisis químicos de suelos y paleoetnobotánica como herramientas de aproximación. Tesis de Licenciatura. Mérida: Universidad Autónoma de Yucatán.

Mongelluzzo, R., 2011. Experiencing Maya Palaces: Royal Power, Space, and Architecture at Holmul, Guatemala. Tesis Doctoral. University of California.

Morell-Hart, S., Joyce, R., and Henderson, J., 2014. "Multi-Proxy Analysis of Plant Use at Formative Period Los Naranjos, Honduras". *Latin American Antiquity* 25 (1), 65-81.

Netting, R., Wilk, R., y Arnould, E., 1984. Introduction. In Netting, R., Wilk, R., y Arnould, E. (Eds.), *Households: Comparative and Historial Studies of the Domestic Group*, pp. xiii-xxxviii. Berkeley and Los Angeles University of California Press,

Nyberg, J., 2010. A Peaceful Sleep and Heavenly Celebration for the Pure and Innocent. The Sensory Expeareance of Death during the Long Eighteenth Century. In Fahlander, F., and Kjellstrom, A. (Eds.), *Making Sense of Things. Archaeologies of Sensory Perception,* pp.15-34. Stockholm: Edita Västra Aros AB.

Novelo, M., Herrera, E., Fernández, L., Ancona, I., y Jiménez, S. 2019. "Pre-Columbian Culinary Landscapes: Reconstructing Elite Gastronomy at Siho, Yucatán". *STAR: Science & Technology of Archaeological Research*, DOI: 10. 1080/20548923.2019.1674508

Ochoa, V. 1995. Un contexto habitacional en Dzibilchaltún, Yucatán, México. Tesis de Licenciatura. Universidad Autónoma de Yucatán, Mérida.

Pantoja, L., y Gamboa, M., 2009. Investigaciones en el sitio arqueológico de Sihó, Yucatán: una aproximación al patrón de asentamiento. *Los Investigadores de la Cultura Maya 17*, tomo I, 251-263. Campeche: Universidad Autónoma de Campeche.

Peniche, N., 2004. Aspectos de la organización económica de grupos domésticos de élite: las industrias de talla de sílex de Sihó, Yucatán. Tesis de Licenciatura. Universidad Autónoma de Yucatán.

Peniche, N., 2010. Género y status en la manufactura del papel: los maceradores arqueológicos del Norte de Yucatán. En Hernández, H., y Pool, M. (Eds.). *Identidades y cultura material en la región maya*, pp. 31-46. Mérida, México: Universidad Autónoma de Yucatán.

Pierrebourg, F., 2007. Espacios y áreas de actividad en la Plataforma del Cabrío, Kabah. En Laporte, J., Arroyo, B., y Mejía, H. (Eds.), *XX Simposio de Investigaciones Arqueológicas en Guatemala*, 2006, pp. 214-235. Guatemala, Museo Nacional de Arqueología y Etnología.

Price, R., 2018. "Sniffing out the Gods: archaeology with the senses". *Journal of Ancient Egyptian Interconnections*, 137-155. http://jaei.library.arizona.edu.

Pujol, L., 2022. "La explotación de recursos líticos en el entorno geológico del sitio prehispánico de Sihó (Yucatán) a través del análisis fisicoquímico de los metates de caliza". *Estudios de Cultura Maya* 59: 85-115.

Robin, C., 2001. "Peopling the Past". *PNAS* January 2, 2001 98 (1) 18-21. https://doi.org/10.1073/pnas.98.1.18

Robin, C., 2006. "Gender, Farming and Long-Term Change: Maya Historical and Archaeological Perspectives". *Current Anthropology*, Vol. 47. No. 3, 409-433.

Robin, C., 2013. *Everyday Life Matters*. Gainesville / Tallahassee / Tampa / Boca Raton / Pensacola / Orlando / Miami / Jacksonville /Ft. Myers / Sarasota: University Press of Florida.

Van Dyke, R., y Alcock S., 2003. Archaeologies of Memory: An Introduction. In Van Dyke, R., y Alcock S. (Eds.), *Archaeologies of Memory,* pp. 1-13. Oxford: Blackwell Publishing.

Ricketson, O., y Ricketson E., 1937. *Uaxactun, Guatemala, group E, 1926-1931*. Publicación 477. Washignton: Carnegie Institution.

Ruz, M., 2014. La morada maya en las grafías coloniales. En Pierrebourg, F., and Ruz, M. (Eds.), *Nah, otoch. Concepción, factura y atributos de la morada maya*, pp. 65-122. Izamal, México: Secretaría de Educación del Gobierno del Estado de Yucatán, Universidad Nacional Autónoma de México.

Smith, A., 1962. *Residential and associated structures at Mayapan.* Publication 619. Wahington: Tulane University, Carnegie Institution.

Thompson, E., 1896. *Archaeological Research in Yucatán.* Proceedings of the American Antiquarian Society 8: 262-254.

Sheets, P., Lentz, D., Piperno, D., Jones, J., Dixon, C., Maloof, G., y Hood, A., 2012. "Ancient Manioc Agriculture South of Cerén Village, El Salvador". *Latin American Antiquity*, Vol. 23, No. 3, 259-281

Wilk, R. and Netting, R., 1984. Households:Changing Forms and Functions. In Netting, R., Wilk, R., and Arnould, E. (Eds.), *Households: Comparative and Historial Studies of the Domestic Group*, pp. 1-28. Berkeley and Los Angeles: University of California Press.

Wilk, R., y Rathje, W., 1982. "Household Arcaheology". *American Behavioral Scientist*, vol 24, no. 6, 617-639

Zimmermann, M., 2019. Subsistence of Pre-Columbian Maya Urban Communities: a Microscopic View on Alternative Staples. Tesis Doctoral. Washington State University.

15

La vivienda arqueológica: Propuesta metodológica de estudio

Linda R. Manzanilla
Universidad Nacional Autónoma de México
Miembro de El Colegio Nacional

En este trabajo se presenta una propuesta interdisciplinaria de estudio de viviendas arqueológicas para indagar qué tipo de unidad doméstica moró en ella (familia nuclear, familia extensa, familia poligínica, grupo corporativo, etc.), qué evidencias de especialización del trabajo se pueden detectar, cómo se estudia la identidad de sus moradores, y a través de qué indicadores se podría discriminar sobre las jerarquías sociales. Esta propuesta se basa en el concepto de "área de actividad", como unidad básica de análisis espacial, y presenta ejemplos de la antigua ciudad de Teotihuacan, en el centro de México.

This chapter presents an interdisciplinary perspective on how archaeological houses may be studied to assess what type of domestic unit dwelt in it (nuclear families, extended families, polygynous families, corporate groups, etc.), what evidences of specialization may be detected, how may the identity of the dwellers be addressed, and through which indicators could social hierarchies be studied. This perspective is based on the concept of "activity area", as the basic unit of spatial analysis, and it presents examples from the ancient metropolis of Teotihuacan in Central Mexico.

Introducción

La socialización de los individuos comienza en el seno de la familia en el escenario de la vivienda. Estos ambientes rodeados de muros y los espacios abiertos anexos son sectores de producción, reproducción, almacenamiento, consumo, uso y desecho, en los que los diversos tipos de unidades domésticas dejan trazas materiales de actividades repetidas una y otra vez en un espacio o volumen particular. Y es este repetir de actividades en un lugar preciso lo que produce las áreas de actividad que llegan al registro arqueológico como contextos primarios, y que permiten dilucidar qué pasó en cada espacio, como V. Gordon Childe señaló hace varias décadas. Así los ecofactos, los compuestos químicos originados de la caída de líquidos y cenizas, las materias primas, los desechos, los instrumentos y objetos, además de los restos óseos humanos, son todos indicadores de actividades. En mis proyectos he definido al área de actividad como las concentraciones y asociaciones de materias primas, instrumentos, productos semiprocesados y desechos en superficies específicas o en cantidades que reflejen procesos particulares de producción, consumo, almacenamiento o desecho (Manzanilla, 1986a: 11).

En este trabajo expongo varios parámetros para estudiar la vivienda y los espacios exteriores anexos con el fin de determinar qué tipo de unidad doméstica habitó una casa particular, qué evidencias de especialización del trabajo se encuentran en ella, cómo estudiar las identidades de sus moradores, y cómo abordar la jerarquía social (Manzanilla, 2009a). Sin embargo, antes de estos aspectos interpretativos, es necesario plantear el área de actividad,

el espacio rodeado de muros (cuartos, pórticos, patios), la vivienda completa y los conjuntos habitacionales multifamiliares como las primeras escalas de análisis espacial que aborda el arqueólogo, como señaló en su momento Struever (1969; Flannery, 1976: 5-6; Flannery y Winter, 1976; Manzanilla, 1988-1989, 1990, 2009a).

Si bien Schiffer (1972) clasifica las áreas de actividad en espacios de abastecimiento, manufactura, uso-consumo, almacenamiento y desecho, mi perspectiva ha consistido en contrastar los tipos de producción (sean éstos de elementos de subsistencia, de manufactura y de construcción) contra los tipos de consumo y uso que se hace de ellos (individual/familiar inmediato, reproductivo, en la rama de la distribución y el intercambio, en la instancia política y en la vida simbólica) (Manzanilla, 1986c: 281).

Además de la identificación de diversas actividades en el espacio doméstico inmediato de una unidad familiar (Manzanilla, 1986a, 1993; Ashmore y Wilk, 1988; Hendon, 1996), es necesario abordar el tipo de unidades familiares, sus identidades, los indicadores de especialización del trabajo, los elementos de estratificación social y las jerarquías (Manzanilla, 2009a). Un grupo doméstico está formado por los individuos que comparten el mismo espacio físico para comer, dormir, crecer, procrear, trabajar y descansar (Manzanilla, 1986a: 14).

Flannery y Winter (1976:45) llamaron nuestra atención en los espacios abiertos anexos a la vivienda, en su propuesta de "*household cluster*" o conjunto doméstico. En estas áreas al aire libre se encuentran estructuras de almacenamiento (trojes, pozos troncocónicos), hornos, áreas para la cría de animales domésticos, huertos, incluso baños de vapor (*temazcales*) y, en ocasiones, lugares de enterramiento. Obviamente las áreas de actividad están tamizadas por procesos naturales y culturales de transformación, como señaló Schiffer (1987; Rathje y Schiffer, 1982; Seymour y Schiffer, 1987), y por los tipos de abandono de un sitio, sean éstos de manera súbita o paulatina (Manzanilla, 1979, 1986c: 165, 2003; Schiffer, 1988). Respecto de este punto, ciertamente los abandonos súbitos son ideales para observar las trazas de las últimas actividades llevadas a cabo en espacios particulares, como nos han demostrado los casos de caída de ceniza volcánica sobre sitios completos, y en ocasiones, la sismicidad. En cuanto a los abandonos paulatinos, sean éstos derivados de la merma de recursos vitales (agua, tierras agrícolas), cambios en los cursos de ríos estratégicos para la subsistencia, epidemias, guerras, etc., tenemos que reflexionar en lo que se pudieron llevar los moradores que dejaron los sitios. Obviamente los factores a considerar son: los medios de transporte, la portabilidad de los bienes, la replicabilidad de éstos en otros sitios, el valor económico o simbólico otorgado.

La clave del estudio que proponemos yace en las excavaciones extensivas de viviendas y espacios abiertos anexos, así como el reconocimiento, durante la excavación, de las áreas de actividad potenciales, con el fin de tratarlas como asociaciones de materias primas, instrumentos y desechos; tomar de ellas muestras para análisis de macro-restos botánicos y compuestos químicos, así como muestras destinadas a técnicas diversas de fechamiento (Manzanilla, 1990, 2009a; Manzanilla y Barba, 1994). En cada área de actividad reconocida en la excavación tomaremos en el formato correspondiente (véase Manzanilla y Barba, 1994) los datos de ubicación, contexto, delimitación, contenido, asociaciones, posible función, agentes de perturbación, muestras para análisis y fechamiento, y registros tridimensionales de los objetos, materias primas y desechos más relevantes. Obviamente esto irá acompañado de la fotografía y dibujo de cada área de actividad. Esta labor la he emprendido desde 1983 para mi proyecto de excavación de unidades domésticas en Cobá, Quintana Roo, fecha en la que elaboré el formato correspondiente.

Posteriormente, en cada espacio circundado por muros se analizarán los tipos de áreas de actividad reconocidos en el registro arqueológico, pero también se estudiarán las dimensiones, forma, materiales y sistemas constructivos, orientación y ubicación respecto de otros espacios construidos de cada cuarto, pórtico o patio. En las viviendas que consisten de varios espacios rodeados por muros, se analizan la distribución de espacios; la iluminación y ventilación de cada uno; las funciones determinadas por las actividades reconocidas en ellos y los patrones de circulación (Manzanilla, 2009a, 1996; Manzanilla [ed.], 1993).

Blanton (1994) llamó nuestra atención sobre los grados de accesibilidad de los diversos espacios de una vivienda con varios cuartos, la determinación de espacios más privados versus los más públicos, y los elementos indéxicos (sobre todo en recibidores y fachadas) y canónicos en ellos.

Algunos aspectos relevantes de las áreas de actividad

En las viviendas, uno de los aspectos importantes es la ubicación de las cocinas, con el fin de determinar si estamos ante "familias económicas", en términos de Kulp (1925), es decir, varias unidades familiares que comparten la cocina y las áreas de producción, o ante "familias rituales", es decir, las que comparten un santuario de ancestros o deidades, pero en las que cada una tiene su propia cocina. Por ejemplo, las cocinas teotihuacanas tienen varias áreas de actividad:

1. El área de molienda de alimentos (generalmente visible por la presencia de muelas, morteros, manos, etc.).
2. El sector de cocción, a veces con fogones construidos o visibles, pero también por anafres o estufas portátiles. La presencia de ceniza provoca una anomalía de pH, y alrededor del fogón generalmente se consumen líquidos y alimentos que dejan una banda semicircular de fosfatos (Manzanilla [ed.], 1993; Manzanilla, 1996, 2009a; Manzanilla y Barba, 1990, 1994).
3. El área de preparación y mezcla de alimentos. Ésta generalmente tiene evidencias de instrumentos de corte y vajilla de servicio para contener la comida. Además, algo de "basura de facto" (término acuñado por Schiffer) queda en las esquinas. En muchos lugares de Mesoamérica, las mesas de preparación fueron hechas de madera y no son recuperables en el contexto arqueológico, más que como un centímetro o dos de tierra orgánica sobre el piso.
4. Generalmente las cocinas tienen en su vecindad un almacén de comida, que puede contener ánforas de almacenamiento o restos microscópicos de fibras de costales y cestos, así como macro-restos botánicos. Asimismo, por recuperación de polen hemos podido detectar la presencia de plantas medicinales en ellos (Manzanilla, 1996).

A menudo las cocinas teotihuacanas tienen un acceso hacia un patio de servicio, mismo que proporciona luz, ventilación y la salida de desechos hacia los drenajes (Manzanilla [ed.], 1993). Sin embargo, existen otros tipos de patios: los traspatios para albergar a los animales domésticos (espacios con anomalías altas de fosfatos) así como para destazar animales (restos óseos de fauna con huellas de corte, instrumentos de corte, raspadores, raederas; altos valores de ácidos grasos de origen animal y residuos protéicos) y hacer actividades sucias (Manzanilla, 1996; Manzanilla y Barba, 1990). Asimismo, en las viviendas pueden existir patios rituales, con altares o maquetas de santuarios, representaciones de deidades patronas, enriquecimientos químicos producto de las ceremonias en que se vierten líquidos, y, en ocasiones, macro-restos botánicos y faunísticos (Manzanilla, 1996; Barba et al., 2008). Asimismo, es común encontrar incensarios o sahumerios, así como figurillas de diversos tipos.

Para el caso de Teotihuacan (centro de México durante el periodo Clásico) que mencionaremos más adelante, existen ceremonias en patios, altares o templos; rituales de terminación y abandono, o prácticas rituales en el ámbito funerario (Manzanilla, 2002a). Algunas ceremonias están representadas en la pintura mural de Teotihuacan (De la Fuente, 1996), por lo que las acciones son evidentes.

En el Clásico mesoamericano del centro de México, hallamos frecuentemente trazas de actividad productiva en los pórticos, donde hay luz y ventilación, en los patios, o bien en áreas específicas. A menudo los instrumentos y desechos de producción nos indican qué se está manufacturando, y en ocasiones la propia materia prima está presente.

Los sectores de almacenamiento constituyen en capítulo aparte (Manzanilla, 1988). Para estudiar este tipo de área de actividad, propongo analizar: el tipo de almacén (ánfora, troje, *cuexcomate*, granero, pozo troncocónico, alacena, etc.), su ubicación, el tipo de bienes almacenados, las técnicas de conservación; asimismo, determinar la escala a la cual ocurre el almacenamiento: la de la estructura (contextos internos o externos), la del sitio (almacenes familiares, de barrio, comunales o centralizados) y a la escala de la región (en la capital, en los centros provinciales o en centros secundarios). Más allá del ámbito doméstico, en relación a los almacenes centralizados para la redistribución o el intercambio, o bien para albergar el tributo, habrá que considerar si están ubicados en el ámbito del templo, del palacio, de una fortaleza o de un mercado.

La vivienda

El análisis de las viviendas debe comenzar por definir los límites, la forma y las dimensiones de la estructura principal donde yacen los contextos de dormitorio y estancia, y determinar si dentro de ella o en las inmediaciones se encuentran las áreas de cocina, almacenamiento a diversas escalas, desecho, destazamiento, ritual doméstico, ritual funerario, cría de animales y trabajo artesanal.

Las dimensiones de la casa tienen que ver con las funciones que se llevan a cabo en su interior, el tamaño de la unidad doméstica, las estrategias de reproducción, las jerarquías familiares y el tipo de sociedad (Manzanilla, 2005). La forma de la vivienda alude a identidades (particularmente étnicas, como se puede ver en Teotihuacan para el Barrio de los Comerciantes procedentes de Veracruz), la movilidad (como bien apuntó Flannery, 1972), la segregación de funciones, el tipo de familia, el crecimiento de la unidad doméstica, los factores ambientales y la cosmología (véase Flannery, 1972; Schoenauer, 1984; Manzanilla, 2009a).

Los materiales constructivos nos hablan de los recursos disponibles en una región, de la adecuación de la vivienda a un ambiente particular, de la tecnología empleada por una determinada sociedad y de las jerarquías sociales. Los sistemas constructivos se relacionarían con las funciones y jerarquías, así como con las adecuaciones al ambiente, pendiente y sismicidad (véanse Moya Rubio, 1983; INFONAVIT, 1988; Manzanilla, 2009a).

La orientación aludiría a las necesidades de iluminación, ventilación y protección contra el viento; tendría que ver también con las pendientes y el régimen de lluvias; se relacionaría con la disposición de las estructuras vecinas; y en fin, con la cosmogonía.

La distribución de los espacios y funciones al interior de la vivienda se relacionan con las fuentes de iluminación, ventilación y calor; la disposición de las áreas de actividad internas, las separaciones de sectores por género, la estructura de la familia, la jerarquía al interior de la unidad doméstica, la organización y tipo de trabajo, y las estrategias de reproducción (Manzanilla, 2005, 2009a).

Los patrones de circulación refieren a funciones, y a la división entre espacios más públicos (cerca del acceso, con mensajes indéxicos y despliegue de indicadores de estatus, riqueza e identidad) versus espacios más privados, con mensajes canónicos de índole cultural (Blanton, 1994). Asimismo, las fachadas tienen ornamentos que guardan mensajes indéxicos y elementos estéticos (Blanton, 1994) que son percibidos por "los otros", es decir, los que se aproximan desde el exterior a esta vivienda.

Por último, la ubicación de la vivienda en su entorno físico requeriría un análisis de la cercanía a fuentes de agua y recursos, mientras que su cercanía al núcleo administrativo, político y religioso del asentamiento tendría connotaciones de jerarquía y función.

La composición de la unidad doméstica

Sobre la composición de la unidad doméstica, podemos decir, siguiendo a Blanton (1994), que la forma más común es la familia nuclear. Generalmente la observamos en casas cuadradas o rectangulares de uno o dos cuartos (Manzanilla, 1985; Flannery [ed.], 1976; Flannery y Marcus, 2005). Estas chozas de unos 25 m^2 son la típica vivienda del Formativo mesoamericano (Figura 15.1).

Hemos observado que los solares mayas, como los que excavamos en Cobá, Quintana Roo, para el Clásico (Manzanilla [ed.], 1987; Manzanilla y Barba, 1990) son el perfecto ejemplo de la vivienda de una familia extensa (Figura 15.2), en la que cada unidad familiar nuclear tenía su propia plataforma-dormitorio y su cocina, pero todas compartían el santuario familiar; son, en términos de Kulp (1925), una "familia ritual".

Para la familia poligínica (Flannery, 1972) podríamos esperar varias chozas alrededor de un espacio abierto, cercado todo el conjunto por un muro; en este *"compound"* viven el varón y sus esposas con sus hijos, cada adulto en una choza, pero con una segregación de áreas femeninas y masculinas en chozas diversas. Probablemente constituyen lo que Kulp (1925) denominó una "familia económica" pues se espera que se reúnan a comer juntos en el espacio abierto.

Figura 15.1. Viviendas de Cuanalan excavadas por Linda R. Manzanilla y Marcella Frangipane (en Manzanilla [ed.], 1986b).

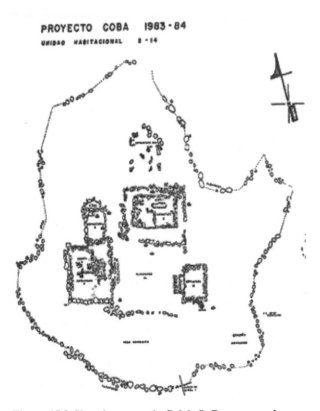

Figura 15.2. Un solar maya de Cobá, Q. Roo, excavado por Linda R. Manzanilla y Antonio Benavides (Manzanilla [ed.], 1987).

Los conjuntos habitacionales multifamiliares teotihuacanos varían en superficie, y generalmente consisten de varios cuartos a diversos niveles, alrededor de patios abiertos; algunos son de tipo ritual, y otros son espacios abiertos que sirven de colectores de agua pluvial y de receptores de desechos, además de proporcionar ventilación y luz; constan de diversos "apartamentos" unidos por pasillos de circulación; tienen santuarios domésticos, y todo el conjunto está circundado por un muro externo sin ventanas (Manzanilla, 1996).

En los conjuntos multifamiliares teotihuacanos, cada familia tiene un apartamento (Figuras 15.3 y 15.4), su propia cocina y almacén anexo (Figura 15.5), dormitorios, pórticos, traspatios, patios de servicio y su patio ritual donde venera a su deidad patrona (Manzanilla, 1996; Manzanilla [ed.], 1993). Esta conformación es típica de los grupos corporativos de Teotihuacan, ya que las diversas familias tienen sus propios patios rituales y deidades que veneran, pero comparten una actividad que, en el caso de Oztoyahualco 15B:N6W3 que excavé de 1986 a 1988, fue el preparar y aplicar el estuco a los muros y pisos; es decir, se trata de tres familias independientes dedicadas al terminado de las construcciones.

El territorio de cada familia puede ser establecido con la ubicación de pasillos de circulación entre "apartamentos",

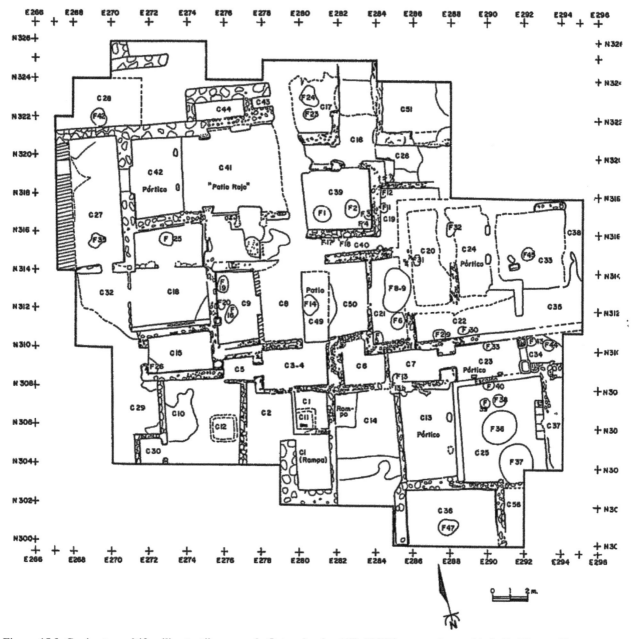

Figura 15.3. Conjunto multifamiliar teotihuacano de Oztoyahualco 15B: N6W3, excavado por Linda R. Manzanilla (Manzanilla [ed.], 1993).

además de la localización de las cocinas y de los altares de cada familia. La accesibilidad entre los territorios de las diversas familias se podría ver por los patrones de circulación y tapiaje.

Las identidades

Es estudio de las identidades es un campo relativamente nuevo en la arqueología (Hernando, 2002; Díaz Andreu et al., 2005). Es abordado desde varias escalas y perspectivas; las escalas involucran al individuo, a la familia, al grupo doméstico, al barrio o al enclave, y a la comunidad. Las perspectivas atañen al género, al grupo étnico, al oficio.

Un primer punto para hablar de identidades es centrar este tema en la escala del individuo. La identidad personal se manifiesta en atavíos, tocados, pintura corporal y

facial, es decir, la cultura de la indumentaria, visible en las figurillas, esculturas y representaciones pictóricas. Asimismo, podemos tomar en cuenta prácticas culturales sobre el esqueleto, como la modelación cefálica, la mutilación dentaria y el uso de cinabrio o galena para los enterramientos de ciertos individuos.

Las familias se diferencian con elecciones particulares, como el tener un dios patrono diverso de otras que moran el mismo conjunto (Manzanilla, 1996; Manzanilla [ed.], 1993). Asimismo, cada familia de Oztoyahualco 15B:N6W3 eligió vajillas distintivas y puso énfasis en ciertas actividades particulares.

En el caso de Teotihuacan, para las identidades étnicas se tomaron en cuenta las prácticas funerarias de cada grupo étnico; la indumentaria, incluso el tipo y forma

Figura 15.4. Conjunto de departamentos de Oztoyahualco 15B, excavado por Linda R. Manzanilla (Manzanilla [ed.], 1993).

Figura 15.5. Cocina y almacén anexo de una de las familias de Oztoyahualco 15B, N6E3 (Dibujo de Fernando Botas, en Manzanilla [ed.], 1993).

de la vivienda y el tipo de unidad doméstica (como mencionamos anteriormente), y podemos proponer asimismo el culto doméstico y la cultura culinaria, es decir, la tecnología culinaria, los ingredientes principales y las especies (Manzanilla, 2005).

La especialización económica

Sin duda, el tema del grado de especialización económica en las unidades domésticas es uno de relevancia para entender la división del trabajo en esas sociedades. En un estudio clásico sobre las sociedades formativas del Valle de Oaxaca, Flannery y Winter (1976: 36-40) señalaron que a través de la comparación de los artefactos, desechos y productos de diversas casas en sitios distintos del Valle de Oaxaca se podían establecer: actividades universales, aquellas realizadas en todos los sitios por la mayor parte de las familias, actividades sólo presentes en ciertos sitios, y actividades únicas. Esta perspectiva requiere un abanico amplio de casas procedentes de sitios contemporáneos para comprar el repertorio de actividades (véase Flannery y Marcus, 2005).

Por nuestro lado, hemos propuesto (Manzanilla, 1986c) que la manera de abordar el grado de especialización económica en una sociedad es localizar las áreas de producción, individuar los productos y después determinar a quiénes llegan dichos productos, es decir, los lugares de uso/consumo, con el fin de observar no sólo qué cosas son producidas, dónde y a qué escala, sino las redes de distribución y el grado de restricción en su circulación.

Dentro de la misma perspectiva, Costin (1991, 2001) ha desarrollado una metodología muy robusta para evaluar la especialización, la identificación de los sistemas productivos, la organización espacial de la producción y la división del trabajo en el ámbito doméstico. En particular, en este ámbito, señala que hay que abordar el contexto, la concentración, la escala y la intensidad de la producción. En un trabajo posterior, Costin (2004) ofrece una aproximación más compleja al problema, al abordar el contexto y organización de la producción de artesanías. Toca varios temas:

a. Los que producen. Costin nos propone analizar, en primer lugar, las identidades sociales (género, clase, procedencia, etnicidad y estatus legal) de quienes producen, para después abordar el grado de especialización, la intensidad del trabajo (es decir la cantidad de tiempo invertida en la producción de las artesanías), la naturaleza de las compensaciones (las relaciones productor/consumidor), la destreza del productor y los principios de reclutamiento de los trabajadores. A mi modo de ver hay que analizar los lugares de producción, así como los entierros de los artesanos para evaluar estos elementos.
b. Los medios de producción. Costin nos menciona la necesidad de analizar posteriormente las materias primas (y los patrones de explotación de recursos),

las herramientas (con sus huellas de uso) y los conocimientos técnicos, en cuanto a elecciones de tecnologías de manufactura y funciones previstas para los bienes hechos. Respecto de las tecnologías, éstas nos ayudan a comprender el grado de especialización y la naturaleza del involucramiento de la elite en las actividades productivas; Costin propone cinco aspectos a estudiar: la complejidad, la eficiencia, la cantidad de bienes producidos, el control y la variabilidad.
c. Los principios organizadores. Costin (2004) menciona que existen patrones temporales (producción diaria o estacional; de tiempo parcial o de tiempo completo); patrones espaciales o sociales (la organización del trabajo, la concentración o dispersión de las actividades de manufactura, el contexto sociopolítico en que la producción tiene lugar), y, por último, la distribución y el control.
d. Los objetos. Respecto de los objetos, habría que establecer, siguiendo a Costin, el uso de los productos artesanales (si se trata de objetos utilitarios o bienes de prestigio), el grado de restricción en su uso, y qué cantidad de bienes estaban siendo utilizados.
e. Los principios y mecanismos de distribución. Costin nos propone averiguar los medios por los cuales los bienes son transferidos de los productores a los consumidores y qué tan voluntaria es la transferencia (especialización independiente versus especialización dependiente, cuando hay un agente que auspicia la producción).
f. Los consumidores.

En general, podemos detectar a un artesano por las marcas de actividad (entesopatías) en su esqueleto, la presencia de los instrumentos de trabajo en los entierros, incluso marcas de producción personales, así como los dermatoglifos para la cerámica.

Hendon (1996: 53) nos alerta de los participantes invisibles del proceso productivo, a menudo mujeres y niños que hacen tareas secundarias en el proceso, y que generalmente no se toman en cuenta. El análisis de los esqueletos de ciertos sitios prehispánicos nos ha evidenciado que mujeres y niños a menudo cargan pesos considerables que deforman sus esqueletos, y es necesario atender estas marcas de estrés ocupacional.

En relación a la vivienda, podríamos ubicar los lugares donde ocurre la producción analizando los desechos, los instrumentos, los desgastes y los compuestos químicos. Respecto de la pregunta de qué tanto se está produciendo, podríamos atender el volumen de desechos particulares en los basureros, así como evaluar los productos en los almacenes. En relación al tiempo que se dedica a la producción, el tamaño de la unidad doméstica y el rango de las actividades presentes en el espacio doméstico nos podrían dar un indicio.

A nivel de barrio, podríamos comparar el repertorio de actividades en cada casa excavada de un sector particular y ver si se están repitiendo las actividades, con el fin de detectar barrios gremiales. Además, la concentración de áreas especializadas de producción (hornos de cerámica, por ejemplo), así como almacenes a nivel de barrio, nos podrían ayudar a ubicar la rama de la producción en la que el barrio está especializado, y contrastaríamos esto con los indicadores de identidad, particularmente en el ámbito de la etnicidad.

Por cuanto respecta a la especialización a nivel comunal, ya Sanders (1968) había sugerido un modelo de "simbiosis económica" para las comunidades del Formativo Tardío en la Cuenca de México, en la que cierta comunidad se especializaba en la producción de algo, y otra en algún producto diverso, para llevarlos a un centro de redistribución. Flannery y Winter (1976: 39) aluden a un proceso semejante para el Formativo del Valle de Oaxaca. Es obvio que requerimos hallar instrumentos y desechos similares en varias casas de un mismo asentamiento, para poder aseverar que las familias se están especializando intercomunalmente en una producción determinada, y establecer la diferencia con la producción de otros sitios. Además, la relación de desechos/instrumentos/productos terminados en la comunidad nos puede dar una idea de qué tantos habitantes estaban implicados en estas actividades especializadas.

Los patrones de desigualdad social y la estratificación

En el estudio de los diversos apartamentos de un conjunto multifamiliar teotihuacano, hemos observado indicios de jerarquía entre las familias: generalmente una es la privilegiada tanto por su acceso a bienes alóctonos, cuanto por su adscripción al culto de la deidad estatal de Teotihuacan (Manzanilla, 1996).

A través de variables como el tamaño de los cuartos, el uso del espacio, la decoración, las técnicas constructivas, los entierros, las ofrendas, etc., Millon (1976: 227) señala que la sociedad teotihuacana estuvo formada por seis niveles sociales, económicos y culturales claramente definidos. Sin embargo, hemos demostrado (Manzanilla, 1996) que conjuntos que están ubicados en niveles jerárquicos distintos tenían acceso a los mismos recursos de subsistencia, así como a materiales alóctonos, pero en proporciones distintas, a pesar de las diferencias en tamaño. Incluso hemos visto que ciertos conjuntos multifamiliares podrían tener un estatus en la fase Tlamimilolpa (200-350 d.C.) y otro diferente en la Xolalpan (350-550 d.C.), a raíz de cambios en las actividades artesanales y su demanda en la ciudad.

Proponemos, entonces, abordar los siguientes indicadores.

a. En cuanto a la arquitectura doméstica, ver el tamaño total, además de las dimensiones de los patios rituales de cada familia y sus dormitorios; describir los materiales constructivos (y evaluar su accesibilidad y calidad); constatar la presencia o ausencia de pintura mural, almenas, estelas, etc.; ver la ubicación de dicho conjunto en el sitio (distancia al núcleo cívico-administrativo- ceremonial); observar la complejidad de la planta; ver qué actividades particulares están presentes; evaluar la capacidad de almacenamiento y el acceso al agua potable (Manzanilla, 2005).

b. Respecto del consumo de alimentos, ver no sólo las tasas isotópicas de nitrógeno y carbono para determinar la paleodieta y las marcas de estrés en el crecimiento, sino la identificación, determinación de hábitats y tecnología de apropiación y procesamiento de la fauna y flora presentes.

c. Obviamente los objetos que acompañan a los entierros nos podrían dar un indicio de la apropiación de materias primas y productos alóctonos.

d. El análisis de los atavíos en figurillas, escultura, estelas y representaciones pictóricas también permiten discriminar identidades individuales y su relación con atavíos y bienes portados.

Ernesto González Licón (2003) abordó 12 unidades residenciales y 160 esqueletos de la ciudad prehispánica de Monte Albán en Oaxaca, a través del estudio de su arquitectura doméstica, las prácticas funerarias, los bienes que acompañan los entierros, y las condiciones de salud (dieta y paleopatología), para individuar patrones de desigualdad social y grados de estratificación social en la capital zapoteca. Así, establece que el estudio de la desigualdad social puede ser hecho a varias escalas, como mencionamos anteriormente: dentro de una unidad doméstica, entre unidades domésticas del mismo barrio, y entre unidades domésticas de diferentes sectores de la ciudad (González Licón, 2003: 1). La estratificación misma puede ser: económica (es decir, por medio del acceso a recursos básicos), política (cuando hay un acceso diferencial a oficios y recompensas) y social (es decir, a raíz del prestigio social, el poder o la riqueza).

La definición de estratos sociales proviene de un análisis como el señalado anteriormente: González Licón (2003: 10- 11) menciona la diferenciación entre gente del común, una clase media y la nobleza, a través de una evaluación multivariada de diferencias cuantitativas y cualitativas de bienes de prestigio y básicos, la ubicación y tamaño del conjunto doméstico, las condiciones de salud y las prácticas funerarias. Sin embargo, de las tres clases señaladas anteriormente surge una diferenciación más amplia, con varias categorías dentro de la elite (la elite gobernante, la nobleza no-gobernante, las familias de nobles menores, la gente del común de estatus alto y medio), etc.

En este trabajo hemos puesto el énfasis en las perspectivas metodológicas para estudiar una vivienda y sus moradores. Sin duda la estrategia extensiva de excavación, el abordaje interdisciplinario a los restos hallados en las viviendas y espacios contiguos, el estudio de áreas de actividad y sectores funcionales han dado frutos particularmente para afrontar el estudio de sociedades multiétnicas y heterogéneas como las que moraron la compleja ciudad de Teotihuacan en el centro de México.

Bibliografía

Ashmore, W., y Wilk, R., 1988. Household and community in the Mesoamerican past. In Ashmore, W., y Wilk, R., (Eds.), *Household and Community in the Mesoamerican Past*. Albuquerque: University of New Mexico Press, Albuquerque, pp. 1-27.

Barba, L., Ortiz, A., y Manzanilla, L., 2008. Commoner Ritual at Teotihuacan, Central Mexico. In Gonlin, N., y Lohse, J. (Eds.), *Commoner Ritual, Commoner Ideology. A View from Households and Beyond Across Mesoamerica*. Boulder: University Press of Colorado, 55-82.

Blanton, R., 1994. *Houses and Households. A Comparative Study, Interdisciplinary Contributions to Archaeology*. New York y Londres: Plenum Press.

Costin, C., 1991. "Craft specialization: issues in defining, documenting, and explaining the organization of production". *Archaeological Method and Theory* 3, 1- 56.

Costin, C., 2001. Chapter 8. Craft Production Systems. In Feinman, M., y Price, D. (Eds.), *Archaeology at the Millennium. A Sourcebook*. New York: Kluwer Academic/Plenum Publishers, New York, pp. 273-327.

Costin, C., 2004. Craft Economies of Ancient Andean States. In Feinman, M., y Nicholas, L. (Eds.), *Archaeological Perspctives on Political Economies, Foundations of Archaeological Inquiry*. Salt Lake City: The University of Utah Press, Salt Lake City, pp. 189-221.

De la Fuente, B., 1996. *La pintura mural prehispánica en* México. I. Teotihuacan. México: Instituto de Investigaciones Estéticas, Universidad Nacional Autónoma de México.

Díaz-Andreu, M., Lucy, S., Babic, S., y Edwards, N., 2005. *The Archaeology of Identity. Approaches to gender, age, status, ethnicity and religion*. New York: Routledge.

Flannery, K., 1972. The origins of the village as a settlement type in Mesoamerica and the Near East: A comparative study. In Ucko, P., Tringham, R., y Dimbleby, G., (Eds.), *Man, Settlement and Urbanism*. London: Gerald Duckworth, pp. 23-53.

Flannery, K., 1976. 1. Research Strategy and Formative Mesoamerica. In, Flannery, K., (Ed.), *The Early Mesoamerican Village*. New York: Academic Press, pp. 1-11.

Flannery, K. (Ed.), 1976. *The Early Mesoamerican Village*. New York: Academic Press.

Flannery, K., y Winter, M., 1976. Analyzing Household Activities. In Flannery, K. (Ed.), *The Early Mesoamerican Village*, Studies in Archaeology. New York: Academic Press, pp. 34-47.

Flannery, K., y Marcus, J., 2005. *Excavations at San José Mogote 1. The Household Archaeology*, Memoirs of the Museum of Anthropology 40. Ann Arbor: University of Michigan.

González, E., 2003. Social Inequality at Monte Alban Oaxaca: Household Analysis from Terminal Formative to Early Classic. Tesis doctoral. Pittsburgh: University of Pittsburgh.

Hendon, J., 1996. "Archaeological Approaches to the Organization of Domestic Labor: Household Practice and Domestic Relations". *Annual Review of Anthropology* 25, 45-61.

Hernando, A., 2002. *Arqueología de la identidad*. Madrid: Akal.

INFONAVIT 1988. *La vivienda comunitaria en* México. México: Instituto del Fondo Nacional de la Vivienda para los Trabajadores.

Kulp, D., 1925. *Country Life in South China*. New York: Teaching College, Columbia University.

Manzanilla, L., 1979. *Comentarios en torno a un proceso histórico. La constitución de la sociedad urbana en Mesopotamia (cuarto milenio a.C.)*. Tesis de Maestría en Ciencias Antropológicas. México: Escuela Nacional de Antropología e Historia.

Manzanilla, L., 1985. El sitio de Cuanalan en el marco de las comunidades pre-urbanas del Valle de Teotihuacan. En Monjarás-Ruiz, J., Pérez, E., y Brambila, R. (Eds.), *Mesoamérica y el Centro de México*. México: Instituto Nacional de Antropología e Historia, pp. 133-178.

Manzanilla, L, 1986a. Introducción. En Manzanilla, L. (Ed.), *Unidades habitacionales mesoamericanas y sus áreas de actividad*. México: Instituto de Investigaciones Antropológicas, Universidad Nacional Autónoma de México, pp. 9-18.

Manzanilla, L. (Ed.), 1986b. *Unidades habitacionales mesoamericanas y sus áreas de actividad*. México: Instituto de Investigaciones Antropológicas, Universidad Nacional Autónoma de México.

Manzanilla, L., 1986c. *La constitución de la sociedad urbana en Mesopotamia. Un proceso en la historia*. México: Instituto de Investigaciones Antropológicas, Universidad Nacional Autónoma de México.

Manzanilla, L. (Ed.), 1987. *Cobá, Quintana Roo. Análisis de dos unidades habitacionales mayas del Horizonte Clásico*. México: Instituto de Investigaciones Antropológicas, Universidad Nacional Autónoma de México.

Manzanilla, L., 1988. "Los contextos de almacenamiento en los sitios arqueológicos y su estudio". *Anales de Antropología* XXV, UNAM, 71-87.

Manzanilla, L., 1988-89. The Study of Room Function in a Residential Compound at Teotihuacan, Mexico. *Origini, Giornate in onore di Salvatore Maria Puglisi* 14, Università di Roma La Sapienza, pp. 175-186.

Manzanilla, L., 1990. "Niveles de análisis en el estudio de unidades habitacionales". *Revista Española de Antropología Americana* 20, Madrid, 9-18.

Manzanilla, L. (Ed.), 1993. *Anatomía de un conjunto residencial teotihuacano en Oztoyahualco*, 2 vols. México: Instituto de Investigaciones Antropológicas, Universidad Nacional Autónoma de México.

Manzanilla, L., 1996. "Corporate Groups and Domestic Activities at Teotihuacan". *Latin American Antiquity* 7 (3), 245-266.

Manzanilla, L., 2002a. Living with the Ancestors and Offering to the Gods: Domestic Ritual at Teotihuacan. In Plunket, P. (Ed.), *Domestic Ritual in Ancient Mesoamerica*. Los Angeles: The Cotsen Institute of Archaeology, University of California at Los Angeles, pp. 43-52

Manzanilla, L., 2002b. "Gobierno corporativo en Teotihuacan: una revisión del concepto `palacio' aplicado a la gran urbe prehispánica". *Anales de Antropología* 35, 157-190.

Manzanilla, L., 2003. The Abandonment of Teotihuacan. In Inomata, T., y Webb, R. (Eds.), *The Archaeology of Settlement Abandonment in Middle America*. Salt Lake City: The University of Utah Press, pp. 91-103.

Manzanilla, L., 2005. Curso "Arqueología del ámbito doméstico. Propuestas metodológicas", Posgrado de Antropología. México: Facultad de Filosofía y Letras, Universidad Nacional Autónoma de México.

Manzanilla, L., 2009a. La unidad doméstica y las unidades de producción. Propuesta interdisciplinaria de estudio. En Robles, N. (Ed.), *Cuarta Mesa Redonda de Monte Albán: Bases de la Complejidad Social en Oaxaca*. Oaxaca: Instituto Nacional de Antropología e Historia, pp. 57-89.

Manzanilla, L., 2009b, 2. Corporate Life in Apartment and Barrio Compounds at Teotihuacan, Central Mexico. Craft Specialization, Hierarchy, and Ethnicity. In Manzanilla, L., and Chapdelaine, C. (Eds.), *Domestic Life in Prehispanic Capitals. A study of specialization, hierarchy, and ethnicity*. Ann Arbor: Memoirs of the Museum of Anthropology 46, University of Michigan, pp. 21-42.

Manzanilla, L., y Barba, L., 1990. "The Study of Activities in Classic Households. Two case studies from Coba and Teotihuacan". *Ancient Mesoamerica* I (1), 41-49.

Manzanilla, L., y Barba, L., 1994. *La arqueología: Una visión científica del pasado del hombre*. México: Fondo de Cultura Económica-SEP-CONACYT.

Millon, R., 1976. Social relations in ancient Teotihuacan. In Wolf, E. (Ed.), *The Valley of Mexico*. Albuquerque: University of New Mexico Press, pp. 205-248.

Moya, V., 1983. *La vivienda indígena de México y del mundo*. México: Universidad Nacional Autónoma de México.

Rathje, W., y Schiffer, M., 1982. *Archaeology*. New York: Harcourt, Brace and Jovanovich.

Sanders, W. T. (1968). Hydraulic Agriculture, Economic Symbiosis and the Evolution of States in Central Mexico. *Anthropological Archaeology in the Americas*. Brooklyn: The Anthropological Society of Washington, Theo Gaus' Sons Inc., pp. 88-107.

Schiffer, M., 1972. "Archaeological context and systemic context". *American Antiquity* 37 (2), 156-165.

Schiffer, M., 1987. *Formation Processes of the Archaeological Record*. Albuquerque: University of New Mexico Press.

Schiffer, M., 1988. ¿"Existe una 'premisa Pompeya' en Arqueología?". *Boletín de Antropología Americana* 18. México: Instituto Panamericano de Geografía e Historia, pp. 5-31.

Schoenauer, N., 1984. *6000 años de hábitat*. Barcelona: Gustavo Gili.

Seymour, D., y Schiffer, M., 1987. A preliminary analysis of pithouse assemblages from Snaketown, Arizona. In Kent, S. (Ed.), *Method and Theory for Activity Area Research. An Ethnoarchaeological Approach*. New York: Columbia University Press, 549-603.

Struever, S., 1969. Archeology and the study of cultural process: Some comments on data requirements and research strategy. Ponencia presentada en el simposio: "Cultural Process and the Evolution of Civilization:' held at the School of American Research, Santa Fe, New Mexico (Joseph R. Caldwell, Chairman).

16

Las voces de la morada: La vivienda maya en los vocabularios coloniales

Mario Humberto Ruz
Centro de Estudios Mayas del Instituto de Investigaciones
Filológicas, Universidad Nacional Autónoma de México

Ante los deslumbrantes desarrollos de los mayas en campos como los de la escritura, la arquitectura, la escultura, la matemática y la astronomía, lo logrado por esos mismos pueblos en otras áreas de la vida cotidiana es rara vez abordado, en especial cuando se trata de creaciones desplegadas por la gente considerada "del común". Una de esas áreas es la de la vivienda, que a través de la consulta de textos coloniales como los diccionarios y las crónicas, se nos muestra dotada de múltiples voces que dan fe de la variedad y riqueza de técnicas y conceptos asociados con los espacios habitacionales mayas, como intenta mostrar este ensayo, centrado en la vivienda maya de la región peninsular.

Despite the dazzling developments of the Mayans in disciplines as varied as Writing, Architecture, Sculpture, Mathematics, and Astronomy, their accomplishments in other areas related to their daily lives are rarely spoken of, particularly those whose creations were made by what could be considered as "the common people". One of these areas is that of dwellings, for which we now know, after the revision of colonial texts like dictionaries and chronicles, to be filled with multiple voices that testify to the variety and richness of techniques and concepts associated with Mayan living spaces, as this essay will show, by focusing on the dwellings of the peninsular region.

Sin duda una de las lagunas más notorias en el conocimiento de los mayas antiguos es lo relativo a su cotidianeidad, soslayada a menudo por los estudiosos de lo prehispánico ante los indudables logros de los pueblos mayas en arquitectura, escultura, matemática, astronomía o la creación de un peculiar sistema de escritura. Por su parte, en las investigaciones acerca de la época colonial predominan las enfocadas a describir las políticas españolas de reorganización social y espacial o de catequización, seguidas por las dedicadas a probar actitudes de "persistencia" y documentar momentos de rebeldía de los mayas. Unos y otros dejan de lado temas tan importantes como el desarrollo centenario y hasta milenario de que sabían actividades vinculadas a rubros como la agricultura, la domesticación de plantas y animales, la caza, la pesca y la recolección, que muestran gran riqueza y diversidad, comprensibles dada la ubicación de los asentamientos en medios de flora y fauna rica y variada, y a menudo vecinos a ríos, costas, esteros, ciénagas, cenotes o lagunas.

¿Cómo explicarse la escasez de trabajos sobre el tema? Es de suponer que tal escasez obedece a varios factores, entre los cuales se cuenta la dificultad de reunir los datos, diseminados en algunas obras impresas y, en particular, esparcidos en la abundante documentación colonial que, en ocasiones, y de manera tangencial, alude a tal o cual aspecto vinculado con la naturaleza y las maneras de concebirla y habitarla.

Por lo que respecta a las fuentes impresas, conviene recordar que, a diferencia de los esfuerzos metódicos y sistemáticos que caracterizan el registro de lo estilado en los altiplanos centrales del actual México, para el caso de los mayas peninsulares no abundan los textos que aborden la cotidianeidad al momento del contacto y los inicios del periodo colonial. De hecho, siendo estrictos, lo que sabemos al respecto proviene en su mayoría de dos fuentes: los fragmentos del escrito de Diego de Landa conocido como *Relación de las cosas de Yucatán* y lo consignado en las *Relaciones Histórico-Geográficas de la Gobernación de Yucatán*. Ambas, pese a su valía, son fuentes más bien parcas en lo que corresponde a la temática de la vivienda que aquí nos interesa.

Contamos también, por fortuna con otras obras, como las de naturaleza primordialmente lingüística, como es el caso de artes (gramáticas), vocabularios, manuales hechas para apoyar la administración de sacramentos, sermonarios y varios otros. No importando el objetivo inicial que motivó su escritura, suelen contener información de muy diversos temas, que varía por supuesto dependiendo de su extensión (siendo los diccionarios los más grandes), el o los espacios geográficos de que dan cuenta y, por supuesto, la mayor o menor capacidad de sus autores para captar o registrar peculiaridades e, incluso, su interés por hacerlo,[1] por lo cual, más que un registro pormenorizado del saber, prácticas y concepciones indígenas, se trata de informaciones parciales que no necesariamente dan cuenta del conocimiento que poseía el grupo sobre el tema en cuestión.

---

[1] Hanks (2010, cap. 5), aborda con detalle la rica y diversa producción de textos en maya yucateco colonial.

La vivienda maya yucateca

No obstante esas limitaciones, un recorrido por las obras mencionadas nos brinda datos de gran interés acerca de la vivienda maya que se extiende por toda la Península de Yucatán.[2] Por razones de espacio me limitaré aquí a esbozar algunas pinceladas sobre la vivienda popular, pero cabe recordar que, a más de ello, los documentos ofrecen información sobre los edificios, las torres de palo y otras atalayas, los puentes de sogas, madera y calicanto, los canales de madera, y un enorme listado de construcciones, técnicas y agentes, que nos hablan de la especialización y el refinamiento que podían alcanzar tales labores y estructuras. Y si bien no me escapa que una aproximación por campos semánticos se mostraría de mayor utilidad para fines lingüísticos e incluso biológicos (por lo que a clasificaciones en *taxas* botánicas se refiere), voy a presentarlos desde una perspectiva etnográfica, que confío será de mayor provecho para los lectores no especializados.[3]

De la variedad de espacios habitacionales

Al revisar el texto de Landa o las ordenanzas de Tomás López Medel (*c.* 1550) y las de Diego García de Palacio (1584), encontramos alusiones a distintos tipos de conjuntos habitacionales, donde pueden apreciarse las que hablan de morada de un grupo familiar, generalmente de familias extensas, como era por entonces la norma, a la par de construcciones que tenían como objeto albergar, aun cuando fuese temporalmente, a individuos o grupos distintos a los parentales, o conformados por personajes no residentes en el pueblo. Así, por ejemplo, como veremos adelante, en la antigüedad se acostumbraba edificar casas para fines comunales (de gobierno, de aprendizaje, de esparcimiento), mientras que para la época colonial se habla de mesones destinados a pasantes (mayas o no) u hospitales que podían atender incluso a enfermos de otros pueblos, en particular cuando se trataba de construcciones ubicadas en las cabeceras, cuyo radio de influencia se extendía a poblados menores.

Por lo que hace al patrón de asentamiento Diego de Landa, consigna:

Que antes que los españoles ganasen aquella tierra vivían los naturales juntos en pueblos, con mucha policía, y tenían la tierra muy limpia y desmontada de malas plantas y puestos muy buenos árboles. Y que su habitación era de esta manera: en medio del pueblo estaban los templos, con hermosas plazas y en torno de los templos estaban las casas de los señores y de los sacerdotes, y luego la gente más principal, y así iban los más ricos y estimados más cercanos a éstas y a los fines del pueblo estaban las casas de la gente más baja. [...] y que por las guerras de los españoles se esparcieron por los montes (2003: 108).

De hecho, no fueron las actividades de conquista las únicas que modificaron los patrones de asentamiento; el oidor López Medel, empeñado en que los naturales viviesen "en policía" al modo hispano, reglamentó entre otras muchas cosas, que se prendiese fuego a "sementeras y arboledas" si las hubiere en los pueblos (*apud* López Cogolludo, 1954, II: 92-103), es de suponer que por el temor español a que las milpas (estiladas en torno a las casas desde la época prehispánica) y los solares sembrados de árboles y arboledas, permitiesen a los indios embriagarse o idolatrar sin ser vistos, como todavía en el siglo XVII continuaba porfiando el obispo de Yucatán, Diego Vázquez de Mercado ("No hay pueblo que tenga dos casas juntas sino cada una de por sí; encerrada entre árboles"). De hecho algunas *Relaciones Histórico Geográficas* de Yucatán, mencionan los cultivos en los solares, y cómo no faltó un fraile que quemara hasta los frutales, como se hizo en Temaza.[4]

Por lo que respecta a la vivienda misma, los vocabularios yucatecos consignan dos términos: *na y otoch,* tal y como se aprecia también en la escritura prehispánica (Hoppan, 2014).[5] En tanto que el primero es un genérico para todo tipo de espacio doméstico (y figura asimismo en la traducción de "casa" en el sentido de "familia o gente de casa": *baal nailob,* funcionando *ob* como colectivizador), el segundo por lo común marca propiedad o usufructo de la residencia.[6]

De los vocabularios se desprende que los mayas podían diferenciar las casas tomando en cuenta entre otras características los materiales de construcción, las condiciones físicas en que se encontraban, sus usos y hasta su antigüedad. Así, se distinguían las casas de mampostería o piedra (*nocac cal, otoch bil cal, nocac pak, pakna, paknail*) de las "pajizas" o "amarradas" (*kax-bilna*), y de las chozas, cabañas, enramadas o barracas pequeñas; construcciones que, como lo señalan sus nombres y las descripciones de la época, podían emplearse como refugios temporales (en el campo, en especial durante épocas de siembra o cosecha), para almacenar cosas (a modo de trojes o silos), o incluso para tomar baños (*pib* o temazcales).

---

[2] Fuente importante en cuanto a materiales lingüísticos son los textos coloniales pulcramente editados y anotados por R. Acuña, en particular el *Bocabulario de Maya Than* (1993) y el *arte del idioma maya...* de Pedro Beltrán (2002), y el *Diccionario etnolingüístico...* de Álvarez (1984), quien realizó una acuciosa revisión de cinco diferentes vocabularios: El de Viena, el Motul editado por Martínez H., los dos volúmenes del Motul que guarda la John Carter Brown Library y el de la Lengua Maya que elaboró Pío Pérez.

[3] Antecedente de este trabajo, aunque no restringido a los yucatecos, es el que elaboré con Rivero (2013); otro, mucho más amplio, se fecha en 2014. Aquí incorporo términos de otros textos coloniales que permiten ampliar los campos semánticos de varias de las voces allí registradas.

[4] *Relación de Chauac-Ha, Chichimila y Chancenote, RHGGY,* vol. II: 247ss.

[5] Con algunas variantes dependiendo de la fuente. Las más comunes se antojan *nah* y *otooch*. Cabe alertar sobre las discrepancias, casi siempre menores, que se registran en las grafías empleadas por los amanuenses de los distintos textos (a veces cambiantes con los años). Varía también la forma de separar o no ciertos vocablos.

[6] La dupla figura también en otras lenguas, como el cakchiquel, que usa *hay* y *ochoch* (Ruz y Rivero, *op. cit.*), por no hablar del inglés *house/home.*

Figura 16.1. Representación de una aldea costera. Fresco, Templo de los Guerreros, Chichén Itzá, Yucatán, México. © Copia de Ann Axtell Morris, 1931.

Cabe destacar que la raíz *na* o *nah* no era exclusiva de la vivienda común, sino que podía aplicarse a la morada de principales y otros señores. Vemos así que una casa señorial era denominada *halach uinicna*, una casa o cámara "real" era *tepalna,* un palacio se nombraba *ahaunah*, calificativos donde aparecen los términos para distintos tipos de nobles o señores (*halach, ahau*). Y *na* aparece asimismo en uno de los vocablos que califica a una fortaleza o "castillo": *uitzilna*.

Ya que mencionamos antes la edificación de inmuebles para usos comunes, recordemos la existencia de ciertas casas de comunidad como la llamada *popol na* donde, a decir del *Diccionario de Motul*, se reunían los mayas "para tratar cosas de república y a enseñarse a bailar para algunas fiestas del pueblo", bajo el cuidado del "dueño", el *ah hol pop*. Del rango de tales instituciones y construcciones da cuenta su denominación: *popolna*, en donde vemos figurar, combinado con el vocablo para casa, aquél que nombra al petate o estera: *pop* o *poop*,[7] que denota poder y autoridad. De hecho, los destinados a estrados o asientos de las autoridades eran elaborados con particular esmero. Según asientan las fuentes, los había tejidos con guarniciones o remates, pintados con figuras o incluso labrados "como conchas de tortuga". Y en el *Arte* de Beltrán aparecen otros "pintados" (*zel*). El empleo del petate como elemento de distinción no era una costumbre

privativa de los peninsulares; en los vocabularios de fray Domingo de Ara (*c.* 1560) se puede apreciar que los tzeltales del siglo XVI distinguían el rango según el lugar ocupado por los *ajawetic* o señores en el petate durante los actos oficiales: "primeros en la estera, segundos en la estera, terceros en la estera…", puntualiza el dominico (Ruz, 1992).

Mencionamos párrafos arriba que López Medel y García de Palacio hablaban de la construcción de mesones, los que se denominaban en maya *kakalna* o *kamalna (*de *kam:* recibir),

Figura 16.2. Casa con redondel (base) de piedra, paredes de varillas de ramas y techo de zacate, en Buczotz, Yucatán. Foto: Mario Humberto Ruz.

---

[7] Podían confeccionarse con juncos (*Thalia geniculata)* o con tules (*Typha domingensis*).

pero a más de esos términos aparece *kumulna*, que a más de venta o posada se traduce como "casa común donde se juntan las indias a tejer", aunque lo de "casa" no remite necesariamente a una construcción en forma, pues de la legislación y las crónicas se desprende que en ocasiones eran simples cobertizos cubiertos ("ramadas"), cuando no auténticos corrales donde se obligaba a permanecer a las indígenas días completos tejiendo las mantas del tributo o las del repartimiento, cuando no las de las "derramas" que estilaban hacer las autoridades a fin de proveerse de fondos para los festejos del pueblo (Solís, 2003).

Los componentes de la vivienda

Pese a su interés, no puedo detenerme en la descripción de las maneras de construir una vivienda, las partes que la componían, los operarios que intervenían en ello o los instrumentos que empleaban (hachetas, reglas, plomadas y distintos útiles para mensura), sólo deseo destacar que Landa apunta que para los mayas recurrían al trabajo colectivo, auxiliándose en forma rotativa: "Los indios tienen la buena costumbre de ayudarse unos a otros en todos sus trabajos" (*op. cit.*: 118), mientras que el visitador oficial Diego García de Palacio alude al uso de la "mano vuelta" (*múl meyaj*) en distintas actividades. El dato se reitera al leer en los vocabularios la voz *xuláa*: "a torna peón o a torna día, que es hacer entre muchos la obra o [h] acienda de uno, luego la del otro".

Tal tipo de ayuda que se aplicaba no sólo para unidades domésticas familiares, sino también para la factura de las casas de los principales u otras que se usufructuaban en comunidad,[8] debió ser sin duda un alivio significativo si tomamos en cuenta los trabajos continuos y fatigantes que se derivaban de la carencia de bestias de carga o tiro y de instrumentos de hierro, que facilitasen, por ejemplo, la tala de los árboles que se emplearían en la construcción. Aun hoy, la mano-vuelta sobrevive en diversas partes del mundo maya.

Otros datos de interés, que menciono a vuelapluma, son el que el número de horcones empleados funcionaba como parámetro para calcular el valor de una casa, y que a diferencia de los pocos vocablos que aluden a los distintos tipos de paredes (en cuya factura podrían entrar cañas, varazones, barro, cal, cenizas, piedras, cortezas, etc.) o las habitaciones de que se componía una casa, abundan los relativos a la factura del techo, que parecería llamó la atención de los autores de los diccionarios, pues se entretienen en listar vigas longitudinales, transversales, caballetes, tijeras, varillas para sostener o, en su caso, aplanar las hojas del huano (*Sabal mexicana*) para los techos, y los tipos de paja o zacatón que cubrirían la estructura. Diego de Landa apunta que las casas se cubrían de zacate ("paja") o de "hojas de palma", en referencia al huano (Landa, *op. cit.*: 113).

Figuran también algunas voces que nombran partes de la vivienda, a menudo antropomorfizándola, como es común en otros grupos de la familia maya y entre los mesoamericanos en general. A más del techo, que se denominaba *hol na*, es decir, "cabeza de la casa", tenemos que la "culata de la casa", *cuc na*, equivale a "su codo" (aunque algún otro texto consigna *U cuuc na*, frontispicio de la casa) y los pilares principales son piernas (*okom*), mientras que *it* valía para designar el "culo", parte inferior, fondo o asiento de diversas cosas, incluyendo los pisos (por lo común de tierra, aunque podía encalarse y hasta cubrirse de piedras).

El dotar a un inmueble de un elemento que fungiese como umbral entre la naturaleza y el espacio domesticado, es considerado todavía en varias comunidades del mundo maya como acto final de la construcción (mientras que en otras lo es el poner la teja central del techo). Este umbral o quicio se denominaba en lengua maya colonial *pacab*, agregándole un calificativo según fuese de piedra o de madera (*pacb tunich, pacab che*), pero no necesariamente estaba provisto de puertas como es hoy común. De hecho, Landa registró que tanto las casas palaciegas como las del común podían no tener puertas estrictamente hablando, si bien "tenían una portecilla atrás para el servicio necesario" (*op. cit.*: 113), y en ocasiones los vanos podían cerrarse con simples estructuras de palos, cañas o carrizos, como sabemos por otros diccionarios que se acostumbraba en grupos como el cakchiquel, donde, apunta Tomás Coto: "Puerta: que hacen con cañas u otra cosa, que van atadas, hechas con carrizo, con que sierran [*sic*] las puertas de sus casas o corrales, llaman: *q, api;hiq, om q, api*, 'está entretejida o atada' (1983: 447). Y por otros vocabularios sabemos que era común el empleo de mantas para delimitar o cerrar accesos.

A decir de Landa, tampoco en las ruinas de los antiguos edificios de T'Ho, donde los españoles fundarían Mérida, se hallaban vestigios de ingresos muy sólidos: "Las puertas en medio de cada una [de las "celdas"] no tienen señal de batientes ni maneras de quicios para cerrarse, sino llanas, de piedras muy labradas". No obstante "...no tener puertas, tenían por grave delito hacer mal a casas ajenas" (*op. cit.*: 113, 190).

Muestra de lo "novedosas" que resultaban las puertas a la usanza occidental es que para designarlas se recurriese a términos híbridos que conjuntaban el idioma maya con el castellano: el *Maya Than* traduce "cerrada puerta así" como *nuppan* puerta, mientras que en cakchiquel aparecen: *xa che ruvach* puerta y *rucoquilruvach* puerta, y de que las puertas de madera siguieron siendo poco comunes en la época colonial, lo señala el que aparezcan como bien destacado en los testamentos (Cf. Peniche, 2013 y Restall, 1997) y en algunos otros escritos.

Las entrañas de la vivienda

Landa registra que las viviendas se dividían a todo lo largo, por una pared, quedando en una mitad los dormitorios,

---

[8] "El pueblo menudo hacía a su costa las casas de los señores" (García de Palacio, *op. cit.*: 113). La costumbre fue aprovechada por algunos españoles en su propio beneficio.

Figura 16.3. Petates ajedrezados, Nunkiní, Campeche. Foto: David de Ángel.

Figura 16.4. "Mano-vuelta" en el techado de una vivienda. Santa Margarita Agua Azul, Chiapas. Foto: Mario Humberto Ruz.

"y la otra mitad blanquean de muy gentil encalado y los señores las tienen pintadas de muchas galanterías. Y esta mitad es el recibimiento y aposento de los huéspedes y no tiene puerta, si no toda es abierta conforme a lo largo de la casa [...]" (*op. cit.*: 113), datos que corroboran y amplían los documentos lingüísticos. En su *Arte del idioma maya,* Beltán por ejemplo, ofrece *u noy na* como "sala de casa", y *kaz* como partícula usada para contar "retretes, aposentos y división de las partes de la casa" (2002: 271).

El conjunto de enseres domésticos (*bal-na*: cosa-casa) de una vivienda común no parece haber sido muy abundante, por lo cual no sorprende que una de las voces para los "trastos de la casa" sea *lab-al-lab*: viejo-viejo, que ya de por sí los diccionarios clasificaban como "vocablo humilde"; tan humilde como describen los documentos coloniales la mayoría de las casas. Así, los españoles "notaban siempre la pobreza del mobiliario: algunas esteras para dormir y unos pocos bancos primitivos, canastas, guajes y ollas de barro sin vidriar, así como los aperos tradicionales para la milpa[9] y el maíz [*sic*]", mientras que las casas de los principales y *batabo'ob*, los señores, contaban con más habitaciones y podían albergar "mesas y sillas, ropa blanca y cojines y almohadas, baúles de madera tallada con cerradura donde se guardaban finos huipiles bordados, enaguas y camisas, a veces una capa de lana importada, un sombrero de fieltro y algunas alhajas de oro, un arma de fuego, sillas de montar y arreos, cerámica vidriada y cucharas de metal (1984: 241-242).

Eso sí, una vez al año, justo al iniciar éste el primer día del primer mes, llamado Pop, era obligado que todos, sin importar su estatus económico, se deshicieran de los "trastos" viejos, como marcaba el ritual, pues para celebrar esta fiesta "con más solemnidad; renovaban en este día todas las cosas de su servicio, como platos, vasos, banquillos, esterillas y la ropa vieja y las mantillas en que tenían envueltos a los ídolos. Barrían sus casas, y la basura y los trastos viejos echábanlos fuera del pueblo, al muladar, y nadie, aunque los hubiese menester, los tocaba" (Landa, *op. cit.*: 166).

Ciertamente los testamentos dan cuenta de algunas diferencias entre los enseres domésticos de una vivienda común, y los que podían encontrarse en la casa de un gobernador o principal en la Colonia (Peniche, 2007; Restall, 1998) pero en general las diferencias en el estilo de la vivienda no se antojan muchas. A decir de Farriss, "quizá la élite maya haya cultivado la apariencia de pobreza como estrategia para lidiar con los españoles" (*op. cit.* 240), pero acaso también, podríamos pensar, porque temiesen que, como ocurre aún hoy en varias comunidades del mundo maya, la ostentación de riquezas generase envidias locales y, en consecuencia, eventuales daños. Sea como fuere, las diferencias más importantes parecerían haber radicado en la extensión de las tierras poseídas por los nobles y, sobre todo, la calidad de éstas, asociada a menudo con la disponibilidad de agua, de vital importancia en la Península, que casi en su totalidad carece de corrientes superficiales. No en balde en los testamentos se heredan a menudo los pozos domésticos, y, había señalado Landa: "Los pozos, donde había pocos, estaban cerca de las casas de los señores" (*op. cit.*: 108).

Ya que es imposible atender al amplio abanico de elementos factibles de encontrar en una vivienda (prácticamente todos los empleados en la cotidianeidad), me limitaré a aquellos que formaban parte del mobiliario y los enseres de cocina, que son los mejor representados en los diccionarios.

El material con que se fabricaban los primeros era comúnmente madera (*che*), con la que se formaban bancos, mesas y camas. Para sentarse o asentar algo lo común parece haber sido emplear banquillos o taburetes, simples tablas, escaños y los escabeles, pedestales o tarimas que

englobaba el vocablo genérico *chekoc* (paso-pie),[10] si bien aparece asimismo *lat' oc*, literalmente "sostener pie", para designar a pedestales y escabeles, en tanto que para banco o escaño se registra también *xacan che*. Más elaborados serían ciertas clases de asientos que, por sus nombres, podría uno pensar eran de uso más frecuente entre los nobles, como los llamados *cuchdzam, dzamcuch* o simplemente *cuch* o *cuuch*, que es una voz que los textos hacen extensivo a "el reinado", mientras que *kaan* o *kan ché* designa a cierto tipo de "sillas" con brazos,[11] de donde podría colegirse que al menos en algún tiempo estuvieron asociados a quien ocupase el oficio o cargo, que se llamaba del mismo modo.

Las mesas se conocían genéricamente como *mayac*, agregándoles *che* o *tun* para señalar si eran de madera o de piedra, y conviene recordar que a más de muebles para la cocina, podían emplearse también como bases para los altares domésticos, al igual que se acostumbra hoy. Es de suponer que en este último caso se cubrirían con manteles (*uiilib nok*).

Para cama aparece como genérico *ch'ac*, y también *uay*, que es un término que se vincula con dormir, pero también con el espacio y el mueble para hacerlo: "Celda, aposento o retraimiento donde uno duerme, y la misma cama", registra Beltrán. Landa las describe de modo general: "tenían... unas camas de varillas y encima una esterilla, donde duermen cubiertos por sus mantas de algodón; en verano duermen comúnmente en los encalados con una de aquellas esterillas, especialmente los hombres..." (*op. cit.*: 113-114), sin embargo, los diccionarios dejan claro que los lechos se diferenciaban según los materiales con que se fabricaban. Había las sencillas camas de ramitas (*bilich*), corchos o cortezas grandes, los lechos de cañas o carrizos (*chac ché halal*), las de varillas secas de la planta llamada *tah,* y las de tablas (*chac che* o *uay chhac che*). Figuran también voces para colchón y almohadas, que se cubrían con mantas, las cuales aparecen como la "ropa de cama" más común. Se mencionan también pabellones (*yub*), útiles para librarse de los insectos.

De uso particular para los niños serían la "cuna de lienzo que usan las indias para sus niños" (*mucub* o *mukub nok*), donde vemos aparecer el vocablo para tela (*nok*), si bien cuando les colocaban a los recién nacidos las tablillas para deformarles el cráneo, los tendían "en un lecho pequeño hecho de varillas" (Landa, *op. cit.*: 132).

Como lechos también se registran el petate o esteras (de uso bastante extendido) y la hamaca, atinada y hasta poéticamente descrita en algunos textos como "cama de viento", si bien el empleo generalizado de esta última (hoy común a todo yucateco, con independencia de su adscripción étnica, estrato social o capacidad económica) ha sido datado hasta el siglo XVIII. De que se empleaba,

---

[9] Restall detalla los instrumentos de metal introducidos por los hispanos, empleados en el solar y el monte, que se resguardaban en la vivienda (*op. cit.*: cap. 14 y apéndice D).

[10] La voz aplica también a la medida conocida como "un paso", hoy denominada más comúnmente *xáak'ab*.

[11] Es de suponer eran hechas del árbol del mismo nombre.

Figura 16.5. Armando el techo de vigas, tijeras, balos y varillas, Dzidzantún, Yucatán. Foto: Mario Humberto Ruz.

como se estilaba para hacer los metates y *metlapillis*, imprescindibles para moler maíz y cacao, y cuyos nombres *kab* y *u kab tunil ca*: su mano, parecen haber sido los mismos, si bien sabemos que los usados para el cacao tenían mayor pulimiento. De hecho son diferenciados en los testamentos coloniales, y, cuando se difundió el gusto por el chocolate en Europa aparecieron hasta en coplas, como aquella jota aragonesa que asentaba: "No te extrañes, maña, maña, que te pegue algún trancazo, que el amor y el chocolate, hay que elaborarlo a brazo" (*apud* De Cárcer, 1995: 353). A ellos se sumaban tinajas, piletas, comales (*xamach tun*), morteros (*ch'en tun*: pozo piedra), pequeños almirez (*kut ub*) donde moler chiles, hojas y granos chicos, pilas (*hol ca*) de aquellas "en que molían antiguamente los indios masa para su pan" y hasta piedras para afilar los instrumentos (*hux*).

empero, desde antes, dan fe los vocabularios de siglos anteriores que ofrecen como nombres mayas, *yaab kaan, yub kaan* o *hay-abil kaan*, de los cuales se deduce que podían hacerse con cordeles, sogas o cuerdas, seguramente en su mayoría de henequén (*Agave fourcroydes*),[12] con técnicas es de suponer similares a las empleadas en las redes de cazadores y pescadores, con las que comparten la denominación *kaan* o *kan*. Las hechas de algodón (¡y hasta de seda!) son mucho más tardías (Baños, 2010).

Para depositar indumentaria y otros bienes, se contaba con cajas de madera (*maaben che* o *mac caxa*, recurriendo al hispanismo), pero aparece también el genérico *baaz*, que da cuenta de cajuelas o petacas que podían ser de madera, cañas o pajas, palmas o cuero.

La mayor cantidad de términos que dan cuenta de los enseres domésticos remiten a la cocina: *koben* o *koben tunich*, que es el nombre de las tres piedras del fogón (que varió a *koben mascaba* cuando se comenzaron a utilizar los soportes de hierro), en tanto que *U kuch-il kak* (el "cargador del fuego") designaba al hogar propiamente dicho. La variedad de instrumentos listados, y las técnicas en uso que se desprenden de ellos es tal que resulta imposible detenerse en el punto, pero no puede dejarse de señalar que observamos que los alimentos podían cocinarse en asadores (*kak-ab* o *kab-eb*), parrillas o barbacoas de palos (*kak am che*), sobre piedras calientes (*zim tun*), en anafres con carbón (*cuchil chic*), en hornos altos (*kum tzuh*) como se estilaba hacer con el pan, o incluso en el *pib*, el horno bajo tierra, que hasta hoy sigue siendo un método particularmente apreciado en caso de comidas rituales y festivas, a menudo de aves o "panes" hechos con maíz, pepita de calabaza y cacao, como en la ceremonia de petición de lluvias *Cha'a' cháak*.

Los auxiliares en tareas de preparación de los alimentos y su consumo podían confeccionarse en piedra, tal y

---

[12] A veces se apunta que éstas son "de las comunes", lo cual hace suponer que había otras más finas, entre las cuales acaso se contasen las hechas con fibras de sanseviera o lengua de vaca (*Sanseviera zeylanica* Willd), hasta hoy tenidas por superiores.

Figura 16.6. Cerámica para empleo doméstico. Fotos: Mario Humberto Ruz.

Con madera (*che*), en cambio, se hacían desde tinajas —en forma de bateas redondas (*cat che*) o de canoas (*chem che*)— hasta paletas o cucharones para mover los guisos (*kab cum*: "manos de la olla"), y cuchillos hechos con la madera particularmente dura de *chulul* (*bac en chulul*), así como pequeños morteros (*muxub te*), y batidores para el chocolate.

Imprescindibles, como en tantas otras áreas de Mesoamérica, eran ollas, jarros, comales, cántaros, platos planos, vasos y escudillas hechos de barro, que recibían distintos nombres dependiendo de su tamaño, forma y manera de uso (para agua, atole, tamales, tortillas). E igualmente común era recurrir a jícaras (*Crescentia* sp.), guajes y calabazos (*leek; Lagenaria siceraria*), que apoyaban en muchísimas tareas, desde el transporte de agua, miel y licores, hasta el almacenamiento de tortillas y semillas para sembrar en la milpa. En los vocabularios se aprecia que su empleo variaba dependiendo de su tamaño: las pequeñas hacían las veces de platillos de báscula para medir sal, chián y otras semillas diminutas, como hasta hoy; las medianas para enjuagarse la boca o, partidas, valían por cucharas y, agujereadas, como coladores; las más grandes, seccionadas a la mitad, hacían las veces de platos. Más allá del ámbito culinario, aparecen empleadas como contenedores de tabaco, maracas para los bailes o sonajas "para acallar a las criaturas" (rellenas de "granillos y pedrezuelas" y provistas de un "tallo"); se indica su uso para aplicar ventosas (*nup' luch*: juntar jícara) e incluso como orinales o bacinicas.

Resulta interesante la mención a cubos labrados en madera (*ch'ay che*), junto a otros que se manufacturaban con cortezas de árboles (*ch'oy*), cuya función se complementaba con un garabato (*zauin*: "enredado") hecho con las zarzas llamadas *beb*, muy útiles para sacar los cubos de los pozos, diferenciándose lingüísticamente cuando se extraían con sogas (*pay haa*: jalar agua). Y así como se empleaban fibras, en especial de henequén, para elaborar sogas, otros productos de la flora, como palmas, juncos o bejucos, resultaban ideales para hacer cestos, que se describen como grandes, pequeños, con boca ancha, a manera de petaca larga o "chica y redada" con "paredes altas" o "bajas", y hasta provistos de pies. Los bejucos eran además útiles para elaborar rodetes donde asentar las vasijas (*meet*), y se conocían como *peten ak* (rueda bejuco) las que conformaban una rueda mayor, con base de cuerdas o majagua. Exactamente las mismas que todavía hoy se cuelgan del techo para alejar los alimentos de los animales; en especial los roedores que acostumbran caminar por los maderos transversales de la vivienda, atinadamente llamados *be ch'oo*: camino de ratón.

Pero los elementos vegetales no sólo servían para marcar linderos entre humanos y animales; eran a la vez valiosos auxiliares para tender puentes entre lo humano y lo divino. Díganlo sino esas pequeñas ruedas (*chuyub*) aún empleadas para colocar alimentos en los rituales domésticos y agrícolas, como las porciones de comida que se ponen dentro de jícaras a la entrada de la casa durante las festividades de muertos —para que se alimente quien vendrá a cuidar de las almas—, o el tabaco silvestre que se ofrenda a las deidades de la lluvia, los *chaacco'ob*, durante el *cha'a' cháak* que se realiza para implorar envíen la "santísima agua" sobre las sedientas planicies del Mayab.

Casa: entidad viviente y morada compartida con entes sobrenaturales

No sólo se les invocaba a ellos; para los mayas de ayer, como para los de hoy, las viviendas eran y son concebidas como estructuras vivientes en sí mismas, con un ciclo de vida y requerimientos determinados, lo que explica que deban ser protegidas y alimentadas con rituales específicos, que en ciertas formaciones socioculturales mayas implican la entrega periódica de nutrientes no sólo para su inauguración sino en ocasiones periódicas, a fin de evitar que, urgidas, sacien su hambre devorando a sus propios habitantes, enfermándolos, como consideran varios grupos mayas de los Altos de Chiapas. Tales ritos no son ya tan frecuentes en la región peninsular, pero debieron serlo muchos más en la Colonia, época en que, consignó Sánchez de Aguilar, no se entraba a una casa nueva hasta que el "viejo hechicero" viniese "a bendecirla con sus torpes ensalmos" (*op. cit.*: 84).

Se trata sin duda de ofrendas de reciprocidad. La casa, que se yergue sobre un terreno en su origen perteneciente a la naturaleza, ocupa por eso mismo un área que en principio no le corresponde; un espacio que, *per se*, era morada, *otoch*, de otros "dueños" previos, y donde el constructor de la vivienda no es más que un mero usufructuario temporal; de allí que se justifique ofrendar dones a la tierra violentada, a los vientos cuyo paso se verá estorbado, a los entes sobrenaturales desplazados; entidades estas últimas en ocasiones benéficas, en otras no tanto, pero cuya aparente veleidad puede ser "negociada" a través de determinadas prácticas como las plegarias y el ofrecimiento de dones; *do ut des*.

Y, a más de esos dueños de antiguo, guardianes de los elementos naturales, que no es inusual permanezcan en las cercanías de las viviendas y de vez en cuando hasta se introduzcan en ellas, existían los guardianes fabricados por los hombres, para proteger a la nueva morada y a sus ocupantes, entre los que se encontraban esos que Sánchez de Aguilar calificó como "dioses caseros" o penates (a la usanza romana), mismos que podían ser imágenes elaboradas con madera, "que siempre era de cedro" (como indica el nombre de ese árbol: *ku ché*, de *ku*: sagrado y *ché*: sagrado), de piedra (*cul tunich*), "dioses de barro o ladrillo" (*pat-bil kat, pat-bil luum*) y hasta elaboradas con las plumas del colibrí, el *dzunum*. Imágenes que se heredaban de generación en generación, al igual que en la época colonial se heredarían imágenes pintadas o talladas de alguna virgen o cierto santo.

Estas últimas podían exhibirse en el altar familiar e invocarse en público, mientras que las otras, aquellas que enseñaron a nombrar y venerar los antepasados, tendrían

Figura 16.7. Ofrendas al pozo doméstico. Foto: Ruth Gubler.

que conjurarse en lo privado, sin que los hispanos se enterasen. Ese mismo sigilo influyó en que sepamos tan poco de ellos. De hecho, recordemos, a partir de Felipe II se prohibió consignar cosas relativas a las "antiguallas" de los indios, para disminuir el riesgo de que se mantuviesen y propalasen. Aunque en algunos vocabularios se deslizaron subrepticiamente ciertas entidades clasificadas, conforme a la época, como estantiguas trasgos o duendes, en ocasiones puntualizando que eran "de casa. Figuran entre ellos el Yah o Yaah, el Man-ab, el Ya-ua-pach', el okob cul-en cul paak ol-tzil, el Akab cul-en cul, el Akab uan uan, el Uen ac, el Yutu maax y el Akab maax, varios de los cuales, como puede observarse, muestran en sus nombres vínculos con la noche (en maya: *akab*), y otros con el travieso mono (*maax*) o se dice se aparecían antiguamente como "tigre" o "en figura de gato", es de suponer aludiendo a un felino, que aún hoy se asegura puede acercarse a la casa, por lo cual se le colocan ofrendas en los muros que la circundan. De hecho, sabemos, por otras fuentes y por analogía etnológica contemporánea, que muchos fungían como guardianes de la vivienda y su entorno, así como había quienes protegían pozos y depósitos de agua, de allí que no se olvidase realizarles ofrendas.

Aún hoy, tanto en poblados rurales como en los barrios más tradicionales de la propia Mérida, donde se asientan mayas, éstos, al igual que algunos mestizos, acostumbran pedir a ciertos *h-meeno'ob,* especialistas rituales, que les confeccionen unos *k'ato'ob* (o kates, en su forma españolizada), figuras de barro a las que el especialista

Figura 16.8. La última morada. Mausoleo en forma de casa maya, Cementerio General de Mérida. Foto: Mario Humberto Ruz.

199

dota de ojos, nariz y boca, por donde las nutrirá unos días con su propia sangre. Llegados a casa, se instalarán en sitios discretos, resguardados de la mirada de extraños, a veces bajo capelos, como si de figuras sacras católicas se tratara. Periódicamente se colocará frente a ellos bebida de maíz (*saká*); el mismo alimento ofrecido a otras entidades mayas. Se dice que hay quienes solicitan un "kat" de tamaño grande para cuidar de la vivienda, a modo de penate (aunque no se les conceptúa como alientos vitales de los antepasados), junto con otros pequeños para velar por cada uno de los miembros de la familia que pueblen la casa. Ya que su función es acompañar a aquellos que les fueron confiados, una vez muerto su "dueño" pueden ser enterrados, sin saberse su suerte. No obstante, acaso desde donde estén continúen ejerciendo una cuidadosa vigilancia sobre la vivienda y sus moradores.

Bibliografía

Álvarez, M., 1984. *Diccionario etnolingüístico del idioma maya yucateco colonial,* vols. I y II. México: UNAM, IIFL, CEM.

Beltrán, P., 2002. *Arte del idioma maya reducido a succintas reglas y Semilexicón yucateco,* Edición anotada y crítica de R. Acuña. México: UNAM, IIFL, Centro de Estudios Mayas.

De Cárcer, M., 1995. *Apuntes para la historia de la transculturación indoespañola.* México: UNAM, Instituto de Investigaciones Históricas, 2ª ed.

Farriss, N., 1984. *Maya Society under Colonial Rule. The Collective Enterprise of Survival.* Princeton: Princeton University Press.

Hanks, W., 2010. *Converting Words. Maya in the Age of the Cross.* Berkeley: University of California Press.

Hoppan, M., 2014. Miradas epigráficas sobra la vivienda maya. En Pierrebourg, F. y Ruz, M. (Eds.), *Nah, otoch. Concepción, factura y atributos de la morada maya,* pp. 23-36. Mérida: UNAM, CONCyTEY y CECIDHY, Secretaría de Educación del Gobierno de Yucatán.

Landa, fray D., 2003. *Relación de las cosas de Yucatán,* estudio, cronología y revisión del texto, M. C. León Cázares. México: Consejo Nacional para la Cultura y las Artes, 1ª reimpresión.

López, D., 1954. *Historia de Yucatán,* prólogo de J. I. Rubio Mañé. México: Academia Literaria.

López, T., 1978. *Ordenanzas para la provincia de Yucatán (1552-1553),* publicadas parcialmente por López Cogolludo, t. II, pp. 86-105.

Ortiz, I., y Quezada, S. (Eds.), 2009. *Visita de Diego García de Palacio a Yucatán, 1583.* México: UNAM, IIFL, Centro de Estudios Mayas.

Peniche, P., 2007. *Ámbitos del parentesco. La sociedad maya en tiempos de la colonia,* México: Miguel Ángel Porrúa y CIESAS.

Relaciones histórico-geográficas de la Gobernación de Yucatán. 1983. de la Garza, M., *et al.* y paleografía de León, M. (Eds.), México: UNAM, IIFL, Centro de Estudios Mayas, 2 vols.

Restall, M., 1998. Interculturation and the Indigenous Testament in Colonial Yucatan. In Kellogg, S., and Restall, M., (Eds.), *Dead Giveaways. Indigenous Testaments of Colonial Mesoamerica and the Andes,* pp. 141-162, Salt Lake City: The University of Utah Press.

Ruz, M., 1992. *Copanaguastla en un espejo. Un pueblo tzeltal en el Virreinato.* México: INI-CONACULTA, 2a. ed. corregida.

Ruz, M., 2014. Nombrar para habitar. La casa en las grafías coloniales. En Pierrebourg, F. y Ruz, M. (Eds.), Nah, otoch. Concepción, factura y atributos de la morada maya, pp. 65-122. Mérida: UNAM, CONCyTEY y CECIDHY, Secretaría de Educación del Gobierno de Yucatán.

Ruz, M., y Rivero, P., 2013. Herederos de Vucub-Caquix. Recolección y vivienda en tres grupos mayas coloniales. In Nondédéo, P., y Breton, A. (Eds.), *Maya Daily Lives. Proceedings of the 13th European Maya Conference, Paris.* Alemania: Verlag Anton Saurwein.

Sánchez, P., 1987. Informe contra idolorum cultores del obispado de Yucatán. En Benítez, F. (Ed.), *El alma encantada. Anales del Museo Nacional de México,* pp. 17-122, F. Benítez, presentación. México: INI y Fondo de Cultura Económica.

Solís, G., 2003. *Bajo el signo de la compulsión. El trabajo forzoso indígena en el sistema colonial yucateco 1540-1750.* México: CIESAS.

17

El solar yucateco: la transformación del espacio doméstico posterior a la invasión española

Héctor Hernández Álvarez
Facultad de Ciencias Antropológicas, Universidad Autónoma de Yucatán

Rani T Alexander
Department of Anthropology, New Mexico State University

En este capítulo examinamos las transformaciones del espacio residencial y de los grupos domésticos en Yucatán después de la invasión española. En los últimos 500 años, las prácticas agrícolas tradicionales estuvieron ligadas con estrategias agroforestales y agropecuarias de manejo de la tierra, las cuales pueden ser trazadas a partir de las variaciones estructurales, espaciales y materiales del espacio residencial. Las evidencias arqueológicas y escritas documentan cómo la ecología, la economía política y las contingencias históricas dieron forma a las decisiones y las estrategias de los grupos domésticos campesinos y de las comunidades. La evidencia arqueológica indica que los patrones materiales en los solares reflejan diferencias en la ecología de los grupos domésticos de pequeños propietarios y arrendatarios que habitaban en pueblos, ranchos y haciendas de Yucatán. Reseñamos los marcos teóricos y analíticos para el estudio del espacio doméstico y presentamos avances sobre la interpretación derivados de nuestro trabajo en contextos contemporáneos e histórico arqueológicos.

In this paper, we examine the transformation of household space in Yucatán following the Spanish invasion. Over the last 500 years, traditional agrarian practices were interwoven with new agroforestry and agropastoral land management strategies that can be traced to structural, spatial, and material variations in residential space. Archaeological and written evidence document how ecology, political economy, and historical contingencies shaped the choices and strategies of farming households and communities. The archaeological evidence indicates that material patterns in solares reflect differences in the household ecologies of smallholders and shareholders living in pueblos, ranchos, and haciendas in Yucatán. We review the theoretical and analytical frameworks for the analysis of domestic space and present advances in interpretation drawn from our work in contemporary and historical archaeological contexts.

Introducción

El espacio residencial maya, conocido comúnmente como solar, tiene una larga tradición en la península de Yucatán, la cual se remonta hasta la época prehispánica. Es un sistema adaptativo de los grupos familiares que ha permitido la supervivencia de innumerables generaciones pero que también ha significado un medio de resistencia cultural cuyas características se han ido reconstituyendo a lo largo del tiempo. A lo largo de la historia, el solar como espacio de habitación se ha visto expuesto a varios períodos de alteración y modificación que han puesto en riesgo su implementación como parte fundamental de un sistema cultural del cual dependen aspectos como la ecología agraria, la economía política de las comunidades locales, el sistema de creencias y la propia identidad del pueblo maya. Uno de estos momentos críticos devino con la invasión española. La introducción de nuevos cultígenos y animales domésticos, así como la adopción de nuevas tecnologías y la imposición de distintos tipos de uso del espacio alteraron los asentamientos y las formas de habitación nativas de la península de Yucatán a partir del siglo XVI.

El objetivo de este capítulo es demostrar cómo, tras la invasión española, la adopción de nuevas plantas, animales, productos derivados y tecnologías hasta entonces desconocidas transformaron los espacios residenciales de las comunidades mayas de Yucatán. Estos cambios son evidentes en los sitios arqueológicos históricos y a partir de los estudios etnoarqueológicos contemporáneos sobre el solar yucateco (Figura 17.1). Dichos estudios muestran las marcadas diferencias socioeconómicas provocadas por los cambios en los sistemas agrícolas y agroforestales, la adopción de nuevas tecnologías y el consumo de bienes no locales entre los grupos domésticos rurales de Yucatán.

Comenzaremos nuestro trabajo reseñando los marcos teóricos y analíticos empleados en el estudio arqueológico del espacio doméstico. Particularmente, analizamos el modelo de solar. Dicho modelo ha sido de gran utilidad para examinar la variación entre los patrones espaciales y

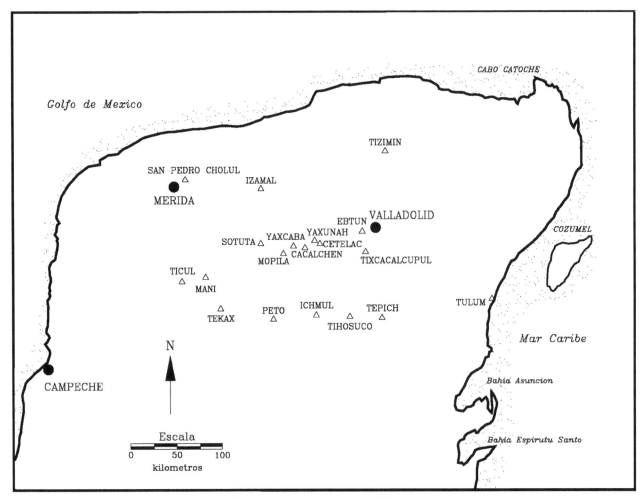

Figura 17.1. Ubicación de los sitios arqueológicos comentados en este estudio.

las actividades de los grupos domésticos de agricultores en Mesoamérica, a través de buena parte de su historia. Además, mostraremos cómo, al explicar lo que ocurre al interior de los solares, ha sido posible reconocer la organización del trabajo con relación al sistema agrícola, los cambios adaptativos de los grupos domésticos y la importancia de la labor de las mujeres como gestoras y responsables de las unidades habitacionales.

Posteriormente, analizaremos los cambios en el solar yucateco y en los grupos domésticos mayas peninsulares a partir de la invasión española. En los últimos 500 años, en la zona maya las prácticas agrícolas tradicionales han estado vinculadas estrechamente con diversas estrategias agroforestales de manejo de los paisajes locales. Dichas estrategias han sido estudiadas a partir de las variaciones estructurales, espaciales y materiales del espacio residencial.

Finalmente, discutiremos las evidencias histórico-arqueológicas y los estudios contemporáneos sobre el solar yucateco para comprender cómo la ecología, la economía política y las contingencias históricas determinaron las decisiones y las estrategias implementadas por los grupos domésticos campesinos y de las comunidades mayas peninsulares desde la época colonial. Mostraremos cómo

la evidencia arqueológica de sitios históricos sugiere que los patrones materiales en los solares reflejan diferencias en las estrategias de los grupos domésticos que habitaban en diversos pueblos, ranchos y haciendas de Yucatán.

El solar como modelo: marcos de referencia teóricos

Tratar de elaborar una reseña histórica sobre los estudios arqueológicos de los grupos domésticos mayas y sus espacios residenciales constituye un ejercicio de síntesis que sería imposible lograr en tan poco espacio. Por el contrario, tomando como marco referencial los estudios prehispánicos, históricos y contemporáneos sobre el solar maya, nos enfocaremos en comentar brevemente los principales aportes de los estudios que se han venido realizando sobre las unidades residenciales mayas, considerando principalmente aquellos que han abordado su estudio desde un enfoque arqueológico.

Por principio de cuentas, los solares en la península de Yucatán consisten en áreas delimitadas por albarradas o por plataformas artificiales que contienen un espacio estructural con viviendas y/o estructuras auxiliares, rodeadas por un patio y un jardín (*tancabal*, en lengua maya), además de un área periférica de monte, con árboles frutales y maderables, donde generalmente se depositaban los desechos. Los solares habitacionales prehispánicos han sido identificados y estudiados en distintos asentamientos de Yucatán de la época clásica como Coba (Manzanilla 1984; Hutson et al 2022), Chunchucmil (Hutson 2009; Hutson, et al. 2006; Hutson, et al. 2007) y Dzibilchaltún (Kurjack 1974). Además, continuaron siendo los principales espacios habitacionales en sitios posclásicos como Mayapán (Bullard 1954; Hare et al. 2014) y sitios de la costa oriental como Xcaret (Con 1991), Playa del Carmen (Flores Hernández y Pérez Rivas 2002) y la isla de Cozumel (Freidel y Sabloff 1984).

También se ha documentado la importancia que tuvieron los solares como unidades habitacionales de los grupos domésticos mayas en comunidades y pueblos que datan del periodo Colonial Temprano y Tardío (Alexander 1998, 1999, 2004, 2018), en asentamientos de la época Republicana y Nacional-Moderna (Hernández Álvarez y Zimmermann 2016; Meyers 2012) y hasta la época contemporánea (Hernández Álvarez 2014a; Pierrebourg 1999; Quintal, et al. 2003; Smyth 1990).

Este tipo de sitios de habitación ha ofrecido ventajas adaptativas a los grupos domésticos peninsulares ya que el sistema agrícola de tumba, roza y quema ha sido la estrategia de subsistencia predominante. Dicha práctica está bien documentada en Yucatán desde el período Colonial, durante la época independiente y hasta principios del siglo veinte (Alexander 1998, 2018; Redfield y Villa Rojas 1934). Aunado a esto, la agricultura tradicional se combina con las hortalizas, el cultivo intensivo dentro y fuera de los solares, el manejo de jardines forestales (*kax*, en lengua maya) y diversas prácticas agropecuarias que han sido documentadas desde la época prehispánica y hasta la actualidad (Arias Reyes 1980; Gómez-Pompa, et al. 1990; Toledo, et al. 2008). La organización del trabajo y la intensidad de trabajo invertido por el grupo doméstico en diferentes actividades, principalmente agrícolas, afectan la estructura del espacio residencial (Killion 1990). Además, sabemos que tanto los agricultores mayas modernos como los prehistóricos cultivaron una diversidad de productos entre un amplio mosaico de lugares que incluyen tierra de bosque primario, bosque secundario, rejolladas, bajos y otros rasgos naturales que permiten la intensificación agrícola (p. ej. Dedrick et al. 2020).

La investigación etnoarqueológica y etnográfica realizada en grupos domésticos mayas actuales nos ha demostrado que existen tres componentes básicos del solar: un área residencial, el patio y un área de monte/jardín (Arnold 1990; Killion 1990; Deal 1985). Estos estudios también nos sugieren que la variación relativa al tamaño de los espacios, particularmente el área del patio o el monte/jardín, se relaciona con el tipo o la intensidad de las actividades que ahí se llevan a cabo (Alexander 1999:83). Por ejemplo, Deal (1985) encontró una correlación entre los desechos y el tamaño de las distintas zonas de los solares de productores alfareros chiapanecos. Mientras que Smyth (1990) realizó estudios en varias comunidades de la zona Puuc de Yucatán donde el almacenamiento de

maíz fue una de las variables para determinar que, entre los mayas yucatecos, los patios de los solares disponen de áreas para el lavado y estructuras para almacenar dicho recurso alimenticio.

Entonces, el arreglo del espacio, la diversidad en los rasgos y las áreas de actividad dentro del solar proveen claves acerca de cómo el trabajo del grupo doméstico y las actividades productivas están organizadas dentro de las unidades residenciales y en los campos exteriores. La distribución de corrales para los animales, los elementos propios de la horticultura y rasgos para el manejo del agua muestran patrones distintivos. Por ejemplo, el estudio etnoarqueológico realizado en solares de Yaxunah, Yucatán, demostró que, en situaciones en las cuales la tierra o el trabajo para el cultivo de la milpa se encuentra limitado, por alguna razón, como la expropiación de tierras comunales para la producción privada de ganado o cultivos, el declive de mercados para los productos agrícolas o la migración de la mano de obra masculina, ocurre una intensificación en el uso del espacio doméstico para otras labores como la producción artesanal o se promueve la producción de diversos recursos alimenticios mediante el trabajo femenino (Hernández Álvarez 2014a).

Bajo este esquema, los solares residenciales presentan una diversidad de rasgos y estructuras auxiliares, además de espacios dedicados a la crianza de animales domésticos, la jardinería y la horticultura (Alexander 2004, 2006, 2014; Hernández Álvarez 2014a). Por ejemplo, en los 30 solares estudiados en Yaxunah se registraron facilidades usadas mayormente por mujeres. Dichas facilidades están relacionadas con la crianza de animales como gallineros y chiqueros, además de otros propios de la vida doméstica como bateas para lavar ropa y fogones para preparar alimentos (Hernández Álvarez 2014a). Por lo tanto, la investigación etnoarqueológica en los solares yucatecos contemporáneos sugiere que el trabajo de las mujeres y la producción en los jardines domésticos son altamente valorados y refuerzan la identidad de género de las encargadas del solar.

Cambios y adaptación de los solares yucatecos después de la invasión española

Siguiendo el mismo orden de ideas, el estudio de los grupos domésticos y los solares de la época histórica ha servido para vincular el pasado remoto con el presente, para conocer los cambios y transformaciones producto de la invasión española y para sugerir cómo los patrones materiales en los solares reflejan diferencias en la ecología de los grupos domésticos que habitaban en pueblos, ranchos y haciendas de Yucatán. A partir de la llegada de los españoles al territorio yucateco, las prácticas agrícolas tradicionales y el manejo de la tierra se han venido transformando a lo largo de los últimos 500 años. A partir de la arqueología, dichos cambios se han documentado mediante el estudio de las variaciones estructurales, espaciales y materiales vinculadas al espacio residencial (Alexander 1999, 2012a; Alexander y Hernández 2018;

deFrance y Hanson 2008; Hernández Álvarez 2014b; Meyers 2005; Millet et al. 1993).

Las evidencias arqueológicas y escritas dan fe de los cambios en las relaciones entre las comunidades nativas y su entorno natural después de la invasión española (Alexander 2004; Pavao-Zuckermann 2011; Porcasi 2012). Por ejemplo, la presencia de establos, corrales, comederos y bebederos, arriates, fauna doméstica asociada y restos paleobotánicos de cultivos alóctonos en monasterios, conventos rurales, pueblos y haciendas muestran que los terratenientes españoles, el clero y el personal de los grupos domésticos proveyeron a los grupos nativos con capacitación e insumos para el trabajo de la crianza de animales europeos, introdujeron sistemas para el manejo y control del agua y la horticultura de nuevas especies botánicas (Alexander 2012b).

Entre las adopciones más importantes se encuentran la tracción animal y nuevas tecnologías hidráulicas, como las norias, que alteraron radicalmente los paisajes agrarios de Yucatán (Alexander y Williams 2019). Las norias fueron facilidades necesarias en todos los ranchos y emprendimientos agroindustriales de la época. Esto se debió a que el ganado requiere veinte veces más agua que los humanos y la producción y transformación de productos como el añil, el azúcar y el henequén también requirieron de grandes cantidades de agua (Contreras 1996).

Documentos en español y en lengua maya señalan cómo se dio la adopción de la crianza de animales europeos en las comunidades rurales de Yucatán. Las listas de tributos y encomiendas de 1549 y 1643 revelan que los pueblos rurales pagaron cientos de gallinas, así como cantidades sustanciales de miel y cera, a las autoridades coloniales, al menos dos veces al año (Roys 1939:42). Documentos en lengua maya también refieren el uso de herramientas relacionadas con la producción ganadera, la agricultura, el transporte o la producción de productos secundarios. Destaca la presencia de machetes, coas, hachas, martillos, herraduras, poleas, hierros para marcar, escopetas, instrumentos para extraer la miel, sillas de montar, bridas y telares (Restall 1997; Roys 1939; Thompson 1999).

En las últimas décadas, ambos autores hemos realizado diversas investigaciones arqueológicas sobre antiguos patrones de asentamiento y distintas configuraciones de los espacios residenciales yucatecos de distintos períodos históricos. Nuestra área de estudio se circunscribe a las tierras bajas del norte de la península de Yucatán. En el caso de Alexander (2018), sus estudios en la zona de Yaxcabá y Ebtún los ha realizado en diversos pueblos, ranchos y haciendas que han estado ocupados continuamente desde la época colonial. Por su parte, Hernández Álvarez (2020) ha estudiado los vestigios materiales provenientes de los solares de una hacienda en la antigua zona henequenera de Yucatán y en la comunidad contemporánea de Yaxunah. Estas investigaciones han servido para apoyar nuestras interpretaciones sobre los cambios en la ecología del grupo doméstico y las estrategias de los comuneros mayas durante

la llamada Edad de Oro. A continuación, presentamos una discusión basada en las evidencias recuperadas por estos proyectos con relación a las transformaciones en el solar yucateco y sus implicaciones con respecto a las diferencias en el manejo de la ecología por parte de estos grupos domésticos de pequeños propietarios y comuneros mayas.

Pequeños propietarios vs. arrendatarios: el solar yucateco en pueblos, ranchos y haciendas

Para el estudio arqueológico de los grupos domésticos y del solar maya, varios investigadores han seguido los planteamientos iníciales de Robert Netting (1993). Este autor define al grupo doméstico como el escenario de una organización económica, trabajando colectivamente para obtener los alimentos, vestido y la protección de sus miembros (Netting et al 1984; Wilk 1991; Wilk y Netting 1984). Esta unidad corporativa, por lo general, busca proveer de estas necesidades a sus miembros, implementando medidas de seguridad contra las irrupciones incontrolables del medio ambiente, la economía y el estado (Netting 1993:60).

Netting (1993:58) considera a los grupos domésticos como unidades sociales definidas culturalmente y orientadas a una actividad. Gracias a sus trabajos sabemos que los grupos domésticos de agricultores varían dependiendo de una variable crítica como es la propiedad sobre la tierra. Esta concepción ha resultado fundamental para entender algunas de las características de la ecología agraria entre grupos mayas de la época prehispánica, colonial y contemporánea (Alexander 1998, 2006, 2018; Pyburn 1998; Wilk 1991). En este sentido, los agricultores que poseen y usufructúan tierras son considerados como pequeños propietarios o *smallholders*, donde los grupos domésticos poseen las tierras de cultivo y se dedican a fomentar la intensificación agrícola con toda autonomía. Por su parte, aquellos que no son dueños de los terrenos para el cultivo son conocidos como arrendatarios o *shareholders* (Johnson 1971). En estos casos, la propiedad de la tierra está en manos del patrón y los trabajadores sólo pueden acceder a ella a través del pago de una renta o a cambio de su mano de obra y carecen de autonomía en sus estrategias agrícolas. El mejor ejemplo de este tipo de relación se dio entre los terratenientes y los trabajadores acasillados de las haciendas yucatecas a finales del siglo XIX (Hernández Álvarez 2020; Ortíz Yam 2013). En ambos casos, entre los pequeños propietarios y los arrendatarios, el solar es un espacio de la autonomía en la producción y el consumo doméstico, donde se gestan estrategias para solventar las condiciones desfavorables del entorno económico, sociopolítico o los imponderables del medio ambiente.

Los solares de pequeños propietarios en pueblos y ranchos yucatecos

Las investigaciones arqueológicas sobre la estructura espacial de los solares residenciales proveen importantes claves acerca de los cambios acaecidos con la invasión española y cómo se transformaron las ecologías locales. En esta sección, presentamos ejemplos de diversas investigaciones realizadas por los autores en distintas comunidades mayas de la región de Yaxcabá. Algunos sitios arqueológicos del período histórico en esta región han estado ocupados continuamente desde el siglo XVI hasta el presente, mientras que otros presentan complejas historias de ocupación y abandono. El objetivo es demostrar, desde una perspectiva arqueológica, los cambios en el solar yucateco después de la invasión española.

En el área de Yaxcabá, Alexander (1998, 1999, 2004, 2006, 2018) llevó a cabo un extenso programa de registro arqueológico de diversos asentamientos rurales como pueblos, ranchos y haciendas. Dentro de dichos asentamientos, se exploraron un conjunto de solares mediante prospecciones arqueológicas intensivas, recolecciones de superficie y mapeo. A partir de la prospección se localizaron numerosos rasgos y estructuras mientras que, a través de las recolecciones de superficie, se recuperaron diversos tiestos cerámicos, fragmentos de vidrio, artefactos de metal y piezas líticas.

Los pueblos de la región se caracterizan por presentar arquitectura religiosa y civil, facilidades para el manejo del agua, como norias y pozos, y un conjunto de solares residenciales. Los solares de los pueblos contienen vestigios de una serie de grupos domésticos de varias generaciones y evidencias de complejos esquemas de trabajo que reflejan un amplio rango de actividades residenciales asociadas con la agricultura tropical, jardinería y la producción de bienes para el sistema tributario colonial.

Uno de los sitios estudiados fue Mopila. Se trata de un asentamiento que ostentó la categoría de pueblo desde la época de la conquista (1581) hasta su abandono en 1847, posterior a la Guerra de Castas. En este pueblo se construyó la iglesia de San Mateo, a un costado de la plaza principal. Aquí también hay restos de una noria y un conjunto de solares históricos dispuestos en un patrón reticular de calles. Mopila ocupa una extensión de 55 ha aproximadamente.

Los solares de este pueblo fueron moderadamente extensos, su núcleo estructural contenía uno u ocasionalmente dos cimientos de estructuras absidales, las cuales fueron construidas con materiales perecederos, y presentaron relativamente pocas estructuras auxiliares. La mayoría de las estructuras secundarias se tratan de montículos chich (acumulaciones de rocas sin función específica) y pilas, lo que sugiere actividades como arboricultura o almacenamiento de productos agrícolas. Los patios fueron tan extensos como las áreas de jardín. De acuerdo con los registros escritos, los grupos domésticos de Mopila estuvieron sujetos al régimen tributario y de obvenciones eclesiásticas coloniales. Por lo tanto, los amplios espacios de patio dentro de los solares de Mopila pueden reflejar la estabilidad de la serie de grupos domésticos que allí habitaron durante la época colonial (Alexander 1999:90). La cultura material recuperada mediante las recolecciones

de superficie incluyó fragmentos de barro, de vidrio, algunos objetos de piedra, metal y barro vidriado. Estos dos últimos tipos de objetos son de origen foráneo y fueron asignados cronológicamente hacia finales de 1700 y principios de 1800. Su presencia en los solares de Mopila es evidencia de los patrones de consumo de una cultura material no local.

Por su parte, los ranchos fueron lugares dedicados a la producción con un propósito especial. Se caracterizan por la presencia de rasgos naturales utilizables, como cenotes y rejolladas, y modificaciones a dichos rasgos como pozos, corrales, acequias y estructuras de almacenamiento.

Cacalchén, uno de estos ranchos en la zona de Yaxcabá, presenta aún vestigios de la época prehispánica. Hacia 1784 se registra como un rancho y se menciona en documentos que ya cuenta con una pequeña población residente. Para 1840 logró un estatus de rancho independiente, se construyó una capilla ramada en la plaza central y los habitantes fueron sujetos de impuestos y contribuciones eclesiásticas y civiles en favor de la cabecera Yaxcabá. Cacalchén fue abandonado completamente durante la Guerra de Castas. En 1930 una familia local reocupó Cacalchén como una ranchería, aunque actualmente carece de población y es usado como un sitio para la apicultura y la milpa. En total, la extensión de Cacalchén es de 35 ha.

Los solares de Cacalchén fueron pequeños, pero contuvieron numerosas estructuras auxiliares, especialmente, corrales (Figura 17.2). No obstante, el área de jardín es comparable con aquellas de Mopila o Cetelac. Aquí, el tiempo de ocupación de las series de grupos domésticos coloniales fue menor que en Mopila, pero mayor que en Cetelac. La presencia de mayor cantidad de estructuras auxiliares por solar en Cacalchén sugiere una intensificación y diversificación en el uso de los solares, incluso áreas de actividad femeninas. Por ejemplo, en el Area K se registraron los restos de dos casas de mampostería una de las cuales tenía un nicho en la pared interior para contener un altar casero.

También, en la orilla del patio, se encontró el cimiento de una estructura perecedera, una cocina, asociada a un pozo, una pila y una era para lavar y preparar nixtamal, con presencia de restos de un comal de metal, fragmentos de huesos y dientes de venado y otros animales. En el jardín de este solar también se registraron dos corrales o chiqueros. Por su parte, la cultura material recolectada en este rancho apunta a una presencia mayor de una vajilla cerámica impreso de textil local y menor de objetos no locales como barro vidriado y metales. En promedio, en cada solar se recolectaron 8 objetos de metal por 1.75 elementos de cerámica vidriada.

La evidencia recuperada por Alexander (1999, 2004) en los solares de pequeños propietarios que vivían en ranchos independientes muestra que hubo una intensificación y una producción diversificada dentro de la unidad residencial, especialmente mediante la crianza de cerdos y aves de corral.

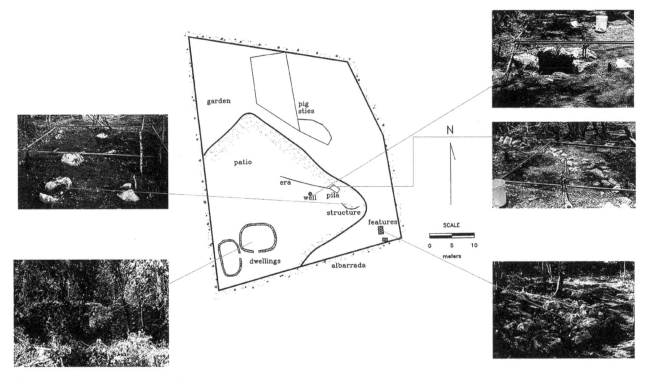

Figura 17.2. Un solar del rancho Cacalchén.

Esto se debió a una presión sobre los terrenos disponibles en la zona, el surgimiento de las haciendas y las limitaciones sobre las tierras comunales desde la época colonial y hasta la época de la Guerra de Castas. Los pequeños propietarios de Yaxcabá adoptaron técnicas agrícolas extensivas, que incluyeron la intensificación en el uso de los solares habitacionales, en respuesta a las cambiantes condiciones medioambientales que limitaron el uso de terrenos agrícolas en la zona de Yaxcabá durante el período Colonial y Republicano.

Con motivos comparativos, incluimos aquí también la información recuperada de un estudio etnoarqueológico realizado en la comunidad maya de Yaxunah, perteneciente a la misma región de Yaxcabá. Se trata de un estudio etnoarqueológico sobre los grupos domésticos de pequeños propietarios, su espacio residencial, la arquitectura doméstica y la cultura material asociada (Hernández Álvarez 2014a).

En Yaxunah se realizó un muestreo de 30 solares residenciales. La estrategia de investigación consistió en el mapeo sistemático de los solares, un registro fotográfico y en cédulas de todos los elementos materiales, un registro detallado de cada una de las estructuras habitacionales del conjunto y una entrevista con los responsables de cada familia para obtener información referente al grupo doméstico y a su espacio residencial (Hernández Álvarez 2014a).

Los grupos domésticos de Yaxunah ocupan solares habitacionales compuestos por un área de viviendas o núcleo estructural, un área de patio, donde se realizan diversas actividades al aire libre, y un área de monte/

jardín con árboles frutales y otros cultivos (Figura 17.3). Los patrones espaciales que determinan estas unidades residenciales son producto de las diversas actividades productivas – como la artesanía de madera del árbol de chaká (*Bursera simaruba*)–, los patrones de consumo y las actividades de desecho implementadas por los ocupantes de estos espacios durante al menos tres generaciones.

Los solares de Yaxunah tienen en promedio un área de 1948 m² y presentan por lo general tres estructuras domésticas y un promedio de 4.4 estructuras auxiliares por solar. Las estructuras auxiliares son pequeñas construcciones de materiales perecederos, como gallineros, graneros, corrales para animales, ramadas y estructuras para hortalizas (*ka'anché* en maya). También hay estructuras más formales como chiqueros, criaderos para aves, lavaderos, pozos, hornos y letrinas. En estos espacios, la labor de las mujeres es fundamental para el mantenimiento del solar, la crianza de animales domésticos, la preparación de alimentos y el cultivo en las áreas de monte/jardín (Hernández Álvarez 2014a).

Las haciendas yucatecas y los solares de los mayas acasillados

En el siglo XIX, muchos de los campesinos mayas se volvieron arrendatarios y acasillados. Es decir, campesinos sin tierra propia que debieron negociar el acceso a ella o que se contrataron como trabajadores asalariados para acceder a las parcelas compartidas y así poder subsistir. Esta fue una forma de vivir cada vez más común para las comunidades rurales de la península con el advenimiento de las haciendas en las primeras décadas del período Independiente (Ortíz Yam 2013).

Un ejemplo de esto es Cetelac, una hacienda maicero-ganadera de la región de Yaxcabá que surgió en 1773 bajo la propiedad de Damaso Santana. Durante la Guerra de Castas esta hacienda fue destruida y se incorporó como parte de las tierras comunales de Yaxunah después de la Revolución Mexicana. Actualmente, los terrenos de Cetelac son usados para el cultivo de milpa, almacenamiento de maíz, ganadería a baja escala y para la apicultura. Los restos del casco de la hacienda ocupan una extensión aproximada de 35 ha, cuenta con una casa de mampostería de dos pisos, restos de una noria, bebederos para ganado, arriates del huerto, una rejollada, cuatro corrales que rodean la casa principal y vestigios de una casa absidal cerca del portón principal. Alrededor del casco de la hacienda se localizó un extenso sistema de albarradas que delimitaban corrales adicionales y los solares donde habitaban los trabajadores residentes (Alexander 1999, 2004).

Dichos solares son grandes, contenían pocas estructuras auxiliares, pero los chiqueros para criar cerdos fueron los rasgos más numerosos. Las áreas de patio fueron del mismo tamaño que aquellas de Mopila, mientras que las áreas de jardín fueron más extensas. Los residentes de la hacienda fueron luneros o arrendatarios, sin acceso a tierras cultivables, por lo que la extensión de las áreas de jardín sugiere tentativamente que el cultivo de milpa pudo haberse realizado en sus propios solares. Además, en esta época los hacendados pagaron los diezmos del ganado menor de sus luneros y trabajadores. La cultura material es escaza y los bienes no locales, cerámica vidriada y objetos de metal, presentaron la menor frecuencia en relación con los solares de asentamientos de la misma región como Mopila y Cacalchén. Los solares y la cultura material de Cetelac son un reflejo de cortas series de grupos domésticos, aproximadamente uno o posiblemente dos ciclos domésticos de ocupación (Alexander 1999:91).

Por otra parte, la investigación arqueológica del asentamiento y los solares habitacionales de la hacienda San Pedro Cholul nos han provisto de interesantes evidencias sobre la ecología agraria y las estrategias de subsistencia de los comuneros mayas hacia la segunda mitad del siglo XIX. En este sitio realizamos un registro minucioso del asentamiento y seleccionamos tres solares para realizar una documentación arqueológica que incluyó el mapeo, la recolección de superficie del total de los terrenos y la excavación extensiva de los pisos de habitación de tres viviendas y una cocina (Hernández Álvarez 2014b, 2020; Hernández Álvarez y Zimmermann 2016).

Los solares de los trabajadores de la hacienda San Pedro Cholul presentan evidencia de las tres zonas descritas previamente para el modelo de solar (Figura 17.4). El núcleo estructural estaba compuesto por los restos de viviendas absidales construidas con mampostería de piedra y que posiblemente estuvieron techadas con palma de huano. Ocasionalmente, algunos solares presentaban estructuras anexas, de menores dimensiones, a manera de cocinas. En los patios registramos los vestigios de diversas estructuras auxiliares como corrales, chiqueros,

bebederos, arriates, pilas, pozos, bancos de material (sascaberas), entre otros. Algunos, como el Solar 15, tenían su propio huerto-jardín, delimitado y con presencia de arriates y pilas para su mantenimiento. En el área de monte no registramos presencia de rasgos o estructuras, sin embargo, la presencia de enriquecimientos químicos como fosfatos y pH elevado nos sugieren la presencia de las áreas de desecho de las unidades habitacionales (Osorio Ceme et al. 2016).

Con respecto a la cultura materia, a partir de las recolecciones de superficie y las excavaciones al interior de las viviendas recuperamos una gran diversidad de objetos y piezas de cerámica, vidrio, metal, plástico, monedas, materiales de construcción, artefactos de piedra caliza y huesos de animales. El análisis de esta amplia variedad de elementos arqueológicos nos ha permitido obtener información acerca de la vida cotidiana, los modos de alimentación, los patrones de consumo y desecho y otras actividades realizadas por estos conjuntos domésticos históricos (Alexander y Hernández Álvarez 2018; Fernández Souza, et al. 2016; Hernández Álvarez y Ramos Novelo 2014, Hernández Álvarez et al. 2016). La investigación arqueológica en San Pedro Cholul nos sugiere que los trabajadores acasillados de la hacienda intensificaron el uso de sus solares, implementando la horticultura y la crianza de animales domésticos, para contrarrestar la falta de tierras de cultivo y las condiciones opresivas y altamente controladoras del peonaje hacia finales del siglo XIX (Alexander y Hernández Álvarez 2018; Hernández Álvarez 2019, 2020).

Comparaciones y discusión

Como hemos señalado hasta aquí, la arqueología de los solares yucatecos ha documentado una serie de cambios relacionados con la ecología agraria de los campesinos mayas a raíz de la invasión española del siglo XVI. Para completar nuestro análisis, en esta sección proponemos una comparación de la evidencia arqueológica presentada previamente sobre los solares de pequeños propietarios de la región de Yaxcabá, así como los datos recopilados en los espacios residenciales de campesinos comuneros que habitaron las haciendas yucatecas. La comparación tiene como objetivo señalar las variaciones en la estructura, los espacios y la cultura material de los solares yucatecos estudiados (Tabla 17.1).

El análisis de los patrones espaciales en los solares de los sitios estudiados revela diferencias en el uso del espacio. El tamaño de los solares, el número de estructuras auxiliares dentro de los solares y el tamaño del patio varía con respecto a todos los sitios. En el caso de los pequeños propietarios, el área del solar es mayor en el caso de Mopila, mientras que Yaxunah presenta menor disponibilidad de espacio con relación a todos los sitios de la muestra. Sin embargo, los solares de Yaxunah presentan el mayor número de estructuras habitacionales (espacio techado), por lo que su área estructural es mayor que cualquiera de los otros casos.

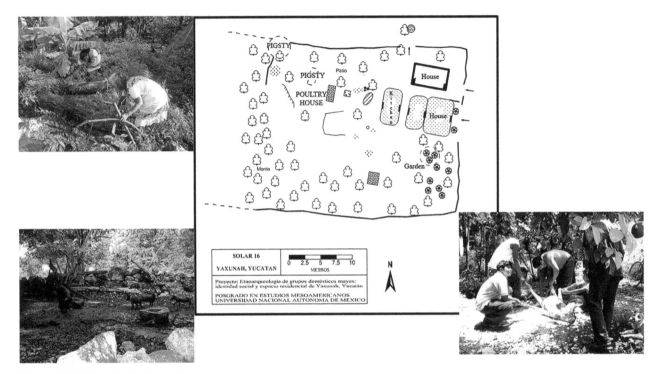

Figura 17.3. Un solar de Yaxunah.

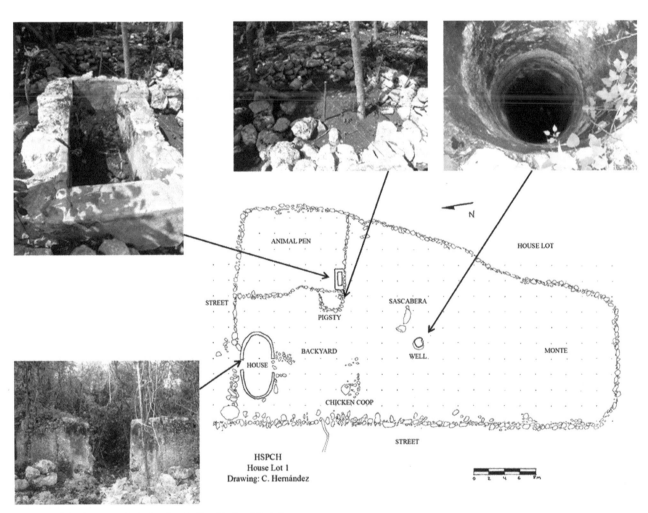

Figura 17.4. Un solar de la hacienda San Pedro Cholul.

Tabla 17.1. Variación entre los solares yucatecos en este estudio.

Variable	*Mopila*	*Cacalchén*	*Yaxunah*	*Cetelac*	*San Pedro Cholul*
Tamaño del sitio (ha)	55	35	100	35	9.5
*Densidad de la población**	6.22	18.11	6.17	1.28	16.63
Núm. de solares	60	76	53	26	31
Núm. de documentación intensiva	4	5	30	2	3
Promedio tamaño del solar (m²)	3451	2770	1948	6110	1071
Área de jardín/monte (%)	50.9	61.8	71.7	73.7	+
*Área del patio (%)***	49.1	38.2	28.3	26.3	+
Promedio de estructuras auxiliares	.217	.645	4.4	.346	.83
Promedio metal/solar	33.5	8.0	-	2.0	++
Promedio cerámica vidriada/solar	20.0	1.75	-	3.75	++
*Longitud de ocupación ****	266	97	222	74	261

Notas: * pob/hectárea, población máxima; otras medidas de área en metros cuadrados. La población de Yaxunah era 617 personas en 2010 (INEGI).
**Incluye área del núcleo estructural
***En años, no incluye información de la época prehispánica.

En el caso de los arrendatarios, los solares de Cetelac son los de mayor tamaño. Mientras que los solares de San Pedro Cholul son los más pequeños. Esto nos informa acerca de la poca disponibilidad de espacio residencial al interior de esta hacienda henequenera, donde gran parte de los terrenos estaban ocupados por los edificios e infraestructura para la producción de fibra.

Con relación al número de estructuras auxiliares presentes en los solares, la mayor cantidad está reportada en Yaxunah con un promedio de 4.4 estructuras por solar. Esto es debido a que muchas de las estructuras registradas –ka'anche', kúnche', gallineros- están hechas con materiales perecederos, como madera y hojas de palma o zacate, mientras que en los casos arqueológicos dichas estructuras no sobreviven al paso del tiempo. En el caso de Cacalchén, los solares fueron pequeños, pero contenían numerosas estructuras auxiliares (0.64 en promedio), sobre todo facilidades para la crianza de animales. En el caso de la hacienda San Pedro, el promedio de estructuras auxiliares fue de 0.83 por solar, muy similar a Cacalchén, pero diferente al promedio de la hacienda Cetelac (0.34) y Mopilá (0.21).

Por otra parte, el área designada para los patios dentro de los solares de pequeños propietarios de la región de Yaxcabá son muy similares en el caso de Mopila y Yaxunah. Mientras que Cacalchén presenta una menor área de patio disponible. Con respecto a los arrendatarios, la disponibilidad de espacio para el área de patio es menor en la hacienda Cetelac, mientras que San Pedro Cholul presenta la menor disponibilidad de área de patio de toda la muestra.

Finalmente, con respecto a los elementos de cultura material relacionados con los solares, la comparación no

es adecuada en todos los casos por el tipo de muestreo realizados en los solares y el tipo de elementos registrados. Por ejemplo, Alexander (1999, 2004) comparó objetos de origen foráneo, como la cerámica vidriada y los objetos de metal, para establecer las diferencias en el acceso a distintos tipos de recursos por parte de los grupos domésticos de la región de Yaxcabá. Sus resultados muestran que tanto los objetos de metal como la cerámica vidriada están presentes con una frecuencia significativa mayor en los solares de Mopila. Mientras que en Cetelac se registró la frecuencia más baja de este tipo de objetos. Las diferencias en el consumo de estas manufacturas foráneas corresponden al acceso que los habitantes tuvieron a los recursos básicos, condicionado por la posición que tuvo cada comunidad en la economía política de la región. En el caso de Yaxunah no se realizaron recolecciones de objetos en superficie, por lo que no hay información comparativa. Mientras que en los solares de San Pedro Cholul se recolectaron grandes cantidades de metal y cantidades de cerámica vidriada similares a los asentamientos de Yaxcabá. Una posible explicación es que los metales estuvieron muy presentes en estos solares pues fueron más comunes hacia la segunda mitad del siglo XIX, mientras que la cerámica en general ya no era tan consumida por estas unidades domésticas (Burgos Villanueva et al. 2016).

Conclusiones

Desde la invasión de los españoles en el siglo XVI, los patrones a largo plazo de la ecología agraria en asentamientos rurales de Yucatán han determinado las evidencias arqueológicas del solar maya de tal manera que estos sitios muestran diferencias en la intensidad de su uso y en sus secuencias de ocupación.

Como hemos mostrado en varios de nuestros estudios previos, el análisis de los patrones espaciales del solar yucateco revela diferencias en el uso del espacio, la estructura interna de los terrenos y la cultura material asociada entre los grupos domésticos de campesinos mayas pequeños propietarios y los campesinos arrendatarios. El tamaño del solar, el número de estructuras auxiliares dentro de estos espacios y el tamaño de las distintas áreas que lo conforman varían en todos los casos. Estas variaciones obedecen, principalmente, al tipo de actividades productivas realizadas o a las distintas estrategias adaptativas que llevaban a cabo sus ocupantes.

Para concluir, debemos señalar que los estudios de los solares yucatecos tienen varias implicaciones para la implementación de modelos etnoarqueológicos e históricos que buscan examinar la variación en la organización de los grupos domésticos desde la época colonial y hasta la actualidad. Una de estas implicaciones es el hecho de que la organización del espacio residencial es sensible a las variaciones en el acceso de las comunidades a los recursos básicos como la tierra de labranza y el consumo de productos circulados por el mercado global. Además, la escala temporal y la periodicidad de las observaciones conductuales son cruciales para entender su impacto en el registro arqueológico. Por otro lado, es necesario que las interpretaciones arqueológicas sobre el solar maya tomen en cuenta la importancia del trabajo femenino como elemento de vital importancia en las estrategias adaptativas de los grupos domésticos en la época prehispánica, colonial y contemporánea.

Bibliografía

Alexander, R., 1998. "Community Organization in the Parroquia de Yaxcabá, Yucatán, México, 1750-1847: Implications for Household Adaptation within a Changing Colonial Economy". *Ancient Mesoamerica* 9:39-54.

Alexander, R., 1999. Mesoamerican House Lots and Archaeological Site Structure: Problems of Inference in Yaxcabá, Yucatán México, 1750-1847. En Allison, P. (Ed.), *The Archaeology of Household Activities*, pp. 78-99. Routledge, New York.

Alexander, R., 2004. *Yaxcabá and the Caste War of Yucatán: An Archaeological Perspective*, Albuquerque, University of New Mexico Press.

Alexander, R., 2006 "Maya Settlement Shifts and Agrarian Ecology in Yucatán, 1800-2000". *Journal of Anthropological Research* 62:449-470.

Alexander, R. 2012a. Landscape Change in the Maya Region, 1450-1910 AD. En Nichols, D. y Pool, C. (Eds.), *The Oxford Handbook of Mesoamerican Archaeology*, pp. 933-947, Oxford University Press, New York.

Alexander, R., 2012b. "Prohibido Tocar este Cenote: The Archaeological Basis for the Titles of Ebtun". *International Journal of Historical Archaeology* 6:1-24.

Alexander, R., 2018. Agrarian Ecology in Yucatán, 1450-2000. En Alexander, R., y Kepecs, S. (Eds.), *Colonial and Postcolonial Change in Mesoamerica: Archaeology as Historical Anthropology*, pp. 255-282, University of New Mexico Press, Albuquerque.

Alexander, R., y Hernández, H., 2018. "Agropastoralism and Household Ecology in Yucatán after the Spanish Invasion". *Environmental Archaeology* 22(4):69-79.

Alexander, R., y Williams, N., 2019. Norias, Cenotes, and Rejolladas: Changes in Yucatán's Hydrogeologic Landscape after the Spanish Invasion. En Alexander, R. (Ed.), *Technology and Tradition after the Spanish Invasion*, pp. 109-124, University of New Mexico Press, Albuquerque.

Arias, L., 1980. La producción milpera actual en Yaxcabá, Yucatán. En Bello, E., Levy, S., y Hernández, E. (Eds.), *La milpa en Yucatán, un sistema de producción agrícola tradicional*, pp. 171-199. Colegio de Postgraduados, Montecillo.

Arnold III, P., 1990. "The Organization of Refuse Disposal and Ceramic Production within Contemporary Mexican Houselots". *American Anthropologist* 92:915-932.

Batún, A., 2009. Agrarian Production and Intensification at a Postclassic Maya Community, Buena Vista, Cozumel, Mexico, tesis doctoral, University of Florida, Gainesville.

Bullard, W. 1954. *Boundary Walls and House Lots at Mayapan*, Current Reports 13, Carnegie Institution of Washington, Department of Archaeology, Washington, D.C.

Burgos, R., Beltrán, S., y Medina, V., 2016. Arqueología e historia: una perspectiva interdisciplinaria en San Pedro Cholul. En Hernández, H., y Zimmermann, M. (Eds.), *Sendas del henequén: un estudio arqueológico de la hacienda San Pedro Cholul, Yucatán*, pp. 63-86, Universidad Autónoma de Yucatán, Mérida.

Con, M. 1991. "Trabajos recientes en Xcaret, Quintana Roo". *Estudios de Cultura Maya* XVIII:65-129.

Contreras, A., 1996. *Capital comercial y colorantes en la Nueva España, segunda mitad del siglo XVIII*, El Colegio de Michoacán, Universidad Autónoma de Yucatán, Zamora.

Deal, M. 1985. "Household Pottery Disposal in the Maya Highlands: An Ethnoarchaeological Interpretation". *Journal of Anthropological Archaeology* 4:243-291.

Dedrick, M., Webb, E., McAnany, P., Kanxoc J., Jones, J., Batún A., Pope, C., y Russell, M., 2020 "Influential Landscapes: Temporal Trends in the Agricultural Use of Rejolladas at Tahcabo, Yucatán, Mexico". *Journal of Anthropological* Archaeology 59:101-175.

deFrance, S., y Hanson, C., 2008. "Labor, Population Movement, and Food in Sixteenth-Century Ek Balam, Yucatán". *Latin American Antiquity* 19:299-316.

Fernández, L., Zimmermann, M., y Bolio, C., 2016. Las diferencias socioeconómicas entre peones a través de la configuración de los solares. En Hernández, H., y Zimmermann, M. (Eds.), *Sendas del henequén: un estudio arqueológico de la hacienda San Pedro Cholul*, pp. 229-243, Universidad Autónoma de Yucatán, Mérida.

Flores, M., y Pérez, M., 2002 "Cambio y continuidad en los espacios domésticos del norte de Yucatán". *Estudios Mesoamericanos* (3-4):91-110.

Freidel, D., y Sabloff, J. 1984. *Cozumel, Late Maya Settlement Patterns*, Academic Press, New York.

Gasco, J., .2008. "'Le da alegría tener flores': Homegardens in the Soconusco Region of Chiapas, Mexico". *Journal of Ethnobiology* 28:259-277.

Gómez-Pompa, A., Flores, J., y Fernández, M., 1990. "The Sacred Cacao Groves of the Maya". *Latin American Antiquity* 1:247-257.

Hare, T., Masson, M., y Russell, B., 2014. "High-Density LiDAR Mapping of the Ancient City of Mayapán". *Remote Sensing* 6(9):9064-9085.

Hernández, C., y Contreras, M., 2016. La casa maya y la vivienda. En Hernández, H., y Zimmermann, M. (Eds.), *Sendas del henequén: un estudio arqueológico de la hacienda San Pedro Cholul*, pp. 129-142, Universidad Autónoma de Yucatán, Mérida.

Hernández, H., 2014a. *Etnoarqueología de grupos domésticos mayas: identidad social y espacio residencial de Yaxunah*, Yucatán, Universidad Nacional Autónoma de México, México, D.F.

Hernández, H., 2014b. "Corrales, chozas y solares: estructura de sitio residencial de la Hacienda San Pedro Cholul". *Temas Antropológicos* 36(2):129-152.

Hernández, H., 2019. Technological Change of Henequen Decorticating Machines during Yucatán's Gilded Age. En Alexander, R. (Ed.), *Technology and Tradition after the Spanish Invasion*, pp. 125-145, University of New Mexico Press, Albuquerque.

Hernández, H., 2020. *La vida cotidiana durante la Edad de Oro yucateca: Arqueología de los trabajadores henequeneros de la Hacienda San Pedro Cholul.* Clave Editorial, Universidad Autónoma de Yucatán, Ciudad de México.

Hernández, H., y Ramos, C., 2014 Somos lo que comemos: modos de alimentación de un grupo doméstico de la Hacienda San Pedro Cholul, Yucatán. En Götz, C., Rivas, J.; Cárdenas, J., Hernández, H., Zimmermann, M. y Ramos, C. (Eds.). *Memorias del Congreso Internacional Culturas Americanas y su Ambiente: perspectivas desde la zooarqueología, paleobotánica y etnobiología*, pp. 265-273, Universidad Autónoma de Yucatán, Mérida.

Hernández, H., Venegas, L. y Solís, R., 2016. Patrones de consumo y desecho en dos grupos domésticos de principios del siglo XX. En Hernández, H., y Zimmermann, M. (Eds.), *Sendas del henequén: un estudio arqueológico de la hacienda San Pedro Cholul*, pp. 143-170, Universidad Autónoma de Yucatán, Mérida.

Hernández, H., y Zimmerman, M. (Eds.), 2016. *Sendas del henequén: un estudio arqueológico de la hacienda San Pedro Cholul, Yucatán*, Universidad Autónoma de Yucatán, Mérida.

Hutson, S., 2009. *Dwelling, Identity, and the Maya: Relational Archaeology at Chunchucmil*, Altamira Press, Lanham.

Hutson, S., Hare, T., Stanton, T., Masson, M., Barth, N., Ardren, T., Magnoni, A. 2022 "A Space of One's Own: Houselot Size among the Ancient Maya". *Journal of Anthropological Archaeology* 64:101362.

Hutson, S., Magnoni, A., Mazeau, D., y Stanton, T., 2006. The Archaeology of Urban Houselots at Chunchucmil, Yucatán. En Mathews, J., y Morrison, B. (Eds.), *Lifeways in the Northern Maya Lowlands*, pp. 77-92. University of Arizona Press, Tucson.

Hutson, S., Stanton, T., Magnoni, A., Terry, R., y Craver, J. 2007. "Beyond the Buildings: Formation Processes of Ancient Maya Houselots and Methods for the Study of Non-Architectural Space". *Journal of Anthropological Archaeology* 26:442-473.

Johnson, A., 1971. *Sharecroppers of the Sertão: Economics and Dependence on a Brazilian Plantation*, Stanford University Press, Stanford.

Killion, T., 1990. "Cultivation Intensity and Residential Site Structure: An Ethnoarchaeological Examination of Peasant Agriculture in the Sierra de los Tuxtlas, Veracruz, México". *Latin American Antiquity* 1:191-215.

Kurjack, E., 1974. *Prehistoric Lowland Maya Community and Social Organization.* Middle American Research Institute, Publication 38, Tulane University, New Orleans.

Linares, O. 1976. "Garden Hunting in the American Tropics". *Human Ecology* 4:331-349.

Manzanilla, L. (Ed.), 1984. *Coba, Quintana Roo. Análisis de dos unidades habitacionales mayas del horizonte Clásico*, Universidad Nacional Autónoma de México, México, D.F.

Medina, V., y Cámara, G., 2016. Acuarela henequenera: la hacienda San Pedro Cholul. En Hernández, H., y Zimmermann, M. (Eds.), *Sendas del henequén: un estudio arqueológico de la hacienda San Pedro Cholul*, pp. 105-128, Universidad Autónoma de Yucatán, Mérida.

Meyers, A., 2005. "Material Expressions of Social Inequality on a Porfirian Sugar Hacienda in Yucatán, Mexico". *Historical Archaeology* 39(4):112-137.

Meyers, A., 2012. *Outside the Hacienda Walls: The Archaeology of Plantation Peonage in Nineteenth-Century Yucatan.* University of Arizona Press, Tucson.

Millet, L., Ojeda, H., y Suárez, V., 1993. "Tecoh, Izamal: nobleza indígena y conquista española". *Latin American Antiquity* 4(1):48-58.

Netting, R., 1993. *Smallholders, Householders. Farm Families and the Ecology of Intensive, Sustainable Agriculture*, Stanford University Press, Stanford.

Netting, R., Wilk, R., y Arnould, E., 1984. Introduction. En Netting, R., Wilk, R., y Arnould, E. (Eds.), *Households: Comparative and Historical Studies of the Domestic Group*, pp. xiii-xxxviii. University of California Press, Berkeley.

Ortiz, I., 2013. *De milperos a henequeneros en Yucatán, 1870-1937*, El Colegio de México, México, D.F.

Osorio, W., Herrera, O., Ic, A., Fernández, L., y Zimmermann, M., 2016. Actividades en los solares hacenderos yucatecos: una visión desde el laboratorio de análisis químicos. En Hernández, H., y Zimmermann, M. (Eds.), *Sendas del henequén: un estudio arqueológico de la hacienda San Pedro Cholul, Yucatán*, pp. 187-204, Universidad Autónoma de Yucatán, Mérida.

Pierrebourg, F., 1999. *L'espace domestique maya: une approche ethnoarchéologique au Yucatan (Mexique)*, BAR Publishing, International Series 764, Oxford.

Pavao-Zuckerman, B., 2011. "Rendering Economies: Native American Labor and Secondary Products in the Eighteenth Century Pimería Alta". *American Antiquity* 76:3-23.

Porcasi, J. 2012. "Pre-Hispanic-to-Colonial Dietary Transitions at Etzatlan, Jalisco, Mexico". *Ancient Mesoamerica* 23:251-267.

Pugh, T. 2009. "Contagion and Alterity: Kowoj Maya Appropriations of European Objects". *American Anthropology* 111:373-386.

Pyburn, A., 1998. "Smallholders in the Maya Lowlands: Homage to a Garden Variety Ethnographer". *Human Ecology* 26(2):267-286.

Quintal, E., Bastarrachea, J., Briceño, F., Medina, M., Petrich, R., Rejón, L., Repetto, B., y Rosales, M., 2003. Solares, rumbos y pueblos: organización social de los mayas peninsulares. En Millán, S., y Valle, J. (Eds.), *La comunidad sin límites. Estructura social y organización comunitaria en las regiones indígenas de México*, vol. I, pp. 291-399, Instituto Nacional de Antropología e Historia, México, D.F.

Redfield, R., y Villa, A.. 1934. *Chan Kom: A Maya Village.* Carnegie Institution of Washington, Publication 448, Washington, D.C.

Restall, M. 1997. *The Maya World: Yucatec Culture and Society 1550-1850*, Stanford University Press, Stanford.

Roys, R., 1939. *The Titles of Ebtun*, Publication No. 505, Carnegie Institution of Washington, Washington, D.C.

Smyth, M., 1990. "Maize Storage among the Puuc Maya: The Development of an Archaeological Method". *Ancient Mesoamerica* 1:51-69.

Toledo, V., Barrera, N., García, E., y Alarcón, P., 2008. "Uso múltiple y biodiversidad entre los mayas yucatecos (México)". *Interciencia* 33(5):345-352.

Thompson, P., 1999. *Tekanto, a Maya Town in Colonial Yucatán.* Middle America Research Institute Publication 67, Tulane University, New Orleans.

Vail, G., 1994. A Commentary on the Bee Almanacs in the Codex Madrid. En Vega, C. (Ed.), *Códices y documentos sobre México, primer simposio*, pp. 37-68, Instituto Nacional de Antropología e Historia, México, D.F.

Wilk, R., 1991. *Household Ecology: Economic Change and Domestic Life among the Kekchi Maya in Belize*, University of Arizona Press, Tucson.

Wilk, R., y Netting, R., 1984 Households: Changing Forms and Functions. En Netting, R., Wilk, R., y Arnould, E. (Eds.), *Households: Comparative and Historical Studies of the Domestic Group*, pp. 1-28. University of California Press, Berkeley.

18

Desigualdades y heterogeneidades en la conformación de espacios residenciales dentro del Complejo Lima de Maranga. El caso del Sector Huaca 20.

Rafael Vega Centeno Sara Lafosse[1]
Pontificia Universidad Católica del Perú

Lily Epiquién Rivera[2]
Instituto de Medicina Legal y Ciencias Forenses – Ministerio Público

Se presentan los resultados del análisis arquitectónico de un área de más de 1.5 hectáreas excavadas en el Sector Huaca 20; un área marginal del Complejo Maranga en la época Lima. La caracterización de los elementos y espacios arquitectónicos identificados ha permitido establecer un patrón básico de unidad residencial, al interior del cual pueden encontrarse variantes en organización, escala y tipos de actividades asociadas. Esto ha llevado a inferir que la composición del Sector Huaca 20 es el de una comunidad con significativas expresiones de heterogeneidad, que incluiría unidades domésticas dedicadas a diferentes labores como la producción cerámica, la preparación de chicha o el procesamiento de recursos marinos. La cercanía del Sector Huaca 20 a la pirámide de Potosí Alto sugiere que se trate de una comunidad de soporte de este edificio. Esta posibilidad se acrecienta por el registro de un muro divisorio de gran escala en la parte norte del sector, vinculado con una calzada que "monumentaliza" el acceso al edificio y, por otro lado, crea un espacio para acceder a ella. Detrás del muro en cuestión, existe otro conjunto arquitectónico de mayor elaboración y escala que aquellos registrados en la zona central, revelando desigualdades importantes entre las poblaciones situadas en este sector. Por otro lado, diferencias en la organización espacial de las unidades residenciales de este conjunto sugieren también heterogeneidades al interior del grupo de pobladores ubicado al norte del muro divisorio. Así, el Sector Huaca 20 permite una primera aproximación a las características de las poblaciones de Maranga, sobre la base de una caracterización de sus espacios residenciales.

This paper addresses the architectural patterns of a 1.5 ha. area that was excavated in the Huaca 20 sector of the Maranga Complex, a major settlement of the Lima Culture (ca. AD 250-780). The analyses of architectural features and spaces allowed us to establish a basic pattern of residential units. It was also possible to identify differences in the organization, scale and type of activities associated to them. This led us to infer that Huaca 20 was a residential sector of Maranga that congregate several households with differentiated economic activities, including ceramic production, chicha (corn beer) preparation and processing of marine resources. The proximity of Huaca 20 to the pyramid of Potosi Alto suggests that the first might have been a support community of the latter. This scenario is reinforced by the existence of a large-scale wall that divide Huaca 20 into two sub-areas, as well as a paved road that "monumentalized" the access to the pyramid zone. Behind the large-scale wall, there is a more elaborated (in comparison to the others at Huaca 20) architectural compound that reveals significant inequalities between the inhabitants of this sector. In addition, differences in the general layout of residential units within this compound algo suggests heterogeneities among the households that inhabited it. Hence, Huaca 20 allows a first approach the characteristics of Maranga population, based on the characterization of their residential spaces.

Introducción

El trabajo que se presenta a continuación forma parte de un interés mayor por contribuir a la reconstrucción de la historia de las poblaciones involucradas en lo que conocemos como Cultura Lima (ca. 250-780 d.C.), una de las expresiones regionales que caracterizaron a los Períodos Intermedio Temprano y Horizonte Medio en los Andes Centrales. El estudio se centra en un sector marginal (Huaca 20) de Maranga, un asentamiento complejo, emblemático de dicha cultura, ubicado en el valle bajo del Río Rímac, actualmente dentro del casco metropolitano de la ciudad de Lima. Huaca 20 es un sector en donde se ha podido registrar una extensa área residencial que, a su vez, se constituyó en un área funeraria. Para el presente trabajo, nos hemos centrado en el análisis de la evidencia arquitectónica registrada por diferentes intervenciones arqueológicas, buscando identificar y caracterizar a las unidades residenciales allí existentes, para posteriormente evaluar semejanzas y diferencias que permitan identificar heterogeneidades en sus funciones como desigualdades en su acceso a recursos o posiciones de poder. Esperamos que estudios posteriores aborden en similar perspectiva la evidencia funeraria y las características de la cultura material recuperada en Huaca 20.

Es frecuente encontrar, en la literatura arqueológica de los Andes, que el tema de la organización social se aborda a partir del estudio de los espacios públicos o de los grandes monumentos, ofreciéndose por lo general una caracterización de las élites o grupos dominantes de las sociedades y, por otro lado, asumiéndose la existencia de una base poblacional subordinada, relativamente homogénea.

En las décadas recientes, diversas contribuciones han puesto en discusión esa visión de las poblaciones de base y su organización dentro de sociedades complejas. Ha sido significativo, además que, por lo general, los cuestionamientos hayan partido de análisis de contextos de arquitectura residencial, en los que se han puesto en evidencia diferentes grados de heterogeneidad o desigualdad (*sensu* McGuire 1983:93) entre los habitantes de diferentes asentamientos.

En esa dirección, por ejemplo, Viviana Siveroni llevó a cabo un análisis de la ubicación, escala, complejidad y materiales constructivos en las unidades residenciales del asentamiento formativo (ca. 1800-1100 a.C.) de Montegrande (Siveroni 2006: 126-136), poniendo en relieve la existencia de desigualdades entre dichas unidades, que se relacionaban con la mayor o menor cercanía de las mismas a los espacios públicos. Para épocas posteriores, George Gumerman y Jesús Briceño lograron diferenciar. en la calidad de construcción, el acceso a vasijas cerámicas y bienes alimenticios entre comunidades rurales mochica del valle de Moche (ca. 350-550 d.C.). Las diferencias tendrían que ver con el tipo de cultivos a los que las poblaciones se estarían dedicando (Gummerman y Briceño 1999).

El estudio de los espacios aldeanos y las unidades residenciales no sólo han permitido registrar desigualdades entre pobladores, sino también diferenciaciones horizontales, probablemente vinculadas con la construcción de etnicidades. Este es el caso propuesto por Elizabeth Bonnier para diferenciar el espacio de grupos étnicos tardíos (ca. 1200-1450 d.C.) como chinchaycochas o wankas en la cuenca del río Mantaro (Bonnier 1997). Por otro lado, análisis arquitectónicos como el realizado por Danièle Lavallée y Michèle Julien en los asentamientos Asto, ha probado ser también productivo para reconstruir, a través del registro de adosamientos y remodelaciones, los ciclos de surgimiento, crecimiento, transformación o abandono de unidades residenciales (Lavallée y Julien 1983:108-115).

El estudio que aquí presentamos se sitúa en el marco de estas líneas de investigación, explorando las características de un sector residencial ubicado en los márgenes del Complejo Arqueológico de Maranga. En dicho sector, conocido como Huaca 20, se evalúan las características de las evidencias arquitectónicas existentes, en términos de materiales constructivos, espacios creados (su escala, articulaciones y accesibilidad), proponiendo cuáles serían las características de las unidades residenciales de los grupos domésticos allí asentados, como paso previo para evaluar las semejanzas y diferencias entre ellos, en términos de elementos e instalaciones asociadas, calidad de construcción y complejidad de los espacios generados. Sobre esta base, proponemos una diferenciación entre las unidades domésticas por oficios, pero también por acceso a recursos y relación con espacios públicos de poder.

Los Espacios Domésticos en la Cultura Lima. Un vacío a cubrir

La cultura Lima se desarrolló en la costa central del Perú entre la segunda parte del Período Intermedio Temprano (250-620 d.C.) y la primera parte del Período Horizonte Medio (620-780 d.C.). Esta segunda etapa, definida como Lima Tardío (Kaulicke 2000:322, Goldhausen 2001:223), se caracteriza, por un lado, por el crecimiento en escala y complejidad de los edificios públicos Lima en sitios como Copacabana (Falcón 2007:14, Paredes 2000:153), Cerro Culebras (Stumer 1954b, Silva et al. 1988), Maranga (Alarcón 1971, Narváez 2013:718, Quiroz 1992), Pucllana (Flores 2005, Vargas 2012) y Pachacamac (Ramos 2011:77-80), así como por la aparición de nuevos complejos arquitectónicos de escala y complejidad comparables a los anteriores como Cajamarquilla (Segura 2001) o Catalina Huanca (Maquera y Esteban 2014, Cornejo 2021). Por otro lado, se caracteriza por la producción de nuevos repertorios alfareros, donde destacan ollas, cántaros y tinajas de gran tamaño, acompañadas de nuevos elementos decorativos, al parecer destinadas a la elaboración y almacenamiento de chicha (Segura 2001:73-115, Ríos 2008:172-240, Pacheco 2014:145-160). Destacan también botellas, platos y "teteras" elaboradas con una pasta muy fina y que se caracterizan por la incorporación de elementos decorativos de otras regiones y culturas como Wari (Sierra Sur), Nasca (Costa Sur) y Mochica (Costa Norte), así como por el modelado de figuras zoomorfas y antropomorfas (Shady 1982, Valdez 2015). Dentro de la literatura, el primer repertorio es conocido bajo el nombre de Maranga (Stumer 1954a) y el segundo como Nievería (Menzel 1964:32).

En las décadas recientes, la documentación sobre las características constructivas de los edificios públicos lima, así como la organización espacial alrededor de ellos, se ha incrementado considerablemente (Flores et al. 2012, Paredes 1992, Narváez y Manrique 2014, Maquera y Esteban 2015, Rios y Ccencho 2009). Lamentablemente, en contraste con los estudios sobre edificios públicos, la documentación de unidades residenciales es aún escasa y no permite una caracterización satisfactoria del espacio doméstico lima y sus posibles variantes.

Entre los pocos contextos domésticos reportados, encontramos aquellos que identificó Louis Stumer en el sitio de Cerro Culebras. Stumer reportó una estructura doméstica construida con paredes de quincha y asociada con hoyos de almacenamiento. Reportó, así mismo, otra estructura delimitada por un muro y subdividida con muros de adobes en su interior. De acuerdo con este autor, la mayor elaboración de esta vivienda, que contaba con muro perimetral y un patio interior, sugiere una diferenciación social entre los habitantes de Cerro Culebras (Stumer 1954b:221-223). Posteriormente, un equipo liderado por Jorge Silva documentó otras estructuras de quincha en otra zona del mismo sitio (Silva et al 1988).

Lamentablemente, en ninguno de los dos reportes se documenta con suficiencia la ubicación y escala de las excavaciones, ni la configuración general de los espacios domésticos, por lo que se hace difícil evaluar sus características con fines comparativos. Sin embargo, lo reportado deja abierta la posibilidad de encontrar, en los contextos domésticos, evidencias de heterogeneidades o desigualdades al interior de los habitantes de los asentamientos complejos lima.

El segundo caso de estudio donde se han documento estructuras domésticas es el sector Huaca 20 del Complejo Maranga. La escala de las excavaciones en este sitio ha permitido una mayor aproximación a entender la vida y dinámicas sociales de poblaciones de base de la Cultura Lima (Mauricio 2015, Olivera 2009, 2014, 2015, Prieto 2014). Dichas aproximaciones, sin embargo, se han basado en la observación de sólo una parte de la documentación de campo existente.

En ese sentido, la revisión del conjunto de la documentación del sector Huaca 20 de Maranga ofrece una oportunidad singular para explorar en mayor detalle el universo del espacio doméstico lima y sus implicancias para entender la organización social de los pueblos adscritos a esta cultura. Para este trabajo, se enfatizará el análisis de la evidencia arquitectónica, quedando al pendiente su contraste con otras evidencias del sitio (contextos funerarios, material cerámico, etc.).

El Complejo Maranga

El sector Huaca 20 debe entenderse como parte del complejo arquitectónico de Maranga. Maranga es un sitio arqueológico que en la actualidad tiene alrededor de 200 hectáreas y se ubica en la margen sur del valle bajo del Rímac. La historia de su ocupación se puede dividir en dos etapas. La primera corresponde a la cultura Lima (dentro de los parámetros temporales antes indicados) y la segunda corresponde a la cultura Ychsma, asignada al Período Intermedio Tardío (ca. 1000-1450 d.C.).

Las evidencias existentes hasta la actualidad sugieren que el Complejo Maranga en la época lima tuvo una extensión estimada de 150 hectáreas. En su interior, se encuentran seis edificios compuestos por plataformas aterrazadas, dentro de los que destacan Huaca San Marcos (Shady y Narváez 1999), Huaca Middendorf o 21 (Jijón y Caamaño 1949:3-17), Huaca Concha (Jijón y Camaño 1949:148-151) y Huaca Potosí Alto (Quiroz 1992). Por otro lado, ha sido posible identificar montículos de menor tamaño como las Huacas 14, 22, 23, 26, 30, 31, 32, 43 o 58. Excavaciones en algunos de estos montículos reveló la existencia de conjuntos de recintos, patios y pasadizos dispuestos en forma ortogonal, que al parecer constituyeron áreas subsidiarias vinculadas con los edificios mayores. Esto fue registrado en las Huacas 43 (Venegas y Sánchez 2014) y 11 (Jaime 1999) (Figura 18.1). Debe notarse que Maranga se encuentra dentro del área metropolitana de la ciudad de Lima, hecho que ha afectado su configuración general. Diversos edificios han sido parcial o totalmente destruidos como producto de la expansión urbana y, por otro lado, es muy probable que gran parte del entorno arquitectónico que rodeaba los edificios piramidales se encuentre en la actualidad bajo el asfalto y las edificaciones de dos urbanizaciones, dos campus universitarios y el zoológico metropolitano.

Dentro del campus de la Pontificia Universidad Católica del Perú (PUCP), se encontraba un pequeño montículo identificado como Huaca 20, ubicado dentro de los márgenes de Maranga. Fueron los trabajos allí realizados los que han proporcionado el mayor volumen de evidencia sobre un sector residencial de poblaciones de base para Maranga y la Cultura Lima en general. Los detalles de las investigaciones que se llevaron a cabo y sus resultados se presentan a continuación.

El Sector Huaca 20 de Maranga.

El sector Huaca 20 de Maranga se ubica en la esquina noroeste del campus de la PUCP. Originalmente, se designaba como Huaca 20 a un montículo de 26 x13 m de extensión y unos 3.5 m de altura, que contenía ocupaciones correspondientes al Período Intermedio Tardío (Mac Kay y Santa Cruz 2015). Los sucesivos trabajos en el lugar revelaron una extensa ocupación de la época Lima, ubicada debajo de dicho montículo, que se extiende en un área de aproximadamente 0.63 hectáreas.

Huaca 20 ha sido motivo de sucesivas intervenciones desde su registro catastral en 1963 (Cárdenas 1970) hasta los últimos trabajos en 2013. Las intervenciones incluyeron un trabajo de exploración inicial (Olivera 1986), seguido por cuatro proyectos de excavaciones extensivas. Debe notarse que estos proyectos tuvieron distintos directores, por lo que sus objetivos, métodos de excavación y formato de documentación difieren en aspectos de diverso grado de relevancia. El primer proyecto se llevó a cabo entre 1999 y 2001 y comprendió la excavación de un área de unos 385 m² (Mac Kay y Santa Cruz 2000). El segundo ocurrió entre 2005 y 2008 y comprendió un área de alrededor 1135 m² (Rengifo et al. 2006, 2007, Prieto et al. 2008). El tercero se llevó a cabo en una temporada entre 2011 y

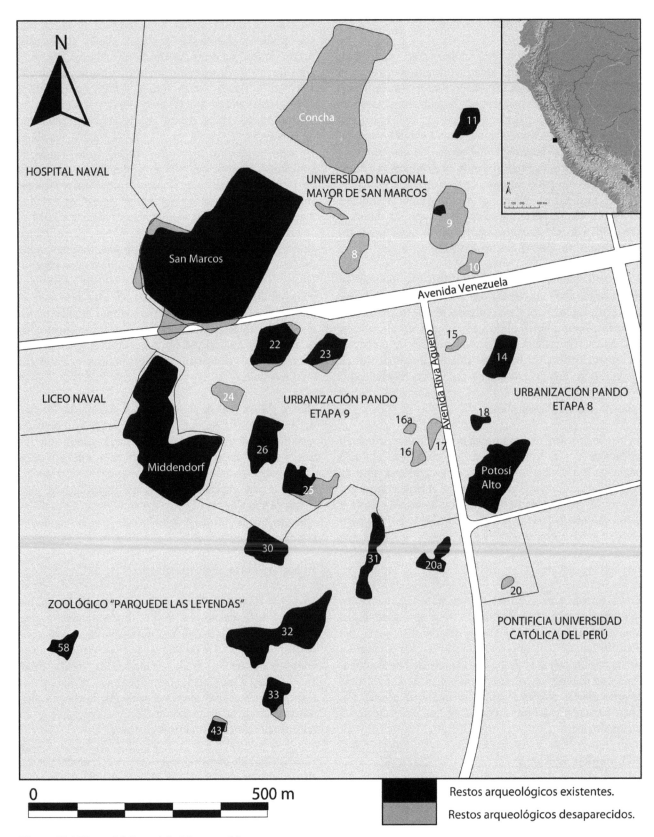

Figura 18.1 Plano del Complejo Maranga-Lima.

2012 y comprendió la excavación de alrededor de 4325 m² (Ramos 2012). El último proyecto se llevó a cabo entre 2012 y 2013 y comprendió la excavación de unos 8370 m² (Villacorta 2013). Así, las diferentes intervenciones implicaron la remoción de cerca de 1.5 hectáreas de terreno, en donde se pudo definir y delimitar el yacimiento

arqueológico de aproximadamente 0.63 hectáreas antes señalado.

El procesamiento parcial de los hallazgos en Huaca 20 ha servido de base para la elaboración de tres tesis de licenciatura (Mac Kay 2007, Olivera 2009, Chuyacama

2021), una tesis de maestría (Mauricio 2012) y, en forma total o parcial, para dos tesis doctorales (Vega 2016, Cleary 2019). Por otro lado, han servido para la publicación de diversos artículos tanto en revistas académicas como en volúmenes colectivos dedicados al yacimiento en cuestión (Mauricio et al. 2015, Vallenas y Bringas 2018).

Se trata, sin duda, de un volumen de información y contribuciones altamente significativo, que ha convertido a Huaca 20 en el sector más estudiado de Maranga. Sin embargo, aún no ha sido posible integrar el conjunto de información para obtener una caracterización global de la ocupación de este sector. En esa línea, se presenta en este trabajo un estudio del total de las evidencias arquitectónicas de Huaca 20, a partir de la revision de los informes d e campo elaborados por los diferentes proyectos, así como la consulta de los estudios derivados de los mismos. Tal como han mencionado los autores referidos anteriormente, la reconstrucción del espacio arquitectónico en Huaca 20 afronta dificultades por el pobre grado de conservación de las evidencias, en un área expuesta a inundaciones y por haber sido reutilizada como campo de cultivo en épocas posteriores. Pero, por otro lado, fue también una dificultad la diversidad de registro entre los diferentes proyectos, así como la calidad desigual de la documentación presentada. Sin embargo, en términos generales, el detalle de los informes ha permitido una caracterización que, si bien es tentativa en algunos aspectos, ofrece una visión integral y convincente de la organización espacial del sector Huaca 20 de Maranga.

La secuencia ocupacional de Huaca 20

Los diferentes trabajos mencionados permitieron definir a Huaca 20 como un sector residencial que, a su vez, se constituyó en área funeraria (Mac Kay 2007, Mauricio 2015, Chuyacama 2021). Por otro lado, los diferentes proyectos ejecutados en este sector ofrecen explicaciones alternativas para entender su secuencia ocupacional (Tabla 1). En el marco del Proyecto 1999-2001, se ha planteado la existencia de ocho fases ocupacionales, agrupables en tres fases cronológicas. Las dos primeras fases (o niveles de ocupación) corresponderían a Lima Medio, siendo las cinco posteriores correspondientes a Lima Tardío y la última a la ocupación Ychsma (del Período Intermedio Tardío) (Mac Kay y Santa Cruz 2000:584-590). Por su parte, los trabajos del Proyecto 2005-2008 registraron secuencias de 4 a 7 superficies de ocupación superpuestas. Sobre esta base, se ha planteado una secuencia cronológica que incluye una fase Lima Medio, seguida por una fase Lima Tardío (subdivida en un nivel carácter residencial y otro de carácter funerario) y una última fase definida como Lima Terminal (Mauricio 2012: 87-117, 2015:43-47). Un aporte importante de este proyecto ha sido la detección de un evento aluvial severo que alteró el espacio de la ocupación residencial Lima Tardío. Se pudo registrar, además, que el lecho aluvial sirvió de espacio para el uso funerario del área y la posterior ocupación definida como Lima Terminal (Mauricio 2014: 170-176). De igual forma, sobre la base de los resultados de este proyecto, se realizó

un primer análisis de las evidencias arquitectónicas, sugiriéndose cambios en la configuración del asentamiento de acuerdo con las tres fases cronológicas antes planteadas. Así, en la fase Lima Medio estaríamos ante estructuras individuales dispersas. La fase Lima Tardío presenta un escenario con mayor densidad y complejidad del espacio, con mayor variabilidad formal en las estructuras, así como diferencias en escala que permiten diferenciar recintos de patios. Finalmente, tendríamos en Lima Terminal un menor número de estructuras (si bien estas presentan muros más anchos) (Olivera 2009:155-164, 2015:106-110). El informe del Proyecto 2011-2012 no ofrece una explicación sintética de la estratigrafía registrada, limitándose a la descripción de estratos por unidad, con escaso o nulo registro de pisos o superficies de ocupación. No se contempla, en ese sentido, la diferenciación de pisos, superficies o fases de ocupación al interior de las estratificaciones (Ramos 2012). En el caso del Proyecto 2012-2013, se ofrece una visión sintética de la estratigrafía del sitio, que considera una capa (Capa 2B) asociada con las ocupaciones del sector, dentro de la que es posible identificar superposiciones arquitectónicas, pero éstas no permiten (como en proyectos anteriores) diferenciar fases de ocupación. Esta capa es luego cubierta por una capa aluvial (Capa 2A), luego de la cual no se encuentran más superficies de ocupación (Villacorta 2013:28-31). Esta última capa parece corresponder con los sedimentos aluviales identificados por el Proyecto 2005-2008.

Resulta claro que, entre los proyectos mencionados, hay una correlación inversa entre la extensión del área intervenida y el número de superficies y/o fases propuestas. Una posible explicación de estas divergencias es que se trata de estratificaciones que tienen como máximo, 1.2 m de espesor, siendo con frecuencia de 50 a 70 cm. de espesor. En su interior, el registro de pisos o superficies se da con diferencias de 10 a 12 cm entre cada uno. Es frecuente, además, que los pisos se encuentren fragmentados e, incluso, reducidos a pequeños retazos de superficies muy alteradas por los procesos aluviales antes mencionados. Por otro lado, los sedimentos intercalados con las superficies suelen ser bastante uniformes en su composición (sedimentos limosos con mediana o gran cantidad de cantos rodados). En ese sentido, la diferenciación de unidades sincrónicas no es automática, sino que requiere de un ejercicio de interpretación de correlación entre superficies ubicadas en diferentes locaciones, partiendo de la expectativa de que éstas se hayan dado sobre una superficie general medianamente uniforme. Otra explicación (que no excluye a la anterior) es que no todas las áreas de Huaca 20 tengan la misma secuencia. Olivera ya ha propuesto que la parte central del sector tendría una ocupación más longeva que las áreas sur, este y norte donde, coincidentemente, se llevaron a cabo los Proyectos 2011-2012 y 2012-2013 (Olivera 2014:197-198).

Es claro entonces que los restos arquitectónicos definidos en Huaca 20 incluyen componentes de diferentes momentos y, en ese sentido, incluyen superposiciones de pisos, muros y otro tipo de instalaciones. Se hace necesario precisar, sin embargo, la extensión temporal de dichos momentos. Tanto Mac Kay y Sandra Cruz, como Mauricio, plantean la existencia de una primera fase asociada con lo que definen como Lima Medio (ca. 450-550 d.C.). Dicho planteamiento se sustenta en la existencia de material cerámico asignable a los estilos correspondientes a la época en cuestión dentro de los niveles de ocupación más profundos. Desafortunadamente, no se ha publicado aún el conjunto del material de dichas ocupaciones, por lo que resulta difícil evaluar críticamente lo planteado. Más aún, en un caso, uno de los dos fragmentos representativos de dicha ocupación parece corresponder al corpus alfarero Lima Tardío (Mac Kay y Santa Cruz 2000:591, fig. 6), mientras que, en el otro caso, puede discutirse lo mismo con relación a tres de los 7 fragmentos de platos, supuestamente representativos de Lima Medio (Mauricio 2012:152, fig. 7.1b, d y e). En ese sentido, en relación con los repertorios alfareros, la posibilidad de una ocupación Lima Medio en el sector Huaca 20 debe aún ser demostrada, sobre la base de una caracterización exhaustiva de los materiales asociados con ella.

El otro argumento a favor de una distancia temporal significativa entre dichas fases se sustenta en un cambio en la configuración del asentamiento entre el primer y segundo momento de ocupación (Mauricio 2012:87-96, Olivera 2015:101-103). El primer momento se caracterizaría por estructuras dispersas, mientras que el segundo mostraría un patrón más denso y complejo de la configuración del asentamiento. Consideramos, sin embargo, que los cambios observados en las sucesivas superficies de ocupación parecen corresponder a remodelaciones o ampliaciones en el ciclo ocupacional de las unidades domésticas allí asentadas. Esto puede observarse en el caso del Área 3, excavada por el Proyecto 2005-2008, donde los elementos arquitectónicos de las superficies 7 y 6 (que corresponderían a Lima Medio) corresponden con aquellos de la superficie 5 (que correspondería a Lima Tardío), sea como superposiciones directas, continuaciones o empalmes transversales de los muros (Figura 18.2). Los mismos elementos de continuidad pueden observarse con las superficies 4 y 3. En contraste, es correcto aislar las superficies 2 y 1, en las que se observa una discontinuidad en la organización del espacio, luego de la acumulación de los sedimentos aluviales antes mencionados.

En conclusión, consideramos que la supuesta ocupación Lima Medio del sector Huaca 20 no ha sido demostrada satisfactoriamente. El examen de las evidencias documentadas hasta la actualidad nos sugiere una ocupación Lima Tardío, dentro de la que es posible identificar, gracias a los registros detallados, una secuencia de superficies de ocupación doméstica en cuyo interior se llevaron a cabo también prácticas funerarias. Un evento aluvial alteró significativamente la ocupación de Huaca 20, luego de lo cual se registra una ocupación terminal, también vinculada con el repertorio material asignado a Lima Tardío.

En la sección siguiente, examinaremos, desde esta perspectiva, las características de organización del espacio de las ocupaciones Lima Tardío previas al evento aluvial.

La arquitectura y organización del espacio en Huaca 20

El conjunto de elementos arquitectónicos que constituyen el Sector Huaca 20 se asienta sobre una lomada baja (de un máximo de 1 m de altura), flanqueada en sus lados este y oeste por sedimentos limosos de probable uso agrícola (teniendo en cuenta además la cercanía a este sector del canal matriz de Maranga y acequias secundarias) (Figura 18.3). En el extremo sur del sector, se pudieron registrar segmentos de un muro de cantos rodados con mortero de barro que, al parecer, sirvió como contención para aterrazar la lomada, además de delimitar el área (Ramos 2012:249-250). Segmentos de un muro similar se han registrado también en el borde oriental el sector (Figura 18.4). En la parte norte, existe un muro de mayor escala que separa el sector en dos zonas. Tanto este muro como las evidencias ubicadas al norte del mismo serán explicadas en detalle más adelante.

La zona central del sector presenta una distribución discontinua de elementos arquitectónicos. Esta discontinuidad puede deberse a varios factores. En primer lugar, a una conservación desigual de la arquitectura, teniendo en cuenta además los procesos aluviales que ocurrieron en las etapas finales de la ocupación. En segundo lugar, la coincidencia entre el volumen de arquitectura registrada y los límites de excavación de los diferentes proyectos alerta sobre posibles discordancias en la calidad o detalle de los registros de excavación.

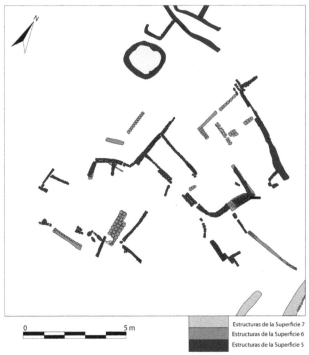

Estructuras de la Superficie 7
Estructuras de la Superficie 6
Estructuras de la Superficie 5

Figura 18.2. Plano de las superposiciones arquitectónicas de las superficies 7, 6 y 5, registradas en el Área 3 del Proyecto 2005-2008 en Huaca 20 (Redibujado de Rengifo 2006, Figuras 19, 21 y 23).

Figura 18.3. Plano general del Sector Huaca 20.

Existe, sin embargo, la posibilidad de que la ocupación no haya generado un espacio continuo, sino conjuntos de unidades residenciales intercaladas por espacios abiertos que, dada la cercanía de los canales de riego, pudieron incluir pequeños huertos, posibilidad reforzada por la correspondencia, en dos casos, entre muros y pequeños cursos de agua, que nos sugiere existencia de acequias atravesando el área residencial (Olivera 2014:198-199).

De acuerdo con los informes de campo, los muros registrados en Huaca 20 fueron hechos de adobes de distintas formas y tamaños, así como de cantos rodados dispuestos con mortero de barro. Suelen ser muros de 20 a 30 cm de grosor. Los recintos y patios pueden incluir en forma exclusiva muros de adobes o piedra, pero también pueden presentar el uso combinado de adobes y piedras (Figura 18.5).

La unidad arquitectónica básica en Huaca 20 son los recintos rectangulares. Los más pequeños tienen por lo general entre 2 a 3 m² de espacio interior, existiendo también recintos con 5 a 6 m² de espacio interior. Estas diferencias sugieren posibles usos habitacionales (los más grandes) y de almacenamiento (los más pequeños). Es frecuente, por otro lado, que estos recintos se encuentren en patios o patios o cercaduras de 28 a 30 m². Los patios pueden incluir uno o dos recintos separados, pero también pueden incluir recintos agrupados, que forman hileras o conjuntos en forma de "U" o "L" orientados hacia el patio. En ese sentido, consideramos que los conjuntos de recintos, independientes o integrados, asociados con un patio, constituyen las unidades residenciales del Sector Huaca 20. Se trataría del espacio habitacional básico que albergaría a las unidades domésticas o familiares que poblaban dicho sector.

El registro obtenido en la parte central de Huaca 20 permite plantear que, a lo largo de la secuencia de ocupación, las unidades tuvieron como estructura inicial un recinto y, conforme avanzó el tiempo, fueron añadiéndose otros recintos y, finalmente, la cercadura que delimitaba el patio de la unidad. Este proceso debió incluir también la remoción o demolición de determinadas estructuras por necesidades de nuevos acondicionamientos. Por otro lado, en ciertos sectores, debido a la concentración de unidades, se construyeron algunos muros extensos que fueron compartido por distintas unidades para la delimitación de sus respectivos espacios (Olivera 2009:79).

Destaca una unidad residencial registrada en la parte oriental del sitio (Figura 18.6). Esta unidad cuenta con 8 recintos, alineados en forma de "U" hacia un patio de unos 130 m² de área. Cuatro de los recintos, ubicados hacia el norte, conforman un bloque en "L" y presentan proporciones y dimensiones comparables con otros recintos identificados en el sector. Los otros cuatro recintos, ubicados hacia el sur, conforman también un bloque y presentan algunas singularidades. Tres de ellos son significativamente estrechos, con anchos de 0.5 a 1 m, siendo el cuarto de proporciones semejantes a los del otro bloque, pero contando con una banqueta al interior.

Dentro del patio se pudo identificar un área de quema de 5 a 6 m de diámetro y 23 cm de espesor, en cuyo interior se encontró abundante ceniza sobre un lecho de tierra intensamente decolorada y una considerable cantidad de desechos de cerámica. En su conjunto, estos elementos sugieren que se trata de un área de cocción de cerámica. En un determinado momento, esta área parece haber caído en desuso, ya que se construyeron allí nuevas estructuras (lamentablemente mal conservadas). Este cese de funciones se relaciona con la habilitación de otra instalación ubicada más al este. Se trata de un espacio rectangular de unos 2 m² delimitado por muros de hasta 1 m de altura en tres de sus lados, cuyas paredes interiores estaban intensamente decoloradas. Un manto de ceniza blanca y trozos deleznables de carbón cubrían su superficie. Por otro lado, una mancha de ceniza blanquecina de unos 3 x 2 m, con fragmentos de cerámica a su interior se extiende inmediatamente al sur de esta instalación. El conjunto de elementos indica consistentemente que se trata de un horno de alfarería.

Podemos, en ese sentido, considerar que el grupo humano que habitaba esta unidad residencial constituía una unidad dedicada a la producción alfarera. En ese sentido, llama la atención la existencia de un recinto con banqueta (un elemento usualmente presente en espacios de interacción intergrupal) así como algunos espacios estrechos y alargados, que podrían constituir lugares de almacenamiento secado de vasijas.

Figura 18.4. Vista vertical de las excavaciones 2012-2013 en la parte oriental de Huaca 20. Nótese el límite de la lomada (Tomado de Villacorta 2013:7)

Existe otra unidad, de una escala similar (alrededor de 12m²), ubicada inmediatamente al norte de la unidad anterior, que también incluye una distribución de cuatro recintos dispuestos en forma de "U" (Figura 18.6), con un recinto aislado en el extremo oriental del patio. A diferencia del caso anterior, el patio no parece presentar una cercadura definida en todos sus lados. Dentro de este conjunto, destaca el recinto central, de 6.7 m de largo por 2.3 m de ancho. En el área del patio, esta unidad presenta una extensa área de tierra decolorada mezclada con ceniza y cantos rodados, donde al parecer ocurrieron tres eventos de combustión bastante cercanos entre ellos. De otro lado, destaca la presencia recurrente de batanes y manos de moler en el patio. Si bien es difícil establecer la asociación primaria de estos artefactos de molienda, se trata de objetos que, por su peso, difícilmente se han debido desplazar muy lejos de su área original de uso. En ese sentido, es posible plantear una relación entre actividades de molienda y las actividades de quema. Asimismo, la presencia de un recinto alargado de dimensiones singulares podría estar indicando un espacio de almacenamiento para aquello que fuese procesado en las actividades inferidas. Consideramos probable que se trate de un área de procesamiento de maíz, para la producción de chicha. Tanto la molienda, como el área de cocción y la de almacenamiento, estarían indicando la secuencia de procesamiento propia de este tipo de actividad.

No se han identificado, en otras unidades residenciales, algún tipo de instalación que indique o, al menos, sugiera la existencia de actividades particulares. Sin embargo, hacia el oeste de las unidades referidas, se ha podido registrar la presencia recurrente de anzuelos en varios contextos funerarios masculinos vinculados con estas unidades, así como en los sedimentos asociados con estos espacios. Por otro lado, la identificación de una singular acumulación de huesos de pescado y valvas de moluscos, asociados con artefactos líticos para su procesamiento, han permitido plantear que, al menos en este sector, se encontrarían unidades domésticas dedicadas a la actividad pesquera, así como al procesamiento de recursos marinos (Prieto 2014: 139-152). Debe recordarse que desde Maranga se puede llegar a la línea de playa en 20 a 30 minutos a pie, recorriendo los menos de 3 km de distancia que los separan.

Como señalamos anteriormente, encontramos en Huaca 20 una zona al norte, separada de la parte central. Allí, se encuentra un muro de casi 50 m de recorrido en zigzag (con secciones de 12, 17, 7 y 14 m). Se trata de un muro de tapia de 1 m de grosor, que era antecedido por una zanja de más de 1.5 m de profundidad que aislaba los espacios existentes hacia el norte del sector. En su extremo oeste, este muro se encuentra interrumpido por una "calzada" de cantos rodados de unos 10 m de ancho que se dirige por cerca de 50 m en dirección al noreste, en dirección a Potosí Alto. Debe notarse que esta calzada se encuentra en el borde entre la lomada donde asienta la arquitectura y el bajío de probable uso agrícola. Por el este, el muro concluye sin aparente evidencia de destrucción o colapso, por lo que se debe asumir que allí se creaba un espacio abierto de contacto entre ambas zonas de Huaca 20. Consideramos

que, más que constituir una barrera infranqueable, tanto el muro como la calzada constituyen elementos que condicionan el acceso al área de la pirámide de Potosí Alto, por la fuerte carga simbólica que comunican a partir de sus dimensiones monumentales.

Al norte del muro, encontramos un conjunto arquitectónico compuesto por una serie de espacios rectangulares de planta ortogonal, hechos íntegramente con adobes rectangulares (Figura 18.7). El conjunto tiene cerca de 250 m² de extensión e incluye 17 espacios definidos por muros compuestos por dos hileras de adobes, de un promedio de 30 cm de ancho. Hay, sin embargo, tres muros que tienen más de 40 cm de ancho y que permiten dividir el conjunto en cuadrantes. Se trata, al parecer, de los muros troncales que se construyeron al inicio y a partir de los cuales se fueron configurando los siguientes espacios.

La composición de los cuadrantes nos sugiere, por otro lado, que los espacios definidos corresponderían a cuatro unidades residenciales. Tres de estas unidades (las ubicadas en los cuadrantes NO, SO y SE) cuentan con uno a tres recintos de 2 a 3 m² de espacio interior, que se articulan con un espacio mayor, a manera de patio. La cuarta unidad presenta otros elementos singulares. En primer lugar, cuenta con un mayor número de espacios. Cuenta con un patio de mayor tamaño que los anteriores, a partir del cual se pueden acceder a dos conjuntos de recintos. En uno de estos conjuntos, encontramos otro espacio de aproximadamente 10 m², que cuenta con una banqueta ubicada al centro del lado opuesto al ingreso. Detrás de este espacio hay dos recintos de forma alargada (de 4 m de largo por 1 a 1.2 m de ancho). Por su parte, el otro conjunto presenta recintos de 3 a 2 m² que guardan proporciones semejantes a aquellos de la zona central de Huaca 20. El acceso a uno de ellos cuenta con un murete que obliga a un desplazamiento en zigzag. Por otro lado, dos de los recintos presentan banquetas en sus esquinas. Este conjunto de recintos guarda semejanzas, tanto en las dimensiones de los recintos, como en los elementos arquitectónicos asociados, con aquellos recintos definidos en las otras unidades residenciales. El primer conjunto, sin embargo, presenta la singularidad del recinto amplio con banqueta, además de los recintos alargados. A esto hay que añadir que, en el caso de la unidad residencial NE, el patio presentaba extensas huellas de quemas de gran escala y en el espacio de la banqueta presentaba también fogones. Todo parece indicar que este conjunto constituyó un espacio para actividades que implicaban procesamiento de alimentos, interacción con personas externas (considerando la ubicación de la banqueta) y espacios de almacenamientos (los recintos alargados). Tendríamos así que los habitantes de la unidad residencial NE estarían a cargo de una gama de actividades adicionales a las funciones de una unidad doméstica.

Desigualdad y heterogeneidad en los espacios residenciales de Huaca 20

La revisión de las evidencias recuperadas por diferentes colegas, a lo largo de trece años, en el sector Huaca 20 de Maranga, nos ha permitido identificar tanto patrones como

Figura 18.5. Detalle de elementos arquitectónicos de la parte central de Huaca 20 (Foto del archivo de la Dirección de Infraestructura de la PUCP).

Figura 18.6. Unidades residenciales de la sección oriental de la zona central de Huaca 20 (Redibujado de Villacorta 2013:Planos 4 y 10).

Figura 18.7. Conjunto arquitectónico ubicado al norte del muro en zigzag en Huaca 20 (Redibujado de Villacorta 2013: Plano 13).

variabilidad en la naturaleza de los espacios construidos. Sobre la base de estas identificaciones, consideramos que se pueden plantear algunas ideas sobre la naturaleza de las poblaciones que allí residieron.

Debe recordarse la ubicación marginal del sector de Huaca 20 en relación con el conjunto del Complejo Maranga. Se encuentra en el extremo suroriental del sitio, con una relativa cercanía al edificio público de Potosí Alto. Su ubicación, entre espacios "inundables", posiblemente de uso agrícola, refuerza más aún la idea de que se encuentra en los márgenes del espacio urbano. Por último, elementos como el camino empedrado y el muro de gran escala en zigzag, enfatizan la separación que existía entre el sector central y aquello ubicado más al norte, claramente ligado con Potosí Alto; un edificio cuya principal ocupación corresponde, también, a la etapa Lima Tardío (Quiroz 1992, Tayra y Sullca 2014).

Esto nos indica que los habitantes de la parte central en Huaca 20 constituirían una comunidad de base, de las muchas que debieron vivir alrededor de los grandes espacios públicos. La interrelación de los espacios residenciales con acequias y canales indica que, como parte de las actividades económicas de las mismas, debieron realizarse prácticas agrícolas u hortícolas para el mantenimiento de las unidades domésticas. Por otro lado, a través de diferentes líneas de evidencias, se han inferido, en tres casos, la existencia de actividades adicionales como la producción de cerámica, la producción de chicha y la pesca y procesamiento de recursos marinos. Es probable que, antes de considerar la existencia de unidades domésticas especializadas en un 100%, pueda considerarse que las economías combinasen labores especializadas con el trabajo de tierras o huertos adyacentes.

Por su parte, el destino de los bienes producidos en las actividades especializadas aún está por establecerse. Consideramos que es muy probable que se trate de actividades productivas orientadas a satisfacer la demanda de bienes generada en los espacios públicos del núcleo de Maranga. No puede descartarse, sin embargo, la coocurrencia de un flujo de bienes a escala más local.

En términos de la organización del espacio doméstico, el patrón general parece ser el de uno o más recintos articulados a un área abierta o patio. Este patrón coincide con lo que Louis Stumer encontró en el sitio Lima de Cerro Culebras (Stumer 1954b:221-223). En ese sentido, tanto las evidencias concurrentes de Cerro Culebras y de Huaca 20 permiten proponer que este conjunto de recintos con patio constituye un patrón de unidad residencial para la cultura Lima.

En un intento por establecer las variables que permiten medir el grado de complejidad social, Randall McGuire (1983:93) definía la desigualdad como una variable de análisis que consistía en el acceso diferenciado de las personas a recursos materiales o sociales. Siguiendo esa definición, puede medirse el grado de desigualdad entre las unidades residenciales a uno y otro lado del muro en zigzag. La variable que tenemos a disposición (esperando que a futuro puedan incluirse otras) es la de los materiales constructivos. Resulta claro que, mientras que, hacia el sur del muro, las viviendas son hechas con muros de cantos rodados y, en ciertos casos, de adobes (por lo general de una hilera), en el caso del conjunto al norte del muro, se trata de una construcción exclusivamente hecha de adobes, en muros de dos hileras. Más allá de la diferencia de acceso a los adobes, como señalamos anteriormente, la estructura al norte del muro indica un solo plan de construcción, con dos muros-eje originales. Esto implica que, en general, se trató de una construcción de mayor escala, que requirió un mayor número de trabajadores. En ese sentido, el acceso a mano de obra marca también una evidencia de desigualdad entre los habitantes de ambos sectores. Por último, el muro señala con claridad la ubicación "dentro de" o "fuera de" el área de circunscripción de Potosí Alto, lo que refuerza una posición desigual entre ambas zonas.

La siguiente variable considerada por McGuire (1983:101) era la heterogeneidad, entendida como la distribución diferenciada de una población en grupos sociales determinados por roles o estatus. Consideramos que las diferencias en actividades económicas identificadas en la zona central de Huaca 20 pueden corresponder con roles e identidades que permiten considerar que la comunidad de base allí establecida se componía de una población heterogénea. Puede, por otro lado, contemplarse algo semejante para el grupo de unidades residenciales ubicadas al norte del muro en zigzag, donde el acondicionamiento de espacios diferentes sugiere que una de las unidades domésticas estaba involucrada en actividades ajenas a las otras.

A manera de colofón, puede señalarse, en ese sentido, que el Sector Huaca 20 se constituye en un caso único para poder aproximarnos a entender la naturaleza del espacio vital de las unidades domésticas de base de la sociedad lima de Maranga. Nos ha permitido aproximarnos a sus actividades económicas y a la relación que pudiesen haber tenido con el área nuclear de Maranga. Asimismo, las evidencias del norte del sector nos permiten medir las expresiones de desigualdad y, así, poder categorizar los diferentes sectores o estratos sociales que componían la sociedad lima. Esta categorización es, sin embargo, aún parcial, en tanto que se requieren documentaciones igual de extensas y detalladas de los sectores más cercanos a los edificios públicos. Sin embargo, constituyen un primer e importante avance en esa dirección.

Perspectivas

El presente estudio se ha restringido a la evidencia arquitectónica, incluyendo en determinados contextos evidencias de elementos e instalaciones asociados a la misma. Sobre esta base, se han planteado interpretaciones sobre la naturaleza de los espacios residenciales, así como de las características sociales de sus habitantes.

Estos planteamientos deberán corroborarse, en primer lugar, por un examen detallado del conjunto de evidencias recuperadas en Huaca 20. Las más conspicuas son, sin duda, los cientos de contextos funerarios recuperados tanto entre las estructuras domésticas como en los alrededores de las mismas. El análisis de la evidencia funeraria ha derivado en meritorias contribuciones (Mac Kay 2007, Mauricio 2012, Chuyacama 2021), que además se vienen complementando con análisis osteológicos que nos permiten aproximarnos a las características de la población en sí (Cleary 2019, Vega 2016). Hace falta aún un estudio integral, que incorpore al total de contextos funerarios registrados, que analice su distribución espacial y la correlación de dicha distribución con los grupos de edad, sexo y tratamiento funerario. Sería ilustrativo ver hasta qué punto la distribución de contextos puede correlacionarse con la ubicación de las diferentes unidades residenciales.

Puede decirse lo mismo, por otra parte, de la cultura material recuperada en los rellenos y superficies de ocupación asociadas con las unidades residenciales. Hasta el momento, se ha publicado un número limitado de material cerámico, así como objetos líticos o metálicos diagnósticos. El conjunto de colecciones, sin embargo, están aún por ser estudiadas. De serlo, serían una fuente fundamental para corroborar los indicios de desigualdades o heterogeneidades señaladas en el presente trabajo.

Por último, nunca debe perderse de vista que el Sector Huaca 20 de Maranga constituye un pequeño sector del asentamiento más grande y complejo de la Cultura Lima que, además, se encontraba en los siglos VI y VII en su máximo esplendor. Urge desarrollar las investigaciones en otras locaciones de Maranga que permitan tener el marco comparativo suficiente para pasar de un planteamiento tentativo de reconstrucción social a propuestas más consolidadas. Se trata de retos grandes para entender un sitio de enorme escala que, paradójicamente, han podido ser vislumbrados sobre la base de lo que nos ofrece la detallada documentación de un modesto sector marginal del mismo.

Agradecimientos

El trabajo aquí presentado fue patrocinado por la Dirección Académica de Investigación de la PUCP. El Sector Huaca 20 fue excavado casi en su totalidad, no quedando ya evidencias in situ de sus estructuras (con excepción del muro de gran escala con forma de zigzag). En ese sentido, el estudio se hizo con la información existente en diferentes publicaciones, pero, sobre todo, con los planos y reportes inéditos de los diferentes proyectos. El acceso a dicha información fue posible gracias a las facilidades que nos fueron otorgadas por la Dirección de Infraestructura de la PUCP. En dicha gestión contamos con el valioso apoyo de Andrea Bringas, entonces gestora del patrimonio cultural del campus de dicha universidad. Información adicional nos fue generosamente brindada por Julio Sánchez y Carlos Olivera. A todas las personas e instituciones mencionadas, nuestro más sincero agradecimiento.

Bibliografía

Alarcón, P., 1971. Tres fases técnico constructivas en la "Huaca San Marcos". Tesis de Bachillerato. Lima: Universidad Nacional Mayor de San Marcos.

Bonnier, E., 1997. Morfología del espacio aldeano y su expresión cultural en los Andes Centrales. En Editado por Bonnier, E., y Bischof, H. (Eds.), *Archaeologica Peruana 2. Arquitectura y Civilización en los Andes Prehispánicos*, pp. 120-144. Manheim: Reiss-Museum

Cárdenas, M., 1970 *Informe sobre la Huaca 20. Área de Pando*. Lima: Instituto Riva Agüero/Pontificia Universidad Católica del Perú.

Cornejo, M., 2021. *Complejo arqueológico Catalina Huanca. Montículo 6. Continuidad y ruptura del Horizonte Medio en la costa central*. Lima: Rafael Valdez Ediciones.

Chuyacama, J., 2021. Individuos en posición extendida e individuos en posición flexionada: Hacia una comprensión de los diferentes tratamientos funerarios hallados en el sitio de Huaca 20, ubicado en el interior del Campus PUCP (Maranga – Cultura Lima). Tesis de Licenciatura. Lima: Pontificia Universidad Católica del Perú.

Cleary, M., 2019. Biological stress and sociocultural reactions to environmental change on the Central Coast of Peru: A case of the Lima from Huaca 20 in the Maranga Complex. Tesis Doctoral. Carbondale: Southern Illinois University.

Falcón, V., 2007. "Copacabana. Un centro de la Cultura Lima en la Costa Central". *Tukuy Rikuq* 4:4-15.

Flores, I., 2005 *Pucllana: Esplendor de la Cultura Lima*. Lima: Instituto Nacional de Cultura.

Flores, I., Vargas, P., y Silvera, H., 2012. "Los patios con estructuras escalonadas de Huaca Pucllana: Caracterización y función de una arquitectura ceremonial lima". *Arqueología y Sociedad* 25:35-36.

Goldhausen, M., 2001. "Avances en el Estudio de la Iconografía Lima". *Arqueológicas* 25:223-263.

Gumerman, G., y Briceño, J., 1999. Santa Rosa – Quirihuac y Ciudad de Dios: asentamientos rurales en la parte media del valle de Moche. En Uceda, S., y Mujíca, E. (Eds.), *Moche hacia el Final del Milenio*, Tomo 1, pp. 217-243. Lima: Pontificia Universidad Católica del Perú.

Jaime, C., 1999. "Investigaciones en la Huaca de San Marcos". *Investigaciones Sociales* 4:65-91.

Jijón, J., 1949. *Maranga. Contribución al conocimiento de los aborígenes del valle del Rímac, Perú*. Quito: La Prensa Católica.

Kaulicke, P. 2000. "La Sombra de Pachacamac: Huari en la costa central". *Boletín de Arqueología PUCP* 4:313-358.

Lavalèe, M., y Julien, M., 1983. *Asto: Curacazgo Prehispánico de los Andes Centrales*. Lima: Instituto de Estudios Peruanos.

Mac Kay, M., 2007. Contextos funerarios lima de la Huaca 20: Reconstrucción del ritual funerario y la vida cotidiana del valle del Rímac en los inicios del Horizonte Medio. Tesis de Licenciatura. Lima: Pontificia Universidad Católica del Perú.

Mac Kay, M., y Santa Cruz, R., 2000. "Excavaciones del Proyecto Arqueológico Huaca 20 (1999-2001)". *Boletín de Arqueología PUCP* 4:583-595.

Mac Kay, M., y Santa Cruz, R., 2015. Eventos efímeros para eventos eternos. El caso de una estructura ceremonial en el Complejo Maranga. En Mauricio, A., Muro, L., y Olivera, C. (Eds.), *Huaca 20. Un sitio Lima en el antiguo Complejo Maranga*, pp. 203-217. Lima: Pontificia Universidad Católica del Perú.

Maquera, E., y Esteban, M., 2014. "Investigaciones arqueológicas en Catalina Huanca, un asentamiento de la sociedad Lima del Horizonte Medio". *Boletín de Arqueología PUCP* 18:81-104.

Mauricio, A., 2012. The Huaca 20 site in the Maranga Complex: Human-environment interactions, household activities and funerary practices on the central coast of Peru. Tesis de Maestría. Orono: University of Maine.

Mauricio, A., 2014. "Ecodinámicas humanas en Huaca 20. Reevaluando el impacto de El Niño a finales del Período Intermedio Temprano". *Boletín de Arqueología PUCP* 18:159-190.

Mauricio, A., 2015. El cementerio de Huaca 20: Patrones y fases funerarias lima. En En Mauricio, A., Muro, L., y Olivera, C. (Eds.), *Huaca 20. Un sitio Lima en el antiguo Complejo Maranga*, pp. 114-136. Lima: Pontificia Universidad Católica del Perú.

Mauricio, A., Muro, L., y Olivera, C., (Eds.), 2015. *Huaca 20. Un sitio Lima en el antiguo Complejo Maranga*. Lima: Pontificia Universidad Católica del Perú.

McGuire, R., 1983. Breaking Down Cultural Complexity: Inequality and Heterogeneity. En Schiffer, M. (Ed.), *Advances in Archaeological Method and Theory* 6, pp. 91-142. New York: Academic Press.

Menzel, D., 1964. "Style and time in the Middle Horizon". Ñawpa *Pacha* 2:1-105.

Narváez, J., 2013. Pre-colonial Irrigation and Settlement Patterns in Three Artificial Valleys in Lima – Peru. Tesis Doctoral. Alberta: University of Calgary.

Narváez, J. y Manrique, P., 2014. Arquitectura lima en Maranga. En Carrión, L., y Narváez, J. (Eds.), *Arqueología. Catorce años de investigaciones en Maranga*, pp. 95-119. Lima: Municipalidad de Lima Metropolitana.

Olivera C., 2009. Análisis de la arquitectura lima en asentamientos no monumentales: una visión desde la arquitectura de la zona este del sitio arqueológico Huaca 20. Tesis de Licenciatura. Lima: Pontificia Universidad Católica del Perú.

Olivera C., 2014. "Huaca 20 en el Complejo Maranga: la ocupación lima a inicios del Horizonte Medio". *Boletín de Arqueología PUCP* 18:191-215

Olivera C., 2015. La arquitectura doméstica y los procesos de ocupación en el sitio arqueológico de Huaca 20. En Mauricio, A., Muro, L., y Olivera, C., (Eds.), *Huaca 20. Un sitio Lima en el antiguo Complejo Maranga*, pp. 90-113. Lima: Pontificia Universidad Católica del Perú.

Olivera, G., 1986. Informe final de los trabajos de excavación arqueológica en el sitio Huaca 20. Campus de la PUCP. Complejo Arqueológico Maranga. San Miguel Lima. Informe inédito presentado al Instituto Nacional de Cultura. Lima.

Pacheco, G., 2014. Producción de chica de maíz en la Huaca San Marcos. Tesis de Licenciatura. Lima: Universidad Nacional Mayor de San Marcos.

Paredes, J., 1992. "Cerro Culebras: Nuevos aportes acerca de una ocupación de la Cultura Lima -Costa Central del Perú". *Gaceta Arqueologica Andina* 22:51-62.

Paredes, J., 2000. "La Cultura Lima en el valle bajo del Río Chillón". *Arqueología y Sociedad* 13:133-158.

Prieto, G., 2014. "La pesca prehispánica de la Costa Central: Una revisión necesaria a partir de los nuevos datos provenientes del barrio de pescadores del sitio Huaca 20, Complejo Maranga". *Boletín de Arqueología PUCP* 18:129-157.

Prieto, G., Mauricio, A., Olivera, C., y Fernandini, F., 2008. Proyecto arqueológico Huaca 20-Maranga. Informe de Temporada 2007-2008. Informe inédito presentado al Instituto Nacional de Cultura. Lima.

Quiroz, S. (1992) La Huaca Potosí Alto en el Complejo Arqueológico de Maranga. *Pachacamac* 1(1):142-143

Ramos, J. (2011) *Santuario de Pachacamac. Cien años de arqueología en la Costa Central*. Lima: Cultura Andina.

Ramos N. (2012) Informe Final del Proyecto de Rescate Arqueológico Huaca 20-Primera Etapa. Informe inédito presentado al Ministerio de Cultura. Lima.

Rengifo, C., G. Prieto y A. Mauricio (2006). Proyecto Arqueológico Huaca 20-Complejo Maranga. Informe de Temporada 2005. Informe inédito presentado al Instituto Nacional de Cultura. Lima.

Rengifo, C., Prieto, G., Mauricio, A., y Olivera, C., 2007. Proyecto Arqueológico Huaca 20-Complejo Maranga. Informe de Temporada 2006. Informe inédito presentado al Instituto Nacional de Cultura. Lima.

Ríos, N., 2008. Restos de actividades rituales en la segunda etapa constructiva de una plaza Lima Tardío: Un caso en Pucllana. Tesis de Maestría. Lima: Universidad Nacional Mayor de San Marcos.

Ríos, N., y Ccencho, C., 2009. "Cambios en la sociedad Lima reflejados en la arquitectura del Centro Ceremonial de Pucllana durante las primeras épocas del Horizonte Medio: Las evidencias de la Plataforma IV". *Arqueología y Sociedad* 20:91-118.

Segura, R., 2001. Rito y economía en Cajamarquilla. Lima: Pontificia Universidad Católica del Perú.

Segura, R., 1982. "La cultura Nievería y la interacción social en el Mundo Andino en la Época Huari". *Arqueológic*as 19:5-108.

Shady, R., y Narváez, J., 1999. *La Huaca San Marcos y la Antigua ciudad de Maranga – Lima.* Lima: Museo de Arqueología y Antropología de la UNMSM.

Silva, J., Morales, D., García, R., y Bragayrac, E., 1988 "Cerro Culebra. Un asentamiento de la época Lima en el valle del Chillón". *Boletín de Lima* 56:23-33.

Siveroni, V., 2006. "Mi casa es tu templo. Una visión alternativa de la arquitectura de la Tradición Kotosh". *Arqueología y Sociedad*, 17, 121-148.

Stumer, L., 1954a. "The Chillón Valley of Perú. Excavation and Reconnaissance 1952-1952. Part 1". *Archaeology* 7(4):171-178.

Stumer, L., 1954b "The Chillón Valley of Perú. Excavation and Reconnaissance 1952-1952. Part 2". *Archaeology* 7(4):220-228.

Tayra, J., y Sullca, A., 2014. "Hallazgo de una puerta en la Huaca Potosí, Maranga". *Investigaciones Sociales* 28:115-136.

Valdez, R., 2015. Revisión de la definición del estilo Nievería: Un estudio de los materiales recuperados por Max Uhle, Louis M. Stumer y la Misión Arqueológica Italiana. Tesis de Licenciatura. Lima: Pontificia Universidad Católica del Perú.

Vallenas, A., y Bringas, A. (Eds.), 2018. *Los Tesoros Culturales de la PUCP. Colección Huaca 20.* Lima: Pontificia Universidad Católica del Perú.

Vargas, P., 2012. "Secuencia constructiva de la gran pirámide de Huaca Pucllana en sus tiempos finales". *Investigaciones Sociales* 16(28):303-311.

Vega, M., 2016. A History of Violence: 3000 years of interpersonal and intergroup conflicts from the Initial to the Early Colonial Periods in the Peruvian Central Coast. A bioarchaeological perspective. Tesis Doctoral. Ontario: The University of Western Ontario.

Venegas, K. y Sánchez, R., 2014. Construcción, abandono y entierros en la Huaca 33. En Carrión, L., y Narváez, J., (Eds.), *Arqueología. Catorce años de investigaciones en Maranga,* pp. 151-160. Lima: Municipalidad de Lima Metropolitana.

Villacorta, L., 2013. Proyecto de Rescate Arqueológico en el sitio arqueológico Huaca 20, Complejo Maranga, campus de la Pontificia Universidad católica del Perú. Temporada 2012–2013. Informe Final. Informe inédito presentado al Ministerio de Cultura. Lima.

19

La arqueología de la casa y sus estudios en la antigüedad: una reflexión.

Juan García Targa
Colaborador del Servicio de Patrimonio Arquitectónico
de la Diputación de Barcelona

Geiser Gerardo Martín Medina
Universidad Autónoma de Yucatán, México; Universidad Internacional
Iberoamericana, México; Universidad Europea del Atlántico, España

Desde sus orígenes, el ser humano se ha caracterizado por ser un observador de su entorno y de todos los elementos que este le provee como fuente de subsistencia; desde la recolección de frutos y la caza de algunas especies animales, como la elaboración de abrigos, herramientas, entre otros productos. Sin embargo, para poder darse protección de las inclemencias del tiempo, depredadores e inclusive de otros grupos humanos fue necesario el diseño de espacios que a nivel de comunidad permitieran la organización y protección del grupo tanto a nivel familiar como grupal.

En este sentido, la aparición de la "casa" bajo cualquiera de sus formas y variantes a nivel global, permitió un sentido de seguridad para las poblaciones y a partir de las cuales se derivaron otra serie de actividades que hoy por hoy siguen siendo motor de sustento para la humanidad. Es por ello, que para entendernos como sociedades es necesario de alguna manera conocer como fue la vida en el pasado, cuáles fueron las carencias, dificultades, estilos y tipos de viviendas en diversas regiones. Esta edición justamente trata con una muestra de diversas regiones, el brindar una revisión desde la arqueología, antropología, y la historia misma, así como de otras disciplinas; una aproximación a las diversas formas de hábitat en el pasado.

El volumen La arqueología de la casa: estudios de caso en la antigüedad/The archaeological house: Case studies in ancient times, coordinado y editado por Juan García Targa y Geiser Gerardo Martín Medina tiene como objetivo llevar a cabo una reflexión sobre como la casa, el hábitat, el hogar, el espacio habitacional que constituye uno de los elementos básicos para entender a las sociedades de la antigüedad. Dado que en ese micro espacio doméstico y familiar se dan cita aspectos tan relevantes como: 1) el conocimiento del entorno natural y el aprovechamiento de esos recursos para generar en principio un cobijo ante las inclemencias atmosféricas y el ataque de los animales, y posteriormente una diversidad de estructuras; 2) la organización del trabajo con especialistas diversos que pueden participar, desde su conceptualización, pasando por el proceso de construcción hasta su finalización; 3) la ubicación de ese espacio doméstico dentro de un macro espacio urbano o de mayor tamaño constituyendo en

función de ello una mayor o menor relevancia social dentro del colectivo; 4) la desigual distribución interior de esos metros cuadrados en los que se sintetiza la vida familiar y su perpetuación, el trabajo cotidiano de subsistencia y quizás la producción de objetos de relevancia para la vida e incluso para más allá de ella; y 5) su función simbólica como espacio de poder, de permanencia del mismo mediante una serie de rituales festivos que forman parte de un calendario complejo o funerarios para rendir homenaje a los difuntos antes de su tránsito al más allá.

Los dieciocho artículos que conforman este volumen consideramos que proponen un buen diagnóstico de la temática analizada en contextos geográficos y culturales tan diversos como Mesopotamia, Grecia, Península Ibérica, Mundo Árabe, Estados Unidos, Mesoamérica y Área Andina. Además de esta diversidad, también se ha querido recorrer diferentes y muy diversos contextos cronológicos que abordan el tema del hábitat desde los campamentos de los cazadores recolectores, pasando por una visión de los asentamientos tempranos en Mesopotamia, el Neolítico y la Edad del Cobre en la Península Ibérica, visiones precisas de los contextos griego y protohistoria mediterránea; así como detalles sobre los espacios domésticos en el mundo árabe.

Posteriormente nos centrarnos en el continente americano haciendo un recorrido de norte a sur, con una considerable cantidad de aportaciones de colegas americanistas y mesoamericanistas que llevan a cabo enfoques no solo arqueológicos, sino antropológicos y sociológicos entrelazando el pasado y el presente en algunos casos.

Del conjunto de análisis presentados se pueden hacer dos grupos en función de la metodología y la temática analizada. Por un lado, están las reflexiones generales sobre determinados períodos culturales pasados o actuales y como enfocó esa sociedad la casa, el hogar como centro neurálgico de la vida y todos los aspectos que se desprenden. Se trata pues de estudios y diagnósticos sobre determinados momentos y zonas.

Por otro lado, están los estudios de caso, es decir, análisis en su mayoría arqueológicos en los que a partir de un proyecto centrado en un yacimiento o sitio en el que trabaja un proyecto, se analiza el hábitat, el modelo de conjunto habitacional tanto desde el punto de vista material como conceptual e ideológico.

A continuación, pasamos a describir de forma individualizada y sintética cada una de las aportaciones de los colegas que amablemente han aceptado nuestra invitación y se han comprometido con este proyecto.

El primer trabajo de Joan Daura y Montserrat Sanz presentan el análisis de los modelos de cazadores recolectores en la Prehistoria ofreciendo en primer lugar una reflexión sobre la complejidad de esta temática teniendo en cuenta lo reducido de las fuentes de estudio, para proceder a comentar todo un abanico de estudios de caso, reflexiones y evidencias materiales. A partir de las evidencias materiales establece una serie de modelos de asentamiento diferenciados: camas, lechos, cuevas, estructuras son algunos de los términos que definen contextos que se encuentran dentro del campo semántico del concepto de casa, aplicado a estos períodos tan tempranos.

Los aportes de los estudios etnográficos aportan aspectos interpretativos relevantes. Se trata por lo tanto de un diagnóstico actualizado y bien documentado de dos investigadores de la Universitat de Barcelona, especializados en cuaternario.

El segundo capítulo se origina del proyecto que coordina el Dr. Miquel Molist de la Universitat Autònoma de Barcelona en Siria, concretamente en el sitio de Halula, que constituye un buen ejemplo para analizar el proceso de sedentarización humana en esta parte de Mesopotamia, con las implicaciones en los cambios de patrones económicos, espacios domésticos y la introducción de escalas de valores diferentes a los de los anteriores cazadores recolectores. Lógicamente se plantean las hipótesis de trabajo a partir del contexto en el que se encuentra el sitio de referencia, otros estudios llevados a cabo por misiones arqueológicas europeas, para después describir de forma detallada los elementos específicos del sitio en el que llevan a cabo sus investigaciones.

El tercer capítulo es un análisis efectuado por Oriol López-Bultó y Núria Morera del Departamento de Prehistoria de la Universitat Autònoma de Barcelona sobre un asentamiento neolítico de contexto lacustre en Banyoles (Girona, España). La Draga desde su descubrimiento a finales de siglo XX ha permitido analizar de forma muy detallada un modelo de asentamiento muy especial y con un grado de conservación excepcional de los materiales. En este artículo se hace una reflexión inicial analizando la metodología de trabajo para desglosar de forma pormenorizada los tipos de maderas y los usos constructivos, etcétera.

En el cuarto capítulo, los neolitistas Josep Bosch y Elena García adscritos al Museu de Gavà (Barcelona), analizan los diferentes modelos de espacios domésticos en la parte catalana del Mediterráneo Ibérico, desglosando los diferentes modelos, sus rasgos definitorios y cultura material asociada para establecer una tipología y establecer las valoraciones pertinentes, estableciendo las comparaciones con las zonas adyacentes más relevantes.

En el quinto capítulo los arqueólogos del Departamento de Prehistoria de la Universidad de Granada y de la Consejería de Cultura y Patrimonio Histórico de la Junta de Andalucía Juan Antonio Cámara Serrano, Martín Haro Navarro y Fernando Molina González analizan el importante asentamiento Calcolítico de Los Millares (Almería, España), llevando a cabo en primer lugar la pertinente introducción general de carácter geográfico, cultural, cronológico y contextual, para pasar al estudio de los modelos de hábitat. También se ha analizado los modelos de consumo, las actividades productivas asociadas a la fundición, así como los repertorios de cultura material aparecidos en esos espacios domésticos.

Uno de los objetivos del volumen es presentar de forma transversal la temática de la casa y en este sentido en el capítulo sexto, el arqueólogo Alan Alfonso Ávila Ortiz de la Escuela Nacional de Antropología e Historia de México con una amplia experiencia en arqueología griega sobre el terreno, analiza la casa/oikos desde las primeras evidencias neolíticas hasta el período Clásico. En todos estos períodos se definen los rasgos de los espacios domésticos, las formas de construir y la cultura material que los acompaña y marca las diferencias, acompañado por una profusa descripción de sitios.

En el capítulo 7 la Dra. María-Carme Belarte del ICREA (institución catalana dedicada a la investigación y estudios avanzados) y del Instituto Catalán de Arqueología Clásica (Tarragona, España) presenta el estudio de la Cultura Ibérica, importante desarrollo cultural pre-romano en toda la fachada mediterránea y tierras aledañas. Se analizan los modelos de asentamientos y las formas de construir, para pasar posteriormente a un análisis más específico de las casas, su disposición y funciones o actividades desarrolladas. Se trata de un modelo correspondiente a la Edad de Hierro, dentro de una fase definida como Proto-Historia dentro del contexto de la arqueología europea.

En el capítulo 8 las arqueólogas Carme Alòs Trepat, Helena Kirchner Granell, Marta Monjo Gallego, del Museu de la Noguera (Lleida, España), la Universitat Autònoma de Barcelona y el Servicio de Arqueología de la Generalitat de Cataluña analizan el sitio ubicado más al norte de Al Andalus, Madīna Balaghí, la actual ciudad de Balaguer (Lleida, España). El desarrollo del proyecto ha permitido un acercamiento a este importante centro industrial y poblacional, así como la excavación de algunos espacios residenciales y la caracterización de este importante asentamiento preconcebido que tuvo el período de ocupación entre los siglos X y XII. Las fuentes escritas existentes han permitido llevar a cabo precisiones cronológicas de gran interés al respecto.

En el capítulo 9 el equipo formado por los arqueólogos independientes Imma Valese y Marco Valeri, Melissa Mattioli de la Universitat de Barcelona y Davide Domenici de la Università di Bologna (Italia) centran su interés en el núcleo urbano de la ciudad de Cahokia, en el estado de Illinois (E.E.U.U.), como centro de la cultura Mississipiana caracterizada por grandes montículos y analizando el desarrollo urbano; así como las transformaciones documentados en algunos de los espacios religiosos y civiles del asentamiento. Se analizan diferentes modelos de estructuras domésticas y los materiales asociados que ayudan a entender el paso de ser una ciudad compleja a transformarse en una gran metrópoli la cual fue un importante foco de atracción económica, política, cultural y religiosa.

Para el caso mexicano, los arqueólogos Emiliano Gallaga de la Universidad Autónoma de Chiapas (UNACH) y Tobías García-Vichis de la Universidad Iberoamericana en el capítulo 10 llevan a cabo el estudio pormenorizado del sitio de Avendaños, Chihuahua (México). Este lugar se encuentra en un contexto arqueológico prácticamente inédito en lo referente al análisis del proceso de implantación de la agricultura a finales del período arcaico y el consiguiente proceso de sedentarización. El estudio minucioso a partir de la estratigrafía permite detectar esos cambios y la cultura material que se puede asociar.

El capítulo 11 corresponde a Geiser Gerardo Martín Medina, uno de los coeditores, y se centra en el estudio de los "Moradores del Desierto", es decir en grupos de cazadores-recolectores y el análisis de los contextos habitacionales al aire libre que se encuentran dentro de la zona definida como Culturas del Desierto que se ubicaría en la actual zona ocupada por San Luis Potosí, limitado de norte a sur por su lado este, con los estados de Coahuila, Nuevo León, Tamaulipas, Veracruz e Hidalgo; y de sur a norte, por el oeste, Querétaro, Guanajuato, Jalisco y Zacatecas, en México. Para ello se procede al análisis geográfico y de paisaje de la zona objeto de estudio, procediendo después al estudio de la evolución cultural desde los primeros asentamientos y sus rasgos y sus formas de vida a partir del estudio de los materiales más relevantes.

También se analiza el denominado "Altiplano Potosino" hacia el siglo XVI y el desplazamiento de los grupos seminómadas fruto del cambio y de coyuntura histórica que supuso la llegada de los europeos.

El equipo encabezado por el Dr. Alejandro Villalobos junto a Verónica Bravo Valeria Tejeda y Mayra Vera del Centro de Investigaciones en Arquitectura, Urbanismo y Paisaje de la Facultad de Arquitectura de Universidad Nacional Autónoma de México (CIAUPFA – UNAM) se ha encargado del capítulo 12 en el que proponen un interesante enfoque del estudio arquitectónico en sus diversos componentes y como los diferentes bagajes culturales ancestrales en el quehacer constructivo de manifiestan en sitios como Teotihuacán. Se trata por lo tanto de una propuesta teórico-práctica de análisis arquitectónico que va más allá de la habitual descripción arquitectónica, muy habitual en la bibliografía arqueológica. El análisis viene reforzado por los excelentes dibujos arquitectónicos.

Miriam Judith Gallegos Gómora y Ricardo Armijo Torres investigadores del Instituto Nacional de Antropología e Historia, Centro Tabasco, Villahermosa (México) presentan en el capítulo 13 un interesante análisis de la ciudad de Joy' Chan. En esas llanuras aluviales se localiza el asentamiento conocido hoy en día como Comalcalco y donde la población maya desarrollo sus vidas, las actividades cotidianas de producción y ritualización. A esa información se le ha añadido la que se desprende de un estudio etnoarqueológico realizado en una unidad habitacional en Chichicapa, que como fuente de estudio ha permitido esbozar una imagen más clara sobre el funcionamiento del hogar donde el trabajo textil fue prioritario, coincidiendo con la etapa donde la vestimenta era parte sobresaliente de la identidad social y del intercambio.

Lilia Fernández Souza, profesora-investigadora de la Facultad de Ciencias Antropológicas de la Universidad Autónoma de Yucatán ha llevado a cabo en el capítulo 14 un análisis sobre diferentes modelos de los grupos domésticos y sus rutinas cotidianas en la zona maya yucateca. Ese análisis le permite diferenciar rasgos tan relevantes como género, grupos socioeconómicos, entre otros aspectos. Además, para el caso de Sihó, sitio que llevan trabajando desde hace varios años, han experimentado con aspectos de sensorialidad aplicada a las evidencias arqueológicas, sin duda una forma novedosa de interpretar y proponer nuevas formas de acercamiento a partir del registro material.

La Dra. Linda R. Manzanilla de Universidad Nacional Autónoma de México y Miembro de El Colegio Nacional presenta en el capítulo 15 una metodología propia de análisis de las unidades habitacionales para llevar a cabo un acercamiento al funcionamiento del espacio, la identidad de sus moradores y diferenciar grupos sociales a partir de las evidencias materiales, tanto estructurales como de repertorios generados por la estratigrafía arqueológica. El método es aplicable tanto a modelos del área maya o Teotihuacán, contextos culturales sobre los que ha trabajado la arqueóloga durante años. El estudio de la vivienda en general, los componentes de la estructura doméstica, las especializaciones dentro de esos espacios o los patrones que pueden permitir un acercamiento más riguroso y objetivable a la realidad doméstica son algunos de los elementos básicos de su interesante aportación al volumen.

El Dr. Mario Humberto Ruz del Centro de Estudios Mayas del Instituto de Investigaciones Filológicas, Universidad Nacional Autónoma de México ha desarrollado un excelente trabajo en el capítulo 16 en el que lleva a cabo un acercamiento a la vivienda maya a través de los vocabularios coloniales que ofrecen una gran riqueza de matices y detalles sobre la forma de construir, habitar y visualizar simbólicamente el hogar maya durante la colonia. El trabajo se inicia con el análisis de la información que se desprende sobre el hábitat en la obra de Fray Diego de Landa, para continuar con normativas hispanas, cronistas como López de Cogolludo o el Diccionario de Motul.

Es sin duda una aportación de gran relevancia dado que dota de vivismo y completa a la mayoría de los documentos de carácter arqueológico centradas en la materialidad.

Los investigadores Héctor Hernández Álvarez de la Facultad de Ciencias Antropológicas de la Universidad Autónoma de Yucatán y Rani T. Alexander del Department of Anthropology, New Mexico State University presentan en el capítulo 17 un estudio sobre los cambios que la invasión española supondrán en lo referente a los modelos domésticos, tanto desde la composición física de los espacios, como la materialización. Las evidencias arqueológicas y escritas ponen de manifiesto una serie de cambios de carácter ecológico, de la economía política y las contingencias históricas dieron forma a las decisiones y las estrategias de los grupos domésticos campesinos y de las comunidades. Se procede al análisis de varios modelos la zona maya yucateca.

Para finalizar, en el capítulo 18, los investigadores Rafael Vega Centeno Sara Lafosse de la Pontificia Universidad Católica del Perú y Lily Epiquién Rivera del Instituto de Medicina Legal y Ciencias Forenses – Ministerio Público llevan a cabo un interesante estudio sobre de espacios residenciales dentro del Complejo Lima de Maranga. El caso del Sector Huaca 20. Se ha podido establecer un patrón sobre el modelo residencial no solamente destinado a la vivienda, sino también a diferentes actividades productivas, vinculadas a la construcción principal, estableciéndose incluso según los investigadores una espacie de muro a modo de marcador social según también se ha comprobado gracias a la documentación de otros modelos residenciales.

Como coeditores de este volumen de BAR hemos leído atentamente las aportaciones de los colegas, y nos satisface muchísimo presentar esta obra, y agradecer muchísimo el tiempo, la pasión, la paciencia que han tenido todos los autores de los dieciocho artículos aquí esbozados.

Con esta edición pretendemos no solo dar una nueva perspectiva y actualización sobre los temas ligados a la casa, las unidades habitaciones y lo privado; sino que sea una herramienta pedagógica y metodológica que a partir de la revisión y del análisis de los diferentes autores permitan nuevas preguntas e inferencias a aplicar en los estudios de lo domestico.

Los Editores

Juan García Targa.

Licenciado en Arqueología y Doctor en Historia de América por la Universidad de Barcelona, con un Máster en Museografía Pedagógica por la misma institución.

Cuenta con amplia experiencia como docente en temas de arqueología y patrimonio tanto español como mexicano. Ha impartido diversos curso, talleres y conferencia en la Universidad Nacional Autónoma de México, Universidad Autónoma de Yucatán, Escuela Nacional de Antropología, Universidad Autónoma de San Luis Potosí, Universidad Autónoma de Chiapas, Universidad Modelo y Universidad Marista de Mérida y en el Colegio de Michoacán, entre otros.

Tiene casi 30 años de experiencia en temas de arqueología de campo y gestión en España y México. Ha materializado en cuatro libros y más de medio centenar de artículos publicados en revistas y congresos especializados. Ha participado en Proyectos de Investigación en Italia (Monte Testaccio, Roma. Ministerio de Cultura y Universidad de Barcelona, 1990, 1991 y 1993) y Yucatán (México) (Proyecto Oxkintok –Ministerio de Cultura -1989,1990; Izamal –INAH 1993, 1994 y 1998; Acanceh -1994). Ha codirigido el Proyecto Xoclán (Mérida, Yucatán), Universidad de Barcelona, Generalitat de Cataluña, 2005.

Trabaja en España de forma autónoma vinculado a Instituciones Públicas (Generalitat de Catalunya y Diputaciones de Tarragona y Barcelona, entre otras) y empresas privadas como asesor en tema de patrimonio.

Desde 2018, es director del proyecto "Realidad socio-política de la zona central del estado de Yucatán: la influencia de Izamal a través del estudio del asentamiento de Xbaatun", en Yucatán, México.

Geiser Gerardo Martín Medina.

Arqueólogo por la Universidad Autónoma de Yucatán, México, recién egresado realizo una estancia de investigación en el Proyecto Arqueológico Piedra Labrada, por la Universidad Veracruzana y participo en salvamentos arqueológicos por parte del INAH Yucatán.

De 2011 a 2013 realizo otra estancia de investigación como becario del Proyecto "Domesticar la biodiversidad: concepción y empleo de los recursos naturales en la costa central y el sur de Yucatán", del CEPHCIS UNAM, teniendo como eje de trabajo la etnoarqueología de grupos domésticos. Durante 2013, 2014, 2019, 2020 y 2021 fue colaborador INAH Tabasco dentro del Proyecto Arqueológico Comalcalco realizando labores de restauración y conservación arquitectónica en la Gran Acrópolis; así como la microexcavación de urnas funerarias procedentes de un salvamento en la periferia norte del sitio.

En 2015, participó como asesor externo en el Proyecto "Restauración y habilitación de la Ex Aduana Marítima de Frontera, Tabasco", realizando actividades de conservación preventiva y restauración de inmuebles. Ese mismo año coordino la supervisión del Proyecto "320 LT 1905 Transmisión Sureste Península Segunda Fase", y en particular la Obra: "Línea de Trasmisión Xpujil – Xul Ha" hasta su finalización en 2017. Durante este tiempo, se realizaron actividades de arqueología preventiva y conservación patrimonial.

En 2018 elaboro y dirigió un Proyecto de salvamento arqueológico en la alcaldía de Azcapotzalco en Ciudad de México por parte de la Dirección de Salvamento Arqueológico del INAH, e igualmente, forma parte del equipo de colaboración en el Proyecto "Realidad socio-política de la zona central del estado de Yucatán: la influencia de Izamal a través del estudio del asentamiento de Xbaatun".

A nivel académico ha presentado diversas conferencias nacionales e internacionales, y se han generado algunas publicaciones al respecto. En 2017 colaboro como coeditor del volumen "Patrimonio Tangible e Intangible Mexicano: una reflexión" y en 2021 con el volumen "El Paisaje Urbano Maya: del Preclasico al Virreynato", ambos junto al Dr. Juan García Targa.

The Editors

Juan García Targa.

Bachelor of Archeology and Doctor of American History from the University of Barcelona, with a Master's in Pedagogical Museography from the same institution.

He has extensive experience as a teacher in Spanish and Mexican archeology and heritage issues. He has taught various courses, workshops and conferences at the National Autonomous University of Mexico, Autonomous University of Yucatan, National School of Anthropology, Autonomous University of San Luis Potosí, Autonomous University of Chiapas, Model University and Marist University of Mérida and at the College of Michoacán, among others.

He has almost 30 years of experience in field archeology and management issues in Spain and Mexico. He has materialized in four books and more than fifty articles published in specialized journals and conferences. He has participated in Research Projects in Italy (Monte Testaccio, Rome. Ministry of Culture and University of Barcelona, 1990, 1991 and 1993) and Yucatán (Mexico) (Oxkintok Project –Ministry of Culture -1989,1990; Izamal -INAH 1993, 1994 and 1998; Acanceh -1994). He has co-directed the Xoclán Project (Mérida, Yucatán), University of Barcelona, Generalitat de Catalunya, 2005.

He works in Spain autonomously linked to Public Institutions (Generalitat de Catalunya and Diputaciones de Tarragona and Barcelona, among others) and private companies as an advisor on heritage issues.

Since 2018, he is director of the project "Socio-political reality of the central area of the state of Yucatan: the influence of Izamal through the study of the settlement of Xbaatun", in Yucatan, Mexico.

Geiser Gerardo Martín Medina.

Bachelor of Archaeologist from the Autonomous University of Yucatan, Mexico, recently graduated made a research stay at the Piedra Labrada Archaeological Project, by the Veracruzana University and participated in archaeological salvages by the INAH Yucatan.

From 2011 to 2013 I conducted another research stay as a fellow of the Project "Domesticate biodiversity: conception and use of natural resources in the central coast and southern Yucatan", of the CEPHCIS UNAM, with the ethnoarchaeology of domestic groups as the focus of work.

During 2013, 2014, 2019, 2020 and 2021 INAH Tabasco collaborated in the Comalcalco Archaeological Project, carrying out restoration and architectural conservation work in the Great Acropolis; as well as the microexcavation of funeral urns coming from a rescue in the northern periphery of the site.

In 2015, he participated as an external advisor in the Project "Restoration and habilitation of the Former Maritime Customs of Border, Tabasco", carrying out preventive conservation and real estate restoration activities. That same year he coordinated the supervision of the "320 LT 1905 Transmission Southeast Peninsula Second Phase Project", and in particular the Work: "Xpujil – Xul Ha Transmission Line" until its completion in 2017. During this time, preventive archeology activities were carried out and heritage conservation.

In 2018, he developed and directed an Archaeological Rescue Project in the mayor of Azcapotzalco in Mexico City by the Directorate of Archaeological Rescue of INAH, and is also part of the collaboration team in the Project "Socio-political reality of the area Yucatan state center: the influence of Izamal through the study of the settlement of Xbaatun".

At the academic level he has presented several national and international conferences, and some publications have been generated in this regard. In 2017 he collaborated as co-editor of the volume "Mexican Tangible and Intangible Heritage: a reflection" and in 2021 with the volume "The Mayan Urban Landscape: from the Preclassic to the Viceroyalty", both together with Dr. Juan García Targa.

Sobre los autores

Alan Alonso Ávila Ortíz (Escuela Nacional de Antropología e Historia – ENAH e Instituto Nacional de Antropología e Historia – INAH).

Alejandro Villalobos Pérez (Arqueólogo y Arquitecto, Centro de Investigaciones en Arquitectura, Urbanismo y Paisaje de la Facultad de Arquitectura; Universidad Nacional Autónoma de México, CIAUPFA – UNAM).

Anna Bach-Gómez (GRAMPO-SAPPO; Departamento de Prehistória; Universidad Autónoma de Barcelona).

Carme Alòs Trepat (Museo de la Noguera).

Davide Domenici (Universidad de Bologna).

Elena García (Museo de Gavá, Barcelona).

Emiliano Gallaga (Universidad Autónoma de Chiapas).

Eva Solanes Potrony (Museo de la Noguera).

Fernando Molina González (Proyecto Los Millares [Grupo de investigación HUM-274], Universidad de Granada).

Geiser Gerardo Martín Medina (Arqueologo por la Universidad Autónoma de Yucatán, México y Maestro en Gestión Ambiental por la Universidad Internacional Iberoamericana, México y por la Universidad Europea del Atlantico, España).

Héctor Hernández (Facultad de Ciencias Antropológicas, Universidad Autónoma de Yucatán).

Helena Kirchner Granell (Universidad Autónoma de Barcelona).

Imma Valese (Investigadora Independiente).

Joaquim Sisa López de Pablo (Investigador Independiente).

Joan Daura (Grupo de Investigación del Cuaternario (GRQ-SERP), Departamento de História y Arqueología, Universidad de Barcelona).

Josep Bosch (Museo de Gavá, Barcelona).

Juan Antonio Cámara (Proyecto Los Millares [Grupo de investigación HUM-274], Departamento de Prehistoria y Arqueología, Universidad de Granada).

Juan García Targa (Doctor en Historia de América por la Universidad de Barcelona. Colaborador del Servicio de Patrimonio Arquitectónico de la Diputación de Barcelona).

Lilia Fernández Souza (Facultad de Ciencias Antropológicas, Universidad Autónoma de Yucatán).

Lily Epiquién Rivera (Instituto de Medicina Legal y Ciencias Forenses – Ministerio Público).

Linda R. Manzanilla (Miembro de El Colegio Nacional. Instituto de Investigaciones Antropologicas, Universidad Nacional Autónoma de México – IIA / UNAM).

Marco Valeri (Investigador Independiente).

Maria-Carme Belarte (ICREA – Institución Catalana de Investigación y Estudios Avanzados; ICAC – Instituto Catalán de Arqueología Clásica).

Mario Humberto Ruz Sosa (Centro de Estudios Mayas, Instituto de Investigaciones Filológicas, Universidad Nacional Autónoma de México).

Marta Monjo Gallego (Departamento de Cultura. Generalidad de Catalunya).

Martín Haro Navarro (Proyecto Los Millares [Grupo de investigación HUM-274], Consejería de Cultura de la Junta de Andalucía).

Mayra N. Vera (Centro de Investigaciones en Arquitectura, Urbanismo y Paisaje de la Facultad de Arquitectura; Universidad Nacional Autónoma de México, CIAUPFA – UNAM).

Melissa Mattioli (Universidad de Barcelona).

Miriam Judith Gallegos Gómora (Instituto Nacional de Antropología e Historia, Centro INAH Tabasco).

Miquel Molist (Investigador Independiente).

Montserrrat Sanz (Grupo de Investigación del Cuaternario (GRQ-SERP), Departamento de História y Arqueología, Universidad de Barcelona).

Núria Morera (Departamento de Prehistória, Universidad Autónoma de Barcelona).

Oriol López-Bultó (Departamento de Prehistória, Universidad Autónoma de Barcelona).

Rafael Vega Centeno (Pontificia Universidad Católica del Perú, Departamento de Humanidades, Sección de Arqueología).

Rani Alexander (Departmento de Antropología, Universidad Estatal de Nuevo México).

Ricardo Armijo Torres (Instituto Nacional de Antropología e Historia, Centro INAH Tabasco).

Tobías García-Vilchis (Universidad Iberoamericana).

Valeria Tejeda Cejín (Centro de Investigaciones en Arquitectura, Urbanismo y Paisaje de la Facultad de Arquitectura; Universidad Nacional Autónoma de México, CIAUPFA – UNAM).

Veronica Bravo A. (Centro de Investigaciones en Arquitectura, Urbanismo y Paisaje de la Facultad de Arquitectura; Universidad Nacional Autónoma de México, CIAUPFA – UNAM).

About the authors

Alan Alonso Ávila Ortíz (National School of Anthropology and History – ENAH and National Institute of Anthropology and History – INAH).

Alejandro Villalobos Pérez (Archaeologist and Architect, Center for Research in Architecture, Urbanism and Landscape of the Faculty of Architecture; National Autonomous University of Mexico, CIAUPFA – UNAM).

Anna Bach-Gómez (GRAMPO-SAPPO, Department of Prehistory, Autonomous University of Barcelona).

Carme Alòs Trepat (Museum of La Noguera).

Davide Domenici (University of Bologna).

Elena García (Gavá Museum, Barcelona).

Emiliano Gallaga (Autonomous University of Chiapas).

Eva Solanes Potrony (Museum of La Noguera).

Fernando Molina González (Los Millares Project [HUM-274 Research Group], University of Granada).

Geiser Gerardo Martín Medina (Archaeologist from the Autonomous University of Yucatán and Master in Environmental Management from the International Iberoamerican University, Mexico and from the European University of the Atlantic, Spain).

Héctor Hernández (Faculty of Anthropological Sciences, Autonomous University of Yucatán).

Helena Kirchner Granell (Autonomous University of Barcelona).

Imma Valese (Independent Researcher).

Joaquim Sisa López de Pablo (Independent Researche).

Joan Daura (Grup de Recerca del Quaternari (GRQ-SERP), Departament of History and Archaeology, University of Barcelona).

Josep Bosch (Gavá Museum, Barcelona).

Juan Antonio Cámara (Los Millares Project, Research Group HUM-274, Department of Prehistory and Archaeologu, University of Granada).

Juan García Targa (Phd. History of America bye the University of Bacelona. Collaborator of the Architectural Heritage Service of the Diputacion de Barcelona).

Lilia Fernández Souza (Faculty of Anthropological Sciences, Autonomous University of Yucatán).

Lily Epiquién Rivera (Institute of Legal Medicine and Forensic Sciences – Public Ministry).

Linda R. Manzanilla (Member of the National College. Institute of Anthropological Research, National Autonomous University of Mexico – IIA / UNAM).

Marco Valeri (Independent Researcher).

Maria-Carme Belarte (ICREA – Catalan Institution for Research and Advanced Studies; ICAC – Catalan Institute of Classical Archeology).

Mario Humberto Ruz Sosa (Center for Mayan Studies, Institute of Philological Research, National Autonomous University of Mexico).

Marta Monjo Gallego (Department of Culture. Government of Catalonia).

Martín Haro Navarro (Los Millares Project, Research Group HUM-274, Ministry of Culture and Historical Heritage, Junta de Andalucía).

Mayra N. Vera (Center for Research in Architecture, Urbanism and Landscape of the Faculty of Architecture; National Autonomous University of Mexico, CIAUPFA – UNAM).

Melissa Mattioli (University of Barcelona).

Miriam Judith Gallegos Gómora (National Institute of Anthropology and History, INAH Tabasco Center).

Miquel Molist (Independent Researche).

Montserrrat Sanz (Grup de Recerca del Quaternari (GRQ-SERP), Departament d'Història i Arqueologia, University of Barcelona).

Núria Morera (Prehistory Department, Autonomous University of Barcelona).

Oriol López-Bultó (Prehistory Department, Autonomous University of Barcelona).

Rafael Vega Centeno (Pontifical Catholic University of Peru, Department of Humanities, Archeology Section).

Rani Alexander (Department of Anthropology, New Mexico State University).

Ricardo Armijo Torres (National Institute of Anthropology and History, INAH Tabasco Center).

Tobías García-Vilchis (Iberoamerican University).

Valeria Tejeda Cejín (Center for Research in Architecture, Urbanism and Landscape of the Faculty of Architecture; National Autonomous University of Mexico, CIAUPFA – UNAM).

Veronica Bravo A. (Center for Research in Architecture, Urbanism and Landscape of the Faculty of Architecture; National Autonomous University of Mexico, CIAUPFA – UNAM).

CPSIA information can be obtained
at www.ICGtesting.com
Printed in the USA
LVHW072259251122
733911LV00019B/531